Tobias Brändle

Das Übergangssystem

Irrweg oder Erfolgsgeschichte?

Budrich UniPress Ltd.
Opladen • Berlin • Toronto 2012

Bibliografische Information der Deutschen Nationalbibliothek
Die Deutsche Nationalbibliothek verzeichnet diese Publikation in der Deutschen
Nationalbibliografie; detaillierte bibliografische Daten sind im Internet über
http://dnb.d-nb.de abrufbar.

Gedruckt auf säurefreiem und alterungsbeständigem Papier.

Alle Rechte vorbehalten.
© 2012 Budrich UniPress, Opladen, Berlin & Toronto
www.budrich-unipress.de

       ISBN   978-3-86388-019-4
       eISBN 978-3-86388-167-2

Das Werk einschließlich aller seiner Teile ist urheberrechtlich geschützt. Jede Verwertung außerhalb der engen Grenzen des Urheberrechtsgesetzes ist ohne Zustimmung des Verlages unzulässig und strafbar. Das gilt insbesondere für Vervielfältigungen, Übersetzungen, Mikroverfilmungen und die Einspeicherung und Verarbeitung in elektronischen Systemen.

Umschlaggestaltung: Bettina Lehfeldt, Kleinmachnow
Druck: Books on Demand, Norderstedt
Printed in Europe

Tobias Brändle
Das Übergangssystem

Inhaltsverzeichnis:

Einleitung 11

1 Die Entstehung des Übergangssystems im Spiegel der
  Bildungspolitik 15
  1.1 Planung 17
    1.1.1 Der Deutsche Ausschuss für das Erziehungs- und
          Bildungswesen 18
    1.1.2 Der Deutsche Bildungsrat – erste Amtsperiode 23
    1.1.3 Aufnahme und Umsetzung der Reformvorschläge
          durch die Kultusministerkonferenz 29
  1.2 Etablierung 36
    1.2.1 Der Deutsche Bildungsrat – zweite Amtsperiode 37
    1.2.2 Die Bund-Länder-Kommission für Bildungsplanung
          und Forschungsförderung 41
    1.2.3 Aufnahme und Umsetzung der Reformvorschläge
          durch die Kultusministerkonferenz 49
  1.3 Ausbau 55
    1.3.1 Die Bund-Länder-Kommission für Bildungsplanung
          und Forschungsförderung 55
    1.3.2 Aufnahme und Umsetzung der Reformvorschläge
          durch die Kultusministerkonferenz 71
  1.4 Zwischenfazit 79

2 Das Übergangssystem heutzutage 95
  2.1 Rechtliche Grundlagen 95
    2.1.1 Berufsvorbereitungsjahr 98
    2.1.2 Berufsgrundschuljahr 107
    2.1.3 Berufsfachschulen 113
    2.1.4 Berufsvorbereitende Bildungsmaßnahmen 121
  2.2 Merkmale und Struktur 126

3 Chancen und Problematiken 131
  3.1 Forschungsstand 132
  3.2 Eigene Auswertungen 143
    3.2.1 Theoretische Fundierung 145
    3.2.2 Das Übergangssystem im Spiegel des SOEP 156
    3.2.3 Die Integration der Schülerperspektive 178

4 Schlussbetrachtungen 195
   4.1 Zusammenschau zentraler Befunde 195
   4.2 Soziale Ungleichheit im Übergangssystem 206
   4.3 Das Übergangssystem – Irrweg oder Erfolgsgeschichte? 213

5 Quellenverzeichnis 221
   5.1 Gesetze, Erlasse und Verordnungen 221
   5.2 Literatur 226

Tabellen- und Abbildungsverzeichnis:

Memobox 1: Der Deutsche Ausschuss in der Planungsphase des
Übergangssystems 23
Memobox 2: Der erste Deutsche Bildungsrat in der Planungsphase des
Übergangssystems 28
Memobox 3: Die KMK in der Planungsphase des Übergangssystems 36
Memobox 4: Der zweite Deutsche Bildungsrat in der
Etablierungsphase des Übergangssystems 41
Memobox 5: Die BLK in der Etablierungsphase des
Übergangssystems 49
Memobox 6: Die KMK in der Etablierungsphase des
Übergangssystems 54
Memobox 7: Die BLK in der Ausbauphase des Übergangssystems 71
Memobox 8: Die KMK in der Ausbauphase des Übergangssystems 78

Schaubild 1: Arbeitslosenquoten im Zeitverlauf (1960–1975) 88
Schaubild 2: Vergleich der Schülerzahl im Übergangssystem und der
Zahl arbeitsloser Jugendlicher unter 20 Jahren 90
Schaubild 3: Arbeitslosenquoten im Zeitverlauf (1967–2011) 91
Schaubild 4: Vergleich der Schülerzahl im Übergangssystem und der
Zahl arbeitsloser Jugendlicher unter 20 Jahren (1973–
2008) 93
Schaubild 5: Struktur des Übergangssystems 129
Schaubild 6: relative Verteilung der Neuzugänge auf die drei Sektoren
des Berufsbildungssystems (1995–2008) 134
Schaubild 7: Entwicklung der durch Unternehmen konstatierten
Ausbildungsmängel seit 2005 139
Schaubild 8: Verteilung der BVJ/BGJ-Teilnehmer pro Haushalt 160
Schaubild 9: Vergleich des Schulaustrittsalters und des Alters beim
Eintritt in eine Berufsausbildung nach Kohorten 163
Schaubild 10: Verläufe von Personen ohne direkten Übergang in eine
betriebliche Ausbildung 168
Schaubild 11: Verläufe von Personen mit direktem Übergang in eine
betriebliche Ausbildung 169
Schaubild 12: Ungleichheit im Übergangssystem 207

Tabelle 1: Übersicht über das Berufsvorbereitungsjahr in den Ländern 100
Tabelle 2: Übersicht über das Berufsgrundschuljahr in den Ländern 108
Tabelle 3: Übersicht über grundbildende Berufsfachschulen in den
Ländern 115

Tabelle 4: Zeitpunkt des letzten BVJ/BGJ Besuchs..................................157
Tabelle 5: Anzahl der Aufenthalte im BVJ/BGJ nach Geschlecht...............158
Tabelle 6: Vergleich der elterlichen Schulabschlüsse...................................161
Tabelle 7: Vergleich Tätigkeiten nach bis zu zwei Jahren nach dem
    Austritt aus dem Bildungsgang..166
Tabelle 8: Determinanten des Übergangs in eine betriebliche
    Ausbildung, Erwerbstätigkeit und Arbeitslosigkeit ein Jahr
    nach Austritt aus dem Bildungsgang...172
Tabelle 9: Erwerbstätigkeit im Alter von 25 Jahren nach EGP-Modell.......175
Tabelle 10: Typiken der (Weiter-)Qualifizierung durch das
    Übergangssystem...190

Abkürzungsverzeichnis:

BBiG	Berufsbildungsgesetz
BEJ	Berufseinstiegsjahr
BFS	Berufsfachschule
BGJ	Berufsgrundschuljahr
BLK	Bund-Länder-Kommission für Bildungsplanung und Forschungsförderung
BQF.....................	Berufsqualifizierungsjahr
BvB	Berufsvorbereitende Bildungsmaßnahme
BVJ	Berufsvorbereitungsjahr
EGP	Klassenmodell nach Erikson, Goldthorpe, Portocarero
FOS.....................	Fachoberschule
HwO	Handwerksordnung
KMK	Ständige Konferenz der Kultusminister der Länder in der Bundesrepublik Deutschland
OECD	Organisation for Economic Co-operation and Development
SOEP	Sozio-oekonomisches Panel
SuS	Schüler und Schülerinnen

Vorwort

Der nachfolgende Text entstand in teils mühevoller, aber stets fruchtbarer Kleinarbeit während eines Zeitraums von zwei Jahren an der Graduate School of Sociology, Münster und wurde an der Philosophischen Fakultät der Westfälischen Wilhelms-Universität zu Münster als Dissertation im Fach Soziologie angenommen. Unterbrochen von verschiedenartigen Exkursen, welche die Motivation für dieses Buch immer wieder aufs Neue erhöhten, arbeitete ich mit großer Freude an jedem einzelnen Kapitel.

Während des Forschens stieß ich dabei immer wieder auf neue Zusammenhänge, die durchleuchtet, durchdacht und schließlich niedergeschrieben werden wollten. Aufgrund des aufseiten des Autoren und seitens der Lesenden begrenzten Lebenszeit fanden dennoch nicht alle interessanten Abstecher ihren Weg in das endgültige Produkt. Trotz dieser Beschränkung wuchs der Text über die Zeit auf ein stattliches Maß, wobei die Darstellung aufgrund der als notwendig erachteten Berücksichtigung vieler Details dabei stellenweise etwas trocken geriet. Die Lesenden mögen mir dies nachsehen und seien gleichzeitig – im Falle von zu langen Dürreperioden – auf die Zusammenfassungen verwiesen, die die stellenweise sehr sachlichen Ausführungen auf den Punkt bringen – und damit womöglich die lang erwarteten Wasserstellen sind.

Die Lektüre sollte dennoch nicht nur mittels der Zusammenfassungen erleichtert werden. Im Gegenteil habe ich bei der Gestaltung der Arbeit darauf geachtet, dass jedes Kapitel für sich lesbar und verständlich ist. Damit können durchaus einzelne Teile isoliert durchgearbeitet werden, ohne dass die übrigen Passagen zwingend binnen kurzer Zeit gelesen werden müssen, um das zuvor Beschriebene verstehen zu können. Folglich eignen sich die einzelnen Kapitel auch für den Gebrauch in Lehrveranstaltungen.

Bei einer vollständigen Lektüre des Buches werden diese separaten Segmente in einen Zusammenhang miteinander gebracht, der ansonsten verschlossen bleibt. Dies erhöht nicht nur die Chance, neue Erkenntnisse zu gewinnen, sondern trägt auch zu einer Systematisierung des (zuvor) bereits Gewussten bei. So ermöglicht eine Gesamtbetrachtung der bearbeiteten Thematik, das Übergangssystem – und insbesondere dessen schulische Angebote – kritisch zu hinterfragen und Möglichkeiten der Optimierung zu diskutieren.

Letztlich bestand eine Intention des Buches auch darin eine gründliche und umfassende Abhandlung eines Themenbereiches, der in der Bildungssoziologie bislang nur in Ausnahmefällen berücksichtigt wird, zur Verfügung zu stellen. Eine Ursache für diese Unterberücksichtigung liegt – nach meinem Dafürhalten – in der Weite des Feldes, die eine Orientierung nicht immer einfach macht. Ich hoffe, dass ich mit der vorliegenden Arbeit diese Orientierungslosigkeit ein Stück weit aufheben kann und selbige nicht nur als Ausgangspunkt für meine eigenen, zukünftigen Forschungsvorhaben fungieren wird, sondern auch über meinen eigenen Horizont hinaus anschlussfähig ist. Zukünftig gilt es dabei der Frage nachzugehen, inwieweit den unterschiedlichen Bildungsstrategien der Schülerinnen und Schüler im Rahmen der Bildungsgänge Rechnung getragen wird. Von zentraler Bedeutung ist in diesem Kontext auch, ob die jungen Menschen als Akteure auftreten, die nach rationalen Kriterien handeln, oder eher Praktiken vollziehen, die nicht dem Primat der Rationalität folgen. Darüber hinaus ist in Richtung der (Re-)Produktion sozialer Ungleichheit durch die Angebote des Übergangssystems weiter zu forschen. Insbesondere ist zu untersuchen, inwiefern der Besuch der Bildungsangebote bestehende Ungleichheiten überformt – oder gar neue Ungleichheiten generiert. Letztlich sind dazu Längsschnittstudien notwendig, die zwischen den verschiedenen Bildungsgängen des Übergangssystems differenzieren und langfristige Aussagen über die (Erwerbs-)Karrieren der Jugendlichen erlauben. Es bleibt zu hoffen, dass eine solche Datenbasis geschaffen werden kann.

Selbstredend möchte ich auch einer Vielzahl von Kolleginnen und Kollegen danken, die meine Auseinandersetzung mit der im Folgenden ausgebreiteten Thematik gewinnbringend umrahmt haben. Sie alle namentlich aufzuführen, würde den Rahmen dieses allzu langen Vorworts sprengen. Dennoch möchte ich einige nicht unerwähnt lassen: Insbesondere meinen beiden Prüfern – Matthias Grundmann und Helmut Bremer – möchte ich für die vielfältigen Anregungen und die kritischen Anmerkungen danken. Ebenso gilt es die überaus produktive Zusammenarbeit mit Sylvia Müller hervorzuheben. Darüber hinaus gilt mein besonderer Dank Jennifer Godbersen, die mein Manuskript auf Herz und Nieren geprüft und korrigiert hat. Auch Claudia Kühne, die mich seitens des Budrich-Verlags kompetent betreut hat, danke ich.

Einleitung

Für gewöhnlich zeichnet sich die Bildungssoziologie durch eine „Vielfalt unterschiedlicher theoretischer, methodologischer und empirischer Zugänge" (Becker 2009: 9) aus, was unter anderem darin begründet liegt, dass es bislang keine trennscharfe Definition der Disziplin gibt. Entsprechend gibt es mehrere Schwerpunkte der empirischen Bildungsforschung. So werden beispielsweise die Funktionen von Bildung betrachtet (vgl. Herzog 2009), die Leistungen von Schülerinnen und Schülern (SuS) evaluiert (Klieme/Artelt/ Hartig et al. 2010, PISA-Konsortium Deutschland 2001, 2005, 2007), oder es wird beispielsweise nach Benachteiligung im Bildungssystem gefragt (vgl. Diefenbach 2009, Solga 2009).

Trotz dieser Offenheit gegenüber verschiedenen inhaltlichen, theoretischen und methodischen Ansätzen liegt der Schwerpunkt von bildungssoziologischen Studien zumeist nicht auf dem beruflichen Bildungssystem, obwohl dieses mit etwa 1,3 Millionen Anfängern[1] von Bildungsgängen im Jahr 2008 von beachtlicher Größe ist (vgl. Bundesinstitut für Berufsbildung 2010: 98). Insbesondere das Übergangssystem, welches ein Konglomerat mehrerer Bildungsgänge ist, die zu keinem anerkannten Ausbildungsabschluss führen, und das mit ungefähr 434.000 Anfängern im Jahr 2008 gut ein Drittel des gesamten beruflichen Bildungssystems ausmacht, ist bisher ein blinder Fleck der empirischen Bildungsforschung. Zwar wird das Übergangssystem in einigen vorliegenden Studien am Rande behandelt, dennoch kann nicht von einer ausreichenden Beachtung desselben gesprochen werden.

Zur Schließung der bestehenden Forschungslücken in diesem Bereich des Bildungssystems wird im Rahmen der vorliegenden Arbeit jedoch nicht ausschließlich auf Basis der aktuell bestehenden Strukturen im Übergangssystem argumentiert. Vielmehr wird im ersten Kapitel zunächst die Entstehung des Übergangssystems im Spiegel der Bildungspolitik betrachtet. Dazu werden die Ergebnisse einer Dokumentenanalyse von Publikationen des Deutschen Ausschusses, des Deutschen Bildungsrats, der Kultusministerkonferenz (KMK) sowie der Bund-Länder-Kommission (BLK) über einen Zeitraum von 50 Jahren vorgestellt. Der Fokus liegt dabei auf der Deskription von Reformvorschlägen der Bildungsberatungsgremien und der Aufnahme dieser Forderungen durch die Kultusminister. Die vergleichende Darstellung dieser unterschiedlichen Positionierungen über den langen Zeitraum ermöglicht dabei auch die Herausarbeitung von bildungspolitischen Kontinuitätslinien und Brüchen während des Entstehungsprozesses des Übergangssystems. Die Untergliederung dieser Genese in drei Phasen, der Planung, der Etablie-

---

[1] Soweit als möglich wird im Folgenden eine genderneutrale Schreibweise verwendet. Aus Gründen der Lesbarkeit wird ansonsten die männliche Form genutzt, wobei die weibliche Form mit einbegriffen ist.

rung und des Ausbaus, gewährt dabei jedoch nicht nur einen Blick auf die langfristigen Entwicklungstendenzen, sondern erlaubt auch die Betrachtung der Auseinandersetzungen innerhalb eines Zeitabschnitts. Auf diese Weise kann nicht nur die Fortentwicklung der bildungspolitischen Maßnahmen in diesem Teilbereich des deutschen Bildungssystems seit der Bildungsexpansion der 1960er Jahre rekonstruiert, sondern auch das wechselseitige Aufgreifen, beziehungsweise Ablehnen von Reformvorschlägen zwischen den verschiedenen Akteuren nachgezeichnet werden.

In einem Zwischenfazit zum Abschluss von Kapitel 1 werden diese Ausführungen aus drei verschiedenen Blickrichtungen zusammengeführt und anschließend mit Zahlen unterfüttert. In dieser Konfrontation der bildungspolitischen Diskussionen mit der quantitativen Entwicklung des Übergangssystems wird auch die Frage nach dem Einfluss der Arbeitsmarktlage auf die Einführung der Bildungsgänge des Übergangssystems aufgeworfen. Entlang dieser Fragestellung wird die Anzahl arbeitsloser Jugendlicher mit der Schülerzahl im Übergangssystem verglichen und nach Zusammenhängen gesucht. Dabei ist die bildungspolitische Zielsetzung der Reduktion der Jugendarbeitslosigkeit durch die Einführung des Übergangssystems von besonderer Relevanz. Zu deren Überprüfung wird an dieser Stelle eine kurz- und eine langfristige Perspektive eingenommen. Letztlich kann damit auch eingeschätzt werden, inwiefern die genannte Intention erfolgreich umgesetzt werden konnte.

Im Anschluss an die Betrachtung der bildungspolitischen Entstehungsgeschichte des Übergangssystems wird im zweiten Teil der Arbeit dessen heutige Form fokussiert. Dabei werden die rechtlichen Grundlagen des Berufsvorbereitungsjahres (BVJ), des Berufsgrundschuljahres (BGJ) und der grundbildenden Bildungsgänge an Berufsfachschulen in den sechzehn Bundesländern in Synopsen zusammengeführt und miteinander verglichen. Dabei sind nicht nur die Eingangsvoraussetzungen der verschiedenen Bildungsgänge, sondern auch die jeweils erreichbaren Bildungsabschlüsse und die vorgesehenen betriebspraktischen Anteile von Relevanz. Darüber hinaus werden die jeweiligen Angebote anhand von vier exemplarisch ausgewählten Bundesländern detailliert betrachtet. Neben den in den einzelnen Bundesländern etablierten Bildungsgängen werden die berufsvorbereitenden Bildungsmaßnahmen der Bundesagentur für Arbeit ebenso in die Darstellung einbezogen. Damit wird ein umfassender Überblick über die derzeitigen Ausformungen des Übergangssystems gegeben. Zudem werden unterschiedliche Strategien im Umgang mit gering qualifizierten Jugendlichen herausgearbeitet. So wird in diesem Kontext eine Weiterqualifizierungsstrategie von einer Übernahmestrategie unterschieden, deren Implikationen verdeutlicht und ihre Verbreitung skizziert.

Des Weiteren werden zum Abschluss des zweiten Kapitels die zentralen Merkmale und die Struktur des Übergangssystems zusammenfassend diskutiert. Auf diese Weise werden die Funktionen desselben sowie Kritikpunkte am Übergangssystem gebündelt dargestellt. Damit werden in diesem Teil der Arbeit Gemeinsamkeiten und Unterschiede der heutzutage etablierten berufsvorbereitenden und -grundbildenden Bildungsangebote herausgestellt und letztlich eine Basis für weitere Forschungen sowie die Untersuchungen im dritten Teil der Arbeit gelegt.

Diese Studien werden eingeleitet von einer Darstellung vorliegender Forschungsergebnisse, die im Hinblick auf den Umfang des Übergangssystems und dessen Relevanz an der ersten Schwelle, also am Übergang von der Schule in eine Berufsausbildung, zusammengetragen werden. Hierbei werden nicht nur die Rolle des Übergangssystems als Teil des beruflichen Bildungssystems und dessen quantitative Entwicklung betrachtet, sondern auch Befunde zum Übergang von der Schule in die Berufsausbildung dargestellt. In diesem Zusammenhang wird auch skizziert, welche jungen Menschen Probleme bei der Bewältigung dieser Schwelle haben, aus welchen Gründen sie in das Übergangssystem einmünden und welche Perspektive die Jugendlichen langfristig verfolgen. Darüber hinaus wird hervorgehoben, dass das Übergangssystem in der Wissenschaft ambivalent eingeschätzt wird und damit auch Kritik ausgesetzt ist. Ebenso werden die Einschätzungen von Ausbildungsunternehmen hinsichtlich der Ausbildungsfähigkeit von Schulabgängern fokussiert und deren Entwicklung während der letzten Jahre diskutiert. Des Weiteren wird die Präsentation der Forschungsbefunde zeigen, dass die soziale Herkunft auch in diesem Bereich des deutschen Bildungssystems ein Faktor ist, der die Übergangschancen wesentlich beeinflusst.

Anknüpfend an die Darstellung des Forschungsstands werden die Ergebnisse der eigenen Untersuchungen vorgestellt. Dabei werden zunächst zwei zentrale forschungsleitende Annahmen formuliert, die zum einen nach herkunftsspezifischen Bildungspraktiken und zum anderen nach langfristigen Auswirkungen des Aufenthalts im Übergangssystem fragen. Diese Forschungsannahmen werden theoretisch durch den Rückgriff auf soziologische und ökonomische Theorien gerahmt, die sich zu einem mehrdimensionalen Modell zusammenfügen und damit eine Betrachtung sowohl der Mikro- als auch der Makroebene von Übergangsprozessen zulassen.

Auf dieser Basis werden anschließend statistische Analysen des Soziooekonomischen Panels (SOEP) durchgeführt. Hier wird aufgezeigt, welchen Einfluss ein Aufenthalt im Übergangssystem auf den Lebensverlauf hat. Dazu werden die Teilnehmer eines BVJ, beziehungsweise Berufsgrundbildungsjahres, mit Hauptschülern verglichen und unter anderem nach ihrer sozialen Herkunft gefragt. Darüber hinaus werden die Biografien dieser jungen Menschen nach dem Austritt aus den jeweiligen Bildungsgängen einander gegenübergestellt und nach Faktoren gesucht, welche den Übergang in eine Berufsausbildung beeinflussen. Neben dieser Perspektive, die auf die kurzfristigen Effekte des Bildungsgangsbesuchs ausgerichtet ist, werden ebenso langfristige Auswirkungen eines Aufenthalts im Übergangssystem und die Stabilität von Erwerbsverläufen sowie Einkommensunterschiede näher untersucht.

Im darauf folgenden Kapitel 3.2.3 werden diese quantitativen Betrachtungen durch die Perspektive der SuS ergänzt. Dabei wird mithilfe von Datenmaterial aus leitfadengestützten Interviews den Einschätzungen der jungen Menschen hinsichtlich des Aufenthalts im Übergangssystem nachgegangen. In diesem Zusammenhang werden auch die Bildungspraktiken der SuS fokussiert und aufgezeigt, welche Bedeutung die Jugendlichen einer Verbesserung ihres Schulabschlusses zuschreiben und auf welche Strategien sie bei der Suche nach einer Ausbildungsstelle zurückgreifen. Des Weiteren werden drei Typiken der (Weiter-)Qualifizierung vorgestellt, die an die Schülerinteressen und die Möglichkeit des Erwerbs eines höheren Schulabschlusses gebunden sind, wodurch eine Klassifizierung der Bildungsgangaufenthalte auf Individualebene ermöglicht wird. Letztlich bietet diese Einteilung auch einen Anschlusspunkt für die Diskussionen über die Effektivität des Übergangssystems.

Das abschließende vierte Kapitel bündelt die in den vorigen Teilen präsentierten Befunde und führt diese in einem zweiten Schritt in einem Mehrebenenmodell zusammen, das soziale Ungleichheit im Übergangssystem beschreibt. Dabei wird nicht nur auf die Bedeutung einzelner Ungleichheitsfaktoren eingegangen, sondern auch die Relevanz der Interdependenzen zwischen selbigen hervorgehoben. Zum Ende der Arbeit wird dann die Frage aufgeworfen und zu beantworten versucht, ob das Übergangssystem als Irrweg oder als Erfolgsgeschichte zu begreifen ist. Auch an dieser Stelle werden unterschiedliche Perspektiven eingenommen und so verschiedene Facetten des Übergangssystems hervorgehoben.

Generell liegt der Gewinn der vorliegenden Arbeit damit darin, verschiedene Datenquellen zusammenzuführen und unterschiedliche Perspektiven einzubeziehen. Gerade die Integration von quantitativen und qualitativen Daten ermöglicht dabei, über eine eindimensionale Analyse von Übergangsprozessen hinauszugehen und ein gehaltvolles Bild der empirischen Wirklichkeit zu zeichnen. Aber auch die Berücksichtigung verschiedener Akteure am Übergangsgeschehen leistet einen zentralen Beitrag zu diesen Darstellungen. Die Konzentration auf die nationale Ebene ist dabei aufgrund der Spezifiken des deutschen Bildungssystems von Vorteil, da auf einer höheren Betrachtungsebene die Unschärfe zwangsläufig zunimmt und sich damit die Feinheiten der Übergangsprozesse der Analyse entziehen. Letztlich ermöglicht dieses Vorgehen somit eine umfassende Beschreibung des Übergangssystems, das nach wie vor für eine Vielzahl junger Menschen eine gewichtige Rolle spielt.

1 Die Entstehung des Übergangssystems im Spiegel der Bildungspolitik

Rekonstruktionen von Entstehungsgeschichten haben typischerweise mit einem Grenzziehungsproblem zu kämpfen. Für gewöhnlich stellt sich dabei zu Beginn die Frage, worin der Ausgangspunkt der zu betrachtenden Entwicklungen gesehen wird. Erschwert wird die Antwort darauf, wenn es kein eindeutiges, zeitlich determinierbares Ereignis gibt, das als Ursprung der Genese betrachtet werden kann. Bei der Darstellung der Entstehungsgeschichte des Übergangssystems wäre zwar die Einrichtung des ersten Bildungsgangs, der dem Übergangssystem zugeordnet wird, ein solcher, eindeutiger Zeitpunkt. Dies hätte jedoch zur Folge, dass die Entwicklungen, die zu der Einführung der Bildungsgänge führten, ausgeblendet würden. Aufgrund der genannten Problematik wird an dieser Stelle die Bildungsexpansion der 1960er Jahre als Basis der Ausführungen herangezogen.[2]

In diesem Zeitraum können einerseits weitreichende Auseinandersetzungen mit dem Bildungssystem aus wissenschaftlicher Perspektive (Dahrendorf 1965, Picht 1964), wie auch aus bildungspolitischer Perspektive, im Rahmen des Deutschen Ausschusses für das Erziehungs- und Bildungswesen und des Deutschen Bildungsrats, verortet werden. Andererseits fällt auch der Anstieg der Bildungsbeteiligung nach den Bildungsreformen in diese Zeit (vgl. Hadjar/Becker 2006, Klemm 1996). Es gilt somit zunächst darzustellen, ob und wenn ja, wie sich diese Entwicklungen im politischen Feld auf die spätere Einrichtung des Übergangssystems ausgewirkt haben.

Den zweiten wichtigen Punkt bei der Rekonstruktion der Entstehungsgeschichte bildet dann die eigentliche Einrichtung der ersten Bildungsgänge, die dem Übergangssystem zugeordnet werden können. Dabei wird zu zeigen sein, wie verschiedene Reformvorstellungen, wie beispielsweise die Erhöhung des durchschnittlichen Bildungsniveaus oder auch die Herstellung von Chancengleichheit, zu dieser Zeit diskutiert und in der ersten Rahmenvereinbarung für das Berufsgrundbildungsjahr (KMK 1973c) aufgegriffen wurden.

Darauf aufbauend werden die bildungspolitischen Auseinandersetzungen in der Ausbauphase des Übergangssystems ins Zentrum der Betrachtungen gerückt und Verschiebungen in den jeweiligen Argumentationen aufgezeigt. So wird etwa deutlich werden, dass im Zuge der Ausdehnung desselben der Kooperation aller beteiligten Akteure eine immer zentralere Rolle zugeschrieben wird.

---

2   In Wilhelmsburg wurde bereits 1927 eine Erwerbslosenklasse eingerichtet, „die in der inhaltlichen Ausgestaltung zu heutigen BVJ-Lehrplänen kaum Unterschiede" (Schroeder/Thielen 2009: 39) aufweist. Der Gedanke berufsvorbereitender Bildungsgänge konnte sich zu dieser Zeit jedoch nicht durchsetzen, im Gegenteil wurde eine Arbeitspflicht als Mittel gegen Jugendarbeitslosigkeit eingeführt (vgl. Schroeder/Thielen 2009: 44 ff.).

Vor dem Beginn der Darstellung der drei Entwicklungsphasen des Übergangssystems ist dabei zunächst darauf hinzuweisen, dass der Fokus ausschließlich auf zentrale bildungspolitische (Beratungs-)Gremien gerichtet wird. Entwicklungen, die sich außerhalb dieser Sphäre vollzogen haben, werden demnach außen vor gelassen und nicht in die Betrachtungen einbezogen.[3] Als Material für die nachfolgenden Auseinandersetzungen wurden so Veröffentlichungen von insgesamt vier verschiedenen Akteuren[4] herangezogen, das den Zeitraum von 1959 bis 2009 einschließt. Das bedeutet, dass auf Basis dieses Materials keine Äußerungen über die Vorstellungen einzelner Bildungspolitiker zu dieser Zeit getroffen, sondern ausschließlich Aussagen über die Einstellungen und Ziele der betrachteten Gremien hinsichtlich des Übergangssystems getätigt werden können. In Anlehnung an Baethge (1975) wird bei den nachfolgenden Ausführungen aus zwei Gründen eine Vielzahl von Quellen im Original wiedergegeben. Zum einen wird auf diese Weise die Transparenz des Textes erhöht, da der Leser selbst einen Vergleich zwischen den verschiedenen Quellen ziehen kann und so die vom Autor gezogenen Schlussfolgerungen kritisch überprüfen kann. Zum anderen erlaubt die detaillierte Auseinandersetzung mit den sprachlichen Feinheiten der Originalquellen, Rückschlüsse auf die Einstellungen der verschiedenen Gremien zu ziehen, wie dies im Folgenden verschiedentlich getan wird, ohne dabei im Einzelnen eine dezidierte sprachwissenschaftliche Analyse zu leisten.

Insofern weist die verwendete Methode auch Ähnlichkeiten zur Politikfeldanalyse auf (vgl. klassisch Dye 1976).[5] Denn es wird sowohl danach gefragt, was politische Akteure tun, als auch danach, warum sie es tun (vgl. Dye 1976: 1). Im Gegensatz zur Politikfeldanalyse wird an dieser Stelle jedoch weitestgehend auf den dritten Schritt, die Frage nach den Wirkungen der Entscheidungen (vgl. Dye 1976: 1), verzichtet. So wird hier davon ausgegangen, dass die verschiedenen Beschlüsse der Bildungspolitik letztlich zur Etablierung des Übergangssystems geführt haben, jedoch nicht detailliert nach den Wirkungen einzelner Beschlüsse auf andere Bereiche gefragt. Folglich werden mit den Analysen der Dokumente die „faktischen Ergebnisse von politischen Entscheidungen" (Blum/Schubert 2009: 15) fokussiert und nach dahinterliegenden Motiven gefragt, jedoch werden diese nicht auf das Prozessmodell des Policy-Cycle (vgl. Blum/Schubert 2009: 101 ff., Jann/Wegrich 2009) bezogen.

---

3   Für die Rolle anderer Akteure, wie etwa die Gewerkschaften, vergleiche beispielsweise Dybowski/Rudolph (1974).

4   Im Einzelnen sind dies der Deutsche Ausschuss für das Erziehungs- und Bildungswesen, der Deutsche Bildungsrat, die Bund-Länder-Kommission für Bildungsplanung und Forschungsförderung sowie die Kultusministerkonferenz. Der hier verwendete Akteursbegriff bewegt sich damit nicht auf der Ebene von Individuen, sondern bezeichnet überindividuelle Akteure (vgl. Schimank 2010: 327 ff.).

5   Vergleiche einführend zur Methode der Politikfeldanalyse: Blum/Schubert (2009), Hay (2004), Schubert/Bandelow (2009).

Die Reichweite der hier getroffenen Aussagen ist ebenfalls beschränkt. Sie beleuchten weder das Verhältnis von Bildungspolitik und Bildungssystem insgesamt, noch werden Äußerungen über das strukturelle Verhältnis von Bildungs- und Beschäftigungssystem getroffen. Die empirischen Analysen verdeutlichen dennoch, dass sich die unterschiedlichen Akteure gegenseitig beeinflussen und die eingeleiteten Reformen durch diese Einflüsse in unterschiedliche Richtungen geleitet wurden. Das bedeutet jedoch weder, dass die Beeinflussung der Akteure zwangsläufig in dieser Weise hätte ablaufen müssen, noch, dass die Entscheidungsprozesse künftig gleich ablaufen werden (vgl. Baethge 1975: 31). Vielmehr sind die Analysen nur in ihrem historischen Kontext zu verstehen, der in den jeweiligen Publikationen durchscheint und diese maßgeblich prägt.

Trotz dieser Einschränkungen ermöglicht es die hier verwendete Methode letztlich, Kontinuitätslinien und Brüche in den Diskussionen innerhalb der verschiedenen bildungspolitischen Gremien und zwischen den Akteuren aufzuzeigen. Dabei wird auch berücksichtigt werden, inwieweit bei der Verabschiedung der verschiedenen Maßnahmen die jeweiligen Rahmenbedingungen eine Rolle gespielt haben. In diesem Zusammenhang wird auch die Annahme, dass die deutsche Bildungspolitik wesentlich durch einen Strukturkonservatismus geprägt sei (vgl. Dammer 2002, Heinze 2006: 82), aufgegriffen und erörtert.

Darüber hinaus werden abschließend Arbeitsmarkt- und Bildungsgangstatistiken gegenübergestellt und diskutiert, inwiefern Änderungen am Arbeitsmarkt Einfluss auf die Schülerzahlen im Übergangssystem hatten. Mit diesem Vergleich soll gezeigt werden, dass das Ziel der Reduktion der Jugendarbeitslosigkeit durch die Einführung der neuen Bildungsgänge zunächst für kurze Zeit erreicht werden konnte, die Zahl arbeitsloser Jugendlicher jedoch langfristig nicht gesenkt werden konnte.

1.1 Planung

Wie bereits einleitend bemerkt waren die sechziger Jahre des vergangenen Jahrhunderts, was die Bildungspolitik betrifft, besonders aktiv. Diese Aktivität äußerte sich insbesondere in der Gründung verschiedener Ausschüsse, die mit Fragen der Entwicklung und Planung des deutschen Bildungswesens betraut wurden. Anhand der Publikationen zweier dieser Kommissionen, des Deutschen Ausschusses für das Erziehungs- und Bildungswesen sowie des Deutschen Bildungsrats, und der Aufnahme dieser Beschlüsse durch die KMK wird im Folgenden die Ausgangslage für die Einführung des Übergangssystems rekonstruiert. Dabei werden jedoch nicht nur Inhaltsanalysen der vorliegenden Dokumente vorgenommen und damit zentrale Diskussionspunkte rekonstruiert, sondern auch die empirischen Grundlagen dieser Ausführungen kurz skizziert.

1.1.1 Der Deutsche Ausschuss für das Erziehungs- und Bildungswesen

Der Deutsche Ausschuss für das Erziehungs- und Bildungswesen (kurz: Deutscher Ausschuss) wurde bereits 1953 ins Leben gerufen. Die Grundlage für seine Etablierung bildete ein Antrag des Ausschusses für Kulturpolitik, welcher 1952 vom Bundestag angenommen wurde (vgl. Kleemann 1977: 19). Es wäre jedoch falsch, davon auszugehen, dass ausschließlich der Ausschuss für Kulturpolitik auf die Einrichtung eines zentralen Gremiums zur Beratung des Gesetzgebers in bildungspolitischen Fragen hinwirkte. Zuvor wurde bereits von der FDP-Bundestagsfraktion ein vergleichbarer Antrag gestellt. Darüber hinaus war auf das Bestreben des Leiters der Kulturabteilung des Bundesinnenministeriums durch die KMK bereits ein Sachkundigenrat mit einer ähnlichen Aufgabenstellung einberufen worden (vgl. Kleemann 1977: 18 ff.), wodurch das Verhältnis zwischen dem Deutschen Ausschuss und der KMK von Beginn angespannt war (vgl. Kleemann 1977: 153 f.).

Nach seiner Einberufung setzte sich der Deutsche Ausschuss in erster Linie mit der Erarbeitung eines Entwurfs zur Reform des deutschen Schulwesens auseinander (vgl. Kleemann 1977: 24). Andere Bereiche des Bildungswesens, wie beispielsweise der Hochschulbereich, waren zwar „nie explizit ausgeklammert" (Kleemann 1977: 25), wurden jedoch nicht weiter bearbeitet oder erst zum Ende des Tätigkeitszeitraums behandelt, wie zum Beispiel die Thematik der Berufsbildung (vgl. Kleemann 1977: 28). Bei der Erarbeitung seiner Empfehlungen verstand sich der Deutsche Ausschuss als eine von politischen Interessengruppen unabhängige Institution, die in erster Linie der Öffentlichkeit verpflichtet war (vgl. Deutscher Ausschuss 1966b: 968, Hüfner/Naumann 1977: 62 f., Kleemann 1977: 27, Lehr 1966: 968, Schröder 1999: 38). Mit dieser Freiheit war jedoch gleichzeitig das Problem der Unverbindlichkeit der Empfehlungen für die Bildungspolitik verbunden (vgl. Hüfner/Naumann 1977: 62, Kleemann 1977: 26 f., Schröder 1999: 38).

Ungeachtet dieser Problematik werden die übergeordneten Ziele der Reformvorschläge des Deutschen Ausschusses im „Rahmenplan zur Umgestaltung und Vereinheitlichung des allgemeinbildenden öffentlichen Schulwesens" (Deutscher Ausschuss 1959) deutlich. Zum einen wird konstatiert, „daß das deutsche Schulwesen den Umwälzungen nicht nachgekommen ist, die in den letzten fünfzig Jahren Gesellschaft und Staat verändert haben" (Deutscher Ausschuss 1959: 60). Das heißt, es wird gefordert, dass das Schulsystem aufgrund des sozialen Wandels reformiert werden müsse. Zum anderen wird angestrebt, das Bildungsniveau der Gesamtbevölkerung zu erhöhen; das bedeutet konkret „den Bildungsstand auch der Volksschüler zu erhöhen und zweckmäßig zu weiten, die darüber hinaus Fördernswerten besser auszulesen, diese Förderung durch richtige Übergänge in weiterführende Schulen zu sichern und die pädagogische Leistung zu verbessern" (Deutscher Ausschuss 1959: 61). Diese inhaltlichen Ziele sollten durch ein integratives Vorgehen realisiert werden, denn der Bildungsplan sollte „eine Ordnung des Schulwesens [...] [entwerfen], die auf einem für das ganze Volk verbindlichen Fundament der Bildung und Gesittung beruht und der Entwicklung unserer Kultur und unserer pädagogischen Einsicht gerecht wird" (Deutscher Ausschuss 1959: 60).

Trotz des relativ großen Umfangs des Rahmenplans finden sich darin keine Reformvorschläge für das berufliche Bildungswesen, sondern ausschließlich Äußerungen zum Schulwesen.[6] Die angeführten Grundgedanken finden sich jedoch auch in den anschließenden Ausführungen des Deutschen Bildungsrats, welche mit dem Gutachten 7/8[7] (Deutscher Ausschuss 1964) die Begrenzung des Schulsystems verlassen und das berufliche Ausbildungs- und Schulwesen einbeziehen.

Bereits in dem Vorwort dieses Gutachtens wird deutlich, in welche Richtung die Vorschläge des Deutschen Ausschusses für diesen Bereich zielen. Einerseits wird mit dem Gutachten eine Gleichstellung von Bildung und Ausbildung angestrebt, die bereits im Gutachten „Zur Situation und Aufgabe der deutschen Erwachsenenbildung" (Deutscher Ausschuss 1960) ihre Grundlage fand. An jener Stelle wird konstatiert, dass „Ausbildung ein unentbehrliches Medium der Bildung geworden [ist], [...] [und] umgekehrt auch eine aus der Ausbildung entwickelte Bildung den Menschen vor der Enge des Spezialistentums" (Deutscher Ausschuss 1960: 880) schützt. Diese Gleichstellung hat letztendlich zum Ziel, den Zugang zu den Hochschulen auch für Absolventen einer Berufslehre zu öffnen (vgl. Deutscher Ausschuss 1964: 363).

Andererseits wird der berufliche Bildungsweg in drei Stufen konzipiert, die nicht unabhängig von der zuvor besuchten Schulform zugänglich sind. Laut dem Vorschlag des Deutschen Ausschusses sollen die 13- bis 16-jährigen SuS von Hauptschulen in einer Eingangsstufe unterrichtet werden. Die zweite Stufe, in die SuS von Realschulen direkt übergehen können, reicht bis zum Alter von 18 oder 19 Jahren und wird an Berufsschulen angesiedelt. Die dritte Stufe soll darauf aufbauend zur Hochschulreife führen und an „In-

---

6   Ungeachtet dieser Begrenzung wurde der Rahmenplan breit rezipiert und diskutiert (vgl. Schröder 1999: 40).
7   Das Gutachten 7/8 besteht aus zwei Teilgutachten. Der erste Teil trägt den Titel „Empfehlungen zum Aufbau der Hauptschule" (Deutscher Ausschuss 1964: 366-409), welcher zunächst als Sonderdruck erschien und „dann in der Folge 7/8" (Deutscher Ausschuss 1966a: 946) abgedruckt wurde. Der zweite Teil ist das „Gutachten über das Berufliche Ausbildungs- und Schulwesen" (Deutscher Ausschuss 1964: 413-515).

genieurschulen und Höheren Fachschulen, andererseits von Kollegs und Instituten" (Deutscher Ausschuss 1964: 363) angeboten werden. Folglich strebt der Deutsche Ausschuss einen früheren Beginn der Berufsausbildung und eine stärkere Verknüpfung derselben mit der Hauptschule an. Die Hauptschule wird damit in diesem Konzept zu einer Jugendschule, welche die Jugendlichen nicht nur bilden, sondern auch bei ihrer psychosozialen Entwicklung unterstützen soll (vgl. Deutscher Ausschuss 1964: 376 ff.). Zugleich wird die Hauptschule aber auch zur „Eingangsstufe des beruflichen Bildungsweges" (Deutscher Ausschuss 1964: 381) und dient damit der Heranführung der SuS an das Arbeitsleben, sodass der Beruf zum didaktischen Zentrum des Hauptschulunterrichts wird (vgl. Deutscher Ausschuss 1964: 381).

Letztendlich bedeutet das auch, dass die Berufsvorbereitung schon während der regulären Schulzeit beginnt. Mit dieser Konzeption unternimmt der Deutsche Ausschuss den Versuch, verschiedenen Anforderungen zu genügen. Zum einen kann hier die zur damaligen Zeit „wachsende Nachfrage nach Absolventen von Berufsfachschulen (Berufsvorschulen)" (Deutscher Ausschuss 1964: 423) genannt werden. Zum anderen sind in diesem Zusammenhang die Grundsätze der Europäischen Wirtschaftsgemeinschaft zu erwähnen, in welchen unter anderem formuliert wird, dass eine angemessene Berufsausbildung für jeden gewährleistet werden soll (vgl. Rat der Europäischen Wirtschaftsgemeinschaft 1963). Demnach gilt es zwei unterschiedliche (Anforderungs-)Dimensionen zu unterscheiden: Erstens die Nachfragedimension und zweitens die Dimension der Zielvereinbarungen, die spätestens seit der Unterzeichnung der Römischen Verträge im Jahr 1957 auch auf europäischer Ebene getroffen werden. Mit dem Gutachten 7/8 versucht der Deutsche Ausschuss beiden Dimensionen gerecht zu werden. So zielen die Ausführungen zum Übergang in die Berufsausbildung grundsätzlich darauf ab, selbigen zu verbreitern und gleichzeitig zu erleichtern.

Dies zeigt sich auch an den daran anschließenden Aussagen zu ungelernten Jugendlichen (vgl. Deutscher Ausschuss 1964: 460 f.), einer der Zielgruppen des Übergangssystems, und der weiteren Auseinandersetzung mit dem beruflichen Bildungsweg (vgl. Deutscher Ausschuss 1964: 488 ff.).

In diesem Kontext wird betont, dass die Frage des Übergangs in betriebliche Ausbildungen nicht neu sei, sondern „schon um die Jahrhundertwende [vom 19. zum 20. Jahrhundert] in ministeriellen Verlautbarungen aufgeworfen und seitdem ständig diskutiert, [...] [aber] bis heute keine befriedigende Lösung gefunden" (Deutscher Ausschuss 1964: 460) wurde. Der Deutsche Ausschuss stellt zwar fest, dass die Quote der Ausbildungslosen im Vergleich zur damaligen Zeit abgesunken sei (vgl. Deutscher Ausschuss 1964: 460), konstatiert jedoch zugleich, dass das „Problem nicht für alle Ausbildungsbereiche in gleicher Weise" (Deutscher Ausschuss 1964: 461) gelöst werden kann.

Des Weiteren wird auf die Gruppe der ausbildungslosen Jugendlichen eingegangen. Im Wesentlichen wird die Ausbildungslosigkeit auf zwei Merkmale zurückgeführt: Zum einen auf die soziale Herkunft der Jugendlichen, welche als Risiko für nicht ausreichende schulische Leistungen gesehen wird, zum anderen auf das Geschlecht. Bei Letzterem werden allerdings nicht mangelnde Leistungen, sondern ein fehlendes Interesse an Ausbildungsverträgen seitens junger Frauen als Argument vorgebracht (vgl. Deutscher Ausschuss 1964: 460). Diese Geschlechterunterschiede sind, unabhängig von den zugrunde liegenden Ursachen, bei der Betrachtung der Eintrittsquoten in Berufsfachschulen, Lehren und ungelernte Arbeit von Jugendlichen mit Volksschulabschluss im Jahr 1960 deutlich zu erkennen. Während der Frauenanteil bei Eintritten in eine Lehre bei knapp unter 40 % liegt, ist der Anteil junger Frauen beim Übergang in Berufsfachschulen mit etwa 71 % und bei der Aufnahme von ungelernten Tätigkeiten mit 75 % deutlich höher als der Anteil der jungen Männer im jeweiligen Bereich (vgl. Deutscher Ausschuss 1964: 453; eigene Berechnungen).

Mit dem oben dargestellten Vorschlag zu einem dreistufigen beruflichen Bildungsweg versucht der Deutsche Ausschuss auch diesen Schwierigkeiten zu begegnen. So wird das Konzept der Stufenausbildung in den „Empfehlungen zum Beruflichen Ausbildungs- und Schulwesen" (Deutscher Ausschuss 1964: 492) weiter konkretisiert. Dementsprechend wird an dieser Stelle die Einführung einer „beruflichen Grundausbildung für Nicht-Lehrlinge" (Deutscher Ausschuss 1964: 493) angeregt. Dies entspricht einer Ausweitung der bisher erprobten Maßnahmen, wobei hier im Speziellen „die Berufsgrundschule, das Berufsfindungsjahr [und] das Anlernjahr" (Deutscher Ausschuss 1964: 495) zu nennen sind, von welchen insbesondere junge Frauen profitiert haben. Konkret bedeutet der Vorschlag des Deutschen Ausschusses, dass Jugendliche ohne Ausbildungsplatz oder ohne weitere schulische beziehungsweise betriebliche Ausbildung nach dem Abschluss ihrer Schulpflicht im Rahmen von Berufsschulen[8] eine berufliche Grundbildung in verschiedenen Berufsfeldern erhalten sollen (vgl. Deutscher Ausschuss 1964: 93). Im Wesentlichen entspricht dies der zweiten Stufe im Vorschlag zum beruflichen Bildungsweg; die rein formale Konzeption wird jedoch durch inhaltliche Rahmenvorgaben ergänzt. Letztere machen deutlich, dass

---

8 Der Deutsche Ausschuss setzte sich für eine begriffliche Unterscheidung von Berufsschulen und Berufsvorschulen ein. Berufsschulen zeichnen sich demnach dadurch aus, dass sie „der beruflichen Ausbildung dienen, die Ausbildung im Betrieb begleiten oder [...] die Berufsausbildung ganz oder teilweise übernehmen" (Deutscher Ausschuss 1964: 495). Berufsvorschulen werden hingegen als „Vollzeitschule, die unmittelbar an allgemeine Schulen anschließen und [...] der Berufsorientierung dienen" (Deutscher Ausschuss 1964: 495) gesehen. Diese ideelle Unterscheidung hält der Deutsche Ausschuss jedoch nicht konsequent durch, was sich unter anderem daran zeigt dass die berufsvorbereitenden Bildungsgänge zunächst an Berufsschulen und nicht an Berufsvorschulen angesiedelt werden (Deutscher Ausschuss 1964: 493, 500).

mit der Idee der Vermittlung von beruflicher Grundbildung die Idealvorstellung einer Erleichterung des Übergangs in reguläre Ausbildungsverhältnisse verbunden ist.

Dies zeigt sich auch daran, dass diese zweijährigen Bildungsgänge erst im zweiten Jahr auf ein „bestimmtes Berufsfeld" (Deutscher Ausschuss 1964: 495) vorbereiten sollen. Im ersten Jahr soll den Jugendlichen nach dem Vorschlag des Deutschen Ausschusses zunächst ein Überblick über unterschiedliche Berufsfelder ermöglicht werden. Die Berufsvorbereitung während der zwei Jahre soll mithilfe „ernsthafter praktischer Arbeit und den damit verbundenen theoretischen Aufgaben fachlicher und naturwissenschaftlicher Art" (Deutscher Ausschuss 1964: 495) gewährleistet werden. Neben diesen praxisorientierten Kenntnissen sollen die SuS auch allgemeinbildenden Unterricht erhalten, der im ersten Jahr noch einen Umfang von 50 % der gesamten Unterrichtszeit einnimmt und im zweiten Jahr auf ein Drittel gesenkt werden soll (vgl. Deutscher Ausschuss 1964: 495). Mit diesen Bildungsgängen, die „auch nach der Begabung differenziert werden" (Deutscher Ausschuss 1964: 500), soll jedoch nicht nur die Möglichkeit des Übergangs in reguläre Ausbildungen verbessert werden. Soweit die Bedingungen der Allgemeinbildung und der Vermittlung von beruflichem Überblickswissen im ersten Schuljahr erfüllt sind, soll das „erste Jahr [...] auch als neuntes Schuljahr" (Deutscher Ausschuss 1964: 495) anerkannt werden. Das bedeutet, dass den Jugendlichen mit dem Besuch der Berufsvorschulen neben dem beruflichen Bildungsweg auch ein weiterführender Schulbesuch ermöglicht werden soll. Darüber hinaus lässt sich dieses Konzept in die Forderung der Gleichwertigkeit von Bildung und Ausbildung einordnen, denn auf lange Sicht sollte die Berufsvorbereitung mit den Hauptschulen zusammenwachsen (Deutscher Ausschuss 1964: 495). Dennoch kann gleichermaßen konstatiert werden, dass der Besuch von Berufsvorschulen für Jugendliche, die nicht direkt nach dem Abschluss ihrer Schulpflicht einen Ausbildungsplatz finden, konzeptionell und praktisch eine Verlängerung der Wartezeit auf selbigen bedeutet.

Vor der Diskussion der Aufnahme und Umsetzung dieser Reformvorhaben durch die KMK lässt sich demnach festhalten, dass der Deutsche Ausschuss vor seiner Auflösung im Jahr 1965 einen Vorschlag zur Weiterentwicklung des Übergangssystems vorgelegt hat. Von besonderer Bedeutung ist bei diesem Entwurf zum einen die Dreistufigkeit in der Empfehlung zum beruflichen Bildungsweg. Mit diesem Plan verband der Deutsche Ausschuss die Hoffnung, den Übergang in reguläre Ausbildungen grundlegend zu verbessern. Zum anderen ist die Einbettung der Maßnahmen, die zur Verbesserung des Übergangs in reguläre Ausbildungen dienen sollen, in ein Konzept, welches dem Grundgedanken der Gleichwertigkeit von Bildung und Ausbildung folgt, hier nochmals hervorzuheben. Dadurch werden Schwellen zwischen diesen Bildungssystemen abgebaut und den Jugendlichen wird beispielsweise die Möglichkeit geboten zwischen ihnen zu wechseln, auch wenn sie bereits berufsvorbereitende Bildungsgänge besucht haben. Das Gutachten 7/8 des Deutschen Ausschusses sollte folglich gleichzeitig den Übergang in das berufliche Bildungssystem sowie den Wechsel zwischen demselben und dem schulischen Bildungssystem erleichtern.

Memobox 1: Der Deutsche Ausschuss in der Planungsphase des Übergangssystems	
Zentrale Publikation	Gutachten 7/8
Wesentliche Zielvorstellungen	<ul><li>Erhöhung der Bildungsbeteiligung und des Bildungsniveaus</li><li>Reduktion der Quote der Personen ohne Ausbildungsabschluss</li></ul>
Primäre Forderungen	<ul><li>Gleichstellung von allgemeiner und beruflicher Bildung</li><li>Stufung der beruflichen Bildung</li><li>Erleichterung des Übergangs in reguläre Ausbildungen, auch durch alternative Bildungswege</li></ul>

1.1.2 Der Deutsche Bildungsrat – erste Amtsperiode

Bereits kurz nach der Verabschiedung des Deutschen Ausschusses wurde mit dem Deutschen Bildungsrat (kurz: Bildungsrat) eine neue Institution zur Beratung der Politik in Bildungsfragen ins Leben gerufen (vgl. Hüfner/ Naumann 1977: 69, Schröder 1999: 53). Von Beginn an wies der Bildungsrat eine andere Struktur auf als der Deutsche Ausschuss. Mit der Teilung in eine Bildungs- und eine Regierungskommission sowie der besseren finanziellen und personellen Ausstattung (vgl. Hüfner/Naumann 1977: 135, Hüfner/ Naumann/Köhler et al. 1986: 152) sollten „neue Möglichkeiten der Kommunikation und Kooperation zwischen Politikern und Wissenschaftlern im Rahmen der Bildungsplanung" (Hüfner/Naumann 1977: 69) geschaffen werden. Die jeweils achtzehn Mitglieder der beiden Kommissionen wurden zu unterschiedlichen Anteilen von den Ländern, dem Bund und kommunalen Spitzenverbänden benannt (vgl. Art. 5 Abs. I, Art. 9 Abs. I KMK 1965a), wobei die Mitglieder der Bildungskommission vom Bundespräsidenten berufen werden mussten (vgl. Art. 5 Abs. I KMK 1965a). Das Verfahren zur Verabschiedung von Empfehlungen sah vor, dass die Vorschläge zunächst von der Bildungskommission selbstständig erarbeitet wurden und anschließend die Regierungskommission vor der Veröffentlichung der Gutachten als Anhörungsinstanz einbezogen wurde (vgl. Art. 2 KMK 1965a). So sollte eine Struktur geschaffen werden, die sich gleichzeitig in optimaler Nähe und bestmöglicher Distanz zu anderen administrativen beziehungsweise politischen Instanzen befand (vgl. Hüfner/Naumann 1977: 69 f.).

Im Gegensatz zu dem Deutschen Ausschuss, der sich seine Arbeitsthemen selbst wählte, wurden der Bildungskommission im Gründungsabkommen folgende Aufgaben zugewiesen:

- „Bedarfs- und Entwicklungspläne für das deutsche Bildungswesen zu entwerfen, die den Erfordernissen des kulturellen, wirtschaftlichen und sozialen Lebens entsprechen und den zukünftigen Bedarf an ausgebildeten Menschen berücksichtigen.
- Vorschläge für die Struktur des Bildungswesens zu machen und den Finanzbedarf zu berechnen.
- Empfehlungen für eine langfristige Planung auf den verschiedenen Stufen des Bildungswesens auszusprechen." (Art. 2 KMK 1965a)

Diese inhaltlichen Schwerpunkte sollten für die Amtszeit des Bildungsrats als Richtlinien dienen, was sich auch in den Thematiken seiner Veröffentlichungen widerspiegelt (vgl. Hüfner/Naumann 1977: 175). Im Folgenden wird zunächst auf die für die Entwicklung des Übergangssystems relevanten Publikationen des ersten Bildungsrats eingegangen; die während der zweiten Amtsperiode erschienenen Veröffentlichungen werden später, in Kapitel 1.2.1, näher behandelt.

Die bekannteste und zweifelsohne auch meist diskutierte Empfehlung des ersten Bildungsrats ist der „Strukturplan für das Bildungswesen" (Deutscher Bildungsrat 1970). Dieser erschien zum Ende der ersten Amtszeit des Bildungsrats, die 1966 begonnen hatte und nach vier Jahren, 1970, endete (vgl. Hüfner/Naumann 1977: 174). Die Bildungskommission selbst fasste aufgrund ihrer Zusammensetzung, welche als ein „Reflex der Gesellschaft" (Deutscher Bildungsrat 1970: 15) begriffen wurde, den Strukturplan als Dokument auf, das aufzeigt, „was heute an bildungspolitisch gemeinsamer Programmatik in der Bundesrepublik möglich ist" (Deutscher Bildungsrat 1970: 15). Das bedeutet, dass im Verständnis der Bildungskommission die Aushandlungsprozesse innerhalb des Gremiums mit den bildungspolitischen Auseinandersetzungen außerhalb desselben gleichgesetzt wurden und dass die Konsensbildung, die im Gremium erfolgte, auch in einem größeren Rahmen für realisierbar gehalten wurde.[9]

Zunächst lässt sich festhalten, dass die Bildungskommission mit dem Strukturplan an die Arbeit des Deutschen Ausschusses anschließt, ohne „im

---

9   Dagegen lässt sich kritisch einwenden, dass aufgrund der Konstruktion des Bildungsrates zwar innerhalb der Bildungskommission ein Konsens erzielt werden konnte, dieser jedoch nicht zwangsläufig von der Regierungskommission mitgetragen werden musste. Dadurch konnte die Bildungskommission, funktional betrachtet, „zu einer Neuauflage des Deutschen Ausschusses werden, [...] [welcher mit] der Regierungskommission funktional die KMK [...] gegenüberstehen würde" (Hüfner/Naumann 1977: 71).

einzelnen darzulegen, in welcher Hinsicht [...] [sie] auf ihm aufbaut und wo sie mit ihren Empfehlungen über ihn hinausgeht" (Deutscher Bildungsrat 1970: 19). Auch ohne diese Transparenz wird bereits bei der Auseinandersetzung mit den von der Bildungskommission vorgelegten Grundsätzen des Bildungssystems deutlich, dass zwischen dem Strukturplan und den Empfehlungen des Deutschen Ausschusses große Ähnlichkeiten bestehen.[10]

Als Leitsätze für die Struktur des Bildungswesens werden von der Bildungskommission zwei Leitsätze formuliert:

1. „Die Bereiche des Lernens sollen in sich und im Verhältnis zueinander horizontal nach Stufen gegliedert sein.
2. Jede Stufe muß unter Berücksichtigung der körperlichen und geistigen Belastbarkeit des einzelnen entsprechend den Lernvoraussetzungen angelegt sein, die in den vorhergehenden Stufen erreicht wurden." (Deutscher Bildungsrat 1970: 26)

Diese allgemeinen Grundlinien werden durch weitere Empfehlungen von grundlegender Bedeutung ergänzt. Beispielsweise wird zudem „die Gleichrangigkeit der Schullaufbahnen im Sekundarbereich [sowie] die Einheit von theoretischer und praktischer Bildung" (Deutscher Bildungsrat 1970: 28) gefordert. An diesen vier Grundprinzipien wird deutlich, dass die Bildungskommission ebenso wie der Deutschen Ausschuss von einer Gleichwertigkeit verschiedener Bildungsgänge ausgeht und damit dem Ideal eines durchlässigen Bildungssystems folgt.

Nach der Vorstellung der Bildungskommission soll das Bildungswesen jedoch nicht nur durchlässig sein, sondern vor dem Eintritt in dasselbe zudem tatsächliche Chancengleichheit bestehen. Das bedeutet, dass sowohl „Gleichheit der Bildungschancen besteht [...] [als auch] jeder Heranwachsende so weit gefördert wird, daß er die Voraussetzungen besitzt die Chancen *tatsächlich* wahrzunehmen" (Deutscher Bildungsrat 1970: 30, keine Hervorhebung im Original). Dieses Ziel soll durch die Aufhebung von „Benachteiligungen aufgrund regionaler, sozialer und individueller Voraussetzungen" (Deutscher Bildungsrat 1970: 30) erreicht werden. Darüber hinaus forderte die Bildungskommission eine Einschränkung des Leistungsprinzips in Schulen, da die SuS nicht einschätzen können, „zu welchen späten Folgen ein Leistungsmangel führen kann" (Deutscher Bildungsrat 1970: 35). Damit wird letztendlich ein Bildungssystem konzeptioniert und angestrebt, das frei von sozialer Ungleichheit ist.

Dies gilt auch für den beruflichen Teil des Bildungswesens, welches als abhängig vom Beschäftigungssystem gesehen wird (vgl. Deutscher

---

10 Die Fortsetzung der Arbeit des Deutschen Ausschusses durch den Bildungsrat lässt sich auch auf personelle Überschneidungen zurückführen. Beispielsweise wurde Theodor Pfizer, der ehemalige Vorsitzende des Deutschen Ausschusses, auch in die Bildungskommission berufen (vgl. Hüfner/Naumann 1977: 179).

Bildungsrat 1970: 32). Durch die Ausweitung der Weiterbildung wird das Berufsbildungssystem gleichzeitig sowohl in quantitativer, als auch in zeitlicher Hinsicht verbreitert (vgl. Deutscher Bildungsrat 1970: 51 ff.). Mit dieser Ausdehnung sollen die Individuen in die Lage versetzt werden, den sich wandelnden Anforderungen von Beruf und Arbeitsmarkt gerecht zu werden, und zudem durch „Überqualifizierung [...] Wahl- und Entwicklungsmöglichkeiten in allen Lebensbereichen [...] größere Unabhängigkeit" (Deutscher Bildungsrat 1970: 52) gewinnen. Das Zusammenwachsen von allgemeinem und beruflichem Lernen spielt in diesem Kontext eine bedeutende Rolle, denn dadurch soll, neben der Sicherstellung der Durchlässigkeit des Bildungswesens, gewährleistet werden, dass das vermittelte Wissen „zu Teilhabe und Mitwirkung befähigt" (Deutscher Bildungsrat 1970: 57). Daraus ergibt sich, moderner formuliert, die Forderung nach der Etablierung und Stärkung einer Wissensgesellschaft; das bedeutet: Wissen soll die Grundlage für das ökonomische und soziale Leben der Gesellschaft werden.[11]

Die Zusammenführung von allgemeinem und beruflichem Lernen spiegelt sich im Strukturplan der Bildungskommission in weiteren Punkten. So wird beispielsweise vorgeschlagen, dass eine umfassende Berufsbildungsberatung eingeführt wird, die bereits in der Sekundarstufe I ansetzt, um die Transparenz des Bildungssystems und damit auch dessen Durchlässigkeit zu erhöhen. Den SuS soll schon früh ein Überblick über verschiedene Berufsbilder vermittelt werden, wodurch auch die Grundlagen der Berufswahl verbessert werden sollen (vgl. Deutscher Bildungsrat 1970: 91 ff.). Der Vorschlag ist jedoch nicht, wie die Empfehlung des Deutschen Ausschusses, auf eine bestimmte Schulform begrenzt, sondern zielt darauf ab, alle „Schüler der Sekundarstufe I zur Arbeits- und Berufswelt" (Deutscher Bildungsrat 1970: 155) hinzuführen.

Darüber hinaus lässt sich die Gleichrangigkeit von verschiedenen Bildungsgängen auch an den Ausführungen der Bildungskommission zum beruflichen Bildungssystem aufzeigen. In diesem Zusammenhang wird unter anderem gefordert, dass alle „Lernenden in der Sekundarstufe II in den Genuß solcher allgemeiner Bildungselemente [...] kommen, die für die später angestrebten Berufe nicht erforderlich sind, aber Lebensvorteile anderer Art bringen" (Deutscher Bildungsrat 1970: 165). Mit anderen Worten: Das Berufsbildungswesen darf sich nicht auf die Herausbildung berufsbezogener Kompetenzen beschränken, sondern hat auch immer einen allgemeinen Bildungsauftrag zu erfüllen.

Diese Entwicklung soll durch die Stufung des beruflichen Bildungssystems in der Sekundarstufe II sichergestellt werden, sodass dort „aufeinander aufbauende Qualifikationen" (Deutscher Bildungsrat 1970: 162) vermittelt werden können. Zunächst sollen alle Jugendlichen, unabhängig von der Art

---

11 Zum Konzept der Wissensgesellschaft vergleiche einführend Willke (2001) und kritisch Bittlingmayer (2006).

der Berufsausbildung, ein Berufsgrundbildungsjahr durchlaufen, das „eine von der Produktion getrennte, systematische Grundbildung in einem breiten Berufsfeld" (Deutscher Bildungsrat 1970: 162) zum Inhalt hat. Damit soll zum einen verhindert werden, dass sich Jugendliche ohne ausreichende Vorbereitung für einen bestimmten Berufsweg entscheiden müssen. Zum anderen sollen Korrekturmöglichkeiten bezüglich der Wahl eines Berufs geschaffen werden (vgl. Deutscher Bildungsrat 1970: 181 f.). Je nach Berufsfeld sollen während des Jahres auch Praxiskurse angeboten werden (vgl. Deutscher Bildungsrat 1970: 183). Gleichermaßen sollen die Jugendlichen während dieser Zeit auch „mit den Sozialverhältnissen […], in denen üblicherweise ein bestimmter Beruf ausgeübt wird" (Deutscher Bildungsrat 1970: 184), bekannt gemacht werden. Demnach wird das Berufsgrundbildungsjahr in dieser Konstruktion in gewisser Weise zu einem Moratorium, das den Jugendlichen dazu dient, einen Überblick über verschiedene Berufe in einem Berufsfeld zu gewinnen sowie Kenntnisse zu erlangen, die in unterschiedlichen Berufen anwendbar sind. Das übergeordnete Ziel ist folglich die Verbesserung der Entscheidungsgrundlage für den weiteren Berufsweg.[12]

Es kann jedoch auch kritisch angemerkt werden, dass „die Einführung des Berufsgrundbildungsjahres zu einer zeitlichen Verlängerung der Stufe bis zum ersten berufsqualifizierenden Abschluß" (Deutscher Bildungsrat 1970: 184) führt. Dies erscheint der Bildungskommission jedoch als gerechtfertigt, da mit dieser Maßnahme die Grundausbildung verbreitert und damit das durchschnittliche Bildungsniveau erhöht wird.

Nach dem Abschluss des Berufsgrundbildungsjahrs soll die Mehrheit der Jugendlichen eine Fachbildung mit einer Maximaldauer von zwei Jahren beginnen, die mit „einem ersten berufsqualifizierenden Abschluß endet" (Deutscher Bildungsrat 1970: 162). Auch während dieser zweijährigen Ausbildungsphase soll zum Teil schulischer Unterricht an Berufsschulen stattfinden, wobei die Fachbildung im Vordergrund steht. Das Kursspektrum soll dabei nach „unterschiedlichen Lernzielen und Eingangsqualifikationen der Lernenden" (Deutscher Bildungsrat 1970: 187) differenziert sein. Demnach ist die Empfehlung der Bildungskommission auch in diesem Punkt dem Vorschlag des Deutschen Ausschusses ähnlich, der, wie oben erläutert, ein Konzept für eine Stufung des beruflichen Bildungswegs vorgelegt hat, welches nach den zuvor erreichten Schulabschlüssen, und damit faktisch ebenso nach Eingangsqualifikationen, untergliedert ist. Des Weiteren soll der Besuch der Berufsschule, nach dem Strukturplan der Bildungskommission, durch die Zusammenführung von allgemeinbildenden und fachtheoretischen Bildungs-

---

12 Mit dieser Konzeption des Berufsgrundbildungsjahres gelang es der Bildungskommission, verschiedene bestehende Reformansätze zu bündeln und sie durch die Aufnahme in den Strukturplan in einen umfassenden Zusammenhang zu stellen (vgl. Münch 1970: 731). Ein Überblick über unterschiedliche Linien bezüglich der Einführung einer Berufsgrundbildung findet sich bei Münch (vgl. Münch 1970: 731 ff.).

inhalten auch den nachträglichen Erwerb höherer Schulabschlüsse ermöglichen (vgl. Deutscher Bildungsrat 1970: 188), was ein weiterer Aspekt des Ziels der Erhöhung der Durchlässigkeit im Bildungssystem ist. Daneben sollen für „jene Minderheit von Schülern [...], die den Abschluß der 10. Klasse nicht schaffen und durch eine längere und im allgemeinen mehr als früher theoriebetonte Berufsausbildung überfordert wären" (Deutscher Bildungsrat 1970: 191), nach dem Berufsgrundbildungsjahr spezielle Bildungsgänge eingerichtet werden. Diese sollen zwar in die „stärker theoriebetonten Erstausbildungsgänge" (Deutscher Bildungsrat 1970: 191) integriert sein, jedoch von kürzerer Dauer sein sowie eher den Charakter eines Lehrgangs haben, „so daß die Einführung in einen bestimmten Tätigkeitsbereich erst am Arbeitsplatz erfolgt" (Deutscher Bildungsrat 1970: 191). Faktisch zielt dieser Vorschlag darauf ab, die SuS, welche während ihrer Schulzeit keine ausreichenden Leistungen erbracht haben, von den übrigen Jugendlichen zu trennen. Zudem stellt der verpflichtende Besuch von Lehrgängen für Jugendliche ohne Schulabschluss eine Warteschleife dar, insofern sie nach den Lehrgängen eine Berufsausbildung beginnen und bereits zuvor den Wunsch hatten, eine Ausbildung aufzunehmen.

Es scheint somit fraglich, inwieweit in dem Konzept der Bildungskommission durch das Berufsgrundbildungsjahr Ungleichheit im Bildungswesen reduziert werden kann. An der Schlüsselrolle des formalen Schulabschlusses für den Übergang in die Berufsausbildung wird durch den Strukturplan nichts geändert. Vielmehr kann konstatiert werden, dass durch den Bildungsrat die Strategie einer Diversifizierung der Möglichkeiten, den benötigten Schulabschluss zu erwerben, verfolgt wird, wobei der Einführung zusätzlicher Bildungsangebote eine zentrale Rolle zukommt (vgl. Memobox 2).

Memobox 2: Der erste Deutsche Bildungsrat in der Planungsphase des Übergangssystems	
Zentrale Publikation	Strukturplan für das Bildungswesen
Wesentliche Zielvorstellungen	• Herstellung von tatsächlicher Chancengleichheit • Verbreiterung der Grundbildung • Erhöhung des durchschnittlichen Bildungsniveaus
Primäre Forderungen	• Gleichwertigkeit der Schullaufbahnen im Sekundarbereich • Stufung des beruflichen Bildungssystems • Einführung eines verpflichtenden Berufsgrundbildungsjahres • Einführung von speziellen Bildungsgängen zur Berufsvorbereitung

1.1.3 Aufnahme und Umsetzung der Reformvorschläge durch die Kultusministerkonferenz

Nachdem zuvor die verschiedenen Reformvorschläge des Deutschen Ausschusses und des ersten Bildungsrats dargestellt wurden, wird nun der Fokus auf die Aufnahme und die Umsetzung dieser Empfehlungen durch die Ständige Konferenz der Kultusminister der Länder (kurz: KMK) gerichtet. Entlang verschiedener Rahmenvereinbarungen der Kultusminister wird dabei der Frage nachgegangen, inwieweit die Reformvorschläge der Bildungsberatungsinstitutionen Eingang in die Vereinbarungen der KMK gefunden haben. Darauf aufbauend wird gefragt, ob deren Empfehlungen von den Kultusministern eher als weiche Zielvereinbarungen oder als notwendige Innovationen aufgefasst werden.

In der Zeit von 1948 bis zu der hier im Zentrum stehenden Phase der 1960er Jahre hatte sich die KMK beständig weiterentwickelt. Bei ihrer Entstehung aus einer Konferenz der deutschen Erziehungsminister, waren die Minister aus der sowjetischen Besatzungszone noch beteiligt. Später konnten Letztere aufgrund eines Verbots der russischen Besatzungsmacht nicht mehr an den Sitzungen der KMK teilnehmen. Die erste Zusammenkunft der Minister war durch „die Sorge, daß Deutschland sich auch kulturell in den vier Besatzungszonen auseinanderentwickeln würde" (Fränz/Schulz-Hardt 1998: 179) geprägt und bedingt. Abstrakter formuliert bestand die Zielvorstellung durch die Gründung der KMK darin eine Institution zur Diskussion und Koordination von Bildungsfragen zu schaffen. Anfangs glückte die Umsetzung dieser Intention jedoch nur beschränkt, sodass sich die KMK schon bald mit breiter Kritik konfrontiert sah, der sie mit der Verabschiedung des Düsseldorfer Abkommens entgegnete (vgl. Fränz/Schulz-Hardt 1998: 185 f.).

Dieser Beschluss änderte die Position der KMK jedoch nicht wesentlich. Nach wie vor konnte sie nicht direkt in die Gesetzgebung eingreifen. Aufgrund des im Gremium praktizierten Konsensprinzips kann dennoch davon ausgegangen werden, dass die einzelnen Bundesländer die Empfehlungen der KMK auch ohne Gesetzgebungsgewalt entsprechend umsetzten. Zugleich kann das Konsensprinzip als Ursache für den hohen Grad an Allgemeinheit der Empfehlungen der KMK angeführt werden (vgl. Hüfner/Naumann 1977: 61). Die Beschlüsse der KMK können somit, trotz der angeführten Problematiken, als Spiegelung der Schnittmenge der bildungspolitischen Vorstellungen der Kultusminister der verschiedenen Bundesländer aufgefasst werden, sodass im Folgenden nun die Erklärungen der KMK aus den 1960er Jahren im Bezug auf die oben genannten Fragestellungen näher betrachtet werden.

Als Ausgangspunkt der Auseinandersetzungen mit selbigen wird die sogenannte „Berliner Erklärung" herangezogen, mit welcher die Kultusminister den Grundstein für die „Weiterentwicklung der Schul- und Hochschulpolitik"

(KMK 1964a: 34) legen wollten. Die Notwendigkeit für Reformen wird dort auf zwei Arten begründet. Einerseits wird der fortlaufende Prozess der europäischen Integration angeführt, andererseits werden „die in allen Staaten gleichlaufenden Bedürfnisse der modernen Industriegesellschaft" (KMK 1964a: 34) genannt. Somit werden ein externer und ein interner Grund vorgebracht, „die [bereits] Anfang 1962 bei der Begründung für die zu erstellende Bedarfsfeststellung" (Hüfner/Naumann 1977: 131) in abgewandelter Form aufgetaucht waren. Andere Staaten sind demnach gleichermaßen mit diesen Entwicklungen konfrontiert, sodass sich die Kultusminister zu dieser Zeit auch mit den Trends in anderen europäischen Ländern auseinandergesetzt und dabei folgende Leitlinien ausgemacht haben:

- „Anhebung des gesamten Ausbildungsniveaus der Jugendlichen durch vermehrte und verbesserte Schulbildung aller Art,
- Erhöhung der Zahl zu gehobenen Abschlüssen verschiedenster Art geführten Jugendlichen,
- Ausbildung jedes einzelnen bis zum höchsten Maß seiner Leistungsfähigkeit,
- Angebot von Ausbildungsmöglichkeiten, die stärker auf die Befähigung des einzelnen eingestellt sind; Maßnahmen, die Schüler in diese ihnen gemäßen Bildungsgänge zu bringen (zum Beispiel Beobachtungsstufe),
- Verstärkung der Durchlässigkeit unter allen bestehenden Schulen (zum Beispiel horizontal, nicht vertikal gegliederte Schulorganisation,
- Errichtung neuer, weiterführender Formen." (KMK 1964a: 34)

Diese Schwerpunktsetzungen weisen in mehreren Punkten große Ähnlichkeit zu den Ausführungen des Deutschen Ausschusses auf. Zum einen ist die Forderung nach der Erhöhung des Bildungsniveaus bereits im „Rahmenplan zur Umgestaltung und Vereinheitlichung des allgemeinbildenden öffentlichen Schulwesens" (Deutscher Ausschuss 1959) formuliert worden. Das bedeutet, dass die von den Kultusministern auf europäischer Ebene verorteten Tendenzen ebenso den Stand der bildungspolitischen Diskussionen in Deutschland widerspiegeln.

Zum anderen lassen sich auch Parallelen zwischen der Berliner Erklärung der KMK und dem Gutachten 7/8 des Deutschen Ausschusses ausmachen. Auch wenn das Gutachten 7/8 zum Zeitpunkt der Publikation der Berliner Erklärung von den Ministern noch erwartet und wenige Monate später veröffentlicht wurde, lassen sich nicht nur Parallelen bezüglich der Inhalte, sondern auch bezüglich der zugrunde liegenden Reformerfordernisse zwischen diesen beiden Dokumenten ziehen. So wurde die Notwendigkeit für Reformen des Bildungswesens vom Deutschen Ausschuss auch auf eine interne Nachfragedimension und eine externe Dimension, nämlich die Vereinbarungen der Europäischen Wirtschaftsgemeinschaft, zurückgeführt (vgl. Deutscher Ausschuss 1964: 423, 454). Darüber hinaus stimmen die von den

Kultusministern aufgezeigten europäischen Trends auch mit den Leitgedanken des Gutachtens 7/8 überein. Beispielsweise kann hier ebenfalls die Erhöhung des Bildungsniveaus, die Einführung neuer, weiterführender Formen mit der Etablierung einer beruflichen Grundausbildung für Nicht-Lehrlinge (vgl. Deutscher Ausschuss 1964: 493 ff.), aber auch die Steigerung der Durchlässigkeit durch die Gleichstellung von Bildung und Ausbildung (vgl. Deutscher Ausschuss 1964: 363) genannt werden.

Somit kann zunächst festgehalten werden, dass sich einige grundlegende Vorstellungen des Deutschen Ausschusses in der Berliner Erklärung der Kultusminister wiederfinden lassen. Das bedeutet, dass die KMK zumindest ähnliche Ideen wie der Deutsche Ausschuss bezüglich einer Reform des Bildungssystems verfolgte.

Dies zeigt sich auch an weiteren, im selben Jahr abgegebenen Erklärungen der KMK. Zum Beispiel wurde im Rahmen der 102. Plenarsitzung der KMK die Notwendigkeit hervorgehoben, dass das Bildungswesen in seiner damaligen Form nicht nur auszubauen sei, sondern auch „neue Zielvorstellungen – auch im Zusammenhang der zunehmenden europäischen Integration – zu entwickeln und zu verwirklichen" (KMK 1964c) seien. Die Ausarbeitung derartiger Reformvorschläge sollte durch eine „umfassende Bildungsplanung […] in einer steten Wechselwirkung zwischen den Ländern und dem Bund" (KMK 1964c) geleistet werden. Neben dieser Andeutung einer Kritik am Deutschen Ausschuss wird an dieser Stelle vor allem auf das Erfordernis, die Zahl der Abiturienten zu steigern hingewiesen. Letztere Forderung kann, ebenso wie das Ansinnen, „die Möglichkeit der Übergänge von höheren Fachschulen zur Hochschule zu erweitern" (KMK 1964b), welches auf der 105. Plenarsitzung der KMK formuliert wurde, in den Zusammenhang mit der Zielvorstellung der Anhebung des durchschnittlichen Bildungsniveaus gesetzt werden.

Ansätze für die Umsetzung dieser Vorhaben lassen sich im sogenannten „Hamburger Abkommen" (KMK 1964d) der KMK ausfindig machen. Selbiges wurde 1964, als „Novellierung des Düsseldorfer Abkommens" (Hüfner/ Naumann 1977: 132), von den Kultusministern geschlossen. Darin wurde unter anderem „die 1959 beschlossene Verlängerung der Vollzeit-Schulpflicht […] verpflichtend bestätigt" (Hüfner/Naumann 1977: 132) und auf mindestens neun Jahre festgelegt (vgl. § 2 Abs. II KMK 1964d). Darüber hinaus wurde vereinbart, dass alle SuS in der fünften und sechsten Jahrgangsstufe gemeinsam unterrichtet werden (vgl. § 4 Abs. IV KMK 1964d). Die erstgenannte Vereinbarung, welche wenig später nochmals betont wurde (KMK 1964b), kann als Umsetzung der Idee der Erhöhung des Bildungsniveaus aufgefasst werden. Der Beschluss der Einführung der Verlängerung des gemeinsamen Schulunterrichts lässt sich hingegen als Versuch der Steigerung der Durchlässigkeit im Schulsystem auffassen (vgl. Hüfner/Naumann 1977: 132).

Damit kann auch konstatiert werden, dass die KMK zum Teil die Ideen des Deutschen Ausschusses nicht nur übernommen, sondern in Form von Abkommen auch umgesetzt hat (vgl. Hüfner/Naumann 1977: 132, Kleemann 1977: 131 ff.). Allerdings muss zugleich betont werden, dass die Reformvorschläge des Deutschen Ausschusses nicht allesamt von den Kultusministern aufgegriffen und realisiert wurden. So fehlen beispielsweise Umsetzungen, beziehungsweise Umsetzungsvorschläge, der Konzeption des beruflichen Bildungssystems und damit auch des Übergangssystems vollständig. Zwar wurde von den Kultusministern die Möglichkeit für „pädagogische Versuche" (§ 16 KMK 1964d) geschaffen, sodass die Option zur Probe der Reformvorhaben des Deutschen Ausschusses bestand, dennoch ist dies weit von einer Verwirklichung der Empfehlungen des Deutschen Ausschusses entfernt. Folglich bleibt fraglich, inwieweit die KMK tatsächlich eine Gleichstellung der beruflichen und schulischen Bildung angestrebt hat. Fest steht in jedem Fall, dass die Kultusminister die Berufsvorbereitung nicht in die reguläre Schulzeit eingeflochten haben und damit dem Deutschen Ausschuss in einem wesentlichen Punkt nicht gefolgt sind, wodurch dessen Konzept der Erleichterung des Übergangs in betriebliche Ausbildungen der Grundlage entzogen wird. Kurzum: Die Reformvorschläge des Deutschen Ausschusses haben durch die KMK nur ein begrenztes Maß an Berücksichtigung erfahren.

In den folgenden Jahren, in welchen zuerst der Deutsche Ausschuss aufgelöst und in der Folge der erste Bildungsrat eingerichtet wurde, veröffentlichte die KMK weitere Dokumente, die sich in diese Linie einordnen lassen. Zwar konstatieren die Kultusminister in einem Resümee ihrer Arbeit in den Jahren 1965 und 1966, dass sich die Zusammenarbeit von Bund und Ländern stetig verbessert habe, insbesondere auch durch die „gemeinsam geschaffenen Beratungsinstrumente" (KMK 1967a: 228) wie den Bildungsrat, dennoch ist die Wahrnehmung der Reformvorschläge auch in dieser Zeit beschränkt. So wird im Kontext der Zusammenfassung der Bemühungen im Haupt- und Berufsschulbereich das Gutachten 7/8 des Deutschen Ausschusses erwähnt und festgestellt, dass die Auseinandersetzungen „wohl zu einer grundlegenden Neuordnung der bisherigen Volksschule und ihres Verhältnisses zum beruflichen wie zum weiterführenden allgemeinbildenden Schulwesen führen" (KMK 1967a: 232). Die in diesem Bereich tatsächlich durchgeführten Reformen beschränkten sich jedoch auf die im Hamburger Abkommen beschlossene Einführung des neunten Pflichtschuljahrs und eine Namensänderung der Schulform von Volksschuloberstufe zu Hauptschule in allen Bundesländern (vgl. KMK 1967a: 232).

Darüber hinaus ist im Kontext der Realisierung der Reformvorschläge die „zweite Rahmenvereinbarung über die Berufsaufbauschule" (KMK 1965c) zu nennen, mit welcher die Kultusminister unter anderem angestrebt haben die berufliche und allgemeine Bildung an diesen Bildungseinrichtungen stärker miteinander zu verknüpfen. Hierbei ist allerdings darauf hinzuweisen, dass Berufsaufbauschulen nicht der Hinführung an einen Beruf dienen, sondern auf bereits vorhandene Qualifikationen aufbauen und Nachwuchs heranbilden sollen, „der in der Lage ist, gehobene Funktionen zu übernehmen" (KMK 1965c: 270). Somit wurde hier zwar das Konzept der Gleichwertigkeit von Bildung und Ausbildung übernommen, die Berufsvorbereitung jedoch nicht darin einbezogen.

In den darauffolgenden zwei Jahren ändert sich an der Grundhaltung der KMK nichts Wesentliches. Ähnlich wie auf die Arbeit des Deutschen Ausschusses wird nun auf die Tätigkeit des Bildungsrats positiv Bezug genommen und eine „erfreulich enge Zusammenarbeit" (KMK 1969a: 266) attestiert. Diese führte jedoch nicht unmittelbar zu einer Fokussierung der Reformvorschläge hinsichtlich der beruflichen Bildung. Im Zentrum der Tätigkeit der Kultusminister lag in den Jahren 1967 und 1968 vielmehr die Auseinandersetzung mit der „Studienreform und Hochschulreform" (KMK 1969a: 265; hervorgehoben im Original). Erst durch eine Schwerpunktverlagerung des Schulausschusses der KMK wird das berufliche Schulwesen stärker in den Fokus gerückt. Zusätzlich werden andere „Teilbereiche des Bildungswesens" (KMK 1969a: 269) in die Arbeit des Schulausschusses aufgenommen. Im Unterschied zu den Vorschlägen des Bildungsrats ist dabei allerdings zu bemerken, dass die Bemühungen der KMK in diesem Bereich eher auf eine Verbreiterung des Hochschulzugangs als auf eine Verbesserung des Übergangs in Berufsausbildungen abzielten (vgl. KMK 1969a: 269 f.). Dies wird auch an der Ergänzung des Hamburger Abkommens deutlich, mit welcher die Einführung von Fachoberschulen beschlossen wurde (KMK 1968: 362).[13]

Ungeachtet dessen werden im Kontext der Hauptschulreform die Diskussion eines zehnten Pflichtschuljahres und die Frage der Ansiedlung desselben an der Hauptschule oder an einer Berufsgrundschule erwähnt (KMK 1969a: 270). Damit greift die KMK auf die durch den Deutschen Ausschuss angestoßene Debatte zurück, die darauf abzielte, Jugendliche schon während der Schulzeit an die spätere Berufstätigkeit heranzuführen (Deutscher Ausschuss 1964: 381). Gleichzeitig nehmen die Kultusminister damit in gewisser Weise eine Position des Bildungsrats vorweg, der im, zu dieser Zeit noch nicht veröffentlichten, Strukturplan eher für ein zehntes Schuljahr an einer Berufsgrundschule plädiert (vgl. Deutscher Bildungsrat 1970: 162, 181 ff.).

Darüber hinaus fällt in diesen Zeitraum eine starke Hervorhebung der Entwicklungen auf internationaler, insbesondere europäischer Ebene. Im Zuge dessen werden unter anderem die Auseinandersetzungen mit Benachteiligung im Bildungssystem erwähnt, welche im Rahmen des Europarats und der OECD stattgefunden haben. Dabei bleibt es allerdings bei einer bloßen

---

13 Das Hamburger Abkommen wurde 1969 abermals ergänzt (vgl. KMK 1969d).

Nennung, ohne dass die Konsequenzen für das deutsche Bildungssystem aufgezeigt würden (vgl. KMK 1969a: 286, 288).

Dieser Bedeutungszuwachs der internationalen Diskussionen wird auch im Resümee der Tätigkeiten in den Jahren 1969 und 1970 deutlich. Darin zeichnet sich ebenfalls ab, dass die Auseinandersetzung mit der beruflichen Bildung auf europäischer Ebene ein stärkeres Gewicht erhalten sollte (vgl. KMK 1971a: 305). Auch auf nationaler Ebene zeigt sich dieser steigende Stellenwert des Berufsbildungssystems. So wurden durch die KMK unter anderem Empfehlungen für den Aufbau der Hauptschule (vgl. KMK 1969b) veröffentlicht, aber auch Vorschläge zur weiteren Ausgestaltung des beruflichen Bildungswesens erarbeitet (vgl. KMK 1971a: 286 f.). Ein Schwerpunkt der Arbeit der KMK lag in dieser Zeit darüber hinaus in der Auseinandersetzung mit dem Strukturplan des Bildungsrats, dessen Veröffentlichung in die genannte Zeitspanne fiel und Hilfestellung für die zukünftige Gesetzgebung geben sollte (vgl. KMK 1970b).

Auch in der Erklärung zum Strukturplan des Deutschen Bildungsrates verweisen die Kultusminister wieder auf die Entwicklungen auf europäischer Ebene und erwähnen erneut die bereits 1964 ausgemachten Tendenzen, wie beispielsweise den Trend zur Erhöhung des durchschnittlichen Bildungsniveaus und das Ziel der Steigerung der Durchlässigkeit des Bildungssystems (vgl. KMK 1964a: 34). Dabei heben sie hervor, dass große Übereinstimmungen zwischen diesen Trends und dem Strukturplan bestehen (vgl. KMK 1970c: 347). Demnach lässt sich festhalten, dass der Strukturplan von der KMK im Großen und Ganzen positiv aufgenommen wurde, wobei die Einbindung der Kultusminister in die Erarbeitung des Gutachtens einen nicht geringen Beitrag zu dieser Einschätzung geleistet zu haben scheint (vgl. KMK 1970c: 348).

So stößt neben der allgemeinen Forderung der Erhöhung der Durchlässigkeit und des Leistungsniveaus des Bildungssystems auch das Ansinnen einer Verbesserung der Beratungsmöglichkeiten in der Sekundarstufe I auf ein positives Echo (vgl. KMK 1970c: 350). Dabei ist allerdings einschränkend zu bemerken, dass die Kultusminister lediglich die grundlegende Einschätzung der Sinnhaftigkeit dieses Vorschlags teilen, ohne direkte organisatorische Konsequenzen daraus abzuleiten. Vielmehr hebt die KMK in ihrer Stellungnahme die Notwendigkeit „weiterer Untersuchungen" (KMK 1970c: 350) zu diesem Ziel hervor.

Ähnliches lässt sich auch im Zusammenhang mit den Reformvorschlägen des Bildungsrats zur Sekundarstufe II feststellen. Auch hier wird zunächst konstatiert, dass die Sekundarstufe II „auch auf die Qualifikation für den unmittelbaren Eintritt in einen Beruf" (KMK 1970c: 351) ausgerichtet sein muss. In der Folge wird jedoch festgestellt, dass „die Verbindung allgemeiner und beruflicher Inhalte im einzelnen noch zu durchdenken" (KMK 1970c: 351) sei sowie die Schwierigkeit der „Frage, wie das Verhältnis zwischen breiterer Grundausbildung und der notwendigen hohen Leistungsqualifikation in der Fachausbildung hergestellt werden kann" (KMK 1970c: 351), betont. Demnach werden die relativ konkreten Vorschläge der Bildungskommission von den Kultusministern zur Einführung eines Berufsgrundbildungsjahrs nicht weiter beachtet, sondern lediglich allgemeine Punkte aufgegriffen und Reformen in diesem Bereich von weiteren Studien und Forschungsergebnissen abhängig gemacht.

Im Gegensatz dazu sind die „Empfehlungen zur Hauptschule" (KMK 1969b), die vor der Stellungnahme zum Strukturplan verabschiedet wurden, nicht durch eine derartige abwartende Haltung der Kultusminister gekennzeichnet, sondern konkretisieren die Aufgaben der Hauptschule unter Bezugnahme auf die Vorschläge des Deutschen Ausschusses (vgl. KMK 1969b: 361). Dementsprechend soll beispielsweise die Durchlässigkeit des Schulwesens so verbessert werden, dass der Erwerb eines Realschulabschlusses für Hauptschüler ohne Zeitverlust möglich ist. Ebenso soll die Arbeitslehre als zusätzliches Fach eingeführt werden, um den Übergang in reguläre Ausbildungen zu erleichtern (vgl. KMK 1969b: 361 f.). Konkret sollen in der Hauptschule die Möglichkeiten geschaffen werden, eine „Orientierung über Berufsfelder, Berufsgruppen und Berufe" (KMK 1969b: 363) zu vermitteln und „zu einer revidierbaren Berufsfeldentscheidung" (KMK 1969b: 363) hinzuführen, ohne bereits eine Berufsausbildung zu leisten (vgl. KMK 1969b: 361). Damit lässt sich auch in dieser Hinsicht eine relativ große Ähnlichkeit zwischen der Position der KMK und dem später vorgebrachten Vorschlag des Bildungsrats ausmachen, der im Gegemsatz zum Deutschen Ausschuss stärker auf die Berufsorientierung als auf die Berufsvorbereitung in der Hauptschule abzielte.

Parallel zu diesen Ausführungen nennen die Kultusminister wiederholt Finanzierungsfragen als generelles Hindernis für jedwedes Reformvorhaben. In diesem Zusammenhang wird insbesondere die Notwendigkeit einer Steigerung der Bildungsausgaben betont, die als grundlegend zur Lösung von Problemen angesehen wird, welche auf das Ansteigen der Schülerzahlen zurückgeführt werden (vgl. KMK 1970c: 353 ff.). Auch nach der Erhöhung der „Anteile der Kultushaushalte an den Haushalten der Länder" (KMK 1970a), die 1970 beschlossen wurde, bleiben jedoch Bedenken bestehen, sodass davon ausgegangen werden kann, dass nicht nur Finanzierungsprobleme die Umsetzung der Reformvorschläge verhindert haben.

Zusammenfassend lässt sich also konstatieren, dass die Vorschläge des Deutschen Ausschusses und des ersten Bildungsrats von der KMK überwiegend positiv aufgenommen wurden. Allerdings ist dabei einschränkend zu bemerken, dass sich dieses positive Echo in erster Linie auf die allgemeineren Zielvorstellungen der Empfehlungen der beiden Politikberatungsinstitutionen bezog. Auf die konkreter gefassten Reformvorschläge folgten hingegen in der Regel keine Umsetzungsempfehlungen der Kultusminister. Beispielhaft lässt sich dies an den Ausführungen zum beruflichen Bildungssystem, wie oben ausgeführt, zeigen. In diesem Zusammenhang folgen die Kultusminister zwar den von den Beratungsgremien formulierten Leitgedanken der Erhöhung des Bildungsniveaus, der Steigerung der Durchlässigkeit sowie der Idee der Gleichstellung von Bildung und Ausbildung. Die Fragen der Berufsvorbereitung blieben jedoch weitgehend unbeachtet. Stellenweise wurde zwar Bezug auf die Reformvorschläge des Deutschen Ausschusses oder des Bildungsrats genommen, die Umsetzung dieser Vorstellungen aber von weiteren Studien abhängig gemacht. Folglich kann festgehalten werden, dass in den 1960er Jahren eine abwartende Haltung der Kultusminister gegenüber Reformvorschlägen bezüglich des beruflichen Bildungssystems bestand. Insbesondere konkreten Maßnahmen zur Verbesserung des Übergangs von der Schule in die Berufsausbildung wurde mit einer grundlegenden Skepsis begegnet, die der Umsetzung der Vorstellungen im Wege stand.

Memobox 3: Die KMK in der Planungsphase des Übergangssystems	
Zentrale Publikationen	Beschlüsse und Empfehlungen zum Berufsbildungssystem
Wesentliche Zielvorstellungen	• Erhöhung des durchschnittlichen Bildungsniveaus • Steigerung der Durchlässigkeit des Bildungssystems
Primäre Forderungen	• Gleichstellung von allgemeiner und beruflicher Bildung • Verlängerung der allgemeinbildenden Schulzeit (neuntes Hauptschuljahr) • Einführung von Berufsorientierungsangeboten in Hauptschulen

1.2 Etablierung

Aufbauend auf die dargestellten Entwicklungen wird im Folgenden der Fokus auf die weitere Auseinandersetzung mit den zuvor betrachteten Reformvorschlägen und neuen Ansätzen in der Etablierungsphase des Übergangssystems, die sich von etwa 1970 bis in die frühen 1980er Jahre erstreckte, gerichtet. Am Ende dieser Zeitspanne hatte jedes damalige Bundesland Bildungsgänge, die der Berufsvorbereitung oder -grundbildung dienten, eingerichtet.[14] Diese Epoche beinhaltet folglich den Übergang von der Planung und Diskussion des Übergangssystems zu seiner breiten Verankerung in Westdeutschland.

Wie zuvor werden zur Analyse dieser Periode Veröffentlichungen der bildungspolitischen Akteure herangezogen und zentrale Stellen der Dokumente hinsichtlich ihrer Bedeutung für die weitere Entfaltung des Übergangssystems diskutiert. Zunächst werden nach diesem Vorgehen die Veröffentlichungen des zweiten Bildungsrats betrachtet und anschließend einschlägige Dokumente der Bund-Länder-Kommission für Bildungsplanung untersucht. Auf diese Darstellungen folgt abermals ein Abschnitt, der sich mit der Aufnahme und Umsetzung der Reformvorschläge durch die KMK auseinandersetzt.

1.2.1 Der Deutsche Bildungsrat – zweite Amtsperiode

Gegen Ende der ersten Amtsperiode wurde die Amtszeit des Bildungsrats um weitere vier Jahre bis 1974 verlängert. Nach dem Verstreichen dieser vierjährigen Verlängerung wurde die Amtszeit erneut um ein Jahr ausgedehnt, um Raum für die Diskussion einer möglichen erneuten Verlängerung zu gewinnen. Aufgrund des Widerstands einiger Bundesländer scheiterte dieses Vorhaben jedoch 1975, was zur ersatzlosen Auflösung des Bildungsrats führte (vgl. Hüfner/Naumann/Köhler et al. 1986: 156).

Für diese Entwicklung lassen sich mehrere Gründe anführen, die mit der auch in der zweiten Amtsperiode unveränderten Selbstwahrnehmung der Bildungskommission als unabhängiges Beratungsgremium in enger Verbindung stehen. Erstens lässt sich die mangelnde Berücksichtigung von Finanzierungsmöglichkeiten bei der Erarbeitung der Reformvorschläge anführen (vgl. Hüfner/Naumann/Köhler et al. 1986: 159). Dies stand zweitens im Widerspruch zum Gründungsabkommen, in dem der Auftrag formuliert wurde, Bedarfsberechnungen zu erstellen (vgl. Hüfner/Naumann/Köhler et al. 1986: 159 f., Art. 2 KMK 1965a). Drittens bezog sich die Kritik auf den hohen Allgemeinheitsgrad der Aussagen der Bildungskommission (vgl. Hüfner/Naumann/Köhler et al. 1986: 161). Als vierter Kritikpunkt kann die Grundskepsis der Bildungskommission gegenüber der Bildungsverwaltung angeführt werden (vgl. Hüfner/Naumann/Köhler et al. 1986: 161 f.). Allerdings muss bemerkt werden, dass diese Problematiken von der Bildungskommission nur beschränkt lösbar gewesen wären. Zum einen existierte kein allgemein akzeptierter theoretischer Rahmen „der gesellschaftlichen Produktion und Nutzung von Bildung" (Hüfner/Naumann/Köhler et al. 1986: 163).

---

14 Parallel zur Einrichtung der verschiedenen Bildungsgänge entwickelte sich eine „Theoriedebatte über das Verhältnis von Bildungs- und Beschäftigungssystem" (Witthaus 1996: 405) sowie eine Diskussion um Schlüsselqualifikationen (vgl. Witthaus 1996: 415).

Zum anderen war eine „aktuelle Beschreibung der Entwicklung des Bildungswesens" (Hüfner/Naumann/Köhler et al. 1986: 163) auf Basis der verfügbaren amtlichen Statistiken nicht möglich, da eine zu große Zeitspanne zwischen Erhebung und Veröffentlichung dieser Daten lag.

Im Vergleich mit der ersten Bildungskommission blieb jedoch nicht nur die Selbstwahrnehmung weitgehend unverändert; auch die Leitvorstellungen, welche den Gutachten zugrunde lagen, waren dieselben. Das bedeutet: Der „Abbau von Chancenungleichheiten, [die] Anhebung des allgemeinen Bildungsniveaus und [auch die] Verstärkung der Durchlässigkeit" (Deutscher Bildungsrat 1975: 20) sollten aus der Perspektive der zweiten Bildungskommission weiter vorangetrieben werden.

Zudem können auch in weiteren, inhaltlichen Punkten große Ähnlichkeiten mit der Arbeit der ersten Bildungskommission ausgemacht werden. So wird im Bericht '75 (Deutscher Bildungsrat 1975), der abschließenden und auch zentralen Veröffentlichung des zweiten Bildungsrats, in mehreren Punkten auf die Arbeiten der ersten Amtsperiode zurückgegriffen und die Bedeutung der angestrebten Reformen hervorgehoben. Beispielsweise wird konstatiert, dass „während der letzten fünfzehn Jahre [...] Planungen an Bedeutung gewonnen [haben], in denen das Verhältnis von Bildungssystem und Beschäftigungssystem stärker berücksichtigt wird" (Deutscher Bildungsrat 1975: 28). Damit wird nicht nur ein Bedeutungszuwachs der im Strukturplan formulierten Vorschläge, sondern auch der zuvor publizierten Empfehlungen des Deutschen Ausschusses festgestellt, was auch an anderer Stelle hervorgehoben wird (vgl. Deutscher Bildungsrat 1975: 216 ff.). Neben den Überlegungen allgemeiner Art, die sich auch im Strukturplan wiederfinden, stehen im Bericht '75 insbesondere die Übergänge zwischen den verschiedenen Bereichen des Bildungssystems im Vordergrund.

In diesem Kontext wird auch auf den Übergang von der Sekundarstufe II in das berufliche Bildungswesen und das Beschäftigungssystem eingegangen (vgl. Deutscher Bildungsrat 1975: 206 ff.). Als übergeordnetes Ziel wird auch an dieser Stelle gefordert, die Chancengerechtigkeit zu verbessern und gleichzeitig einen „Weg zu mehr und besserer Bildung [...] [durch] strukturelle Anpassung aller Bildungsgänge der Sekundarstufe II an die heutige Entwicklung" (Deutscher Bildungsrat 1975: 209) zu ermöglichen. Ebenso wird, unter Rückbezug auf die später noch näher zu behandelnden Empfehlungen der Bund-Länder-Konferenz für Bildungsplanung, hervorgehoben, dass „die berufliche Bildung [...] in der bildungspolitischen Diskussion zu einem der gymnasialen Bildung und der Hochschulbildung gleichwertigen bildungspolitischen Problem aufgerückt" (Deutscher Bildungsrat 1975: 206) sei.

Nicht zuletzt wird in diesem Kontext auf das Berufsgrundbildungsjahr verwiesen, welches zum Ende der 1960er Jahre von einigen Bundesländern eingeführt wurde und zum Zeitpunkt der Veröffentlichung des Berichts '75 als vordringliche Maßnahme galt (vgl. Deutscher Bildungsrat 1975: 206). Zugleich wird aber auch die Notwendigkeit, ein „qualitativ und quantitativ ausreichendes Angebot an Ausbildungsplätzen" (Deutscher Bildungsrat 1975: 208) zu schaffen, betont. Daran wird abermals deutlich, dass das Berufsgrundbildungsjahr in der Konzeption der Bildungskommission zwar eine wichtige Rolle einnimmt, diese Reformmaßnahme aber nicht isoliert betrachtet wird, sondern einen Platz in einer umfassenden Gesamtkonzeption einnimmt. In diesem Sinne weist die Bildungskommission auch auf das Erfordernis hin, das Berufsgrundbildungsjahr mit anderen Bildungsgängen hinsichtlich fachlicher Inhalte, der Lernorte und der zeitlichen Struktur, möglichst bundeseinheitlich, abzustimmen (vgl. Deutscher Bildungsrat 1975: 226). Dabei werden auch die bislang durchgeführten „Versuche mit dem Berufsgrundbildungsjahr" (Deutscher Bildungsrat 1975: 226) kurz erwähnt. Zudem wird konstatiert, dass „von seiten der Wirtschaft noch starke Vorbehalte gegen ein Berufsgrundbildungsjahr [...] bestehen" (Deutscher Bildungsrat 1975: 227), die in erster Linie durch ungenügende rechtliche und inhaltliche Regelungen begründet werden. So wird beispielsweise auf das Problem verwiesen, dass durch Anrechnungsverordnungen zwar gewährleistet werden kann, dass Absolventen des Berufsgrundbildungsjahres „in das zweite Jahr des Ausbildungsverhältnisses übernommen werden müssen, [...] aber kein Unternehmen [...] gezwungen werden kann mit solchen Jugendlichen Ausbildungsverträge abzuschließen" (Deutscher Bildungsrat 1975: 227).[15] Die Bildungskommission selbst deutet jedoch an, dass derartige Verordnungen von begrenzter Reichweite sind, da sie durch einen Abbruch des Berufsgrundbildungsjahrs umgangen werden können (vgl. Deutscher Bildungsrat 1975: 227). Insofern nimmt die oben angedeutete Warteschleifenproblematik weiter zu und kann durch das Berufsgrundbildungsjahr nicht reduziert werden.

Darüber hinaus wird auf die Unüberschaubarkeit der „Bildungseinrichtungen in der Sekundarstufe II" (Deutscher Bildungsrat 1975: 210) verwiesen. Dieses „curriculare Grundproblem" (Deutscher Bildungsrat 1975: 209) führt nicht nur für die einzelnen SuS zu einer erhöhten Schwierigkeit bei der Auswahl des für sie geeigneten Bildungsgangs, sondern auch zu Problemen bei der Gestaltung der Übergänge nach dem Abschluss der Sekundarstufe II in die Hochschulen oder das Beschäftigungssystem.

Ungeachtet dieser grundlegenden Schwierigkeiten soll allen Jugendlichen vor dem Eintritt in die Berufstätigkeit eine „berufliche Mindestqualifi-

---

15 Es ist anzumerken, dass 1972 zwar eine derartige Anrechnungsverordnung gesetzlich verankert wurde, diese jedoch auf den Bereich der gewerblichen Wirtschaft beschränkt war (vgl. Berufsschul-Anrechnungs-Verordnung 1972). Zudem galt diese Verordnung nur für den „Besuch einer [...] mindestens zweijährigen Berufsschule, die zu einem dem Realschulabschluß gleichwertigen Abschluß führt" (§ 2 Abs. I Berufsschul-Anrechnungs-Verordnung 1972).

kation" (Deutscher Bildungsrat 1975: 222) vermittelt werden. Von diesem Vorschlag, mit welchem das Berufsgrundbildungsjahr in engem Zusammenhang steht, erwartete die Bildungskommission einen Beitrag zur Einschränkung des sogenannten Jungarbeiter-Problems[16]. So soll durch diese Maßnahme die Häufigkeit des Arbeitsplatzwechsels von ausbildungslosen Jugendlichen vermindert und die Identifikation derselben mit den von ihnen ausgeführten Tätigkeiten verbessert werden (vgl. Deutscher Bildungsrat 1975: 222). Damit knüpft die Bildungskommission auch an das Reformvorhaben einer „beruflichen Grundausbildung für Nicht-Lehrlinge" (Deutscher Ausschuss 1964: 493) des Deutschen Ausschusses an. Im Gegensatz zum Deutschen Ausschuss begrenzt die Bildungskommission ihr Konzept jedoch in diesem Punkt nicht auf das Bildungswesen, sondern bezieht die strukturellen Bedingungen des Beschäftigungssystems mit ein (vgl. Deutscher Bildungsrat 1975: 222). Dabei bleibt jedoch offen, wie die Übergänge von den Maßnahmen der beruflichen Mindestqualifikation in reguläre Berufsausbildungen gestaltet werden sollen, wenn sich der Anteil derjenigen erhöht, die derartige Bildungsgänge besuchen.

Bei einer engen Kopplung von Arbeitswelt und Schule, von der die Bildungskommission ausgeht, ist in diesem Sinne ebenfalls fraglich, inwiefern Umgestaltungen am Mindestqualifikationsniveau zu einem veränderten Einstellungsverhalten der Arbeitgeber führen können. Insbesondere bei einer Orientierung „an den Rangstufen der Schulabschlüsse und damit am höchsten erwerbbaren Abschluß" (Deutscher Bildungsrat 1975: 28) scheinen Änderungen an der niedrigsten (formalen) Qualifikationsstufe nur begrenzt wirksam sein zu können.

Des Weiteren weist die Bildungskommission darauf hin, dass die Ausbildungsbetriebe eine dualisierte Form des Berufsgrundbildungsjahrs gegenüber einer rein schulischen Form bevorzugen (Deutscher Bildungsrat 1975: 227). Allerdings fordert sie keine dementsprechende Reform des Bildungsgangs, sondern konstatiert, dass beide Formen angeboten werden können (vgl. Deutscher Bildungsrat 1975: 196) und nicht nur das vollzeitschulische Angebot an Haupt- oder Berufsschulen aufrechterhalten werden soll, wie noch im Strukturplan vertreten (vgl. Deutscher Bildungsrat 1970: 182 ff.). Im Gegensatz zum Entwurf im Strukturplan wird das Berufsgrundbildungsjahr zudem nicht mehr „für alle Schüler, die am Ende der Sekundarstufe I die allgemeinbildende Schule verlassen, [...] im 11. obligatorischen Bildungsjahr" (Deutscher Bildungsrat 1970: 183) gefordert, sondern verschiedene Optionen angedeutet. So werden beispielsweise die Fragen formuliert, ob das Berufsgrundbildungsjahr obligatorisch oder fakultativ

---

16 Mit dem Begriff Jungarbeiter wurden Jugendliche, „die unmittelbar nach Beendigung der Vollzeitschulpflicht eine Tätigkeit im Beschäftigungssystem aufnehmen oder berufs- beziehungsweise arbeitslos sind" (Deutscher Bildungsrat 1975: 218), bezeichnet.

durchgeführt wird und ob mit dem Abschluss desselben ein höherer Abschluss erreicht werden kann (vgl. Deutscher Bildungsrat 1975: 187).

Insofern kann davon gesprochen werden, dass der Bericht '75 gegenüber dem Strukturplan im Bezug auf die Einführung von berufsvorbereitenden Maßnahmen an Eindeutigkeit verloren hat. Fragen, die vormals durch zwar allgemeine, aber klare Empfehlungen beantwortet wurden, werden nun offengelassen. So werden verschiedene Optionen dargestellt, ohne dass Vor- und Nachteile der jeweiligen Alternative verdeutlicht würden. Die Gründe für diese Aneinanderreihung von mehreren Vorschlägen bleiben zwar im Unklaren, lassen sich aber wahrscheinlich auch auf die eingangs geschilderte schwierigere Situation der Bildungskommission im Bildungsrat während der zweiten Amtsperiode zurückführen.

Memobox 4: Der zweite Deutsche Bildungsrat in der Etablierungsphase des Übergangssystems	
Zentrale Publikation	Bericht '75
Wesentliche Zielvorstellungen	• Herstellung von tatsächlicher Chancengleichheit • Verbreiterung der Grundbildung • Erhöhung des durchschnittlichen Bildungsniveaus
Primäre Forderungen	• bundesweite Vereinheitlichung des Berufsgrundschuljahres • Einführung des Berufsgrundschuljahrs in vollzeitschulischer und dualisierter Form • Vermittlung einer beruflichen Mindestqualifikation für alle Jugendlichen

1.2.2 Die Bund-Länder-Kommission für Bildungsplanung und Forschungsförderung[17]

Noch vor der Veröffentlichung des Strukturplans durch den Bildungsrat wurde im damaligen Bundeskabinett die Gründung eines Ausschusses zur Bildungsplanung diskutiert. Seine Hauptaufgabe sollte es sein, „den ‚vom Bildungsrat vorzulegenden Gesamtplan'" (Hüfner/Naumann/Köhler et al. 1986: 77) zu prüfen. Mit diesem Auftrag und weiteren begleitenden Aufgaben wurde die Bund-Länder-Kommission für Bildungsplanung (kurz: BLK)

---

17 Gegründet wurde die BLK ohne den Zusatz der Forschungsförderung. Dieser wurde erst 1975, auf Basis der Rahmenvereinbarung Förderung, hinzugefügt. Der Name wurde jedoch erst im April 1976 geändert (vgl. Hüfner/Naumann/Köhler et al. 1986: 144).

1970 auf Basis eines Verwaltungsabkommens gegründet. Damit fällt die Gründung der BLK in den gleichen Zeitraum wie die Verlängerung der Amtszeit des Bildungsrats. Zwischen diesen beiden Gremien bestanden jedoch nicht nur zeitliche Überschneidungen, sondern auch inhaltliche Überlagerungen, wie sich bei näherer Betrachtung der im Gründungsabkommen festgehaltenen Aufgaben der BLK zeigt. So sollte nicht nur ein gemeinsamer, langfristiger „Rahmenplan für eine abgestimmte Entwicklung des gesamten Bildungswesens [...] [und] mittelfristige Stufenpläne für die Verwirklichung der bildungspolitischen Ziele" (Art. 2 BLK 1970) vorbereitet werden, sondern auch Finanzierungsvorschläge erarbeitet und Forschungsvorhaben angeregt werden. Folglich kann davon gesprochen werden, dass die BLK zwar nicht zwingend ein Konkurrenzgremium zum Bildungsrat, aber dennoch eine höherrangige Kommission als derselbe war, was nicht zuletzt durch den Prüfungsauftrag der Reformvorschläge anderer Gremien begründet werden kann. Darüber hinaus waren von der BLK „politisch entscheidungsreife, d. h. vor allem auch finanziell abgesicherte Pläne vorzulegen" (Hüfner/Naumann/Köhler et al. 1986: 78), während die Empfehlungen der Beratungsgremien, wie oben breiter ausgeführt, unverbindlichen Charakter hatten.

Angesichts dieses von den Aufgaben der übrigen Institutionen der Bildungsberatung unterschiedlichen Auftrags verwundert es nicht, dass die Zusammensetzung der BLK eine grundsätzlich andere war. So fanden sich in dem Gremium keine Experten aus der Wissenschaft, die sich mit den einzelnen Aspekten des Bildungswesens auseinandersetzten, sondern ausschließlich politische Vertreter des Bundes sowie der einzelnen Länder. Insgesamt ergab sich dadurch eine Basis von 18 Mitgliedern, wobei jedes der damals elf Bundesländer den Kultusminister entsandte und die sieben Vertreter des Bundes von sechs verschiedenen Ministerien[18] und dem Bundeskanzleramt ernannt wurden (vgl. Art. 7 Abs. I BLK 1970). Damit handelte es sich bei der BLK um eine durch einige Bundesvertreter ergänzte KMK. Verbunden mit dieser personellen Besetzung war auch ein anderer Modus der Entscheidungsfindung. Während die Empfehlungen der Bildungskommission und auch der KMK auf Basis des Konsensprinzips getroffen wurden, wurde im Gründungsabkommen exakt festgehalten, dass mindestens drei Viertel der Mitglieder für einen Beschluss stimmen mussten, um diesen zu verabschieden (vgl. Art. 7 Abs. III BLK 1970).[19] Dennoch wurden nicht alle der BLK übertragenen Aufgaben durch diese selbst erfüllt. Vielmehr wurden Unter-

---

18 Dies waren das Bundesministerium für Bildung und Wissenschaft, der Forschung und Technologie, des Innern, der Finanzen, für Wirtschaft und für Jugend, Familie und Gesundheit (vgl. BLK 1976: 61 f.).
19 Die Bundesvertreter mussten ihre elf Stimmen einheitlich abgeben, die Kultusminister der Länder konnten einzeln, mit je einer Stimme, abstimmen. Dadurch kam faktisch sowohl dem Bund wie auch den Ländervertretern ein Veto-Recht zu (vgl. Hüfner/Naumann/Köhler et al. 1986: 79).

ausschüsse „eingesetzt, die ihrerseits [...] Arbeitsgruppen einberufen konnten" (Hüfner/Naumann/Köhler et al. 1986: 79 f.). Dadurch wurde die Zahl der erweiterten Mitglieder auf ungefähr 250 im Jahr 1973 erhöht, wodurch die BLK mit neuen Problemen konfrontiert wurde (vgl. Hüfner/Naumann/Köhler et al. 1986: 80). Ungeachtet dieser Schwierigkeiten und nach der Überwindung eines Konflikts innerhalb der BLK zwischen Regierungs- und Oppositionsvertretern, der sich 1971 auf Grund eines Entwurfs des Bildungsgesamtplans entzündete (vgl. Hüfner/Naumann/Köhler et al. 1986: 165 f.), konnte gegen Ende des Jahres 1973 mit dem Bildungsgesamtplan (vgl. BLK 1973a, 1973b) der geforderte Rahmenplan zur langfristigen Entwicklung des Bildungswesens verabschiedet und veröffentlicht werden.

Dieser Bildungsgesamtplan, welcher in zwei Bände aufgeteilt ist, kann als die wichtigste Publikation in der Frühzeit der BLK angesehen werden. Im ersten Band wird dabei die Struktur des angestrebten Bildungswesens skizziert und ein kurzer Überblick über die Einbettung desselben in andere Gesellschaftsbereiche gegeben (vgl. BLK 1973a). Der zweite Band enthält, als Ergänzung zu den grundlegenden Ausführungen des ersten Bandes, Anlagen, welche in erster Linie Auskunft über die geschätzte zukünftige Nachfrage nach den verschiedenen Bildungsgängen gibt und darauf aufbauend Finanzierungsfragen behandelt (vgl. BLK 1973b). Im Vergleich mit den zuvor behandelten Reformvorschlägen der Beratungsgremien ist auffällig, dass sich der Bildungsgesamtplan durch eine exaktere Behandlung der einzelnen Bereiche des Bildungswesens auszeichnet. So werden die Reformvorschläge nicht nur allgemein formuliert, sondern nahezu jeder einzelne Bereich wird in einen einleitenden Teil, in die zu erreichenden Ziele sowie in die dafür notwendigen Maßnahmen aufgeteilt. Darauf aufbauend werden zudem ein Zeitplan sowie die quantitativen Auswirkungen der jeweiligen Reform verfasst (vgl. BLK 1973a: 18 ff.). Zwar fanden nicht alle jener Vorhaben die Zustimmung aller Ländervertreter, dennoch wurden sie von der Mehrheit der BLK-Mitglieder mitgetragen.[20]

Bezüglich der Inhalte des Bildungsgesamtplans kann zunächst grundsätzlich konstatiert werden, dass sich die BLK mit ihrem Reformvorschlag „im wesentlichen an den Vorschlägen des Strukturplans" (Hüfner/Naumann/Köhler et al. 1986: 168) orientierte, aber gleichzeitig die von den Kultusministern verbindlich geschlossenen Abkommen, wie beispielsweise das Hamburger Abkommen, beachten musste. So sind die übergeordneten Ziele der Erhöhung der Chancengleichheit und der Verbesserung der Leistungsfähigkeit jedes Einzelnen nicht wesentlich verschieden von den durch die Bil-

---

20 Beispielsweise konnte „in Fragen der Gesamtschule, der Orientierungsstufe und der Lehrerbildung" (Regierungschefs des Bundes und der Länder 1973a: XII) kein Konsens erzielt werden. Im Bildungsgesamtplan finden sich deshalb an den entsprechenden Stellen besondere Voten der einzelnen Länder (vgl. BLK 1973a: 24 f., 37 f.).

dungskommission verfolgten Grundideen (vgl. BLK 1973a: 8, Deutscher Bildungsrat 1970: 30, 1975: 20). Ergänzt werden diese Ziele durch die Betonung, dass „die Einheitlichkeit des gesamten Bildungswesens innerhalb des Geltungsbereiches des Grundgesetzes" (BLK 1973a: 7) von zentraler Bedeutung ist. Einschränkend wird an anderer Stelle jedoch bemerkt, dass die Umsetzung der im Bildungsgesamtplan formulierten Vorschläge von mehreren, vornehmlich wirtschaftlichen Faktoren abhängig sei, deren Entwicklungen nicht vorhersehbar seien (Regierungschefs des Bundes und der Länder 1973b: XIV). Diese relativierende Position findet sich in ähnlicher Weise auch im Bildungsgesamtplan wieder, wobei zugleich hervorgehoben wird, dass die angestrebten Reformen nur schrittweise zu verwirklichen sind (BLK 1973a: 7).

Dennoch finden sich im Bildungsgesamtplan keine unterschiedlichen Reformstufen, die zur Erreichung der Ziele umzusetzen sind. Statt dessen werden für die einzelnen Bereiche des Bildungssystems Reformvorhaben formuliert, die als Teile eines umfassenden Konzepts verstanden werden können und damit auch auf die übergeordneten Ziele ausgerichtet sind. Am Beispiel der Chancengleichheit lässt sich dies nachvollziehen. So werden bereits für den Elementarbereich, also für Kinder im Alter von drei bis vier Jahren, Maßnahmen vorgeschlagen, die zum „Ausgleich individueller Benachteiligungen aller Art" (BLK 1973a: 18) führen sollen. Im Primarbereich sollen diese Bemühungen durch die „Anpassung des schulischen Angebots [...] an individuelle Lerndispositionen, Erfahrungswelt und Lerngeschichte" (BLK 1973a: 23) fortgeführt werden, wobei auf das Prinzip der „Differenzierung innerhalb des Klassenverbandes" (BLK 1973a: 23) gesetzt wird, das bis in die Sekundarstufe II hinein fortgeführt wird (vgl. BLK 1973a: 24, 30).

Darüber hinaus zielt der Bildungsgesamtplan darauf ab, allgemeine und berufliche Bildung in verschiedenen Bereichen stärker miteinander zu verzahnen (vgl. BLK 1973a: 11 f., 30), womit unter anderem an die Arbeit des Deutschen Ausschusses in den 1960er Jahren angeknüpft wird (vgl. Deutscher Ausschuss 1960, 1964). Letztendlich soll dadurch auch die Durchlässigkeit im Bildungswesen erhöht werden (vgl. BLK 1973a: 10 f.).

In einen ähnlichen Kontext lassen sich die Ausführungen der BLK zum Berufsgrundbildungsjahr einordnen.[21] Selbiges wird der Sekundarstufe I zugeordnet und soll für die SuS eine Alternative zum zehnten Schuljahr an Hauptschulen darstellen. Zudem wird festgehalten, dass mit dem „Berufsgrundbildungsjahr die Möglichkeit zum Erwerb des Sekundarabschlusses I" (BLK 1973a: 26) geschaffen werden soll. Darüber hinaus wurde vereinbart, dass „Inhalte aus der Wirtschafts- und Arbeitswelt" (BLK 1973a: 26) in die Bildungsgänge der Sekundarstufe I miteinbezogen werden sollen und auf dieser Basis eine Differenzierung des Bildungsangebots in diesem Bereich

---

21 Im Bildungsgesamtplan wird für das Berufsgrundbildungsjahr erstmalig auch die heute gebräuchliche Bezeichnung „Berufsgrundschuljahr" verwendet (vgl. BLK 1973a: 27).

vorgenommen werden soll. Des Weiteren wurde von den Mitgliedern der BLK vereinbart, dass das Berufsgrundschuljahr sowohl in vollzeitschulischer Form wie auch „im dualen System in kooperativer Form" (BLK 1973a: 31) angeboten werden soll, solange bei der betrieblichen Durchführung die gültigen Curricula eingehalten werden „und nicht produktionsabhängig" (BLK 1973a: 31) ausgebildet wird. Damit geht die BLK in zwei Punkten über die Forderungen der Bildungskommission hinaus, die im Bericht '75 keine Position bezüglich der Frage nach dem Erwerb eines höheren Schulabschlusses durch das Berufsgrundbildungsjahr bezogen und ebenso keine Vorgaben für die dualisierte Form desselben getroffen hat (vgl. Deutscher Bildungsrat 1975: 186 ff.).

Ferner wird von der BLK betont, dass „dem Berufsgrundbildungsjahr als erster Stufe der Berufsausbildung eine besondere Bedeutung" zukommt (BLK 1973a: 31). Das bedeutet, dass an der Idee, das Berufsgrundbildungsjahr verpflichtend als erstes Ausbildungsjahr anzuerkennen, festgehalten wird, auch wenn dies, wie oben ausgeführt, mit Schwierigkeiten verbunden ist. Zusätzlich wird die „Einrichtung besonderer Formen des Berufsgrundbildungsjahres [...] für Jugendliche ohne qualifizierten Abschluß des Sekundarbereichs I" (BLK 1973a: 31) befürwortet. Diese Sonderformen sollen den „nachträglichen Eintritt in einen berufsqualifizierenden Bildungsgang oder [...] [den] Erwerb besserer Voraussetzungen für die Aufnahme einer Erwerbstätigkeit" (BLK 1973a: 31) ermöglichen. Insbesondere mit dem zweiten Teil dieses Vorschlags rückt die BLK von dem Leitgedanken der Erleichterung des Übergangs vom Berufsgrundbildungsjahr in eine reguläre Berufsausbildung ab und fordert im Gegensatz die direkte Erhöhung der Arbeitsmarktfähigkeit von Schulabsolventen. Das bedeutet, dass die BLK, genau wie die Bildungskommission im Bericht '75 (vgl. Deutscher Bildungsrat 1975: 222), an die Forderung nach einer „beruflichen Grundausbildung für Nicht-Lehrlinge" (Deutscher Ausschuss 1964: 493) des Deutschen Ausschusses anknüpft.

Begleitend zum Ausbau der „berufsbefähigenden Bildungsgänge" (BLK 1973a: 28) soll laut dem Bildungsgesamtplan ein Bildungsberatungssystem etabliert werden (vgl. BLK 1973a: 79 ff.). Dieses setzt am Elementarbereich an und dehnt sich bis zum Hochschulbereich aus, womit parallel zur Berufsberatung eine zweite Beratungsinstanz geschaffen wird, deren Hauptaufgabe in der Information „über die vielfältigen Wege und Möglichkeiten im Bildungswesen" (BLK 1973a: 79) gesehen wird. Als zwei von mehreren Zielen werden in diesem Zusammenhang die Hilfe „bei der Bildungs- und Berufswahl [...] [sowie die] Vermeidung von individuellen Fehlentscheidungen bei der Wahl von Bildungsgängen" (BLK 1973a: 79) angeführt. Das bedeutet, dass die Mitglieder der BLK es als notwendig ansehen, die SuS während ihrer Schullaufbahn zu unterstützen. Dies deutet darauf hin, dass das Bildungssystem als so komplex eingeschätzt wird, dass nicht völlig auf die

Orientierungskraft der einzelnen jungen Menschen vertraut werden kann. Insbesondere der Einbezug „der Bildungsberatung bei Modellversuchen im Bildungswesen" (BLK 1973a: 80) legt eine solche Interpretation nahe. Zudem hatten zur Zeit der Veröffentlichung des Bildungsgesamtplans die meisten der Berufsgrundschuljahre den Status von Modellversuchen. Demnach sind es vor allem die Jugendlichen in diesen Bildungsgängen, die nach der Konzeption der BLK vermehrt beraten werden sollten. Damit wird die von den Kultusministern geforderte Berufsfeldorientierung durch das Berufsgrundbildungsjahr (vgl. KMK 1969b: 363) durch eine umfassende Beratung an dieser Übergangsphase zwischen Schule und Ausbildung ergänzt.

Diese verschiedenen Forderungen werden von der BLK wenig später im „Stufenplan zu Schwerpunkten der beruflichen Bildung" (BLK 1975) präzisiert. Dabei werden nicht nur die einzelnen Reformziele dargestellt, sondern auch „inhaltliche und organisatorische Fragen ebenso wie quantitative und finanzielle Gesichtspunkte" (BLK 1975: 3) näher betrachtet. Im Stufenplan werden drei, als vordringlich erachtete, Themenfelder unter diesen Aspekten behandelt, um Lösungsansätze für die darin bestehenden Probleme zu entwickeln. Das Berufsgrundbildungsjahr wird neben überbetrieblichen Ausbildungsstätten und „berufsqualifizierenden Bildungsgängen im Tertiären Bereich außerhalb der Hochschulen" (BLK 1975: 6) als umfangreichster dieser Schwerpunkte diskutiert.

Zunächst wird konstatiert, dass „das wesentliche Ziel des Berufsgrundbildungsjahrs […] [darin liegt,] eine breitere Grundlage für die berufliche Fachbildung zu schaffen, die Berufswahl zu erleichtern und überprüfbar zu machen sowie eine zu frühe berufliche Orientierung zu vermeiden" (BLK 1975: 7). Damit schließt der Stufenplan unmittelbar an den Bildungsgesamtplan an, in welchem auf diese Weise die Notwendigkeit der Etablierung eines Beratungssystems begründet wurde (vgl. BLK 1973a: 79). Dementsprechend wird im Stufenplan ein Ausbau der letztgenannten Maßnahme vorgeschlagen (vgl. BLK 1975: 12). Darüber hinaus wird von der BLK ein fünf Punkte umfassendes bildungspolitisches Rahmenprogramm für das Berufsgrundbildungsjahr entwickelt, das, basierend auf drei Grundsätzen, sechzehn Maßnahmen zur Verminderung der Schwierigkeiten des Berufsgrundbildungsjahres beinhaltet (vgl. BLK 1975: 10 ff.). In erster Linie zielt selbiges vor allem darauf ab, durch die Verabschiedung von einheitlichen Rahmenvorgaben bestehenden Anerkennungsschwierigkeiten entgegenzuwirken und gleichzeitig zu prüfen, wie das Berufsgrundschuljahr in seinem Umfang ausgebaut werden kann.

Im weiteren Verlauf des Stufenplans wird erneut auf die Ziele des Berufsgrundbildungsjahres eingegangen, wobei nicht nur die Erleichterung des Übergangs in reguläre Berufsausbildungen, sondern auch die Möglichkeit zum Erwerb höherer Schulabschlüsse hervorgehoben wird (vgl. BLK 1975: 29 f.). Bezüglich der Sonderformen des Bildungsgangs für Jugendliche ohne Schulabschluss wird zudem betont, dass die Motivation „zum Erwerb zusätzlicher beruflicher Qualifikationen" (BLK 1975: 30) gesteigert werden soll. Das bedeutet, dass die Ursachen für den qualifikationslosen Schulabschluss von der BLK auf individuelle Persönlichkeitseigenschaften der Jugendlichen zurückgeführt werden.

An diese Ausführungen schließen Beschreibungen der im Zusammenhang mit dem Berufsgrundbildungsjahr bestehenden Probleme an. Hier wird insbesondere auf Anpassungsschwierigkeiten zwischen dualer Ausbildung und Berufsgrundbildungsjahr hinsichtlich des Curriculums und des Qualifikationsniveaus abgezielt, die dazu führen, dass der Übergang vom Berufsgrundbildungsjahr in das zweite Jahr der Berufsausbildung erschwert wird (vgl. BLK 1975: 30 f., 38 f.). Dabei wird angemerkt, dass „Absolventen des schulischen Berufsgrundbildungsjahres gegenüber Jugendlichen im kooperativen Berufsgrundbildungsjahr benachteiligt werden" (BLK 1975: 38), wenn beide Formen des Bildungsgangs in einem zu geringen räumlichen Abstand parallel angeboten werden. Diese Problematik spiegelt sich auch in den unterschiedlichen rechtlichen Status der Jugendlichen wider, aufgrund derer sie in unterschiedlichen Bundesländern entweder als Schüler oder als Auszubildende geführt werden (vgl. BLK 1975: 40). Darüber hinaus wird von der BLK konstatiert, dass in den Sonderformen des Berufsgrundbildungsjahres in qualitativer Hinsicht kein hinreichendes Angebot besteht, und die Frage aufgeworfen, ob es „für alle Jugendlichen ohne Ausbildungsvertrag [...] verpflichtend eingeführt werden soll" (BLK 1975: 41). Darüber hinaus wird festgestellt, dass „vor allem nach Auffassung der Wirtschaft" (BLK 1975: 45) die Aufgliederung der Berufsfelder reformbedürftig ist, da dies zu einer Verwässerung der einzelnen Berufsbilder führen könnte. Für die einzelnen Absolventen des Berufsgrundbildungsjahres hat dies zur Folge, dass Probleme der Anrechnung des Bildungsgangs, insbesondere der schulischen Form, auf die Ausbildungszeit vergrößert werden (vgl. BLK 1975: 45). Des Weiteren wird von der BLK auf die Notwendigkeit der bundesweiten Vereinheitlichung der Abschlüsse und der zeitlichen „Einordnung des Berufsgrundbildungsjahres [...] als 10. oder 11. Bildungs(Schul)jahr" (BLK 1975: 48) hingewiesen.

Somit wird deutlich, dass von der BLK im Stufenplan nicht nur grundsätzliche Rahmenvorstellungen bezüglich des Berufsgrundbildungsjahres formuliert, sondern auch bestehende Problemlagen aufgegriffen werden. Dabei ist auffällig, dass die schulische Form des Bildungsgangs scheinbar mit einer größeren Zahl von Problemen konfrontiert ist als die dualisierte Form. Auf Basis dieser Ausgangslage argumentiert die BLK auch stärker für einen Ausbau der dualisierten Form des Berufsgrundbildungsjahres, wobei gleichermaßen festgehalten wird, dass der „Rückgang des Angebots an betrieblichen Ausbildungsstätten [nicht allein] durch den Ausbau des Berufsgrundbildungsjahres [...] aufgehalten werden" (BLK 1975: 51) kann. Eine

Ursache für diese Argumentation kann neben den Vorteilen bezüglich des Übergangs vom Berufsgrundbildungsjahr in reguläre Ausbildungen auch in den geringeren Kosten für die kooperative Form des Bildungsgangs gesehen werden (vgl. BLK 1975: 67).
Auch die Auswertungen der Modellversuche zum Berufsgrundschuljahr (vgl. BLK 1979) und zur Weiterentwicklung der beruflichen Schulen im Allgemeinen (vgl. BLK 1981) weisen in eine ähnliche Richtung. Zum einen untermauert die BLK darin die Notwendigkeit der Verbesserung des Übergangs von berufsvorbereitenden Bildungsgängen in Ausbildungen (vgl. BLK 1979: 12, 37, BLK 1981: 8, 85 ff.). Zum anderen wird ausgeführt, dass eine Abstimmung des Berufsgrundschuljahres mit anderen Bildungsgängen und eine Koordination mit lokalen Angebotsstrukturen vordringlich sei (vgl. BLK 1979: 12, 37). Das bedeutet auch, dass die BLK „eine enge Kooperation mit der Wirtschaft" (BLK 1979: 44) anstrebt, die sowohl zur Verminderung der Übergangsprobleme führen als auch „zum Abbau der Vorbehalte und Informationsdefizite beitragen" (BLK 1979: 44) soll. Darüber hinaus wird konstatiert, dass die Abbruchquote der kooperativen Form des Berufsgrundschuljahres mit 3,5 % gegenüber 30 % in der vollzeitschulischen Form weitaus geringer ist, was auf eine höhere Motivation durch den erhöhten Praxisanteil zurückgeführt wird (vgl. BLK 1979: 29). In der Folge wird von der BLK auch für die Sonderformen der Berufsvorbereitung eine stärkere Praxisorientierung gefordert, um die Motivation der SuS in diesen Bildungsgängen zu erhöhen (BLK 1979: 71).

Zusammenfassend lässt sich somit festhalten, dass im Bildungsgesamtplan einige Punkte, die bereits von anderen Beratungsgremien vorgetragen wurden, konkretisiert werden. Die grundlegenden Zieldimensionen der Chancengleichheit und der Steigerung der Durchlässigkeit wurden beibehalten und über verschiedene Bereiche hinweg in ein umfassendes Konzept des Bildungswesens eingeordnet. In diesen Zusammenhang lassen sich, wie gezeigt, auch die Ausführungen zum Berufsgrundbildungsjahr einordnen. Dieses soll die Option zum Erwerb eines (höheren) Schulabschlusses bieten und darüber hinaus sowohl in kooperativer wie auch in vollzeitschulischer Form angeboten werden. Darüber hinaus sollen nach dem Bildungsgesamtplan spezielle Berufsgrundschuljahre für Jugendliche ohne Schulabschluss eingerichtet werden, welche unter anderem die Erhöhung der Arbeitsmarktfähigkeit der Jugendlichen zum Ziel haben. Flankiert werden diese Forderungen von einer verstärkten Beratung im Bildungssystem, die vor allem auch in letztgenannten Bildungsgängen etabliert werden soll. Der Abbau der Übergangsproblematiken von den berufsvorbereitenden Bildungsgängen in reguläre Ausbildungen wird jedoch nicht nur durch eine Ausweitung der Beratung, sondern auch durch eine stärkere Kooperation mit Ausbildungsbetrieben auf lokaler Ebene und eine bundesweite Vereinheitlichung der Bildungsangebote angestrebt. Damit geht die BLK mit dem Bildungsgesamtplan stellenweise über die Reformvorschläge der Gremien zur Beratung der Bildungspolitik hinaus und fordert erstmals die Einrichtung von besonderen Bildungsgängen für Jugendliche ohne Schulabschluss.

Memobox 5: Die BLK in der Etablierungsphase des Übergangssystems	
Zentrale Publikationen	Bildungsgesamtplan, Stufenplan
Wesentliche Zielvorstellungen	• Erhöhung der Chancengleichheit • Verbesserung der Leistungsfähigkeit der Individuen
Primäre Forderungen	• Differenzierung der Bildungsangebote • Ausbau des Berufsgrundschuljahres, insbesondere der kooperativen Form • bundesweite Vereinheitlichung des Berufsgrundschuljahres • Verzahnung von allgemeiner und beruflicher Bildung • Erhöhung der Arbeitsmarktfähigkeit von Schulabsolventen • Etablierung eines Bildungsberatungssystems • Abstimmung des Berufsgrundschuljahres mit anderen lokalen Angebotsstrukturen • Erhöhung des Praxisanteils in berufsvorbereitenden Bildungsgängen

1.2.3 Aufnahme und Umsetzung der Reformvorschläge durch die Kultusministerkonferenz

Wie schon am Ende des vorangegangenen Kapitels wird an dieser Stelle nun die Aufnahme und Umsetzung der zuvor dargestellten Reformvorschläge durch die KMK näher betrachtet. Trotz der Struktur der BLK, die im Kern eine Ergänzung der KMK durch Vertreter des Bundes war, wird sich zeigen, dass die KMK nicht in allen Punkten den Vorschlägen der BLK gefolgt ist, sondern in einigen Belangen andere Auffassungen vertreten hat. Darüber hinaus wird herausgestellt, dass die KMK im Verlauf der 1970er Jahre einen gewissen Kurswechsel bezüglich des Berufsgrundschuljahrs vollzogen hat.

Zunächst kann allgemein festgehalten werden, dass die KMK die Reformbemühungen des Deutschen Ausschusses und den Strukturplan des Bildungsrats, insbesondere zu Beginn der 1970er Jahre, hervorhebt. Die Rolle derselben wird als grundlegend „für die Meinungsbildung der Bundesregierung" (KMK 1973a: 258) und auch für die Position der Kultusministerien eingeschätzt. Das heißt: Das Ausmaß der Bedeutung der von den genannten Gremien vorgebrachten Reformvorschläge wurde von den Kultusministern mit zunehmendem zeitlichem Abstand zu den Auseinandersetzungen in den jeweiligen Kommissionen höher eingestuft.

Die KMK nahm jedoch nicht nur auf diese früheren Reformen Bezug, sondern auch auf die Arbeit der BLK, die in den Kontext der „Überprüfung des sogenannten Instrumentariums für eine rationale Bildungsplanung [...] [und einer] mehr *inhaltlich* geführten bildungs- und gesellschaftspolitischen Diskussion" (KMK 1973a: 258) gestellt wurde. Für die Jahre 1971/72 wird in der Folge konstatiert, dass die rationale Bildungsplanung nur begrenzt wirksam sei und hinsichtlich der Schul- und Hochschulreform kein Konsens herrsche (vgl. KMK 1973a: 259). Wie im Vorangegangen gezeigt, ist dies bezüglich der Auseinandersetzung innerhalb der BLK im Zuge der Erarbeitung des Bildungsgesamtplans eine durchaus zutreffende Situationsbeschreibung. Aufgrund dieser Schwierigkeiten sah die KMK ihre Hauptaufgabe in der Koordinierung der verschiedenen Bestrebungen, die „ein Höchstmaß von Ausgleich zwischen notwendiger reformerischer Veränderung und Anpassung an die tägliche Wirklichkeit" (KMK 1973a: 259) zum Ziel hatte. Dieser Ausgleich sollte durch die Verabschiedung verschiedener Rahmenvereinbarungen erreicht werden, wobei nach wie vor die „Verbesserung der Chancengleichheit und [...] [die] Steigerung des allgemeinen Leistungsniveaus" (KMK 1971b: 280) als übergeordnete Zieldimensionen angesehen wurden.

Als vordringliche Maßnahme galt dabei noch immer unter anderem die Einführung eines zehnten Schuljahres, das gegebenenfalls in Form eines Berufsgrundschuljahres angeboten werden sollte (KMK 1971b: 281). In dieser Hinsicht greift die KMK die im Bildungsgesamtplan von der BLK vertretenen Position vorweg, die das Berufsgrundschuljahr als Alternative zum zehnten Schuljahr an einer Hauptschule sieht (vgl. BLK 1973a: 26). Generell strebte die KMK in diesem Zeitraum eine „Reform der Berufsbildung [...] [an], die eine nach Berufsfeldern gegliederte stufenweise Bildung vorsieht" (KMK 1975a: 280). Das Berufsgrundschuljahr wurde als Teil dieser Stufenausbildung aufgefasst und mit der Verabschiedung einer Rahmenvereinbarung im Jahr 1973 auf eine Basis gestellt, welche zur Steigerung der Einheitlichkeit dieses Bildungsangebots im damaligen Bundesgebiet beitragen sollte (vgl. KMK 1973c: 309).

In dieser „Rahmenvereinbarung über das Berufsgrundbildungsjahr" (KMK 1973c) wird zunächst hervorgehoben, dass „Veränderungen in der Berufs- und Arbeitswelt [...] eine Neuordnung der beruflichen Bildung erforderlich" (KMK 1973c: 309) machen. Diesem sozialen Wandel soll durch die Stufung der Berufsausbildung, bei der das Berufsgrundbildungsjahr die erste Stufe einnimmt, Rechnung getragen werden. Das Berufsgrundschuljahr kann nach der Rahmenvereinbarung sowohl in vollzeitschulischer als auch in kooperativer Form im dualen System angeboten werden. In nach Berufsfeldern gegliederten Klassen sollen den SuS eine „allgemeine (berufsfeldübergreifende) und auf der Breite eines Berufsfeldes fachtheoretische und fachpraktische Lerninhalte als berufliche Grundbildung" (KMK 1973c: 309) vermittelt werden. Der Zugang zum Berufsgrundbildungsjahr steht dabei für Jugendliche offen, die „ihre Vollzeitschulpflicht erfüllt [...] [und] sich für ein Berufsfeld" (KMK 1973c: 309) entschieden haben. Junge Menschen, die trotz der Erfüllung ihrer Vollzeitschulpflicht keinen Hauptschulabschluss erreicht haben, können in den Bildungsgang nur aufgenommen werden, insofern „durch geeignete Maßnahmen im Sinne einer Schullaufbahnberatung geprüft [...] [wurde], ob die Aussicht auf eine erfolgreiche Teilnahme [...] besteht" (KMK 1973c: 309). Nach der Aufnahme in den Bildungsgang sollen den Jugendlichen im Laufe eines Schuljahres „zu etwa gleichen Anteilen" (KMK 1973c: 311) hauptsächlich fachtheoretische und fachpraktische Kenntnisse in dem jeweiligen Berufsfeld vermittelt werden. Darüber hinaus sollen die SuS in geringerem Umfang berufsfeldübergreifenden, allgemeinbildenden Unterricht erhalten (vgl. KMK 1973c: 310 f.). Bei mindestens ausreichenden Leistungen sollen diese Jugendlichen nach dem Abschluss des Schuljahres ein Abschlusszeugnis erhalten, das einen Bildungsstand bescheinigt, „der dem Bildungsstand der Hauptschule entspricht" (KMK 1973c: 312). Darüber hinaus wird in der Rahmenvereinbarung festgehalten, dass das Berufsgrundbildungsjahr im Falle eines erfolgreichen Abschlusses als erstes Ausbildungsjahr im entsprechenden Berufsfeld anerkannt werden soll (KMK 1973c: 311 f.).

Die in der Rahmenvereinbarung durch die Kultusminister vereinbarten Regelungen beziehen sich also vor allem auf das vollzeitschulische Berufsgrundschuljahr. Erst in einem 1978 gefassten Beschluss, der weiter unten behandelt wird, wird etwas genauer auf die kooperative Form desselben Bildungsgangs eingegangen und in erster Linie strukturelle Vorgaben getroffen (vgl. KMK 1978). Dennoch lassen sich schon zwischen den Regelungen zum vollzeitschulischen Berufsgrundbildungsjahr und den Reformvorschlägen der Bildungsberatungsgremien einige Parallelen ausmachen.

So wurde beispielsweise die Notwendigkeit für Bildungsreformen bereits vom Deutschen Ausschuss mit dem sozialen Wandel begründet (vgl. Deutscher Ausschuss 1959: 60). Die Ausführungen der KMK bezüglich des Berufsgrundbildungsjahres weisen darüber hinaus große Ähnlichkeiten mit den Vorschlägen der BLK auf. Zum einen können hier die die Aufnahme der Forderung von zwei Formen des Berufsgrundschuljahrs (vgl. BLK 1973a: 31) und die Möglichkeit zum Erwerb eines höheren Schulabschlusses durch den Abschluss desselben (vgl. BLK 1973a: 26) genannt werden. Zum anderen kann auch das Ansinnen auf spezielle Formen des Berufsgrundbildungsjahres (vgl. BLK 1973a: 31) als Gemeinsamkeit angeführt werden. Insoweit folgt die KMK also den in der BLK unter der Beteiligung von Bundesvertretern erarbeiteten Vorschlägen. Mit den das Curriculum des Berufsgrundschuljahres betreffenden Ausführungen geht die KMK jedoch, im Sinne einer Konkretisierung, über das Konzept der BLK hinaus.

Im weiteren Verlauf der Diskussionen über die Reform der beruflichen Bildung innerhalb der KMK wird die Bedeutung des Berufsgrundschuljahres als wichtige Reformmaßnahme wiederholt hervorgehoben (vgl. KMK 1976: 320, KMK 1980: 354). Dabei wird nun explizit gemacht, dass das Berufsgrundbildungsjahr als Instrument zur Reduktion der Jugendarbeitslosigkeit verwendet werden könnte (vgl. KMK 1977a: 295). Daneben wird festgestellt, dass es „Schwierigkeiten bei der Anrechnung des Berufsgrundbildungsjahres auf die Ausbildungsdauer in anerkannten Ausbildungsberufen" (KMK 1977a: 297) gibt, die durch eine Konkretisierung der oben behandelten Rahmenvereinbarung überwunden werden sollen. Es wird demnach vonseiten der Kultusminister erstmalig konstatiert, dass die mit dem Berufsgrundbildungsjahr verbundenen Zielsetzungen nicht erreicht werden konnten. Diesem Problem versucht die KMK mit dem Vorschlag, ein Beratungssystem auszubauen, das insbesondere am Übergang von der Schule in die Ausbildung oder den Beruf ansetzt, zu entgegnen (vgl. KMK 1976: 320). Somit folgt die KMK auch in diesem Punkt dem Bildungsgesamtplan der BLK (vgl. BLK 1973a: 79 ff.).

Dennoch wird kurze Zeit später durch die KMK konstatiert, dass hinsichtlich der beruflichen Bildung Nachholbedarf besteht und derselben „wegen ihrer grundlegenden Bedeutung für die Zukunftssicherung der jungen Generation eine besondere Priorität zukommt" (KMK 1979a: 318). Diesen Rückstand versucht die KMK durch eine Konkretisierung der 1973 verabschiedeten „Rahmenvereinbarung für das Berufsgrundbildungsjahr" (KMK 1973c) aufzuholen.

Wesentlich unterscheidet sich diese Neufassung der Rahmenvereinbarung von der ursprünglich verabschiedeten in der Form der Gliederung. So wird nun zwischen dem vollzeitschulischen und dem kooperativen Berufsgrundschuljahr unterschieden und in der Folge die kooperative Form ausführlicher als zuvor behandelt (vgl. KMK 1978: 358). Dabei wird festgelegt, dass „der berufsschulische Anteil [...] 2–2½ Unterrichtstage pro Woche" (KMK 1978: 358) betragen und der fachtheoretische Unterricht „mindestens acht Unterrichtsstunden umfassen" (KMK 1978: 358) soll. Das bedeutet, dass die fachpraktische Ausbildung im kooperativen Berufsgrundschuljahr vorwiegend von den Betrieben übernommen wird.

Neben diesen, die Struktur des kooperativen Berufsgrundbildungsjahrs betreffenden, Ausführungen wird die Rahmenvereinbarung in anderen Punkten leicht verändert. Beispielsweise ist nun der zweistündige Fremdsprachenunterricht, der durch Stützkurse ersetzt werden konnte (vgl. KMK 1973c: 310), nicht mehr vorgesehen (vgl. KMK 1978). Darüber hinaus verändern sich die Voraussetzungen für den erfolgreichen Abschluss des Berufsgrundbildungsjahres insofern, als nun nicht mehr ausschließlich im berufsfeldübergreifenden, dem fachtheoretischen sowie dem fachpraktischen Bereich, sondern in allen Fächern ausreichende Noten erreicht (vgl. KMK 1973c: 311), beziehungsweise nicht ausreichende Leistungen ausgeglichen werden müssen (vgl. KMK 1978: 356). Davon unberührt bleiben die Voraussetzungen für die Möglichkeit, einen dem Hauptschulabschluss gleichwertigen Bildungsabschluss zu erreichen. Nach der Rahmenvorgabe sind dafür nach wie vor lediglich im berufsfeldübergreifenden und fachtheoretischen Bereich ausreichende Leistungen vorzuweisen oder durch Notenausgleich zu erreichen (vgl. KMK 1973c: 312, 1978: 357).

Es werden mit der Neufassung der Rahmenvereinbarung also keine gravierenden Veränderungen an der Struktur des Berufsgrundbildungsjahres vorgenommen. Allerdings ist zu bemerken, dass mit der Veränderung der Abschlussvoraussetzungen die Hürde für die Anerkennung desselben als erstes Lehrjahr erhöht wird, da eine Anerkennung nur bei einem erfolgreichen Abschluss vorgenommen werden kann.

In diesen Zusammenhang lassen sich auch die Ausführungen zu den Anrechnungsschwierigkeiten einordnen, die im Rahmen der 183. Plenarsitzung der KMK erneuert wurden (vgl. KMK 1979a: 328). Vermutlich versuchten die Kultusminister mit der Erhöhung der Abschlussvoraussetzungen die Qualität der Absolventen zu steigern und damit die Anerkennungsschwierigkeiten des Berufsgrundbildungsjahres zu vermindern. Diese Annahme wird auch durch die Feststellung der KMK bezüglich der „begrenzten Möglichkeiten der Kultusverwaltung [...] zur Minderung der Jugendarbeitslosigkeit beizutragen" (KMK 1979a: 318) gestützt. Das bedeutet: Die Kultusminister versuchten im Rahmen der politischen Steuerungsmöglichkeiten, die Schwierigkeiten zu vermindern, mussten aber gleichzeitig einräumen, dass die bisherigen Lösungsversuche nur begrenzt wirksam waren. Gleichzeitig wird damit die Verantwortung für die Probleme auf andere Faktoren, wie die Struktur des Arbeitsmarktes, übertragen, sodass das teilweise Scheitern der eingeleiteten Maßnahmen nicht als Politikversagen wahrgenommen wird.

Insofern vollzieht sich an dieser Stelle ein Wandel der Wahrnehmung des Berufsgrundbildungsjahres. Dieses erfüllt seinen ursprünglichen Auftrag nur beschränkt, sodass die Jugendarbeitslosigkeit nicht in dem gewünschten Maße reduziert wurde. Aufgrund dessen tritt das Ziel der Höherqualifizierung stärker in den Vordergrund. Die Erhöhung der Abschlussvoraussetzungen führt allerdings dazu, dass die Gruppe derjenigen Jugendlichen, die diese nicht erfüllen können, ansteigt und somit im selben Verhältnis die Warteschleifenproblematik zunimmt.

Um diese Problematik nicht überhandnehmen zu lassen, versuchen die Kultusminister im Jahr 1980 das Berufsgrundbildungsjahr in die Ausbildungsordnungen der entsprechenden Berufe zu integrieren (vgl. KMK 1982a: 309). Damit verfolgt die KMK eine zusätzliche Strategie, um den

Übergang der Absolventen des Berufsgrundbildungsjahres in reguläre Ausbildungen zu verbessern. Begleitend zur Erhöhung des Qualifikationsniveaus der Absolventen sollen auf diese Weise die Möglichkeiten zur Umgehung der Anerkennung des Berufsgrundschuljahres durch die Ausbildungsbetriebe reduziert werden. Folglich wird auf mehrere Arten versucht, den bekannten Problematiken zu begegnen.

Zum Abschluss dieses Kapitels lässt sich somit zusammenfassen, dass während dieser Phase zunächst eine Vielzahl der Reformvorschläge der Bildungsberatungsgremien von der KMK übernommen wurde und in die verabschiedeten Rahmenvereinbarungen eingeflossen ist. Wie gezeigt sind in diesem Kontext nicht nur die Vorschläge der BLK, an deren Erarbeitung die Kultusminister direkt beteiligt waren, sondern auch die Arbeiten früherer Gremien zu nennen. Auf Basis dieser Konzeptionen entwickelte die KMK die Rahmenvorgaben für das Berufsgrundbildungsjahr. Zunächst stand dabei das Ziel der Reduktion der Jugendarbeitslosigkeit im Vordergrund. Mit fortschreitender Zeit und immer deutlicher werdenden Schwierigkeiten für die Absolventen des Berufsgrundbildungsjahres, insbesondere im Zusammenhang mit der Anrechnung desselben als erstes Ausbildungsjahr, wurden dann Veränderungen an der Konzeption des Bildungsgangs vorgenommen. Die Kultusminister vollzogen hier einen Kurswechsel. Während zunächst die Erhöhung des Bildungsniveaus durch das Berufsgrundschuljahr im Vordergrund stand, wurden die Bedingungen für den erfolgreichen Abschluss des Bildungsgangs durch die oben näher betrachtete Neufassung der Rahmenvereinbarung verschärft und damit gleichzeitig die Zahl an Jugendlichen erhöht, für die der Besuch des Berufsgrundbildungsjahres einer Warteschleife gleichkommt. Im Folgenden wird zu zeigen sein, wie sich diese Problematik im weiteren Verlauf des flächendeckenden Ausbaus des Übergangssystems entwickelt.

Memobox 6: Die KMK in der Etablierungsphase des Übergangssystems	
Zentrale Publikationen	Beschlüsse und Empfehlungen zum Berufsbildungssystem
Wesentliche Zielvorstellungen	• Reduktion der Jugendarbeitslosigkeit • Erhöhung des durchschnittlichen Bildungsniveaus
Primäre Forderungen	• Etablierung des Berufsgrundbildungsjahrs in dualisierter und vollzeitschulischer Form • Schaffung der Möglichkeit zur Verbesserung des Schulabschlusses durch das Berufsgrundbildungsjahr

1.3 Ausbau

In den beiden vorangegangenen Kapiteln wurden die Planung und Etablierung des Übergangssystems entlang der Einführung des Berufsgrundbildungsjahres dargestellt und analysiert. Dabei zeigte sich, dass mit dem Deutschen Ausschuss, dem Bildungsrat, der BLK und der KMK verschiedene Institutionen an der Diskussion und Erarbeitung von Vorschlägen für berufsvorbereitende Maßnahmen beteiligt waren und auf ihre breite Verankerung im Bildungswesen hinwirkten. In der Folge dieser Auseinandersetzungen wurden bis zum Anfang der 1980er Jahre in allen damaligen Bundesländern Bildungsgänge eingerichtet, die der Berufsvorbereitung dienten, auch wenn teilweise noch keine Rechtsgrundlage für die Einführung bestand (vgl. BLK 1982: 257 ff.). Auf dieser Basis wird nachfolgend der weitere Verlauf des Diskurses über den Ausbau des Berufsgrundbildungsjahres und die Etablierung weiterer, dem Übergangssystem zuzurechnenden, Bildungsgänge betrachtet.

1.3.1 Die Bund-Länder-Kommission für Bildungsplanung und Forschungsförderung

Nach der Verabschiedung des Bildungsgesamtplans (BLK 1973a, 1973b), der Reformvorschläge anderer Bildungsberatungsgremien integrierend aufgegriffen hatte und stellenweise auch darüber hinaus ging, sowie der Veröffentlichung des Stufenplans zu Schwerpunkten der beruflichen Bildung (BLK 1975) veränderte sich die Arbeit der BLK, wie im Folgenden gezeigt wird, gravierend. Während im Rahmen der ersten Veröffentlichungen zu den Auswertungen von Modellversuchen im Bereich des Übergangssystems noch Empfehlungen für Veränderungen von Bildungsangeboten gegeben wurden, reduzierten sich die Äußerungen der BLK immer mehr auf reine Beschreibungen der Ergebnisse der Modellversuche, ohne, wie zuvor, weitreichende Reformvorschläge zu unterbreiten. Als Ursache für diesen schleichenden Bedeutungsverlust der BLK, der sich auch in Form eines steigenden Allgemeinheitsgrades der Beschlüsse im Zeitverlauf äußert, wird in der Regel das „Scheitern des Versuchs einer Fortschreibung des Bildungsgesamtplans im Jahre 1983" (Hüfner/Naumann/Köhler et al. 1986: 82) angeführt. Ungeachtet dieser Problematik hat die BLK während der Phase des Ausbaus des Übergangssystems, die in diesem Kapitel im Zentrum der Betrachtungen steht, seit 1980 mit den „Materialien zur Bildungsplanung" (vgl. BLK 2007)[22] einige

---

22 Die Bezeichnung dieser Veröffentlichungen wurde, ebenso wie der Name der Kommission selbst, im Laufe der Zeit geändert. So trägt die Reihe seit der Publikation des 22. Hefts den

Publikationen vorgelegt, die zur Analyse der Expansionsphase des Übergangssystems von Bedeutung sind, da sie Aufschluss über die verschiedenen Bereiche des Bildungswesens und die Rolle des Übergangssystems darin geben. Nachfolgend werden die Materialien, welche das Berufsbildungssystem, oder auch berufsvorbereitende Maßnahmen behandeln, dargestellt und die wichtigsten Diskussionslinien rekonstruiert.

Im dritten Heft der genannten Reihe wird zunächst ein Überblick über die im Sekundarbereich II erwerbbaren Abschlüsse gegeben und dabei auch auf die verschiedenen Formen des Berufsgrundbildungsjahres in den jeweiligen Bundesländern eingegangen (vgl. BLK 1982: 257 ff.). Daran zeigt sich zum einen, dass im September 1981 in nahezu jedem Bundesland mindestens ein berufsvorbereitender Bildungsgang existierte, auch wenn zum Teil noch keine Rechtsgrundlage verabschiedet worden war. Zum anderen hebt diese Übersicht deutlich hervor, dass bereits zu diesem Zeitpunkt eine Vielzahl unterschiedlicher Angebote an berufsvorbereitenden Bildungsgängen bestand. Dabei unterscheiden sich nicht nur die Bezeichnungen der Bildungsgänge[23] und die Anzahl der Berufsfelder, in welchen sie besucht werden können. Zum Teil sind auch die Formen der Bildungsgänge unterschiedlich. So wurde zum Beispiel das Berufsgrundschuljahr in Rheinland-Pfalz in vollzeitschulischer und dualer Form angeboten, während die Regelangebote der übrigen Bundesländer auf die schulische Form beschränkt waren. Demgegenüber konnte in allen Ländern außer Hamburg mit dem Abschluss des berufsvorbereitenden Bildungsgangs der Hauptschulabschluss oder ein äquivalentes Bildungszertifikat erreicht werden (vgl. BLK 1982: 257 ff.). Demnach lässt sich konstatieren, dass das Angebot im Übergangssystem zwar breit gefächert war, aber dennoch ähnliche Bildungsabschlüsse erworben werden konnten. Das bedeutet gleichzeitig, dass die Anstrengungen der BLK zur Vereinheitlichung des Bildungssystems in diesem Bereich (vgl. Kapitel 1.2.2, BLK 1973a) nur einen beschränkten Erfolg erzielt haben.

Die Beschäftigung mit Modellversuchen zum Berufsgrundschuljahr wird im Rahmen des fünften Hefts über die „Modellversuche zur Entwicklung und Erprobung von Profilen und Abschlüssen im Sekundarbereich I und II" (BLK 1983) fortgesetzt. Auch hier liegt der Fokus auf der Deskription, ohne dass weitgehende Empfehlungen abgegeben würden und war damit in erster Linie auf das Ziel der Verbesserung des Informationsaustausches ausgerichtet (vgl. BLK 1983: 6). Generell gibt der Bericht Aufschluss über zwölf Modellversuche, die bis 1980 durchgeführt wurden (vgl. BLK 1983: 5). Zwar lag der

---

Namen „Materialien zur Bildungsplanung und Forschungsförderung", unter welchem auch schon die Hefte 19 und 20 veröffentlicht wurden (vgl. BLK 2000a: Anlage 6).
23 Diese reichen von „Berufsgrundbildungsjahr", „Berufsgrundschuljahr", „Berufsvorschuljahr", „einjährige Berufsfachschule" über „berufsbefähigende Bildungsgänge" bis hin zu „Ausbildungs- und arbeitsvorbereitendes Jahr" und „Werksklasse" (vgl. BLK 1982: 257 ff.).

Schwerpunkt dieser Modellversuche nicht auf der Entwicklung berufsvorbereitender Maßnahmen, dennoch werden an dem Bericht mehrere Punkte deutlich, die für die Weiterentwicklung des Übergangssystems von Bedeutung sind.

Erstens wird als Schlussfolgerung aus den Modellversuchen die Möglichkeit zum Erwerb eines höheren Bildungsabschlusses im Rahmen des zehnten Hauptschuljahres, das, wie zuvor beschrieben, auch als Berufsgrundschuljahr angeboten werden kann, hervorgehoben (vgl. BLK 1983: 10). Auch die Versuche zur Dualisierung von Bildungsgängen werden von der BLK als erfolgreich resümiert, wobei nicht nur die Akzeptanz dieser Bildungsgänge durch die Betriebe gelobt wird, sondern auch die „Persönlichkeitsentwicklung und Persönlichkeitsstabilisierung der beteiligten Jugendlichen" positiv dargestellt werden (BLK 1983: 9). Drittens wird deutlich gemacht, dass die „Lernziele und Lerninhalte [...] für die Hauptschule [...] unter besonderer Berücksichtigung ihres berufsvorbereitenden Charakters" (vgl. BLK 1983: 15) entwickelt werden sollen, was im Rahmen eines der Modellversuche erfolgreich erprobt wurde (vgl. BLK 1983: 18 f.). In diesen Kontext lassen sich auch die Ausführungen zum Ausbau des Beratungssystems einordnen, durch welchen der „Übergang ins Berufsleben" (BLK 1983: 57) erleichtert werden soll.

An diesen vier Zielvorstellungen wird deutlich, dass die BLK mit der Auswertung der Modellversuche an die im Bildungsgesamtplan und Stufenplan formulierten Ziele, wie beispielsweise dem Ausbau des Beratungssystems oder auch der Einrichtung der Möglichkeit zum Erwerb eines höheren Bildungsabschlusses, anschließt (vgl. BLK 1973a, 1973b, 1975). Darüber hinaus kann festgehalten werden, dass mit den Modellversuchen die Differenzierung des Angebots im Sekundarbereich II forciert wurde (vgl. BLK 1983: 13).

Nach diesen Auseinandersetzungen mit dem Angebot an Bildungsgängen und der Auswertung der Modellversuche, die bis 1980 durchgeführt worden waren, setzt sich die BLK vermehrt mit strukturellen Fragen des Übergangs in den Ausbildungs- und Arbeitsmarkt auseinander. Zunächst wird der Blick dabei auf die „Perspektiven von Absolventen der beruflichen Bildung" (BLK 1987) gerichtet; wenig später werden die „Beschäftigungsperspektiven von Absolventen des Bildungssystems" (BLK 1989) im Gesamten betrachtet. In beiden Heften verfolgt die BLK eine ähnliche Argumentation, die deutlich macht, warum in dieser Periode ein Ausbau des Übergangssystems angestrebt wurde.

Eingangs wird hervorgehoben, dass Personen „ohne abgeschlossene Berufsausbildung [...] die größte Problemgruppe am Arbeitsmarkt" (BLK 1987: 2) sind. Zur Verringerung dieser Risikogruppe soll „die Förderung benachteiligter Jugendlicher *bedarfsgerecht*" (BLK 1987: 5; keine Hervorhebung im Original) fortgeführt werden und so eine größere Zahl von

Jugendlichen zur Aufnahme, beziehungsweise zum erfolgreichen Abschluss, einer Ausbildung geführt werden. Dabei wird zwar nicht näher darauf eingegangen, welche Förderung als bedarfsgerecht angesehen wird, mit Bezugnahme auf die vorherigen Publikationen lässt sich jedoch annehmen, dass damit eine Differenzierung des Angebots an berufsvorbereitenden Bildungsgängen gemeint ist.

Für diese Interpretation spricht auch die Vielzahl an Maßnahmen, die zur Umsetzung dieser Zielvorstellung empfohlen werden (vgl. BLK 1987: 17 ff., 105 ff.). Diese Empfehlungen zielen unter anderem auf die Übergänge an der ersten und an der zweiten Schwelle ab. So wird von der BLK beispielsweise gefordert, dass die Zahl der Jugendlichen ohne Schulabschluss reduziert wird, da ein Bildungszertifikat als die zentrale Voraussetzung für die erfolgreiche Suche nach einem Ausbildungsplatz erachtet wird (vgl. BLK 1987: 105). Zur Erleichterung des Übergangs in Berufsausbildungen wird weiterhin vorgeschlagen, dass zum einen „die Berufswahlvorbereitung in den allgemeinbildenden Schulen ausgebaut werden" (BLK 1987: 107) soll und zum anderen „berufsvorbereitende Maßnahmen [...] verstärkt praxisorientiert angeboten werden" (BLK 1987: 107) sollen. Zur Verringerung der Übergangsproblematiken an der zweiten Schwelle wird von der BLK eine Flexibilisierung der beruflichen Ausbildung vorgeschlagen. Das bedeutet, dass zum einen die „Vermittlung einer breit angelegten beruflichen Grundbildung" (BLK 1987: 109) stärker berücksichtigt werden soll. Zum anderen soll eine „inhaltliche Erweiterung" (BLK 1987: 110) der Berufsausbildung durch den Erwerb von Schlüsselqualifikationen[24] stattfinden. Darüber hinaus empfiehlt die BLK, „Angebote zum Erwerb von Zusatzqualifikationen" (BLK 1987: 111) und „zusätzliche Beschäftigungsmöglichkeiten" (BLK 1987: 112) für Ausbildungsabsolventen zu schaffen. Letzteres bedeutet, dass die Absolventen, solange keine „angemessene Beschäftigung" (BLK 1987: 20) gewährleistet werden kann, „in andere, möglichst verwandte Berufe" (BLK 1987: 112) übernommen werden, Teilzeitarbeit leisten oder auch Weiterbildungsmaßnahmen und andere Maßnahmen der Bundesanstalt für Arbeit besuchen sollen (vgl. BLK 1987: 112 ff.).

Im Rahmen der Auseinandersetzung mit „den Beschäftigungsperspektiven von Absolventen des Bildungssystems" (BLK 1989) im Allgemeinen werden von der BLK dezidiert die strukturellen Ursachen der Übergangsproblematiken fokussiert. So wird erneut hervorgehoben, dass insbesondere „Personen ohne Ausbildungsabschluß [...] nach wie vor am stärksten von Arbeitslosigkeit betroffen" (BLK 1989: 13) sind. Zugleich wird betont, dass „die Arbeitslosigkeit an der Schwelle 2 [...] gemessen an der Zahl der bestandenen Abschlussprüfungen seit 1985 leicht zurückgegangen" (BLK 1989: 24) ist. Zudem wird konstatiert, dass „eine zunehmende Besetzung von

---

24 Als Schlüsselqualifikationen versteht die BLK „die Fähigkeit zum Selbstlernen und zum Wissenstransfer sowie die Kommunikations- und Kooperationsfähigkeit" (BLK 1987: 110).

Arbeitsplätzen mit Hochschulabsolventen [...] auf denen zuvor betrieblich Ausgebildete beschäftigt waren" (BLK 1989: 39), stattfindet. Ungeachtet dieser Substitution, die auch für Ausbildungsabsolventen zu einer Erhöhung des Arbeitslosigkeitsrisikos führt, greift die BLK für die Gruppe der Ausbildungslosen erneut einige der zuvor erwähnten Maßnahmen zur Reduktion der Übergangsproblematiken auf (vgl. BLK 1989: 44 ff.). Dabei wird auch die Gleichwertigkeit von Berufs- und Hochschulausbildung betont und insofern an die Vorstellung des Deutschen Ausschusses von gleichwertigen Bildungs- und Ausbildungsgängen angeschlossen (vgl. BLK 1989: 44 f., Deutscher Ausschuss 1960, 1964).

Somit versucht die BLK mit den beiden Publikationen zur Thematik der Beschäftigungsperspektiven deutlich zu machen, welche Merkmale zu einer Erhöhung des Arbeitslosigkeitsrisikos führen. Die Diskussion dieser strukturell bedingten Problemlagen fußt auf dem Gedanken einer temporären Benachteiligung von bestimmten Personengruppen, in diesem Fall von Ausbildungsabschlusslosen, durch Veränderungen des Arbeitsmarkts. Trotz dieser grundlegenden, strukturellen Herausforderung argumentiert die BLK abermals im Sinne einer Überwindung der Schwierigkeiten auf individueller Ebene (vgl. Kapitel 1.2.2). So werden zwar Maßnahmen für alternative Beschäftigungsmöglichkeiten von Ausbildungsabsolventen und auch zur „Verminderung der Zahl der Jugendlichen, die keine berufliche Ausbildung beginnen" (BLK 1989: 48), vorgeschlagen. Letztere konzentrieren sich jedoch auf die Förderung Benachteiligter, wohingegen strukturelle Möglichkeiten zur Verminderung der Übergangsschwierigkeiten erwähnt, aber nicht ins Zentrum gestellt werden (BLK 1989: 48 ff.). Das bedeutet, dass die Ursache für erfolglose Ausbildungs-, beziehungsweise Arbeitsplatzsuchen von der BLK eher in einem nicht ausreichenden Qualifikationsniveau als in einem prinzipiellen Mangel an entsprechenden Angeboten gesehen wird.

Dies spiegelt sich auch in der Auswertung der „Modellversuche zur Doppelqualifikation/Integration" (BLK 1990) wider. Insbesondere bei den nordrhein-westfälischen Modellversuchen, die eine „Verbindung des Berufsvorbereitungsjahres mit dem Berufsgrundschuljahr" (BLK 1990: 25) in Form eines zweijährigen Bildungsgangs zum Ziel hatten, wird auf die individuellen Voraussetzungen der SuS in diesen Bildungsgängen verwiesen. So wurden im Rahmen der wissenschaftlichen Begleitung der Modellversuche unter anderem psychometrische Tests mit den SuS durchgeführt.[25] Diese hatten zum Ergebnis, dass „ca. 30–40 % der Schüler [...] in bisher eingerichteten vollzeitschulischen Bildungsgängen [...] nur sehr wenige Chancen für einen erfolgreichen Abschluß haben würden. Ca. 10 % werden die Berufsgrundbildung nicht erwerben können, für weitere 20 – 30 % der Schüler werden zu-

---

25 Mit den erhobenen Daten wurden Aussagen über „Intelligenz [...], Leistungsmotivation [...], Anstrengungsvermeidung [...], Pflichteifer [...] und Angst" (BLK 1990: A 237) getroffen.

sätzliche Maßnahmen nötig sein" (BLK 1990: A 243). Damit wird von der BLK explizit darauf verwiesen, dass für 30–40 % der SuS der Besuch des einjährigen Berufsgrundbildungsjahres nicht zum gewünschten Ergebnis führt und ein Zehntel der Jugendlichen nicht die Fähigkeiten zum erfolgreichen Abschluss desselben besitzt. Durch den genannten Modellversuch konnten diese Quoten nicht wesentlich verändert werden.[26] Dennoch wird der Modellversuch als erfolgreich eingestuft und als „Chance des Neuanfangs" (BLK 1990: A 245) bezeichnet, auch wenn konstatiert wird, dass „Probleme der Anrechnung [...] und des Ausbildungsstellenmangels [...] nicht bewältigt werden" (BLK 1990: A 245) können.

Folglich kann erneut festgehalten werden, dass seitens der BLK Kenntnisse über die Aufnahme von Maßnahmenkarrieren durch die SuS vorhanden sind. Mit den Modellversuchen sollten die für die SuS bestehenden Übergangsprobleme vermindert werden. Im Vergleich der Abschlussquoten des Modellversuchs mit der Regelform des BGJ ist jedoch zu konstatieren, dass nach wie vor ähnliche Schwierigkeiten beim Übergang in Ausbildungen bestehen. Die BLK weist zwar darauf hin, dass diese Schwierigkeiten auch strukturell, durch die Begrenzung des Ausbildungsplatzangebots, bedingt sind, führt die geringen Abschlussquoten jedoch auch auf die individuellen Voraussetzungen der Jugendlichen zurück, die auf Basis der Ergebnisse der psychometrischen Untersuchungen als nicht ausreichend beurteilt werden.

Bei der Auseinandersetzung mit der Berufsausbildung und der Weiterbildung nach der Deutschen Wiedervereinigung wird der Fokus hingegen auf die Angebotsstrukturen gerichtet, ohne im Speziellen auf die Fähigkeiten der Jugendlichen einzugehen. So werden von der BLK neben der Beschreibung der Ausgangslage in den neuen Ländern verschiedene Probleme der Umbruchsituation benannt und Maßnahmen zur Problemlösung vorgeschlagen (vgl. BLK 1993c). Dabei wird die Sicherung eines quantitativ und qualitativ ausreichenden Ausbildungsplatzangebots als vordringliches Ziel behandelt. Die Lage auf dem Ausbildungsstellenmarkt wird von der BLK für das Frühjahr 1991 als entspannt dargestellt (BLK 1993c: 4). Für das darauffolgende Jahr wird jedoch mit einer deutlichen Erhöhung der Bewerberzahlen und damit einer Bewährungsprobe für das Ausbildungssystem gerechnet (BLK 1993c: 5).

Die günstige „Gesamtsituation auf dem Ausbildungsstellenmarkt 1991" (BLK 1993c: 15) ist bei genauer Betrachtung jedoch nicht nur auf das regulär zur Verfügung stehende Angebot an Ausbildungsplätzen zurückzuführen. Vielmehr wurde das Ausbildungsplatzangebot der Betriebe in den neuen Ländern durch Ausbildungsplatzzuschüsse von bis zu 10.000 DM staatlich

---

26 Tatsächlich haben nur 40 % der Jugendlichen den Modellversuch erfolgreich abgeschlossen. Unter Berücksichtigung der Übergänge in Ausbildungen liegt die Abschlussquote bei etwa 60 % (vgl. BLK 1990: A 243).

subventioniert.[27] Zudem wurden „rund 10.000 Plätze für die schulische Berufsvorbereitung und Berufsgrundbildung geschaffen" (BLK 1993c: 13), wodurch die Zahl der unvermittelten Bewerber zusätzlich verringert werden konnte. Allerdings wird von der BLK auch konstatiert, dass „insbesondere die Angebote im Berufsgrundbildungsjahr [...] nur mit Zurückhaltung angenommen" (BLK 1993c: 16) wurden.

Dieser Mangel an Akzeptanz wird von den Vertretern des Bundes und der Länder in der BLK auf unterschiedliche Ursachen zurückgeführt. Während die Ländervertreter die mangelnde Annahme der Bildungsgänge durch die Jugendlichen auf die „fehlenden Anrechnungsverordnungen" (BLK 1993c: 16) zurückführen, weisen die Vertreter des Bundes „demgegenüber auf die [...] unzureichende Akzeptanz bei den Unternehmen zur Anerkennung [...] hin" (BLK 1993c: 16). Aufgrund dieser Differenzen konnte bezüglich der zu ergreifenden Maßnahmen für die Schwierigkeiten, mit welchen mittelfristig ab 1992 gerechnet wurde, kein Konsens erzielt werden. So forderten die Länder „die Verordnungen über die Anrechnung des Besuchs eines schulischen Berufsgrundbildungsjahrs [...] in den neuen Ländern unverzüglich in Kraft" (BLK 1993c: 6) zu setzen. Die Vertreter des Bundes empfahlen hingegen, unterstützt durch die Wirtschaftsministerkonferenz[28], „von einer großzügigen Nutzung [...] zur individuellen Ausbildungszeitverkürzung [...] Gebrauch zu machen" (BLK 1993c: 72). Demnach zielten die Vertreter der Länder darauf ab, eine bundeseinheitliche Regelung zu schaffen. Die Bundesvertreter verfolgten hingegen eine Argumentation, die darauf abzielte, den Ausbildungsbetrieben einen möglichst großen Spielraum einzuräumen.[29]

Ungeachtet dieser Meinungsverschiedenheiten kann festgehalten werden, dass die BLK sich einheitlich für den Ausbau der berufsvorbereitenden Maßnahmen ausspricht, um den Ausbildungsstellenmarkt zu entlasten und gleichzeitig Jugendarbeitslosigkeit zu verhindern (BLK 1993c: 13). Das Übergangssystem wird in den neuen Ländern folglich vor allem als Maßnahme eingesetzt, die strukturelle Probleme auf dem Ausbildungsstellen- und Arbeitsmarkt, verringern und gleichzeitig der Weiterqualifikation der Jugendlichen dienen soll.

---

27 Es handelte sich dabei in der Regel um einmalige Zuschüsse für den Abschluss von Ausbildungsverträgen. Diese Zuwendung wurde, je nach Bundesland, entweder für Betriebe mit einer bestimmten Anzahl von Beschäftigten oder auch für die Einstellung von Jugendlichen mit „besonderem Förderbedarf" (BLK 1993c: 12) bewilligt.
28 In einer Stellungnahme der Wirtschaftsministerkonferenz wird dazu aufgefordert, „die Notwendigkeit, [...] [der] Inkraftsetzung der Verordnung über die Anrechnung [...] kritisch zu hinterfragen" (Beschluss der Wirtschaftsministerkonferenz (1992), zitiert nach BLK 1993c: 68).
29 Letztlich scheinen diese unterschiedlichen Positionen auch auf die Differenzen zwischen der konservativ-liberalen Bundesregierung und den Ländervertretern, die zu dieser Zeit mehrheitlich von sozialdemokratisch geführten Regierungen gestellt wurden, zurückzugehen.

Die Weiterentwicklung des „beruflichen Weiterbildungsangebotes in den neuen Ländern" (BLK 1993a) folgt einem ähnlichen Prinzip. Auch in diesem Zusammenhang wird darauf verwiesen, dass sich die neuen Länder in einer Umbruchsituation befinden und die bestehenden Schwierigkeiten durch selbige begründet sind (vgl. BLK 1993a: 1). Auf Basis dieser Problembeschreibung wird hervorgehoben, dass „die berufliche Weiterbildung [...] für die Mehrheit der Bevölkerung in den neuen Ländern [...] im Vordergrund" (BLK 1993a: 7) steht. Das bedeutet, dass die einzelnen Angestellten aufgrund der, mit der Wiedervereinigung verbundenen, Umstrukturierungen des Arbeitsmarktes (vgl. Ritter 2007: 117 ff.) vermehrt Weiterbildungsmaßnahmen aufnahmen, um Arbeitslosigkeit zu vermeiden. Um diesen veränderten Anforderungen an die Weiterbildungsstrukturen gerecht zu werden, genügt nach dem Dafürhalten der BLK nicht eine bloße „Übertragung von Strukturen und Inhalten aus dem alten Bundesgebiet" (BLK 1993a: 9). Im Gegensatz dazu wird eine enge Zusammenarbeit „von allen an der Weiterbildung Beteiligten in den neuen und alten Ländern" (BLK 1993a: 10) gefordert, welche auch den regionalen Besonderheiten Berücksichtigung schenkt (vgl. BLK 1993a: 12). Für die berufsvorbereitenden und berufsgrundbildenden Bildungsgänge sind diese Entwicklungen insofern von Relevanz, als es durch die Fokussierung auf die Weiterbildung zu einer Verstärkung der oben erwähnten Substitutionsmechanismen kommt, wodurch die Chancen der Absolventen berufsvorbereitender Bildungsgänge hinsichtlich des Übergangs in reguläre Berufsausbildungen schlussendlich verschlechtert werden.

Im Bericht zur „Differenzierung in der Berufsausbildung" (BLK 1993b) werden die verschiedenen Problembeschreibungen zusammengeführt und auf das Berufsbildungssystem der Bundesrepublik insgesamt bezogen. Auch an jener Stelle kommen die zuvor beschriebenen Differenzen zwischen Bund und Ländern zum Vorschein. So besteht zwar Einigkeit hinsichtlich der als zu hoch eingeschätzten Quote an Jugendlichen, die keinen Ausbildungsabschluss vorweisen können (vgl. BLK 1993b: 4). Bezüglich der zur Verminderung dieses Problems zu ergreifenden Maßnahmen besteht jedoch ein Dissens. Während die Länder in diesem Fall das bestehende Instrumentarium und dessen „effektive Ausgestaltung und konsequente Anwendung" (BLK 1993b: 4) als ausreichend erachten, hält der Bund dies zur Verringerung des Anteils an Jugendlichen ohne Ausbildungsabschluss für nicht ausreichend. Stattdessen wird vom Bund vorgeschlagen, zu prüfen, ob neue Bildungsgänge für bislang Benachteiligte geschaffen werden können, und zudem die Möglichkeit einer „Flexibilisierung zwischen Ausbildungs- und Beschäftigungsphasen" (BLK 1993b: 65), was letztendlich eine Modularisierung der Berufsausbildung bedeutet, auszuloten.

Unter Bezugnahme auf eine Studie, die im „Auftrag des Bundesministeriums für Bildung und Wissenschaft (BMBW)" (BLK 1993b: 5) durchgeführt wurde, findet daran anschließend eine intensive Auseinandersetzung mit den zu Grunde liegenden Ursachen von „Ausbildungslosigkeit und Scheitern in der Ausbildung" (BLK 1993b: 6) statt. Das Ziel dieser Vertiefung lag darin, „der wachsenden Heterogenität der Zielgruppen [im Berufsbildungssystem] gerecht zu werden" (BLK 1993b: 4). Als ein zentrales Ergebnis dieser Studie wird die Abhängigkeit des Erfolgs bei der Suche nach einem Ausbildungsplatz vom Vorbildungsniveau der Jugendlichen dargestellt (vgl. BLK 1993b: 10). Damit werden die früheren Forderungen der BLK nach einer Erhöhung der Abschlussquote der allgemeinbildenden Schule (vgl. BLK 1987) nun auf eine empirische Grundlage gestellt. In diesem Kontext wird auch auf „den engen Zusammenhang zwischen sozialen Faktoren [...], Schullaufbahn und Berufsausbildungschancen" (BLK 1993b: 10) verwiesen. Allerdings wird auch darauf hingewiesen, dass nicht zwangsläufig ein Zusammenhang zwischen der sozialen Herkunft und der Schulleistung der Jugendlichen besteht (vgl. BLK 1993b: 5). Gleichermaßen wird angeführt, dass es strittig ist, ob eine Verminderung des theoretischen Anteils in der Berufsausbildung zu einer Erhöhung der Abschlussquote von lern- und leistungsschwächeren Jugendlichen führt (vgl. BLK 1993b: 4). Zur Eingliederung in den Ausbildungs- beziehungsweise Arbeitsmarkt dieser Jugendlichen wird von der BLK entweder deren Aufnahme in ein schulisches BVJ oder in „außerschulische berufsvorbereitende Bildungsmaßnahmen im Bereich der Bundesanstalt für Arbeit" (BLK 1993b: 33) empfohlen.

Folglich werden von der BLK nicht mehr nur die Berufsvorbereitungsangebote der Länder erwähnt, sondern auch auf entsprechende Maßnahmen im Zuständigkeitsbereich des Bundes verwiesen. Wie bereits erwähnt, unterscheiden sich diese Angebote in ihrer Zielsetzung nicht wesentlich. Die Teilnehmenden beider Maßnahmen sollen nach dem Abschluss des jeweiligen Angebots eine Berufsausbildung aufnehmen können. Dennoch wird die Teilnahme an den Maßnahmen der Bundesanstalt für Arbeit mit einer Berufsausbildungsbeihilfe unterstützt, womit der Heterogenität der Zielgruppen entgegnet werden soll (vgl. BLK 1993b: 33 f.). Zugleich wird jedoch auch hervorgehoben, dass mit dieser Ausdifferenzierung des Angebots eine steigende Gefahr einer „Zersplitterung und Intransparenz" (BLK 1993b: 41) einhergeht. Es scheint jedoch so, als ob die BLK dieses Risiko in Kauf nimmt, um mit einer fortschreitenden Differenzierung auf die individuell verschiedenen Fähigkeiten der Jugendlichen einzugehen und möglichst viele von ihnen mit den Maßnahmenangeboten zu erreichen. Darüber hinaus wird darauf hingewiesen, dass eine stärkere Kooperation aller an der Berufsvorbereitung Beteiligten notwendig sei, um die angestrebten Zielvorstellungen zu verwirklichen (vgl. BLK 1993b: 44).

Die BLK gibt mit diesem Bericht demnach in erster Linie einen Überblick über verschiedene Maßnahmen, die angeboten werden, um das Strukturproblem der Ausbildungslosigkeit von Jugendlichen zu vermindern. Dabei werden auch die Problematiken der einzelnen Maßnahmen diskutiert. Aufgrund der Meinungsverschiedenheiten zwischen Vertretern des Bundes und der Länder in der BLK haben die bezüglich des BVJ und der außerschulischen berufsvorbereitenden Maßnahmen verabschiedeten Empfehlungen jedoch einen hohen Allgemeinheitsgrad und bleiben unverbindlich (vgl. BLK 1993b: 43 ff.).

Eine Konkretisierung der Empfehlungen findet mit der Fortschreibung des Berichts zu den „Beschäftigungsperspektiven von Absolventen des Bildungswesens" (BLK 1989) im Jahr 1995 (vgl. BLK 1995a) statt.[30] Auf der Basis zweier wissenschaftlicher Gutachten, welche prognostizieren, dass die Gruppe der Personen ohne Ausbildungsabschluss bis zum Jahr 2010 die ungünstigsten Chancen auf dem Arbeitsmarkt haben wird, hebt die BLK hervor, dass eine frühzeitige Beratung der Jugendlichen notwendig ist, um diese mindestens zum Erreichen eines Hauptschulabschlusses und zur Aufnahme einer Ausbildung zu bewegen (vgl. BLK 1995a: 74 ff.). Darüber hinaus wird betont, dass „der Übergang von den allgemeinbildenden Schulen in die Berufsausbildung […] in der Weise verbessert werden [muss], dass für die Jugendlichen kein ‚Bruch' entsteht" (BLK 1995a: 76). Zudem sollen die „berufsvorbereitenden Bildungsmaßnahmen der Bundesanstalt für Arbeit […] stärker darauf ausgerichtet werden, daß die Teilnehmer anschließend eine Berufsausbildung aufnehmen" (BLK 1995a: 76).

Demnach versucht die BLK die strukturellen Probleme des Arbeitsmarktes durch Maßnahmen, die auf das Bildungssystem abzielen, einzuschränken. Von zentraler Bedeutung bleibt dabei weiterhin das Instrument der Höher- beziehungsweise Weiterqualifizierung, mit welchem die stattfindenden Substitutionsprozesse vermindert werden sollen. Zur Erhöhung der Abschlussquoten wird dabei abermals eine Intensivierung der Beratung der Jugendlichen angestrebt, um selbige in das jeweils vorgesehene Bildungsangebot zu leiten.

Gestützt wird diese Argumentation der BLK auch durch die Auswertung weiterer Modellversuche, die wenig später vorgelegt wurde (vgl. BLK 1995b). Die im Berufsbildungssystem durchgeführten Modellversuche sollten „zur laufenden Verbesserung der beruflichen Qualifizierung" (BLK 1995b: 6) beitragen und darüber hinaus „sowohl [in] bildungspolitischer, als auch [in] wirtschafts- und arbeitsmarktpolitischer" (BLK 1995b: 6) Hinsicht nützlich sein. Zur Förderung von Benachteiligten wurde dabei auf eine verstärkte Kooperation der beteiligten Akteure, das heißt „Berufsschule, Betrieb, Maßnahmeträger, Arbeitsverwaltung, sozialpädagogische Beratungsstelle" (BLK 1995b: 53), gesetzt. Zentral war zudem die Erarbeitung von Informationsmaterial, das auch in der Form von Handreichungen den genannten Akteuren und den SuS zur Verfügung gestellt wurde (vgl. BLK 1995b: 45, 56, 85). Ebenso wurde mit den Modellversuchen eine weitere Differenzierung angestrebt, welche „die individuellen und sozialen Bildungsvorausset-

---

30 Bund und Länder vertreten nun nicht mehr, wie noch zuvor (vgl. BLK 1993b: 63 ff.), unterschiedliche Auffassungen bezüglich der einzuleitenden Maßnahmen.

zungen" (BLK 1995b: 9) besonders berücksichtigt und so den Erwerb eines (höheren) Bildungsabschlusses ermöglicht.

Die Strategie der BLK war zu dieser Zeit folglich auf einen Ausbau des Angebots an Bildungsgängen sowie auf eine Intensivierung der Beratung ausgerichtet. Die Kooperation der an der Berufsvorbereitung beteiligten Akteure nahm dabei eine wichtige Rolle ein, da die Bildungsangebote auf regionaler Ebene etabliert werden mussten, auch um eine ausreichende Akzeptanz derselben zu gewährleisten.

Besonders deutlich wird diese Strategie auch im 52. Heft der Materialien zur Bildungsplanung, das Auskunft über „innovative Maßnahmen zur Verbesserung der Situation von lern- und leistungsschwächeren Jugendlichen in der beruflichen Bildung" (BLK 1996) gibt. In diesem Bericht wurden verschiedene Empfehlungen festgehalten, „die politisch mehrheitsfähig" (BLK 1996: 5) sind und einer Verbesserung der Benachteiligtenförderung dienen sollen. Neben den bereits oben genannten Punkten der verstärkten Kooperation auf regionaler Ebene, einer intensivierten Beratung und einer Differenzierung des Angebots werden an dieser Stelle unterstützende Maßnahmen vorgeschlagen. Letztere beziehen sich unter anderem auf das BVJ, für welches die BLK empfiehlt, verstärkt Betriebspraktika anzubieten und die Möglichkeit zum nachträglichen Erwerb eines Hauptschulabschlusses zu schaffen (vgl. BLK 1996: 9 ff., 26 f.). Zusätzlich soll das Abschlusszeugnis des BVJ insofern modifiziert werden, als es Aufschluss über die „Stärken und Schwächen [der Jugendlichen] in einem genau definierten Lernbereich belegt" (BLK 1996: 28). Darüber hinaus sollen, aufgrund der Entwicklungen auf dem Ausbildungsstellenmarkt[31], „neue Ausbildungsberufe entwickelt werden, die dauerhafte Beschäftigungschancen eröffnen und auch von lern- und leistungsschwächeren Jugendlichen [...] bewältigt werden können" (BLK 1996: 10, 33).

Aus Sicht der BLK gilt es somit, den Jugendlichen während der berufsvorbereitenden Bildungsgänge einen Einblick in das Berufsleben zu ermöglichen. Gleichzeitig soll es den Ausbildungsbetrieben durch die Modifikation der Zeugnisse erleichtert werden, geeignete Bewerber zu finden. Zudem soll für diejenigen, die keine reguläre Berufsausbildung absolvieren können, ein neuer Ausbildungsstellenmarkt geschaffen werden.

Zur mittel- und langfristigen Erhöhung des Angebots an Ausbildungsplätzen fordert die BLK wenig später die vermehrte Hinführung „zur unternehmerischen Selbständigkeit für Absolventen des beruflichen Bildungswesens" (BLK 1997). Die Idee der Selbständigkeit soll jedoch nicht erst wäh-

---

31 Die BLK geht zu dieser Zeit von einem ausgeglichenen Verhältnis zwischen angebotenen Ausbildungsplätzen und Bewerbern aus, vermutet jedoch „infolge des Rückgangs bei den offenen Ausbildungsstellen und der Zunahme bei der Zahl noch nicht vermittelter Bewerber" (BLK 1996: 15) eine zukünftige Verschiebung der Relation zuungunsten potenzieller Bewerber.

rend der Berufsausbildung, sondern „bereits in den allgemein bildenden Schulen" (BLK 1997: 12) geweckt werden. Dazu soll auch eine stärkere Kooperation von Wirtschaft und Schule gefördert werden, insbesondere soll die „Vorbereitung auf unternehmerische Selbständigkeit" (BLK 1997: 15) allerdings in beruflichen Vollzeitschulen stattfinden.

Mit diesen Empfehlungen zielt die BLK zwar nicht direkt auf das Übergangssystem ab, versucht aber dennoch auf das Angebot auf dem Arbeitsmarkt einzugehen und dem Rückgang des Ausbildungsplatzangebots zu entgegnen. Der unterbreitete Vorschlag, den Übergang in die Selbständigkeit vermehrt zu fördern, führt aus theoretischer Sicht zunächst zu einem Anstieg der Betriebsgründungen. Gleichzeitig hat dies einen Rückgang der Bewerberzahlen auf dem Arbeitsmarkt und, auf lange Sicht, eine Erhöhung an verfügbaren Ausbildungsstellen in den neu gegründeten Betrieben zur Folge. Letztlich kann dies also auch als eine Möglichkeit begriffen werden, den Übergang in Berufsausbildungen für Benachteiligte zu vereinfachen.

Der Forderung der verstärkten Hinführung zur Selbständigkeit wird von der BLK im weiteren Verlauf der Ausführungen zur Förderung von Benachteiligten jedoch keine zentrale Rolle eingeräumt.[32] Davon unberührt bleibt das schon zuvor wiederholt vorgebrachte Ansinnen einer Stärkung der Kooperation der an der Benachteiligtenförderung beteiligten Akteure. Selbiges wird von der BLK bis zu ihrer Auflösung zum Ende des Jahres 2007 als besonders bedeutend erachtet.[33] Zur Untermauerung ihrer Position wurden dabei in diesem Kontext und in anderen Bereichen vermehrt Gutachten in Auftrag gegeben, welche im Rahmen der Materialien für Bildungsplanung und Forschungsförderung veröffentlicht und auch in die Arbeit der BLK einbezogen wurden (vgl. BLK 1999e, 1999d, 2000b, 2003, 2004a). Zusätzlich führte die BLK verschiedene Gespräche und Fachtagungen durch, um Fragen der „allgemeinen und beruflichen Bildung und [...] [der] Verbesserung des Übergangs vom Bildungswesen in den Arbeitsmarkt" (BLK 1999b: 5) zu thematisieren und den Transfer der eigenen Einstellung in Richtung anderer bildungspolitischer Einrichtungen und in die Wissenschaft zu intensivieren.

Diese Verschiebung des Aktivitätsschwerpunkts der BLK, weg von der Erarbeitung eigener, weitgehender Beschlüsse, hin zu einer eher vermittelnden Rolle, führte jedoch nicht zu einer Aufgabe der zuvor vertretenen Positionen hinsichtlich des Übergangssystems. Auch im letzten Jahrzehnt ihres Bestehens setzte sich die BLK in diesem Kontext weiterhin insbesondere für

---

32 Es wurde lediglich eine anschließende Fachtagung durchgeführt, die explizit darauf abzielte, Möglichkeiten der „Vorbereitung von Absolventen des Schulwesens auf eine selbständige Tätigkeit" (BLK 1998) zu ergründen.

33 Als Nachfolgeorganisation wurde die Gemeinsame Wissenschaftskonferenz (GWK) gegründet, welche ihre Arbeit zum 01.01.2008 aufnahm (vgl. Gemeinsame Wissenschaftskonferenz 2010).

eine Differenzierung des Bildungsgangangebots, eine Flexibilisierung der Berufsausbildung sowie einen Ausbau der Kooperation ein. Nachfolgend werden diese drei Themenfelder im Einzelnen chronologisch behandelt.

Wie im Vorangegangenen dargestellt, zielte die BLK in der Phase des Ausbaus des Übergangssystems regelmäßig auf eine Ausdifferenzierung des Angebots an berufsvorbereitenden Bildungsgängen ab (vgl. BLK 1983, 1993b, 1995b). Damit wurde letztendlich eine verstärkte Berücksichtigung der „individuellen und sozialen Bildungsvoraussetzungen" (BLK 1995b: 9) intendiert. In der letzten Dekade der BLK wird die Forderung nach einer Angebotsdifferenzierung jedoch seltener und schwächer vorgebracht. So finden sich in erster Linie Hinweise auf die vorangegangenen Auseinandersetzungen mit der Thematik (vgl. BLK 1999a, 2001a). Dies lässt sich als Hinweis auf eine aus der Sicht der BLK ausreichend differenzierte Angebotsstruktur, also ein ausreichendes Maß an äußerer Differenzierung, interpretieren. So wird konstatiert, dass die „Strukturen zur Förderung von benachteiligten Jugendlichen im Übergang zwischen Schule und Beruf [...] sowohl eine hohe Differenziertheit [...] als auch eine geringe Transparenz und Koordination" (BLK 2004b: 14) aufweisen und dadurch ein „Förderdschungel" (BLK 2004b: 14) entstanden sei. Davon unberührt bleibt die Forderung nach einer verstärkten Binnendifferenzierung, also der individuellen Förderung in den bestehenden Lerngruppen. Entsprechend vertritt die BLK weiterhin die Position, dass durch die Ermöglichung individueller Qualifizierungsverläufe „mehr Jugendliche zur Ausbildungsreife gebracht und in die duale Berufsausbildung vermittelt werden" (BLK 2004b: 14) können. Es sollen jedoch keine neuen Bildungsgänge eingerichtet werden, sondern die bestehenden Angebote so gestaltet werden, dass während der allgemeinbildenden Schulzeit ein „stärkerer Akzent auf [...] [der] Hinführung zur Berufs- und Arbeitswelt" (BLK 2004b: 13) liegt, was durch die Integration von Praktika, im Speziellen für das BVJ, gewährleistet werden soll (vgl. BLK 2001a: 8, 2004b: 13). Ebenso sollen die einzelnen Jugendlichen individuell betreut werden; das bedeutet, dass beispielsweise individuelle Förderpläne aufgestellt oder auch sozialpädagogische Betreuungsmöglichkeiten verstärkt werden sollen (vgl. BLK 2004b: 10 ff., BLK 2006: 48 f.).

Eng verbunden mit dieser Verschiebung von der Forderung nach einer äußeren Differenzierung zu einer Binnendifferenzierung in den berufsvorbereitenden Bildungsgängen ist das Anliegen einer Erhöhung der Flexibilität in den Berufsausbildungen. Dabei fordert die BLK nicht nur, wie schon zuvor, eine „Flexibilisierung zwischen Ausbildungs- und Beschäftigungsphasen" (BLK 1993b: 65) im Sinne einer Modularisierung der Berufsausbildung (vgl. BLK 1999d: 320 f.), sondern auch eine Flexibilisierung des Übergangs in Weiterbildungsangebote (vgl. BLK 2000a). Die BLK strebt folglich zum einen eine Umgestaltung der klassischen Berufsausbildung und zum anderen eine vermehrte Weiterqualifikation der Arbeitnehmer an. Damit ist unter anderem die Erwartung verbunden, „die heterogenen Voraussetzungen der Auszubildenden bzw. [...] die unterschiedlichen Bedarfslagen der Ausbildungsbetriebe" (BLK 1999d: 320) stärker zu berücksichtigen und in der Folge die Ausbildungsangebote an diese Anforderungen anzupassen. Darüber hinaus soll mit der Flexibilisierung längerfristig auch die Flexibilität der Arbeitnehmer erhöht werden (vgl. BLK 2001b: 7, 2004a: 13, 2006: 20), um einen „Übergang zwischen den wechselnden Berufsbildern" (BLK 2001b: 7) zu erleichtern.

Folglich kann festgehalten werden, dass die BLK in einer Flexibilisierung der Berufsausbildung die Möglichkeit sieht sowohl, die Chancen von auf dem Ausbildungsmarkt Benachteiligten zu erhöhen, als auch den Anforderungen des Arbeitsmarktes zu entgegnen. In der Benachteiligtenförderung soll damit überdies erreicht werden, dass die Akteure vor Ort ausreichenden Spielraum erhalten, um „eigenverantwortlich schnelle Entscheidungen zu treffen" (BLK 2006: 92). Daran wird deutlich, wie eng der Zusammenhang zwischen den drei in dieser Zeit besonders bedeutenden Thematiken gedacht wurde. So wird die individuelle Förderung, das heißt auch die Binnendifferenzierung, an die Flexibilität der Rahmenbedingungen gebunden, wobei die an der Ausbildung und am Übergang in selbige beteiligten Akteure einbezogen werden.

Für Letztere wird mit der Forderung nach einer Intensivierung der Kooperation, auf die nun der Blick gerichtet werden soll, zudem eine Erweiterung der jeweiligen Perspektive beschrieben. Das bedeutet, dass die BLK mit der Forderung nach einer verbesserten Kooperation nicht nur auf eine Verstärkung der Zusammenarbeit der verschiedenen Akteure, sondern auch eine bessere Berücksichtigung der unterschiedlichen Interessen abzielt.

Zunächst kann festgehalten werden, dass die BLK im letzten Jahrzehnt ihrer Aktivität, ebenso wie zuvor, von einem Kooperationsbegriff ausgeht, welcher in erster Linie auf den Einbezug aller an der Benachteiligtenförderung beziehungsweise an der Berufsausbildung Beteiligten ausgerichtet ist. So wird beispielsweise gefordert, dass die Kooperationsfähigkeit von Lehrern untereinander, zwischen verschiedenen Schulen, zwischen Schulleitungen und Schulaufsicht sowie von Schulen mit Betrieben und wissenschaftlichen Einrichtungen ausgebaut wird. Mit anderen Worten: Die BLK fordert Lehrkräfte und insbesondere die Schulen dazu auf, Netzwerke aufzubauen, um die „Innovationskraft und der Innovationsbereitschaft" (BLK 1999e: 30) zu steigern und den Informationsfluss zwischen den einzelnen Bildungseinrichtungen zu verbessern. Gleiches gilt auch für die Zusammenarbeit der an der Berufsausbildung beteiligten Institutionen. Hier soll vor allem die Kooperation zwischen den Lernorten gesteigert werden, nicht nur durch die effektive Nutzung der bestehenden Strukturen (vgl. BLK 1999c), sondern auch durch die Anpassung der Rahmenbedingungen (vgl. BLK 1999c, 2000b, 2001a). Dabei sieht die BLK vor auf vier verschiedenen Ebenen Modifikationen vorzunehmen, um die Förderung von benachteiligten Jugendlichen zu verbessern. Im Einzelnen beziehen sich diese Vorschläge auf „die praxisorientierte Ebene, die Programmebene, auf die juristische Ebene, [und] auf die Personalebene" (BLK 2001a: 1). Auf der praxisorientierten Ebene sollen dabei präzise und transparente Zielsetzungen verabschiedet, auf der Programmebene Kooperationsaspekte stärker berücksichtigt, auf der juristischen Ebene Rechtsvorschriften präzisiert und auf personeller Ebene „die Vermittlung sozial- und sonderpädagogischer Kenntnisse" (BLK 2001a: 15) verpflichtend in die Lehrerbildung integriert werden. Letztendlich soll damit eine integrative örtliche oder regionale „Infrastruktur, die ein bedarfsorientiertes und zielgerechtes, aufeinander abgestimmtes Ausbildungs- und Beschäftigungssystem für benachteiligte Jugendliche ermöglicht und insoweit deren effektive Eingliederung fördert" (BLK 2001a: 12), aufgebaut werden. In diese Infrastruktur sollen alle an der Benachteiligtenförderung Beteiligten eingebunden werden. Auf diese Weise soll eine kommunale Vernetzung etabliert werden, wobei explizit auch die Eltern der Jugendlichen einbegriffen sind (vgl. BLK 2004b). Dabei soll die Kooperation nicht nur auf einen Informationsaustausch oder das Abstimmen von Maßnahmen begrenzt sein, sondern die Umsetzung gemeinsam vereinbarter „Vorhaben in unmittelbarer Zusammenarbeit" (BLK 2006: 20) erfolgen.

Das bedeutet, dass die BLK von einem facettenreichen Kooperationsbegriff ausgeht, welcher im ersten Schritt auf einen Informationsaustausch und damit auch auf die Identifikation von gemeinsamen Interessen der Akteure ausgerichtet ist. Darauf aufbauend sollen Netzwerke etabliert werden, welche auf regionale Herausforderungen und Anforderungen des Ausbildungs- und Arbeitsmarktes besser als einzelne Akteure reagieren können, wodurch Problemlagen, im Speziellen für Benachteiligte, reduziert werden sollen.

Zum Abschluss dieses Kapitels lässt sich die Rolle der BLK in der Ausbauphase des Übergangssystems demnach wie folgt beschreiben (vgl. Memobox 7):

Die BLK verlor nach der Publikation des Stufenplans und dem Versuch der Fortschreibung des Bildungsgesamtplans in den frühen 1980er Jahren an Bedeutung. Mit den Materialien für Bildungsplanung und Forschungsförderung brachte das Gremium dennoch bis zu seiner Ablösung durch die GWK im Jahr 2008 weitere Vorschläge in den Diskurs über das Übergangssystem ein, auch wenn diese nicht an die Reichweite der zuvor publizierten Reformvorschläge heranreichten.

Im Wesentlichen waren die Vorschläge der BLK in dieser Periode darauf ausgerichtet, Problemlagen auf dem angespannten Ausbildungs- und Arbeitsmarkt zu verringern. Diese Schwierigkeiten wurden, trotz eingehender Auseinandersetzungen mit strukturellen Fragen des Übergangs, als vorübergehend eingeschätzt und deshalb wurde auf die Verabschiedung struktureller Veränderungsvorhaben verzichtet.

Auf der Basis mehrerer in Auftrag gegebener Studien fokussierte die BLK zunehmend die Gruppe der auf dem Ausbildungs- und Arbeitsmarkt Benachteiligten, welche sowohl lern- und leistungsschwächere Jugendliche als auch sozial Benachteiligte umfasst. Da Personen dieser Gruppe oftmals keinen Schul- oder Ausbildungsabschluss vorweisen konnten, betonte die BLK wiederholt, dass mit dem Besuch von Bildungsgängen des Übergangssystems die Möglichkeit zum Erwerb eines höheren Schulabschlusses verbunden werden sollte. Hiermit wurde das Ziel verfolgt, die Einstiegschancen auf dem Ausbildungs- und Arbeitsmarkt zu erhöhen und so die Benachteiligung auf individueller Ebene zu überwinden.

Zur Sicherstellung einer bestmöglichen Förderung der Benachteiligten plädierte die BLK für eine Differenzierung des Angebots. Diese Aufgliederung sollte zunächst durch eine äußere Differenzierung, das heißt eine Verbreiterung der vorhandenen Angebotsstruktur, und später durch verstärkte Binnendifferenzierung, also eine Förderung in den bestehenden Lerngruppen, gewährleistet werden. Letztendlich sollte so ein Beitrag zu einer zielgerichteten und bedarfsgerechten Förderung der benachteiligten Jugendlichen während des Aufenthalts im Übergangssystem ermöglicht werden.

Die Vorschläge der BLK beschränkten sich jedoch nicht auf die Zeit des Aufenthalts im Übergangssystem, sondern zielten auch auf die Ausgestaltung der dualen Berufsausbildungen ab. In diesem Zusammenhang wurde gefordert, dass selbige flexibilisiert werden sollten. Dadurch sollten Wechsel zwischen Ausbildungs- und Beschäftigungsphasen und gleichzeitig die Weiterbildung von Arbeitnehmern ermöglicht werden, wodurch die heterogenen Voraussetzungen der Jugendlichen in höherem Maße berücksichtigt werden sollten.

Nicht zuletzt sind die Anstrengungen der BLK hinsichtlich der Intensivierung der Kooperation aller in die Benachteiligtenförderung involvierten Akteure zu nennen. Mit diesem vielschichtigen Begriff ist sowohl die Berücksichtigung von Interessen der Akteure wie auch die Zusammenarbeit derselben gemeint. Die BLK sprach sich somit nicht nur für eine Netzwerkbildung, sondern auch für eine ideelle Kooperation aus. Hierdurch sollte die Akzeptanz der Bildungsangebote, gerade auch auf regionaler Ebene, erhöht werden und ein zusätzlicher Beitrag zur Verbesserung der Übergangschancen der Benachteiligten geleistet werden.

Memobox 7: Die BLK in der Ausbauphase des Übergangssystems	
Zentrale Publikationen	Materialien für Bildungsplanung und Forschungsförderung
Wesentliche Zielvorstellung	• Überwindung von strukturellen Problemlagen des Ausbildungs- und Arbeitsmarktes durch die Überwindung von temporärer Benachteiligung auf individueller Ebene
Primäre Forderungen	• Schaffung der Möglichkeit zum Erwerb eines höheren Bildungsabschlusses • Fortschreitende (Binnen-) Differenzierung • Flexibilisierung der Berufsausbildungen • Intensivierung der Kooperation aller beteiligten Akteure

1.3.2 Aufnahme und Umsetzung der Reformvorschläge durch die Kultusministerkonferenz

Nach der Schilderung der verschiedenen Reformvorschläge der BLK wird nun die Aufnahme dieser Empfehlungen durch die KMK in den Fokus gerückt. Die Grundlage für diese Ausführungen bilden die Beschlüsse und Empfehlungen der KMK zum Berufsbildungssystem, in welchen auch das Übergangssystem behandelt wird. Dabei wird nicht nur der Frage nachgegangen, inwiefern die Anregungen der BLK Eingang in die Beschlüsse der KMK fanden, sondern auch gefragt, ob sich Unterschiede in der Positionierung der KMK während der Etablierungsphase und der Ausbauphase des Übergangssystems zeigen.

Zu Beginn lässt sich festhalten, dass die KMK zu Beginn der 1980er Jahre das Prinzip des Bildungsföderalismus betonte und sich damit grundlegend gegen eine Vereinheitlichung des Bildungssystems über die Grenzen der einzelnen Bundesländer hinweg positionierte (vgl. KMK 1983). So wird zwar konstatiert, dass „im Bildungsbereich ‚eine Reihe von Problemen und Schwierigkeiten aufgetreten sind, die einer Lösung bedürfen'" (KMK 1983: 1), jedoch ebenso hervorgehoben, dass der Föderalismus zu einem „Wettbewerb [...] um die beste Qualität des Bildungswesens [beigetragen sowie] einen hohen Stand differenzierter Ausgestaltung des Bildungswesens hervorgebracht und gleichzeitig kulturelle Vielfalt erhalten und gefördert hat" (KMK 1983: 1). Aus Sicht der KMK sind somit die einzelnen Bundesländer selbst für die Ausgestaltung der Bildungsgänge zuständig; ihr selbst kommt ausschließlich die Rolle eines Rahmensetzers zu. Das heißt, wo es notwendig ist werden Rahmenvereinbarungen getroffen, die den Spielraum der Länder begrenzen.

Im Bezug auf das Übergangssystem wurde diese Möglichkeit der Rahmensetzung auch in der hier behandelten Periode, wie zuvor während der Etablierungsphase (vgl. Kapitel 1.2.3) durch die Verabschiedung der Rahmenvereinbarung über das Berufsgrundschuljahr (vgl. KMK 1978), wahrgenommen. Dennoch hält die KMK in diesem Zusammenhang eine „Intensivierung der Abstimmungsmaßnahmen zwischen Bund und Ländern, insbesondere über das Verhältnis von Grund- und Fachbildung" (KMK 1983: 4) grundsätzlich für notwendig. So sollen Rahmenlehrpläne hinsichtlich der Abstimmung des Berufsgrundschuljahres auf die Berufsausbildung und auch bezüglich der Einführung von Berufsgrundschuljahren in weiteren Berufsfeldern überarbeitet werden (KMK 1983: 5). Damit zielt die KMK auf eine Verbesserung der Anrechnung des Berufsgrundschuljahres auf die Berufsausbildung sowie auf eine Angebotserweiterung ab, wodurch an frühere Ausführungen, welche auf die Vermeidung von Warteschleifen ausgerichtet waren, angeschlossen wird (vgl. Kapitel 1.2.3).

Dieser zusätzliche Regelungsbedarf zeigt sich auch an der „Empfehlung zu Maßnahmen beruflicher Schulen" (KMK 1982b), die kurz zuvor publiziert wurde und Unterstützungsmöglichkeiten beschreibt, durch welche auch Jugendliche mit Lernbeeinträchtigung zum Abschluss einer Berufsausbildung geführt werden sollen. Letztendlich sollen auf diese Weise die „Berufs- und Lebenschancen" (KMK 1982b: 1) der Jugendlichen verbessert werden. Dazu sollen unter anderem die SuS im Berufsgrundbildungsjahr und in berufsvorbereitenden Bildungsgängen besonders gefördert werden, um einen erfolgreichen Abschluss des jeweiligen Bildungsgangs zu erleichtern. Als übergreifendes Instrument wird von der KMK in diesem Kontext die Laufbahnberatung vorgeschlagen, welche schon vor der Aufnahme eines Bildungsgangs im Übergangssystem, während der allgemeinbildenden Schulzeit, beginnen und auf diese Weise ein Schulversagen verhindern soll (vgl. KMK 1982b: 4). Darüber hinaus vereinbart die KMK für Auszubildende, die „das erste Ausbildungsjahr in vollzeitschulischer Form durchlaufen" (KMK 1982b: 2), was SuS im Berufsgrundbildungsjahr einschließt, „besondere Einrichtungen" (KMK 1982b: 2) zur Förderung der jeweiligen SuS zu schaffen. Neben dieser zusätzlichen Angebotsdifferenzierung plädiert die KMK auch für einen Ausbau der Kooperation, sodass die Fördermaßnahmen besser auf die jeweiligen Jugendlichen abgestimmt werden können. Während der berufsvorbereitenden Maßnahmen sollen hingegen die Grundfertigkeiten und die Allgemeinbildung verbessert und die Motivation der SuS für die Aufnahme einer Berufsausbildung gesteigert werden. Dies soll nicht nur durch die Erhöhung des fachpraktischen Unterrichts, sondern auch durch die Gründung von Arbeitsgemeinschaften und einer Erhöhung des Sportangebots erreicht werden (vgl. KMK 1982b: 3 f.). Die Etablierung dieser unterschiedlichen Angebote soll dazu beitragen, dass sich die Jugendlichen „über Erfolgserlebnisse in diesen Bereichen [...] einer weiteren beruflichen Ausbildung" (KMK 1982b: 4) öffnen.

Die KMK zielt mit den verabschiedeten Maßnahmen zur Verminderung der Übergangsschwierigkeiten von Jugendlichen in berufsvorbereitenden Bildungsgängen folglich nicht nur auf die Verbesserung der Fähigkeiten der SuS und die Verbreiterung ihrer Allgemeinbildung, sondern auch auf die Erprobung alternativer Angebote ab. Mit letzteren sollen insbesondere die SuS mit geringer Motivation erreicht werden, wodurch die Ausbildungsquote erhöht werden soll. Damit argumentiert die KMK ähnlich wie die BLK im Stufenplan (vgl. Kapitel 1.2.2, vgl. BLK 1975). Die Ursachen für die Ausbildungslosigkeit werden ebenfalls auf die individuellen Voraussetzungen der Jugendlichen zurückgeführt, wohingegen die strukturellen Bedingungen des Ausbildungs- und Arbeitsmarktes und die sich daraus ergebenden Problematiken nicht beachtet werden.

Trotz dieses ausgemachten Regelungsbedarfs werden durch die KMK bis Anfang 1991 keine Vereinbarungen getroffen, welche das Übergangssystem betreffen. Dafür bieten sich mindestens zwei Erklärungen an: Zum einen könnte angenommen werden, dass die Länder die Empfehlungen der KMK vollständig umgesetzt haben und so keine zusätzlichen Bestimmungen notwendig waren. Zum anderen könnte davon ausgegangen werden, dass die KMK den Bundesländern beim Ausbau der verschiedenen Bildungsangebote weitgehend freie Hand lassen wollte. Dies scheint unter Berücksichtigung der eingangs dieses Kapitels geschilderten Betonung des Föderalismus, die in der Zwischenzeit mehrmals wiederholt wurde (vgl. KMK 1988, 1990), die plausiblere Begründung für die Zurückhaltung der KMK.

An dieser abwartenden Haltung ändert sich auch mit der Verabschiedung der „Rahmenvereinbarung über die Berufsschule" (KMK 1991) nichts Wesentliches. In der Vereinbarung werden zwar einzelne Punkte erneut hervorgehoben, der Spielraum für die Bundesländer wird jedoch nicht nennenswert verkleinert. Im Einzelnen wird betont, dass die Berufsschulen „Benachteiligte umfassend stützen und fördern" (KMK 1991: 2) müssen und dazu ein „differenziertes und flexibles Bildungsangebot [zu] gewährleisten" (KMK 1991: 2) ist. In diesem Kontext nimmt das Berufsgrundbildungsjahr aus der Perspektive der KMK eine bedeutende Rolle ein. Für selbiges werden allerdings keine neuen Bestimmungen getroffen, sondern lediglich auf die bestehende Rahmenvereinbarung (vgl. KMK 1978) verwiesen und das Berufsfeldprinzip sowie die einjährige Dauer des Bildungsgangs erneut hervorgehoben (vgl. KMK 1991: 2 f.).

Folglich wird an diesem Beschluss erneut deutlich, dass die Ausgestaltung der jeweiligen Bildungsgänge im Verantwortungsbereich der Bundesländer liegt und die KMK in diesem Prozess zwar die Rahmenbedingungen gesetzt hat, inhaltlich jedoch nicht interveniert. Darüber hinaus ist erkennbar, dass die Auseinandersetzungen bezüglich der Übergangsschwierigkeiten von Jugendlichen, welche zu dieser Zeit in der BLK geführt wurden (vgl. Kapitel 1.3.1), nicht unmittelbar zu einer Konkretisierung der Rahmenvorgaben für das Übergangssystem geführt haben.

Die von der KMK in der Folge gefassten Beschlüsse zum Berufsbildungssystem bleiben vielmehr auf einer allgemeinen Ebene. So wird unter anderem betont, dass „der Herstellung der Gleichwertigkeit von allgemeiner und beruflicher Bildung" (KMK 1994: 1) hinsichtlich zweier Bereiche zentrale Bedeutung zukommt. Hierbei stellt die KMK die „Praxis in Wirtschaft, Verwaltung und öffentlichem Dienst […] [sowie] wirksame Durchlässigkeitsregelungen" (KMK 1994: 1) heraus. Hinsichtlich des erstgenannten Bereichs, der Berufstätigkeit von Absolventen, weist die KMK auf Ungleichheiten in puncto „Beschäftigung, Bezahlung, Weiterqualifizierung und Beförderung" (KMK 1994: 1) zwischen Hochschul- und Berufsausbildungsabsolventen hin. Damit wird indirekt auf Substitutionsprozesse auf dem Arbeitsmarkt verwiesen, die sich zugunsten von Hochschulabsolventen gestalten und, wie weiter oben geschildert, auch Auswirkungen auf die Beschäftigungschancen von Benachteiligten haben. Diese Substitutionsprozesse werden durch die aus Sicht der Kultusminister nicht ausreichende Umsetzung der KMK-Beschlüsse, die auf eine Erhöhung der Durchlässigkeit des Bildungssystems angelegt sind, unterstützt (vgl. KMK 1994: 1). Dies verdeutlicht, dass das konsequente Festhalten der KMK an einmal gefassten Beschlüssen auch zu einer Beschränkung der eigenen Handlungsfähigkeit im Falle von bekannten Problemlagen führt.

Zur Verminderung der zuletzt genannten Schwierigkeiten, welche auf die Globalisierung und die damit verbundenen, sich „ständig im Wandel befindlichen Anforderungen" (KMK 1995: 1) des Arbeitsmarktes zurückgeführt werden, werden dennoch verschiedene Maßnahmen, die von der Bund-Länder-Sozialparteien-Arbeitsgruppe Berufliche Bildung[34] erarbeitet wurden, erwähnt. Exemplarisch wird dabei die „Steigerung der Attraktivität der beruflichen Bildung" (KMK 1995: 2) genannt, welche durch die „Herstellung von Gleichwertigkeit von allgemeiner und beruflicher Bildung […] [, den] Ausbau des Fremdsprachenunterrichts [sowie die] Differenzierung der dualen Ausbildung" (KMK 1995: 2) gewährleistet werden soll.

Demnach thematisiert die KMK zwar die gleichen Maßnahmen wie die BLK (vgl. BLK 1995a: 77 ff.), zählt diese jedoch lediglich auf, ohne sie in eine verbindliche Form zu bringen. Dagegen wird erneut auf die zuvor verabschiedeten Rahmenvereinbarungen verwiesen und betont, dass der regionalen Abstimmung der Maßnahmen besondere Relevanz zukommt (vgl. KMK 1995: 2).

---

34 Dieses Gremium wurde Ende 1993 durch die Regierungschefs von Bund und Ländern eingesetzt (vgl. BLK 1995a: 67).

Dieser Bedeutungszuwachs der regionalen Ebene, der sich im Vorangegangenen auch bei der BLK nachzeichnen ließ, setzt sich in den späteren Publikationen der KMK fort. Beispielsweise wird in der vierten Weiterbildungsempfehlung hervorgehoben, dass der regionalen Ebene insbesondere beim Ausbau von Kooperationsstrukturen zu Informations- und Beratungszwecken eine wichtige Rolle zukommt (vgl. KMK 2001: 10 c). Auf diese Weise soll die Weiterbildungsquote der Beschäftigten und auch von Bildungsbenachteiligten erhöht werden und so nicht nur ein Beitrag zur Persönlichkeitsentwicklung der Teilnehmenden, sondern auch zur gesamtgesellschaftlichen Produktivitätssteigerung geleistet werden (vgl. KMK 2001: 3). Um diese Ziele zu erreichen, schlägt die KMK vor sogenannte Lernfeste durchzuführen, welche in Zusammenarbeit der regionalen Bildungseinrichtungen gestaltet werden und in erster Linie „bisher bildungsbenachteiligte Zielgruppen auf die Möglichkeit der Weiterbildung aufmerksam" (KMK 2001: 10 a) machen sollen. Dieser Vorschlag nach einer zielgruppenspezifischen Beratung bleibt zwar unverbindlich, deutet jedoch auf die Bedeutung der individuellen Laufbahnberatung hin, welche wenig später in einer Rahmenvereinbarung skizziert wird.

Gemeinsam mit der Bundesagentur für Arbeit vereinbart die KMK in jenem Übereinkommen unter anderem die „frühzeitige gemeinsame Übergangsbegleitung insbesondere jener Jugendlichen [...], deren erfolgreicher Übergang voraussichtlich gefährdet ist" (KMK 2004: 4). Für die allgemeinbildenden Schulen ist damit die Aufgabe eines Netzwerkaufbaus mit Ausbildungsbetrieben und anderen Bildungseinrichtungen verbunden, sodass den SuS während ihrer allgemeinbildenden Schulzeit „Möglichkeiten des Lernortwechsels" (KMK 2004: 4 f.) geboten werden können. Zusätzlich soll der Informationsaustausch zwischen den Schulen und der Bundesagentur für Arbeit verbessert werden, um eine „individuelle Begleitung" (KMK 2004: 6) der SuS zu vereinfachen. Letztendlich sollen so die Übergänge „in die berufliche Bildung erfolgreich und effizient" (KMK 2004: 6) gestaltet und „'Warteschleifen' in der Berufsausbildung" (KMK 2004: 5) vermieden werden.

Kurzum: Die KMK strebt mit einer Flexibilisierung der (Weiter-)Bildung die Einschränkung von Substitutionsprozessen auf dem Ausbildungsmarkt an. Die Etablierung von Kooperationsstrukturen auf lokaler Ebene wird dabei als unabdingbares Instrument gesehen, mit welchem strukturelle Problemlagen auf dem Ausbildungsmarkt überwunden werden können. Insofern folgt die KMK mit ihrem Beschluss auch den Empfehlungen der BLK, die sich ebenfalls für eine regionale „Infrastruktur, die ein bedarfsorientiertes und zielgerechtes, aufeinander abgestimmtes Ausbildungs- und Beschäftigungssystem für benachteiligte Jugendliche ermöglicht und insoweit deren effektive Eingliederung fördert" (BLK 2001a: 12), ausgesprochen hatte.

Die Anknüpfung an Vereinbarungen der BLK zeigt sich ebenfalls besonders deutlich im Fall der KMK-Erklärung „Integration als Chance – gemeinsam für mehr Chancengerechtigkeit" (KMK 2007a), in welcher verschiedene Punkte der BLK-Publikation „Verbesserungen der Bildungsberatung von Personen mit Migrationshintergrund" (BLK 2004b) aufgegriffen werden. So wird von der KMK konstatiert, dass „der Zusammenarbeit von Eltern und Bildungseinrichtungen ein hoher Stellenwert zukommt" (KMK 2007a: 5), um die Integration von Menschen mit Migrationshintergrund zu verbessern und Benachteiligung zu vermeiden. Im Zentrum dieser Kooperation stehen der Austausch von Informationen und die Beratung über weitere Bildungsmöglichkeiten, wobei eine „besondere Aufgabe darin [gesehen wird], Jugendliche ohne Schulabschluss und ihre Eltern [...] über schulische und berufliche Möglichkeiten, die sie trotz eines Scheiterns noch wahrnehmen können" (KMK 2007a: 7), zu beraten. Dabei sollen nicht nur Schulen und Eltern miteinander zusammenarbeiten, sondern auch Berufsberatungsagenturen und Einrichtungen der Jugendhilfe einbezogen werden. Zusätzlich kommt den Organisationen von Menschen mit Migrationshintergrund eine „wichtige Mittlerfunktion" (KMK 2007a: 5) zu. Die KMK schlägt demnach den Aufbau eines umfassenden Netzwerkes vor, welches darauf ausgerichtet ist, die Problemlagen von Benachteiligten, im diesem Fall von Jugendlichen mit Migrationshintergrund, zu verringern. Es kann somit konstatiert werden, dass die KMK den Ausbau von Kooperationsstrukturen weiter forciert.

Begleitet wird diese Maßnahme durch eine Aktualisierung der „Rahmenvereinbarung über die Berufsfachschulen" (KMK 2007b), welche die Dauer und die Ziele einiger Bildungsgänge des Übergangssystems in groben Zügen festhält. So wird festgelegt, dass Bildungsgänge, die eine berufliche Grundbildung vermitteln, unabhängig von einer Anrechnung auf eine reguläre Berufsausbildung, in ein- oder zweijähriger Form angeboten werden können. Während des Bildungsgangs soll den SuS eine berufliche Grundbildung vermittelt werden, die der fachrichtungsbezogenen „Vorbereitung auf eine berufliche Ausbildung dient" (KMK 2007b: 3). Mit dem Abschluss des Bildungsgangs erhalten die SuS mindestens ein Zertifikat, welches äquivalent zum Hauptschulabschluss ist. Darüber hinaus besteht für die SuS bei Bestehen einer mehrere Teile umfassenden, zusätzlichen Prüfung „die Berechtigung des Mittleren Schulabschlusses" (KMK 2007b: 3 ff.) zu erwerben.

Die KMK lässt den Ländern bei der Ausgestaltung der einzelnen Bildungsgänge folglich einen großen Spielraum. Die gegebenen Beschränkungen zielen in erster Linie darauf ab, eine gegenseitige Anerkennung der Bildungsgänge und damit Mobilität der Absolventen zu gewährleisten. Dies wird auch an der erneuerten Fassung der „Vereinbarung über die Schularten und Bildungsgänge im Sekundarbereich I" (KMK 2009b) deutlich. Darin wird betont, dass die Gestaltungsfreiräume der Länder vergrößert werden sollen, um Vielfalt im Bildungswesen zu stärken. Gleichzeitig sollen auch die Prinzipien der Gleichwertigkeit und der Anerkennung von Bildungsabschlüssen sichergestellt werden. Des Weiteren wird durch die Aufnahme der Möglichkeit des Erwerbs eines höheren Bildungszertifikats eine Steigerung der Konkurrenzfähigkeit der Absolventen auf dem Ausbildungsmarkt angestrebt, was durch die Vermittlung der beruflichen Grundbildung zusätzlich unterstützt wird.[35]

Die KMK hebt jedoch nicht nur die Bedeutung der Berufsausbildung für die einzelnen Personen, sondern auch deren volkswirtschaftliche Bedeutung hervor. So wird diese als die „Grundlage der Sicherung des Fachkräftenachwuchses der deutschen Wirtschaft" (KMK 2009a: 1) gesehen. Um einen Mangel an Fachkräften zu verhindern, sollen die Berufsschulen deshalb „in Kooperation mit der regionalen Wirtschaft Bildungsangebote [entwickeln], die das gesamte Leistungsspektrum junger Menschen berücksichtigen" (KMK 2009a: 2). Das bedeutet, dass Leistungsschwache gezielt gefördert werden sollen und Möglichkeiten zum Erwerb „arbeitsmarktrelevanter Zusatzqualifikationen" (KMK 2009a: 2) geschaffen werden sollen.

Demnach plädieren die Kultusminister für einen Ausbau der Kooperation und ebenso für eine Ausweitung der Differenzierung des Angebots an den Berufsschulen. Letzten Endes sollen so auch leistungsschwache Jugendliche zu einem Berufsabschluss geführt werden. Die Ausgestaltung der Bildungsgänge wird von der KMK dabei den Ländern überlassen, sodass auch hier, wie sich im weiteren Verlauf (vgl. Kapitel 2) zeigen wird, eine Vielzahl unterschiedlicher Bildungsangebote besteht.

Zum Abschluss dieses Kapitels kann das Engagement der KMK während der Ausbauphase des Übergangssystems folgendermaßen zusammengefasst werden (vgl. Memobox 8):

Wie die Analyse der Beschlüsse und Empfehlungen zum Berufsbildungssystem mit Bezug zum Übergangssystem gezeigt hat, wurde von der KMK in dieser Phase immer wieder das Prinzip des Föderalismus betont. Dies hatte zur Folge, dass sich die KMK auf die Verabschiedung von Rahmenvorgaben konzentrierte und damit die Ausgestaltung der jeweiligen Bildungsgänge den Bundesländern überließ. Die Vereinbarungen der KMK blieben somit auf einer allgemeinen Ebene. Dennoch kann konstatiert werden, dass die Beschlüsse im Wesentlichen auf die Einschränkung von Substitutionsprozessen auf dem Ausbildungsmarkt ausgerichtet waren. Dieses Ziel sollte durch die gezielte Förderung von Benachteiligten erreicht werden.

Im Einzelnen wurde diese übergeordnete Zielvorstellung durch verschiedene Forderungen, welche in den Publikationen der KMK wiederholt auftauchen, zu erreichen versucht. So wurde beispielsweise gefordert, dass die Laufbahnberatung auszubauen sei. Selbige wird von der KMK als übergrei-

---

35 Ergänzend wird es Berufsschulen ermöglicht, „auf freiwilliger Basis – unabhängig von einer Benotung im Zeugnis - eine Prüfung anzubieten, in der sich Schülerinnen und Schüler ihre Fremdsprachenkenntnisse zertifizieren lassen können" (KMK 2008: 1). Mit dieser zusätzlichen Zertifizierungsmöglichkeit wird ein Angebot geschaffen, welches die Chancen auf dem Ausbildungsmarkt zusätzlich erhöhen soll.

fendes Instrument gesehen, welches sowohl dazu dienen sollte, Schulversagen zu verhindern, als auch dazu, Jugendliche über weitere Bildungsmöglichkeiten zu informieren und in die für sie geeigneten Bildungsgänge zu leiten.

Zusätzlich plädierte die KMK für eine Ausdifferenzierung des Angebots an Bildungsgängen, wobei deren Aufbau flexibel gestaltet werden sollte. Dadurch sollte die Passung zwischen den Bildungsangeboten und dem individuellen Förderbedarf der Jugendlichen verbessert werden. Eine besondere Bedeutung kommt in diesem Zusammenhang der Kooperation der an der Benachteiligtenförderung beteiligten Akteure zu. Mit deren Einbezug wird letztlich eine stärkere Verbindung der Bildungsgänge mit den Gegebenheiten des regionalen Ausbildungsstellenmarktes angestrebt, wodurch die Chancen einer erfolgreichen Bewältigung der ersten Schwelle durch die Absolventen des Übergangssystems erhöht werden sollen.

Memobox 8: Die KMK in der Ausbauphase des Übergangssystems	
Zentrale Publikationen	Beschlüsse und Empfehlungen zum Berufsbildungssystem
Wesentliche Zielvorstellungen	• Beibehaltung und Stärkung des Bildungsföderalismus • Einschränkung von Substitutionsprozessen durch gezielte Förderung von Benachteiligten
Primäre Forderungen	• Ausbau der Laufbahnberatung • Differenzierung und Flexibilisierung der Bildungsangebote für Benachteiligte • Intensivierung der Kooperation aller beteiligten Akteure, insbesondere auf regionaler Ebene

Neben diesen Quintessenzen kann auch resümierend festgehalten werden, dass die KMK während der Ausbauphase des Übergangssystems zwar zunächst ähnlich wie die BLK während der Etablierungsphase argumentiert, jedoch die von der BLK verabschiedeten Empfehlungen nicht unmittelbar aufgreift. Wie weiter oben beschrieben (vgl. Kapitel 1.2.2), lässt sich dies darauf zurückführen, dass die von anderen Gremien erarbeiteten Reformvorschläge mit größer werdendem zeitlichem Abstand an Bedeutung für die KMK gewannen. Darüber hinaus ist zu bemerken, dass die KMK die Veröffentlichungen der BLK ab der Mitte der neunziger Jahre des vorigen Jahrhunderts aufgreift, jedoch nicht in eine verbindliche Form bringt. Dieser Schritt wird erst später, im Verlauf des ersten Jahrzehnts des 21. Jahrhunderts, vollzogen. Dabei ist allerdings einschränkend zu erwähnen, dass die Übernahme der Empfehlungen der BLK durch die KMK sich in der Regel auf allgemeine Vorschläge beschränkte und konkrete Empfehlungen nicht in bindende Bestimmungen umgesetzt wurden.

1.4 Zwischenfazit

Zum Abschluss dieses ersten Teils, in welchem die Entstehung des Übergangssystems im Spiegel der Bildungspolitik betrachtet wurde, werden nun die Brüche und Kontinuitätslinien der Entwicklung zusammenfassend dargestellt. Dazu werden die wesentlichen Reformideen aus der Planungs-, Etablierungs- und Ausbauphase in Beziehung zueinander gesetzt und miteinander verglichen. Aufbauend auf diese Gegenüberstellungen wird die Entwicklung des Übergangssystems über die im 1. Kapitel behandelte Zeitspanne hinweg mit Daten zum Ausbau des Übergangssystems untermauert. Dabei werden nicht nur die Zahlen für die SuS in den jeweiligen Bildungsgängen dargestellt, sondern selbige auch in Beziehung zu den Entwicklungen auf dem Arbeitsmarkt zur jeweiligen Zeit gesetzt.

Bei der Betrachtung der Memoboxen 1–8, welche einen Überblick über die wesentlichen Zielvorstellungen und die primären Forderungen der behandelten bildungspolitischen Akteure geben, werden verschiedene Punkte deutlich, die mit der jeweils eingenommenen Perspektive variieren. Dabei können drei verschiedene Blickwinkel differenziert werden, die sich hinsichtlich der betrachteten Akteure und der fokussierten Phasen unterscheiden lassen.
So kann der Blick, wie in den vorhergehenden Unterkapiteln, zum einen auf eine Phase gerichtet werden und untersucht werden, inwiefern sich die unterschiedlichen Akteure gegenseitig beeinflusst haben oder ob ein Ideentransfer stattgefunden hat. Auf diese Weise konnte unter anderem gezeigt werden, dass die Reformvorschläge der Beratungsgremien nicht zwangsläufig durch die KMK aufgegriffen und umgesetzt wurden. Zwar zeigen sich während der einzelnen Phasen Ähnlichkeiten zwischen den grundsätzlichen Zielvorstellungen; die Forderungen, mit welchen sie erreicht werden sollten, sind dennoch unterschiedlich.

Am Beispiel des Bestrebens einer Erhöhung des durchschnittlichen Bildungsniveaus während der Planungsphase des Übergangssystems wird dies besonders deutlich. Diese Zielvorstellung teilten sowohl der Deutsche Ausschuss (vgl. Memobox 1) als auch der erste Deutsche Bildungsrat (vgl. Memobox 2) und die KMK (vgl. Memobox 3). Bei den primären Forderungen, die für den Weg zu diesem Ziel aufgestellt wurden, unterscheiden sich die genannten Akteure jedoch. So zielten die Forderungen des Deutschen Ausschusses in erster Linie auf das berufliche Bildungssystem und im Speziellen auf die Erleichterung des Übergangs in reguläre Ausbildungen ab (vgl. Memobox 1). Die Reformvorschläge des Deutschen Bildungsrats fokussierten zwar auch das Berufsbildungssystem, waren jedoch eher auf die Einführung zusätzlicher Bildungsgänge, welche der Berufsvorbereitung dienen sollten, ausgerichtet (vgl. Memobox 2). Die von den Kultusministern vereinbarten Maßnahmen richteten sich im Gegensatz dazu vor allem auf das allgemeinbildende Bildungssystem. Zwar forderten diese ebenfalls eine Verbesserung der Vorbereitung der Jugendlichen auf die spätere Erwerbstätigkeit, jedoch sollte selbige während der allgemeinbildenden Schulzeit und nicht in Form zusätzlicher Bildungsgänge im Berufsbildungssystem durchgeführt werden. Darüber hinaus sollte die Erhöhung des durchschnittlichen Bildungsniveaus durch eine Ausweitung der allgemeinbildenden Schulzeit gewährleistet werden (vgl. Memobox 3).

Diese Unterschiede hinsichtlich einer geteilten Zielvorstellung machen deutlich, dass die primären Forderungen der einzelnen Gremien während einer Zeitspanne in verschiedene Richtungen wiesen. Ebenso ist daran erkennbar, dass die Vorschläge der Bildungsberatungsgremien für die KMK unverbindlich waren und bei der Erarbeitung der KMK-Beschlüsse nur begrenzt berücksichtigt wurden. Die Fokussierung des allgemeinbildenden Schulsystems durch die KMK kann zudem auf deren Struktur und den Aufbau des Bildungssystems zurückgeführt werden. Vereinbarungen für den allgemeinbildenden Teil des Bildungswesens konnten durch die KMK getroffen werden, da in den Erarbeitungsprozess der Beschlüsse die Minister aller Bundesländer eingebunden waren. Die Umsetzung derselben wurde damit zur Ländersache, das heißt einer rein staatlichen Angelegenheit. Eine Reform des Berufsbildungssystems war hingegen, unter anderem aufgrund einer anderen Struktur, ungleich schwieriger. So hätten zwar Beschlüsse erarbeitet werden können, welche das berufliche Bildungssystem miteinschließen. Die Umsetzung derselben hätte jedoch im Falle einer Umstrukturierung der dualen Ausbildung mit den Sozialpartnern abgestimmt werden müssen. Ausschließlich die Einführung rein schulischer Maßnahmen hätte ohne die Beteiligung der Sozialpartner durchgesetzt werden können. Auf die Einführung derartiger Bildungsangebote verzichtete die KMK jedoch zunächst. Dieser Verzicht kann nicht nur mit der damals noch fehlenden rechtlichen Basis für diese Bildungsgänge plausibel erklärt werden, sondern auch auf die für notwendig gehaltene Abstimmung mit den Sozialpartnern zurückgeführt werden.

Die zweite mögliche Betrachtungsweise ist die Fokussierung eines einzelnen Akteurs über die verschiedenen beschriebenen Phasen hinweg. Aus dieser Perspektive können Wandlungsprozesse, die bei einer Auseinandersetzung mit einer einzelnen Zeitspanne im Unklaren bleiben, betrachtet und Kontinuitätslinien und Brüche in der Entwicklung herausgearbeitet werden.

Anknüpfend an das vorige Beispiel kann so verdeutlicht werden, dass die Kultusminister im Verlauf der weiteren Entwicklungen die Probleme an der ersten Schwelle zunehmend in Betracht gezogen haben. In diesem Zusammenhang wurde von der KMK auch versucht, die Interessen der Sozialpartner zu berücksichtigen. In der Etablierungsphase des Übergangssystems zeigt sich dies an der Forderung nach der Einführung des Berufsgrundbildungsjahres in vollzeitschulischer und dualisierter Form. Wie oben erläutert, spielte die Akzeptanz der Bildungsangebote durch die Ausbildungsbetriebe in diesem Zusammenhang eine zentrale Rolle. So wurde mit einer Konkretisierung der bestehenden Rahmenvereinbarung versucht, Anerkennungsschwierigkeiten zu vermindern und den Anforderungen der Ausbildungsbetriebe durch eine alternative Form des Berufsgrundbildungsjahrs Rechnung zu tragen (vgl. Kapitel 1.2.3). Das bedeutet, dass zur Reduktion der Jugendarbeitslosigkeit rein politische Beschlüsse für nicht ausreichend gehalten wurden, sondern der Berücksichtigung der Interessenlagen der anderen beteiligten Akteure eine zunehmende Bedeutung beigemessen wurde. Folglich kann konstatiert werden, dass während der Etablierungsphase erste Ansätze einer Kooperation der am Übergangssystem beteiligten Akteure erkennbar sind, auch wenn diese während der genannten Periode nicht besonders umfangreich waren oder explizit hervorgehoben wurden.

Diese Zunahme der Bedeutung von Kooperation setzt sich bis weit in die Ausbauphase des Übergangssystems fort. Wie gezeigt wurde, heißt dies zum einen, dass sich der Kreis der Beteiligten, deren Einbezug durch die KMK gefordert wurde, weiter ausweitet. Die Einbeziehung von Eltern und Beratungsinstitutionen steht dabei im Zentrum. Zum anderen wurde der regionalen Ebene eine erhöhte Bedeutung zugeschrieben. Auch dies verdeutlicht die Zunahme des Stellenwerts der Kooperation in der Berufsvorbereitung für die KMK. Die Kultusminister versuchen folglich, durch den Aufbau eines Kooperationsnetzwerks, die Schwierigkeiten der Jugendlichen an der ersten Schwelle zu reduzieren.

Diese Problemreduktion sollte auch durch eine intensivierte Beratung der Jugendlichen durch verschiedene Akteure, wie beispielsweise die Bundesagentur für Arbeit, gewährleistet werden. Auf diese Weise sollte sichergestellt werden, dass die Jugendlichen besser auf ihre Entscheidung für eine Berufsausbildung vorbereitet werden und dadurch die Anzahl an Ausbildungsabbrüchen verringert wird. Das bedeutet, das von der KMK verfolgte Konzept einer verstärkten Kooperation zielt nicht nur auf eine kurzfristige Erhöhung der Chancen für die Bewältigung der ersten Schwelle durch die Jugendlichen, sondern auch auf eine langfristige und nachhaltige Lösung der Probleme des Übergangssystems ab.

Zugleich kann mit dieser Forderung nach einem Ausbau der Kooperationsstrukturen im Übergangssystem eine Kontinuitätslinie in der Argumentation der KMK benannt werden. In den Ausführungen der Kultusminister gewann dieses Konzept über die Jahre hinweg an Bedeutung und etablierte sich bis zum Ende des betrachteten Zeitraums als ein zentrales Konstrukt in der Diskussion des Übergangssystems.

Bei der Ergänzung dieser auf einen einzelnen Akteur fokussierten Perspektive durch den Einbezug der übrigen Akteure und die Einnahme der dritten möglichen Perspektive, welche die Gesamtentwicklung des Übergangssystems und die Rollen aller beteiligten Akteure sowie die Rahmenbedingungen fokussiert, wird deutlich, dass sich diese Kontinuitätslinie nicht auf die KMK beschränkt. Im Gegenteil kann der Ausbau der kooperativen Strukturen im Übergangssystem und seinem Umfeld als eine erste allgemeine Kontinuitätslinie seiner Entstehung benannt werden. Wie oben erwähnt, kann diese Entwicklung zum einen auf den strukturellen Aufbau des Berufsbildungssystems zurückgeführt werden, welcher auf die Kooperation der beteiligten Akteure ausgelegt ist.

Eine weitere Begründung kann darüber hinaus in der Abkehr vom Planungsoptimismus gesehen werden, welcher kennzeichnend für die Bildungspolitik der 1970er Jahre war (vgl. Busemeyer 2009: 78 ff.). Busemeyer zeigt auf, dass auch während der Etablierungsphase des Übergangssystems eine Art Reformeuphorie bestand, die dann jedoch durch die kritische Aufnahme der Anrechnungsverordnung und der Rahmenvereinbarung für das Berufsgrundbildungsjahr frühzeitig gebremst wurde (vgl. Busemeyer 2009: 101 ff.). Diese Kritik beschränkte sich jedoch nicht auf eine theoretische Beanstandung der vereinbarten Beschlüssen sondern hatte, wie oben ausgeführt, auch Folgen hinsichtlich der Anerkennungspraxis durch die Ausbildungsbetriebe. Aufgrund dieser opponierenden Haltung der Betriebe wurden bereits wenig später Berufsgrundschuljahre in kooperativer Form eingeführt, um die aufkommende Warteschleifenproblematik einzuschränken (vgl. Kapitel 1.2.3, Busemeyer 2009: 102 ff.). Im Kontext des kontinuierlichen Ausbaus der kooperativen Strukturen im Übergangssystem bedeutet dies, dass zunächst versucht wurde neue Bildungsangebote zu etablieren, diese jedoch auf Widerstand gestoßen sind. Durch die Vergrößerung des Kreises an beteiligten Akteuren konnte diese Opposition eingeschränkt und gleichzeitig die bestehenden Anerkennungsproblematiken verringert werden.

Darüber hinaus wird an den von Busemeyer skizzierten Entwicklungen deutlich, dass ein enger Bezug zwischen den einzelnen durch die Länder eingeführten Bildungsgängen und den Forderungen der KMK besteht. Das bedeutet, die in der KMK erarbeiteten Positionen wurden von den Bundesländern bei der Einrichtung der Bildungsgänge berücksichtigt. Folglich kann konstatiert werden, dass der KMK eine zentrale Rolle bei der Entstehung des Übergangssystems zugeschrieben werden kann, auch wenn sie aufgrund des Föderalismusprinzips nur durch die Verabschiedung von Rahmenvereinbarungen Einfluss auf die Ausgestaltung der einzelnen Bildungsgänge nehmen kann. Kurzum: Die KMK leistete, trotz ihrer beschränkten Mechanismen, einen wesentlichen Beitrag zur Verankerung des Prinzips der Kooperation im Übergangssystem.

Diese hohe Bedeutung der KMK zeigt sich auch an anderen Aspekten der Entwicklung des Übergangssystems. Beispielsweise kann hier auf die Versuche der bundesweiten Vereinheitlichung der Bildungsangebote, die in der Etablierungsphase des Übergangssystems ihren Höhepunkt erreichten (vgl. Kapitel 1.2), verwiesen werden. Zu dieser Zeit forderten sowohl der Bildungsrat als auch die BLK eine länderübergreifende Homogenisierung des Berufsgrundschuljahres. Diese Forderung wurde von den Kultusministern jedoch nicht aufgegriffen, sodass diesem Ansinnen in der weiteren Entwicklung keine besondere Bedeutung zukam. Das bedeutet, das Vorhaben einer wesentlichen Strukturänderung im Bildungssystem, einer teilweisen Abkehr vom Föderalismusprinzip, konnte ohne die Unterstützung der KMK nicht durchgesetzt werden. Bemerkenswert ist dabei, dass die Kultusminister nicht aktiv Opposition gegen das Unterfangen betrieben haben, sondern die Forderung durch eine Nichtbeachtung entkräftet wurde. Folglich führte die zentrale Stellung der KMK zur Beibehaltung der bestehenden Strukturen. Mit anderen Worten: Der Koordinierungsauftrag der KMK in Bildungsfragen kann in diesem Fall als ein zentrales Moment des Strukturkonservatismus benannt werden.

Diese strukturkonservative Haltung lässt sich auch an den Auseinandersetzungen mit dem Prinzip der Gleichwertigkeit von allgemeiner und beruflicher Bildung verdeutlichen. Wie im Vorangegangen dargestellt, handelt es sich dabei um eine Forderung, die bereits zu Beginn der Planungen des Übergangssystems im Raum stand und auch die einzurichtenden berufsvorbereitenden Bildungsgänge einbegriff. So forderten zunächst alle hier betrachteten Akteure explizit die Gleichstellung von allgemeiner und beruflicher Bildung (vgl. Memobox 1, Memobox 3), beziehungsweise die Gleichwertigkeit der Schullaufbahnen im Sekundarbereich (vgl. Memobox 2). In der Etablierungsphase wurde hingegen lediglich durch die BLK ausdrücklich eine Verzahnung von allgemeiner und beruflicher Bildung gefordert (vgl. Memobox 5). Das heißt, im Verlauf der Zeit steigt zunächst der Allgemeinheitsgrad dieses Anliegens an, bis die Forderung schließlich in der Ausbauphase nicht mehr vorgebracht wird. Auch in diesem Zusammenhang scheint die KMK eine zentrale Rolle einzunehmen, denn der Bedeutungsverlust dieser Forderung geht einher mit dem Ablassen von derselben durch die Kultusminister. Mit dem Übergang von der Planungs- zur Etablierungsphase des Übergangssystems wird durch die KMK nicht mehr die Herstellung von Gleichwertigkeit, sondern die Schaffung der Möglichkeit zum Erwerb eines höheren Schulabschlusses durch den Besuch des Berufsgrundbildungsjahrs gefordert (vgl. Memobox 6). Das bedeutet: Die Trennung zwischen allgemeinbildendem und beruflichem Bildungssystem soll aus der Perspektive der Kultusminister nicht aufgehoben werden, sondern lediglich die Durchlässigkeit zwischen beiden Bereichen, insbesondere in Richtung des allgemeinbildenden Bildungswesens, erhöht werden.

Mit Martin Baethge können der Versuch der Herstellung von Gleichwertigkeit und sein Scheitern auf die historisch gewachsene, institutionelle Trennung von allgemeiner und beruflicher Bildung zurückgeführt werden. Dieses Bildungs-Schisma beruht danach darauf, „dass jeder Bildungsbereich einer anderen institutionellen Ordnung folgt" (Baethge 2006: 16), wodurch die beiden Bereiche dauerhaft und wechselseitig voneinander abgeschottet werden.[36] Die funktionale Trennung, welche auch an der Zuordnung der Berufsbildung zur „Arbeitsmarktpolitik und nicht zur Bildungspolitik" (Baethge 2006: 17) deutlich wird, womit unterschiedliche, „zugleich relativ dauerhafte Interessen und Betrachtungsperspektiven" (Baethge 2006: 18) verbunden sind, kann zur Erklärung der Reformbarrieren im deutschen Bildungssystem herangezogen werden. Während im Zentrum der Berufsbildung durch die in Deutschland schon früh bestehende „relativ wissensintensive Qualitätsproduktion" (Baethge 2006: 22) verschiedene Interessen an der Ausbildung von Facharbeitern standen, bestanden demgegenüber im Bereich der höheren Bildung Interessen an der Sicherung der Leistungsauslese und der Exklusivität von Bildungsprivilegien (vgl. Baethge 2006: 23).[37] Aufgrund dessen wurde, laut Baethge, in den späten 1960er Jahren die Gleichstellung von beruflicher und allgemeiner Bildung zwar von verschiedenen politischen Akteuren gefordert, jedoch „politisch nicht einmal ernsthaft geprüft" (Baethge 2006: 21). Wie zuvor gezeigt, kam es dennoch nicht zu einem abrupten, sondern einem schleichenden Bedeutungsverlust dieser Forderung, der mit der Abwendung der KMK von dieser Vorstellung einhergeht.

Gleichzeitig strahlte das Bildungs-Schisma auch in andere Bereiche der Diskussion der Entwicklung des Übergangssystems aus. So bietet es beispielsweise eine Rahmungsmöglichkeit für die Auseinandersetzungen bezüglich des allgemeinbildenden und fachpraktischen Anteils der Bildungsgänge, die insbesondere während der Etablierungsphase geführt wurden. Letztendlich können auch diese Diskussionen auf die widerstreitenden Interessen zurückgeführt werden, welche im Schisma begründet liegen. Die mangelnde

---

36 Den historischen Ursprung des Schismas sieht Baethge in der preußischen Schulpolitik des 19. Jahrhunderts. Erstens zementierte diese „die bildungsstrukturelle und -politische Vorrangstellung des humanistischen Gymnasiums und der Universitätsbildung" (Baethge 2006: 20). Zweitens ließ sie „‚niedere' Volksbildung ohne eine eigene Bildungskonzeption zu" (Baethge 2006: 20) und etablierte so letztlich „das institutionelle Schisma zwischen höherer und Allgemeinbildung und Berufsbildung für unabsehbare Zeit" (Baethge 2006: 20). Faulstich hebt demgegenüber die Rolle des aufstrebenden Bürgertums und deren „Anspruch einer Bildung für alle" (Faulstich 2009: 7) bei der Genese der Trennung der beiden Bereiche hervor. Diese beiden Perspektiven stehen einander jedoch nicht unvereinbar gegenüber. Im Gegenteil ergänzen sie sich, denn die Notwendigkeit für schulpolitische Reformen kann durch veränderte Ansprüche innerhalb der Bevölkerung begründet werden.

37 Baethge schreibt die Interessen im Bereich der beruflichen Bildung den „Hauptakteursgruppen des Beschäftigungssystems" (Baethge 2006: 22), das heißt den Arbeitgebern und -nehmern, und im Bereich der höheren Bildung den „verantwortlichen Kultusadministrationen der Länder […] [sowie den] bürgerlichen Mittelschichten" (Baethge 2006: 23) zu.

Akzeptanz des vollzeitschulischen Berufsgrundbildungsjahres durch die Betriebe und die daraus folgende Forderung einer Erhöhung des fachpraktischen Anteils sowie die letztliche Einführung einer dualisierten Form des Bildungsgangs erscheint aus dieser Perspektive nicht allein durch das für zu niedrig gehaltene Qualifikationsniveau der Absolventen des Berufsgrundschuljahres, sondern auch durch die grundsätzlich entgegengestellten Interessenlagen erklärbar zu sein. Der Inhalt der Bildungsgänge wurde demnach an die Interessen der Arbeitgeber angepasst, um das Vorhaben der Etablierung von berufsvorbereitenden Bildungsgängen nicht vorzeitig scheitern zu lassen.

Hinsichtlich der Kontinuitätslinien und Brüche betrachtet bedeutet dies, dass das Bildungs-Schisma zu einem Bruch der Reformbemühungen geführt hat. So wurde während der Planungsphase des Übergangssystems zwar die Herstellung der Gleichwertigkeit von allgemeiner und beruflicher Bildung gefordert, diese konnte sich jedoch aufgrund der strikten Trennung der beiden Bereich nicht durchsetzen. Zugleich ist mit dem Bildungs-Schisma jedoch auch eine herausragende Kontinuitätslinie der Entwicklungen benannt, denn es besteht, wie Baethge zeigt, seit etwa 200 Jahren und hat sich somit als überaus persistent erwiesen (vgl. Baethge 2006: 20). Kurzum: Die Kontinuität des Schismas hat eine Annäherung des allgemeinbildenden und beruflichen Bildungssystems verhindert. Für die Entwicklung des Übergangssystems bedeutete dies, wie oben ausgeführt, dass Regelungen gefunden werden mussten, welche trotz der bestehenden Trennung ausreichende Anschlussmöglichkeiten für die Absolventen bieten. Da die Ausbildungsbetriebe Widerstand gegen eine verbindliche Anerkennung des Berufsgrundbildungsjahres leisteten, wurde letztendlich die Möglichkeit zum Erwerb eines höheren Schulabschlusses geschaffen, um die Chancen des Übergangs in reguläre Ausbildungen zu verbessern. Das bedeutet: Es wurde die Option verwirklicht, welche aus der Perspektive der Kultusadministration erfolgversprechend und umsetzbar war.

Dieser politische Pragmatismus kann ebenfalls als eine Ursache für das Scheitern der Bestrebungen zur Herstellung von Chancengleichheit angesehen werden. In den vorangegangenen Kapiteln wurde gezeigt, dass die Auseinandersetzung mit dieser Thematik insbesondere auf den Bildungsrat zurückgeht. Von selbigem wurde sowohl während der Planungs-, als auch während der Etablierungsphase gefordert, die Chancengerechtigkeit im Bildungssystem auszubauen, um schließlich tatsächliche Chancengleichheit herzustellen. Diese Forderung wurde während der 1970er Jahre von der BLK teilweise übernommen und dadurch auf eine breitere Basis gestellt. Dennoch folgten auch aus diesem Ansinnen keine konkreten Maßnahmen, die von der KMK zur Umsetzung empfohlen wurden. Vielmehr blieb es bei der allgemeinen Forderung nach dem Abbau von individueller Benachteiligung im Bildungswesen, die von der KMK jedoch nicht aufgegriffen wurden. In der Folge wurde dieses Ziel nach der Auflösung des Bildungsrats von keinem der betrachteten Akteure weiter verfolgt. In diesem Fall kann somit konstatiert werden, dass eine wesentliche Zielvorstellung der bildungspolitischen Reformbemühungen vollständig aufgegeben wurde, nachdem sie ihren wichtigsten Fürsprecher verloren hatte. Eine Übernahme des Reformvorschlags durch die KMK, welche zum Weiterbestehen desselben hätte führen können, kann dabei nicht beobachtet werden. Ebenso spielte die Forderung in den Veröffentlichungen der BLK während der Ausbauphase des Übergangssystems keine Rolle mehr. Demnach setzten sich die Kultusadministrationen und die Beratungsgremien mit dem Ziel der Chancengleichheit, das möglicherweise tief greifende Veränderungen im gesamten Bildungswesen impliziert hätte, nicht weiter auseinander. Mit anderen Worten kann der Bruch hinsichtlich dieser Zieldimension zum einen auf das Ausscheiden eines zentralen Akteurs und zum anderen auf die Implikationen der Zielvorstellung zurückgeführt werden.

Der Verweis auf die Auswirkungen der Zieldimension gewinnt an zusätzlicher Plausibilität, wenn ein Rückbezug auf die Zuschreibung der strukturellen Problemlagen auf die individuellen Voraussetzungen der Jugendlichen hergestellt wird. Wie zuvor beschrieben, haben sowohl BLK als auch KMK im Zusammenhang mit der Ausbildungslosigkeit von Jugendlichen dafür argumentiert, dass die Ursachen eher in den mangelnden Fähigkeiten der jungen Menschen als in strukturellen Gegebenheiten des Arbeitsmarktes zu suchen sind. Im Bezug auf den oben beschriebenen radikalen Bedeutungsverlust des Prinzips der Chancengleichheit in den Reformdiskussionen bedeutet dies, dass nicht das Scheitern des gesamten Systems beziehungsweise der einzelnen reformierten Bildungsgänge riskiert wird, sondern die Möglichkeit der Darstellung einer eventuellen Abschlusslosigkeit als individuelles Versagen der Jugendlichen erhalten bleiben sollte. Anders ausgedrückt bedeutet die Abkehr vom Prinzip der Chancengleichheit gleichzeitig einen Rückzug der für das Bildungswesen Verantwortlichen, um ihre eigene Stellung zu schützen, oder zumindest keine zusätzliche Kritik zu generieren.

Diese Individualisierung der Problemlagen spiegelt sich auch in den Veränderungen der verwendeten Adressatenbezeichnungen wider. Während in der Etablierungsphase des Übergangssystems vom Bildungsrat noch der Begriff „Jungarbeiter", welcher auf die Diskussionen der 1950er und 1960er Jahre zurückgeht (vgl. Bojanowski/Eckhardt/Ratschinski 2004: 3), verwendet wurde, fand nach und nach der Terminus „Benachteiligte" Verbreitung. Letzterer wurde mit dem Benachteiligtenprogramm aus dem Jahr 1980 eingeführt (vgl. Biermann/Rützel 1999: 13) und in der Folge auch in verschiedenen oben diskutierten Reformvorschlägen angewendet. Mit dieser begrifflichen Verschiebung ging eine Änderung der mit den Förderprogrammen verfolgten didaktischen Konzepte einher. So stand im Hinblick auf die Jungarbeiter deren „Eingliederung [...] in den Arbeitsmarkt sowie deren berufliche Erziehung" (Bohlinger 2004: 235) im Vordergrund. Die Förderung der Benachteiligten beinhaltet hingegen, neben der Hinführung zur Berufsreife, auch „persönlichkeitsorientierte und ganzheitlichkeitsfördernde Ansätze" (Bohlinger 2004: 235). Das bedeutet, dass mit den Förderprogrammen nicht mehr nur die Lösung von strukturellen Problemen angestrebt wurde, sondern die individuellen Voraussetzungen der Zielgruppe stärker fokussiert wurden. Letztendlich folgt aus dieser Ausweitung der Definition an Förderbedürftigen eine „Erweiterung des Personenkreises, der als Benachteiligte angesehen wurde" (Buchholz/Straßer 2007: 6). Kurzum: Der begriffliche Wandel markiert eine Verschiebung der Ursachenzuschreibung von Benachteiligung. Wird von einer idealtypischen Trennung in drei Ursachen von Benachteiligung, nämlich soziale und individuelle Faktoren sowie Marktbedingungen (vgl. Bohlinger 2004: 232), ausgegangen, so verlagert sich das Gewicht von der Marktbenachteiligung hin zu individuellen Komponenten. In diesem Sinne wird dazu übergegangen, strukturelle Schwierigkeiten nicht mehr auf die Strukturen selbst, sondern auf die einzelnen Menschen zurückzuführen.

Die Vergrößerung der Gruppe der Benachteiligten lässt sich jedoch nicht nur auf die beschriebene Definitionsänderung zurückführen. Im Gegenteil konstatieren Bojanowski, Eckhardt und Ratschinski, ohne eine dezidiert empirische Perspektive einzunehmen, dass die Jungarbeiter noch „hinreichend Jobs fanden" (Bojanowski/Eckhardt/Ratschinski 2004: 3) und erst später das Fehlen eines Ausbildungsabschlusses als Hindernis beim Eintritt in den Arbeitsmarkt aufkam. Dieser Annahme zufolge ist davon auszugehen, dass es während der späten 1970er und frühen 1980er Jahre zu strukturellen Änderungen auf dem Arbeitsmarkt kam. Nachfolgend wird deshalb anhand von Arbeitsmarktdaten und Bildungsgangstatistiken eine deskriptive Analyse vorgenommen, welche die Lage auf dem Arbeitsmarkt und den Ausbau des Übergangssystems einander gegenüberstellt. Dabei wird auch der Frage nachgegangen, ob die Einführung der neuen Bildungsgänge zu einer Reduktion der Jugendarbeitslosigkeit führte.

Die Betrachtung der Arbeitslosigkeitsquoten in den frühen 1960er Jahren verdeutlicht dabei zunächst, dass die Arbeitslosigkeit zu dieser Zeit ein Phänomen mit beschränkter Ausdehnung war. So waren 1960 lediglich 130.861 Personen arbeitslos, was einer Arbeitslosenquote[38] von 0,6 % entsprach. Wie Schaubild 1 verdeutlicht, blieb dieser Anteil, 1967 ausgenommen, bis in die frühen 1970er Jahre weitgehend konstant, sodass die Arbeitslosigkeit zu dieser Zeit eine Randerscheinung war, der keine besondere Bedeutung zukam. In dieser Periode lagen auch die Arbeitslosigkeitsquoten der unter 20-Jährigen und der 20- bis 24-Jährigen, die im Schaubild ab 1967 eingezeichnet sind, auf einem niedrigen Niveau, jedoch erreicht die Quote der 20- bis 24-Jährigen bereits 1970 die durchschnittliche Arbeitslosigkeitsquote. 1973 wird die letztgenannte Quote jedoch sowohl von der Quote der unter 20-Jährigen

---

38 Soweit nicht anders ausgewiesen, werden die Arbeitslosenquoten im Bezug auf alle abhängigen zivilen Erwerbspersonen, jeweils Stand Ende September, angegeben.

als auch von der Quote der 20- bis 24-Jährigen erstmalig übertroffen. Bis 1975 steigen diese beiden Arbeitslosenquoten infolge der Auswirkungen der ersten Ölpreiskrise (vgl. von Prollius 2006: 181 ff.) weiter und erreichen mit einem Anteil von 6,2 % der unter 20-Jährigen, beziehungsweise 6,5 % der 20- bis 24-Jährigen einen zwischenzeitigen Höchststand. Das bedeutet, dass Arbeitsuchende im Alter unter 24 Jahren zu dieser Zeit einem erhöhten Arbeitslosigkeitsrisiko ausgesetzt waren.

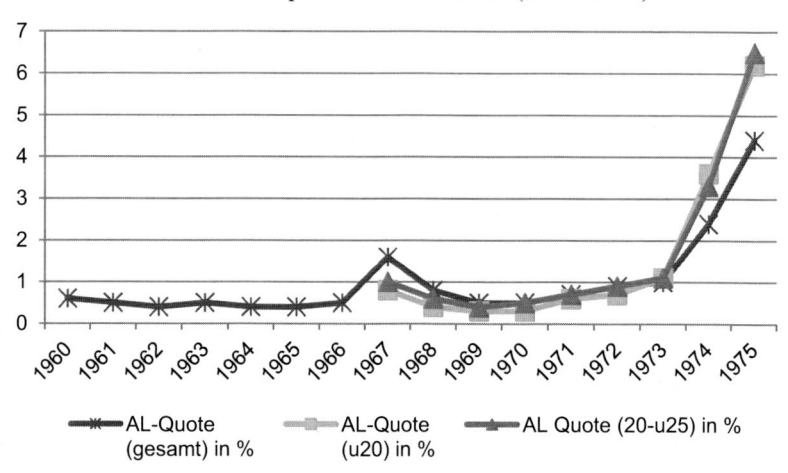

Schaubild 1: Arbeitslosenquoten im Zeitverlauf (1960–1975)[39]

Mit diesem Anstieg der Jugendarbeitslosigkeitsquote geht auch eine Umstrukturierung der Gruppe der Arbeitslosen einher: Während rein quantitativ betrachtet 1967 noch die Gruppe der 60- bis 64-Jährigen mit einer Zahl von 57.426 den größten Anteil (16,8 %) an allen Arbeitslosen stellte und die Gruppe der unter 20-Jährigen lediglich einen Anteil von 5,6 % an dieser Gruppe ausmachte, kehrte sich dieses Zahlenverhältnis bis 1975 um. Bis zu diesem Jahr war die Gruppe der unter 20-jährigen Arbeitslosen um über 500 % auf 115.753 angewachsen; die Zahl der 60- bis 64-jährigen Arbeitslosen hatte indessen um 6 % abgenommen. Die Anzahl der 20- bis 24-jährigen Arbeitslosen nahm im selben Zeitraum um über 600 % zu und stellte 1975 den größten Anteil an allen Arbeitslosen (17,1 %). Demnach hatte der in Schaubild 1 abgetragene Anstieg der Quote an arbeitslosen Jugendlichen

---

39 Die Darstellung basiert auf Daten der Bundesagentur für Arbeit (Bundesanstalt für Arbeit 1970, 1971, 1972, 1973, 1974, 1975, 1976, Bundesanstalt für Arbeitsvermittlung und Arbeitslosenversicherung 1961, 1962, 1963, 1964, 1965, 1967, 1968) und des Sachverständigenrats zur Begutachtung der gesamtwirtschaftlichen Entwicklung (1977). Die Jugendarbeitslosigkeit wurde in diesen Veröffentlichungen vor 1967 nicht aufgeführt, sodass die Darstellung der entsprechenden Quoten im Schaubild nicht möglich ist.

auch Umstrukturierungen innerhalb der Gesamtgruppe der Arbeitslosen zur Folge, die über den allgemeinen Anstieg der Arbeitslosigkeit hinausgehen. Wie oben ausgeführt (vgl. Kapitel 1.2.3) fällt dieser Anstieg der Jugendarbeitslosigkeit in den frühen 1970er Jahren mit dem Übergang von der Planung des Übergangssystems zu seiner Etablierung zeitlich zusammen. So wurde 1973 von der KMK die Rahmenvereinbarung über das Berufsgrundschuljahr verabschiedet, die zunächst Vorgaben für das vollzeitschulische Berufsgrundbildungsjahr beinhaltete (vgl. KMK 1973c) und wenig später auf die kooperative Form des Bildungsgangs ausgeweitet wurde (vgl. KMK 1978). In der Begründung für die Einführung der neuen Bildungsgänge wurde von den Kultusministern explizit auf „Veränderungen in der Berufs- und Arbeitswelt" (KMK 1973c: 309) verwiesen. Es liegt nahe, dass die Kultusminister mit dieser Äußerung auch auf die steigende Jugendarbeitslosigkeit anspielen, auch wenn selbige an dieser Stelle nicht ausdrücklich erwähnt wird, sondern erst im weiteren Verlauf des Reformprozesses als ausdrückliches Argument in die Diskussion eingebracht wurde (vgl. KMK 1977a: 295). Das bedeutet: Die neuen Bildungsgänge wurden unter dem Druck ansteigender Jugendarbeitslosigkeit, mit der Zielsetzung der Reduktion derselben, eingeführt, wobei insbesondere die Gruppe der unter 20-Jährigen, deren Arbeitslosenquote in der Zeit von 1967 bis 1975 am stärksten angestiegen ist[40], als Zielgruppe adressiert wird.

Der schrittweise Ausbau des Übergangssystems führte so zunächst zu einem kontinuierlichen Anstieg der Schülerzahl im Übergangssystem (vgl. Schaubild 2). Innerhalb von sechs Jahren verachtfachte sich diese Zahl bis zum Schuljahr 1979/1980 und überschritt zu diesem Zeitpunkt mit einem Wert von 111.589 erstmalig die Zahl der arbeitslosen Jugendlichen unter 20 Jahren, die zu dieser Zeit unter 70.000 gesunken war. Folglich scheint es, als ob mit den neu eingeführten Bildungsgängen die Zielvorstellung der Einschränkung der Jugendarbeitslosigkeit kurzfristig umgesetzt werden konnte.

---

40 Während dieser Zeit steigt die Arbeitslosigkeitsquote dieser Kohorte um den Faktor 7,75 an, während sich die Quote der Kohorte der 20- bis 24-Jährigen um das 6,5-fache erhöht und die gesamte Arbeitslosenquote lediglich um das 2,75-fache ansteigt.

Schaubild 2: Vergleich der Schülerzahl im Übergangssystem und der Zahl arbeitsloser Jugendlicher unter 20 Jahren[41]

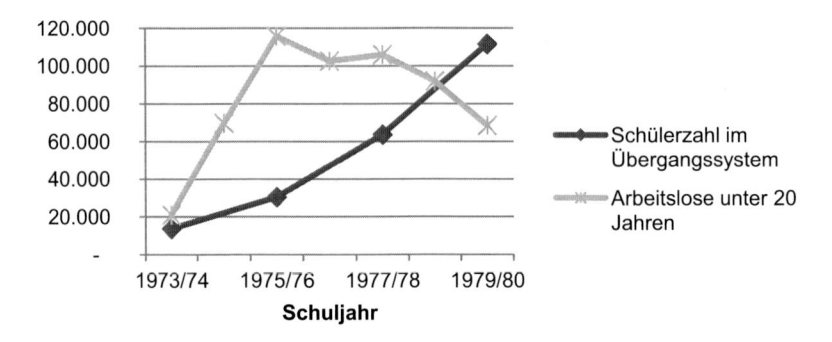

Dieses Auffangen der Jugendarbeitslosigkeit mithilfe der neu eingerichteten Bildungsgänge kann jedoch nicht alleine auf das Berufsgrundschuljahr zurückgeführt werden. Vielmehr spielt die Einführung des BVJ, das zuerst in Nordrhein-Westfalen ab dem Schuljahr 1976/77 etabliert (vgl. Isfort 1979) und später von anderen Bundesländern übernommen wurde (vgl. Frey 1986), in diesem Zusammenhang eine zentrale Rolle, denn durch die Einführung dieses zusätzlichen Bildungsgangs wurde die Zahl an arbeitslosen Jugendlichen weiter reduziert.[42] Auffällig ist dabei, dass mit Nordrhein-Westfalen das Bundesland, welches quantitativ betrachtet am stärksten von der Jugendarbeitslosigkeit betroffen war,[43] als Erstes einen weiteren berufsvorbereitenden Bildungsgang etablierte. Dies deutet darauf hin, dass zur Reduktion der Jugendarbeitslosigkeit in kurzer Zeit verschiedene Maßnahmen eingeleitet wurden, um den bestehenden Problemen möglichst schnell zu entgegnen. Tatsächlich konnte so in der Zeit von 1975 bis 1979 die Zahl der Arbeitslosen unter 20 Jahren in Nordrhein-Westfalen um fast die Hälfte verringert werden.

Diese Reduktion der Zahl der arbeitslosen Jugendlichen war jedoch, sowohl in Nordrhein-Westfalen als auch in den übrigen Teilen Westdeutschlands, nicht von Dauer. Wie Schaubild 3 verdeutlicht, stieg die Arbeitslosig-

---

41 Die Daten für die Zahl arbeitsloser Jugendlicher sind entnommen aus den Statistiken der Bundesagentur für Arbeit (Bundesanstalt für Arbeit 1973, 1974, 1975, 1976, 1977, 1978, 1979, 1980, 1981), die Schülerzahlen sind in den Veröffentlichungen der KMK abgedruckt (KMK 1965b, 1967b, 1969c, 1971c, 1973b, 1975b, 1977b, 1979b, 1982c).
42 Gleichzeitig wurde mit der Einführung des BVJ aus der Perspektive der Schulverwaltungen das BGJ von Problemschülern entlastet (Biermann-Berlin/Biermann/Schild et al. 1978: 23). Das bedeutet, dass mit dem BVJ ein zusätzlicher Selektionsmechanismus im beruflichen Bildungssystem geschaffen wird.
43 In der Zeit von 1970 bis 1975 stieg die Jugendarbeitslosigkeit in Nordrhein-Westfalen von 2.514 auf 38.596, also um über das 15-fache, an.

keitsquote von unter 20-Jährigen, nachdem sie 1979 wieder unter das Niveau der gesamten Arbeitslosigkeitsquote gesunken war, bis 1983 auf 9,4 %, einen neuen zwischenzeitlichen Höchststand.

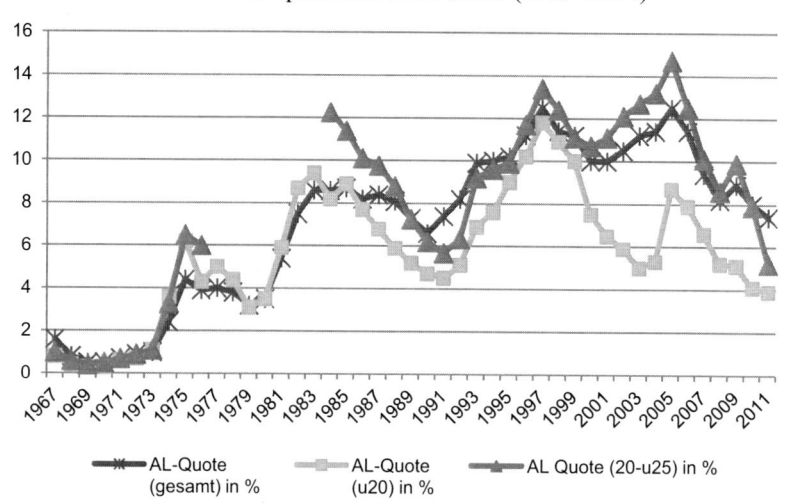

Schaubild 3: Arbeitslosenquoten im Zeitverlauf (1967–2011)[44]

Das heißt: Die Einführung des Übergangssystems konnte zwar kurzfristig die Jugendarbeitslosigkeitsquote verringern, jedoch nicht deren Unabhängigkeit von der gesamten Arbeitsmarktkonjunktur erhöhen. Dieser Zusammenhang zwischen der Jugendarbeitslosigkeitsquote und der gesamten Arbeitslosigkeitsquote zeigt sich über den gesamten in Schaubild 3 dargestellten Zeitraum. Dabei ist zu bemerken, dass die Arbeitslosigkeitsquote von unter 20-Jährigen ab 1986 kontinuierlich unter der allgemeinen Arbeitslosigkeitsquote liegt. Zweitens kann konstatiert werden, dass sich der Abstand zwischen diesen beiden Quoten von diesem Zeitpunkt an bis zum Jahr 2004 vergrößer-

---

44 Ab 1991 sind die Quoten für die gesamte Bundesrepublik angegeben, zuvor beziehen sie sich ausschließlich auf Westdeutschland. Die Darstellung basiert auf Daten der Bundesagentur für Arbeit (Bundesagentur für Arbeit 2011a, Bundesanstalt für Arbeit 1970, 1971, 1972, 1973, 1974, 1975, 1976, 1977, 1978, 1979, 1980, 1981, 1982, 1983, 1984, 1986, 1987, 1988, 1989, 1990, 1991, 1992, 1993, 1994, Bundesanstalt für Arbeitsvermittlung und Arbeitslosenversicherung 1961, 1962, 1963, 1964, 1965, 1967, 1968) und des Sachverständigenrats zur Begutachtung der gesamtwirtschaftlichen Entwicklung (1977). Arbeitslosigkeitsquoten für 20- bis unter 25-Jährige fehlen für die Jahre 1977 bis 1983. Das Schaubild verdeutlicht auch die Anstiege der Arbeitslosigkeitsquoten in Zeiten der wirtschaftlichen Anspannung, wie beispielsweise der Ölkrisen 1973 und 1979 (vgl. von Prollius 2006). Dennoch kann die Quote nicht monokausal erklärt werden, „sondern beruht auf einer ganzen Fülle von im einzelnen sehr unterschiedlichen Faktoren" (Deutsche Bundesbank 1997: 7), die an dieser Stelle nicht näher betrachtet werden.

te und nach einer Phase der Annäherung seit 2007 nahezu konstant blieb. Demgegenüber entwickelt sich die Arbeitslosenquote der 20- bis unter 25-Jährigen ähnlicher zur gesamten Arbeitslosenquote, wobei jene Quote stärkeren Schwankungen unterworfen ist und somit zeitweise über und phasenweise unter der allgemeinen Arbeitslosenquote liegt. Dennoch kann festgehalten werden, dass die Arbeitslosenquote der 20- bis unter 25-Jährigen im betrachteten Zeitraum, ausgenommen 1973 und 1974, über der Quote der unter 20-Jährigen liegt.

Für die hier im Zentrum stehende Entwicklung des Übergangssystems bedeutet dies, dass die bildungspolitische Zielsetzung der Reduktion der Jugendarbeitslosigkeit, insbesondere bei unter 20-Jährigen, mit der Einrichtung des Übergangssystems nicht vollständig erreicht werden konnte. Im Zeitverlauf wird deutlich, dass trotz der Einrichtung der neuen Bildungsgänge die Zahl der arbeitslosen Jugendlichen, im Vergleich von heute mit den späten 1960er Jahren, gestiegen ist. Wird jedoch die Arbeitslosenquote ins Blickfeld gerückt, so ist erkennbar, dass diese ab Mitte der 1980er Jahre für die unter 20-Jährigen unter der allgemeinen Quote lag. Dies legt den Schluss nahe, dass der Ausbau des Übergangssystems, wenn nicht zu einer Verringerung der absoluten Zahl an arbeitslosen Jugendlichen, so doch zumindest zu einer Abmilderung der Arbeitslosenquote derselben geführt hat.

Bei der vergleichenden Betrachtung der langfristigen Entwicklung der Zahl arbeitsloser Jugendlicher unter 20 Jahren und der Schülerzahl im Übergangssystem (vgl. Schaubild 4) ist jedoch kein direkter Zusammenhang zu erkennen. Vielmehr zeigt sich hier, dass, während sich die Zahl der Arbeitslosen unter 20 Jahren seit den 1990er Jahren in einem Bereich um etwa 100.000 bewegt, die Zahl der Schüler im Übergangssystem demgegenüber von 1991 bis 2006 stetig gestiegen und danach, bis 2008, um etwa 70.000 abgesunken ist. Das heißt: Der Ausbau des Übergangssystems vollzog sich, ohne dass die Zahl der arbeitslosen Jugendlichen wesentlich gesenkt werden konnte. Die von den Kultusministern intendierte Reduktion der Jugendarbeitslosigkeit durch die Einführung der neuen Bildungsgänge konnte demnach nicht erreicht werden. Wie Schaubild 4 verdeutlicht, kam es dennoch nicht zu einer Beschränkung der Neuaufnahmen im Übergangssystem, sodass sich letztlich die Schülerzahl im Übergangssystem zwischen 1979, als die neuen Bildungsgänge bereits in den meisten Bundesländern etabliert waren, und 2008 verfünffachte.[45]

---

45 Wird der Vergleich zwischen der frühen Etablierungsphase 1973 und dem bisherigen Maximalstand, im Jahr 2006, gezogen, so kann eine Steigerung der Schülerzahl um über das 45-fache konstatiert werden.

Schaubild 4: Vergleich der Schülerzahl im Übergangssystem und der Zahl arbeitsloser Jugendlicher unter 20 Jahren (1973–2008)[46]

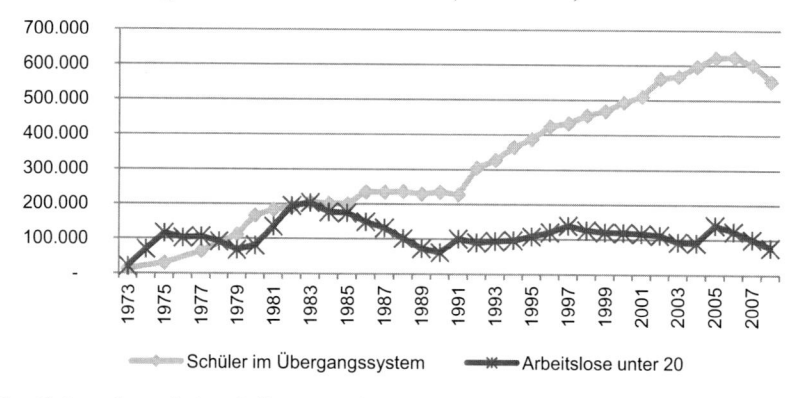

Im Folgenden wird auf dieser Basis näher ausgeführt, wie die verschiedenen Bildungsgänge des Übergangssystems heutzutage ausgestaltet sind. Dabei wird auch der Frage nach dem Einfluss der zuvor geschilderten Entwicklungen auf den gegenwärtigen Aufbau des Übergangssystems nachgegangen. Im Zentrum steht die Auseinandersetzung mit den rechtlichen Grundlagen der verschiedenen Bildungsangebote, die in Übersichten zusammengeführt und am Beispiel von vier Bundesländern exemplarisch illustriert werden. Aus diesen Betrachtungen werden schließlich auch unterschiedliche Strategien im Umgang mit gering qualifizierten Jugendlichen isoliert. Zudem werden die Merkmale und die Struktur des Übergangssystems zusammengeführt und zentrale Kritikpunkte daran veranschaulicht.

---

46   Die Daten für die Zahl arbeitsloser Jugendlicher sind entnommen aus den Statistiken der Bundesagentur für Arbeit (Bundesagentur für Arbeit 2011a, Bundesanstalt für Arbeit 1970, 1971, 1972, 1973, 1974, 1975, 1976, 1977, 1978, 1979, 1980, 1981, 1982, 1983, 1984, 1986, 1987, 1988, 1989, 1990, 1991, 1992, 1993, 1994, Bundesanstalt für Arbeitsvermittlung und Arbeitslosenversicherung 1961, 1962, 1963, 1964, 1965, 1967, 1968). Die Schülerzahlen bis 1979 sind in den Veröffentlichungen der KMK abgedruckt (KMK 1965b, 1967b, 1969c, 1971c, 1973b, 1975b, 1977b, 1979b, 1982c). Für die Jahre 1992 bis 2008 wurden die Zahlen für Bildungsteilnehmer an beruflicher Grundbildung aus dem Datenreport zum Berufsbildungsbericht herangezogen (Bundesinstitut für Berufsbildung 2010: 98).

2 Das Übergangssystem heutzutage

Aufbauend auf den vorherigen Ausführungen zur Entstehung des Übergangssystems werden an dieser Stelle nun dessen heutige Grundlagen fokussiert. In einem ersten Schritt werden dabei die rechtlichen Bestimmungen des beruflichen Bildungssystems skizziert und daran anschließend einzelne Bildungsangebote des Übergangssystems genauer betrachtet. Im Einzelnen werden das BVJ, das BGJ, grundbildende Berufsfachschulen und berufsvorbereitende Maßnahmen der Bundesagentur für Arbeit in den Blickpunkt gerückt. Für diese Fokussierung werden die rechtlichen Bestimmungen der Bildungsgänge in allen Bundesländern untersucht und Gemeinsamkeiten und Unterschiede zwischen ihnen herausgearbeitet. Die Ergebnisse der Untersuchungen werden für die drei erstgenannten Bildungsangebote in tabellarischen Übersichten veranschaulicht und daraus hervorgehende, zentrale Merkmale der Bildungsangebote diskutiert. Auf Basis dieser überblicksartigen Befunde werden die entsprechenden Bildungsgänge in vier beispielhaft ausgewählten Bundesländern detailliert fokussiert und auf diese Weise weitere Feinheiten herausgearbeitet. Letztlich ermöglicht dieses Vorgehen die Aufdeckung von Verschiedenheiten in der Gestaltung der Bildungsangebote, die auf unterschiedliche Strategien im Umgang mit gering qualifizierten Jugendlichen hindeuten. So wird mit einigen Bildungsgängen primär darauf abgezielt die SuS, zu einem höheren Bildungsabschluss zu führen, während mit anderen Angeboten in erster Linie auf die Integrationskraft von Betriebspraktika gesetzt wird.

Anknüpfend an diese Abhandlungen, die auch zu einer Systematisierung der diversen Angebote des Übergangssystems beitragen, wird im zweiten Unterkapitel der Fokus auf die Merkmale und Strukturen des Übergangssystems gerichtet. In diesem Zusammenhang werden aus den rechtlichen Grundlagen der Bildungsgänge zentrale Kritikpunkte am Übergangssystem abgeleitet und zudem dessen Funktionen rekapituliert. Darüber hinaus wird am Ende des Kapitels ein Schaubild entwickelt, das die Struktur des Übergangssystems verdeutlicht und damit auch die zuvor aufgezeigten kritischen Merkmale in grafischer Form zusammenführt.

2.1 Rechtliche Grundlagen

Die zentralen rechtlichen Grundlagen des beruflichen Bildungssystems in Deutschland sind das Berufsbildungsgesetz (BBiG) und die Handwerksordnung (HwO). Letztere ist dabei insbesondere für die klassische Berufsausbildung im dualen System sowie das Schulberufssystem von Bedeutung und wird deshalb im Zuge der hier vorgenommenen Fokussierung des Übergangssystems nicht weiter betrachtet.[47] Hingegen regelt das BBiG unter anderem, was unter den Begriff der Berufsbildung fällt und welche Ziele mit der jeweiligen Art der Berufsbildung verbunden sind (vgl. § 1 BBiG 2009). Erstens ist dies die Berufsausbildungsvorbereitung, welche „durch die Vermittlung von Grundlagen für den Erwerb beruflicher Handlungsfähigkeit an eine Berufsausbildung in einem anerkannten Ausbildungsberuf" (§ 1 Abs. II BBiG 2009) heranführen soll. Zweitens fällt darunter die klassische Berufsausbildung, welche „die für die Ausübung einer qualifizierten beruflichen Tätigkeit in einer sich wandelnden Arbeitswelt notwendigen beruflichen Fertigkeiten, Kenntnisse und Fähigkeiten (berufliche Handlungsfähigkeit) in einem geordneten Ausbildungsgang zu vermitteln [und] ferner den Erwerb der erforderlichen Berufserfahrungen zu ermöglichen" (§ 1 Abs. III BBiG 2009) hat. Drittens wird darunter die berufliche Fortbildung gefasst, welche „es ermöglichen [soll], die berufliche Handlungsfähigkeit zu erhalten und anzupassen oder zu erweitern und beruflich aufzusteigen" (§ 1 Abs. IV BBiG 2009). Die im Sinne des BBiG vierte und letzte Form der Berufsbildung ist die berufliche Umschulung, die „zu einer anderen beruflichen Tätigkeit befähigen" (§ 1 Abs. V BBiG 2009) soll.

Grundsätzlich lassen sich diese vier Bereiche der Berufsbildung in zwei Gruppen zusammenfassen. Zum einen ist dies die Gruppe der Bildungsgänge, die auf bereits vorhandenen Berufsqualifikationen aufbauen oder sie umformen sollen. Davon kann eine zweite Gruppe von Bildungsangeboten unterschieden werden, die der Vorbereitung auf beziehungsweise der Heranführung an einen Beruf dienen. Diese beiden Gruppen können wiederum nach verschiedenen Aspekten weiter ausdifferenziert werden, wodurch weitaus mehr als die vier bereits beschriebenen Arten der Berufsbildung entstehen.

Beispielsweise können die Bereiche nach der jeweils zuständigen Stelle, oder auch nach dem Lernort unterteilt werden. Für diese Differenzierungskriterien sind im BBiG ebenfalls Rahmenvorgaben festgehalten (vgl. § 3, § 71–75 BBiG 2009), die bei einer Betrachtung der verschiedenen Bildungsgänge nicht außen vor gelassen werden dürfen. So haben die verschiedenen Berufskammern für die Berufsbildung, die in ihre Zuständigkeit fällt (vgl. § 71 BBiG 2009), recht weitgehende Mitbestimmungsrechte und Überwachungsbefugnisse.

Darüber hinaus sind im BBiG Bestimmungen für die Berufsausbildung getroffen, welche die sogenannte duale Ausbildung zum Regelfall werden

---

47 Mit der Aufnahme der Möglichkeit des Erwerbs „beruflicher Handlungsfähigkeit [...] durch inhaltlich und zeitlich abgegrenzte Lerneinheiten" (§ 42p Abs. I HwO 2011), sogenannte Qualifizierungsbausteine, welche in einigen Bundesländern im Berufsvorbereitungsjahr und in grundbildenden Berufsfachschulen erworben werden können (vgl. Tabelle 1, Tabelle 3), gewinnt die Handwerksordnung indirekt an Relevanz für das Übergangssystem. In erster Linie wird mit dieser Formulierung, die sich in identischer Form im BBiG findet (vgl. § 69 Abs. I BBiG 2009), die Anerkennung der Qualifizierungsbausteine durch Ausbildungsbetriebe gesichert.

lassen. Das bedeutet, dass Auszubildende weder die gesamte Ausbildung im Ausbildungsbetrieb noch in einer Berufsschule absolvieren, sondern die beiden Lernorte miteinander kooperieren (vgl. § 2 Abs. II BBiG 2009). Die Berufsschulen unterstehen dabei der jeweils zuständigen Schulaufsichtsbehörde und damit auch dem Schulgesetz des jeweiligen Bundeslandes. Somit lässt sich festhalten, dass die Berufsbildung in Deutschland weder rein staatlich noch allein durch die Berufskammern organisiert wird, sondern beide Ebenen miteinander Vereinbarungen getroffen haben, die gewährleisten sollen, dass verschiedene Berufsbildungsmaßnahmen durchgeführt werden können.

Da der Schwerpunkt dieser Arbeit auf einer Auseinandersetzung mit dem Übergangssystem liegt, ist es jedoch nicht notwendig, all diese verschiedenen Ausprägungen der beruflichen Bildung zu betrachten. Im Folgenden wird deshalb die Gruppe der Bildungsangebote, die auf bereits vorhandenen Berufsqualifikationen aufbauen oder diese umformen sollen, außer Acht gelassen. Es werden ausschließlich die gesetzlichen Grundlagen von Bildungsgängen, die der Berufsausbildungsvorbereitung zuzuordnen sind, näher betrachtet. Zu Beginn der nachfolgenden Kapitel wird jeweils eine grafische Übersicht über die entsprechenden Bildungsangebote in allen Bundesländern gegeben. Diese Übersicht ermöglicht einen ersten Vergleich der Bildungsgänge, wobei nicht nur Unterschiede und Gemeinsamkeiten im Aufbau der Bildungsgänge, sondern auch hinsichtlich der Ziele derselben verdeutlicht werden. Darauf aufbauend werden die jeweiligen Bildungsangebote in vier Bundesländern en détail fokussiert, wodurch Feinheiten herausgearbeitet werden, welche in der grafischen Übersicht verborgen bleiben. Als Ausgangspunkt dieser Beschreibung eines bestimmten berufsvorbereitenden Bildungsangebots wird hier jeweils die Gesetzeslage des bevölkerungsreichsten Bundeslandes, nämlich Nordrhein-Westfalen, herangezogen, in welchem auch die in Kapitel 3.2.3 angeführten Schülerbefragungen durchgeführt wurden. Anschließend wird der Vergleich zur Gesetzeslage in drei anderen Bundesländern gezogen, die nach demografischen und geografischen Kriterien ausgewählt wurden. So fiel die Auswahl auf Mecklenburg-Vorpommern, das Bundesland mit der geringsten Bevölkerungsdichte, auf Hamburg als nördlichsten Stadtstaat, sowie auf Baden-Württemberg als Vertreter der südlichen Bundesländer. Das Hauptaugenmerk liegt während der Darstellung der Gesetzesgrundlagen des Übergangssystems auf der Rekonstruktion von Unterschieden und Gemeinsamkeiten bezüglich der strukturellen und inhaltlichen Merkmale der jeweiligen Bildungsgänge. Im Einzelnen werden auf diese Weise das BVJ, das BGJ, Bildungsgänge an Berufsfachschulen, die eine berufliche Grundbildung vermitteln, und Berufsvorbereitende Bildungsmaßnahmen (BvB) der Bundesagentur für Arbeit analysiert. Die Ausführungen beziehen sich dabei jeweils auf die im Schuljahr 2011/12 gültigen Rahmenbestimmungen der Regelangebote. Modellversuche werden nur in Ausnahmefällen und unter gesondertem Hinweis in die Analyse einbezogen.

2.1.1 Berufsvorbereitungsjahr

Mit dem BVJ wird zunächst das Angebot des Übergangssystems betrachtet, welches die geringsten Einstiegsvoraussetzungen hat. Wie die Übersicht über die entsprechenden Bildungsangebote in den Bundesländern (Tabelle 1) zeigt, ist die Voraussetzung für die Zulassung zum BVJ in fast allen Ländern die Erfüllung der Vollzeitschulpflicht. Lediglich Hessen trifft hier eine geringfügig abweichende Regelung und setzt zusätzlich voraus, dass „mindestens das 8. Schuljahr in einer allgemeinbildenden Schule besucht" (§ 3 Abs. I VAABB HE 2006) wurde. Große Übereinstimmungen sind auch hinsichtlich der Dauer der Bildungsgänge, die typischerweise ein Jahr beträgt, feststellbar. Darüber hinaus verdeutlicht Tabelle 1 auch den unterschiedlichen Unterrichtsumfang der Bildungsangebote. Dieser variiert bei vollzeitschulischen Bildungsgängen zwischen 25 Unterrichtsstunden pro Woche in Hamburg und bis zu 40 Wochenstunden in Mecklenburg-Vorpommern. Neben diesen vollzeitschulischen Angeboten wird das BVJ in einigen Ländern in Teilzeitform angeboten. Das heißt: Der Bildungsgang wird, wie in Brandenburg, in einer Form angeboten, welche die gleichzeitige Ausübung einer Berufstätigkeit ermöglicht. In diesem Fall bleibt der Unterrichtsumfang auf sieben bis 16 Stunden pro Woche beschränkt. Darüber hinaus gibt es in mehreren Ländern kooperative BVJ, welche sich durch die Zusammenarbeit von (Berufs-)Schulen und Betrieben auszeichnen. Diese Kooperation führt auch zu einem besonders hohen Praktikumsanteil in den jeweiligen Bildungsgängen. So absolvieren die SuS kooperativer BVJ an bis zu 2,5 Tagen pro Woche ein Praktikum außerhalb der Schule. In den vollzeitschulischen Bildungsgängen liegt der Praktikumsanteil in der Regel niedriger und wird zumeist als Blockpraktikum angeboten, das maximal auf eine Dauer von sechs Wochen angelegt ist. Dabei treffen jedoch nicht alle Bundesländer Vorgaben für die Praktikumsdauer; so verankern die Bestimmungen Bremens, Nordrhein-Westfalens und Schleswig-Holsteins lediglich die Möglichkeit der Durchführung von Betriebspraktika, ohne den Umfang derselben zu bestimmen. Bezüglich des mit dem Abschluss erreichbaren Bildungszertifikats bestehen demgegenüber einheitliche Regelungen. Trotz unterschiedlicher Voraussetzungen, die zum Erwerb des Bildungsabschlusses erfüllt werden müssen, kann in allen Bundesländern durch den erfolgreichen Besuch des BVJ der Hauptschulabschluss beziehungsweise ein äquivalenter Bildungsabschluss erreicht werden. Auf die Berufsausbildung wird der Aufenthalt im BVJ jedoch in keinem Land angerechnet. Hinsichtlich der grundlegenden Ziele, die mit dem BVJ verbunden sind, bestehen demgegenüber Unterschiede. So teilen zwar alle Bundesländer das Ziel der Verbesserung des Bildungszertifikats beziehungsweise der Verbreiterung der Allgemeinbildung. Auch hinsichtlich der Vermittlung beruflicher Grundkenntnisse zur Erhöhung der Ausbildungsfähigkeit besteht Einigkeit.

Damit streben alle Bundesländer mit dem BVJ die Verbesserung der Übergangschancen in eine betriebliche Ausbildung an. Über die Hälfte der Länder, wie zum Beispiel Bayern, Hamburg und Niedersachsen, gehen jedoch darüber hinaus und formulieren mit der Vorbereitung auf ein Arbeitsverhältnis ein weiteres Ziel. Konkret bedeutet dies, dass die SuS auf ein eventuelles Scheitern auf dem Ausbildungsstellenmarkt vorbereitet werden. Positiver formuliert, versuchen diese Länder den SuS des BVJ eine zusätzliche, außerschulische Möglichkeit aufzuzeigen, die im Falle erfolgloser Bewerbungsversuche um einen Ausbildungsplatz ergriffen werden kann. Unabhängig von der eingenommen Perspektive bedeutet die Einmündung in den Arbeitsmarkt ohne abgeschlossene Berufsausbildung eine höhere Wahrscheinlichkeit der Einmündung in den Jedermannsarbeitsmarkt und zudem ein erhöhtes Risiko von instabilen Erwerbsverläufen (vgl. Kapitel 3).

Tabelle 1: Übersicht über das Berufsvorbereitungsjahr in den Ländern

Bundesland	gesetzlicher Rahmen	Zugangsvor-aussetzung	Unterrichts-umfang (Stunden/Woche)	(Betriebs-) Praktikum	möglicher Bildungs-abschluss	Ziele[48]	Anrechnung auf Ausbildung	Dauer (Jahre)	Besonder-heiten
BW	SchG BW, BVJVO BW		30–35	bis zu 2 Tage pro Woche		Gruppe A		1	
BY	BayEUG, BSO BY		min. 27	bis zu 2,5 Tagen pro Woche		Gruppe B		1	
BE	SchulG BE, BSV BE		30–32, 15 (TZ)	1–6 Wochen/ 2,5 Tage pro Woche bei TZ		Gruppe A		1–2	Qualifizierungs-bausteine
BB	BbgSchulG, BSV BB	Vollzeitschul-pflicht erfüllt[50]	7–16 (TZ)	2,5 Tage pro Woche	Hauptschul-abschluss[49]	Gruppe A	keine Anrech-nung auf Berufs-ausbildung	1	Qualifizierungs-bausteine; faktisch nicht mehr angeboten
HB	BremSchulG, AVBGVO HB		28–34 (VZ), 12 (TZ)	vorgesehen		Gruppe A		bis zu 1	
HH	HmbSG, APO-BVS HH		25–35	4 Wochen		Gruppe B		1–2	
HE	HSchG, VAABB HE		30–32	4–6 Wochen		Gruppe B		1 (VZ), 2 (TZ)	Qualifizierungs-bausteine
MV	SchG MV, BSVO MV		36–40	mindestens 6 Wochen		Gruppe A		1–2	

48 Gruppe A: Verbesserung des Schulabschlusses und Erhöhung der Ausbildungsfähigkeit. Gruppe B: zusätzlich Befähigung für Berufstätigkeit.
49 Brandenburg: „Berufsbildungsreife", Mecklenburg-Vorpommern: „Berufsreife". Beide Abschlüsse sind mit dem Hauptschulabschluss vergleichbar.
50 In Hessen müssen die SuS mindestens das 8. Schuljahr einer allgemeinbildenden Schule besucht haben (vgl. § 3 Abs. I VAABB HE 2006).

Bundes-land	gesetzlicher Rahmen	Zugangsvor-aussetzung	Unter-richts-umfang (Stunden/Woche)	(Betriebs-) Praktikum	möglicher Bildungs-abschluss	Ziele	Anrechnung auf Ausbildung	Dauer (Jahre)	Besonderheiten
NI	NSchG, BbS-VO NI, EB-BbS NI		35	2–4 Wochen		Gruppe B		1	zwei Fachrichtungen
NW	SchoG NW, APO-BK NW		34	vorgesehen		Gruppe A		1	
RP	SchulG RP, BerSchulO RP		34	3 Wochen		Gruppe B		1	2–4 Schwerpunkte; Qualifizierungs-bausteine
SL	SchoG SL, AO-BS SL	Vollzeitschul-pflicht erfüllt	32	bis zu 4 Wochen	Hauptschul-abschluss	Gruppe B	keine Anrech-nung auf Berufs-ausbildung	1	Elemente mehrerer Berufsfelder
SN	SchulG SN, BSO SN		31–32	2–4 Wochen		Gruppe B		1	
ST	SchulG LSA, BbS-VO ST, EB-BbS ST		32–34	2–6 Wochen		Gruppe B		1	Zwei Berufsbereiche
SH	SchulG SH, BSVO SH		30–31	möglich		Gruppe B		1	
TH	ThürSchulG, ThürBSO		VZ 36 TZ 14	VZ 3–6 Wochen TZ 3 Tage/Woche		Gruppe A		1 (VZ), 2 (TZ)	min. zwei Berufsfelder

Die Übersicht der in den verschiedenen Bundesländern etablierten Formen des BVJ veranschaulicht die Auswirkungen des Föderalismus auf diesen Teilbereich des deutschen Bildungssystems. Besonders bedeutsam erscheinen dabei die zuletzt hervorgehobenen Zielsetzungen der Bildungsangebote, die Verschiedenheiten im Umgang mit gering qualifizierten Jugendlichen implizieren. Während die Länder der Gruppe A ausschließlich eine Qualifizierungsstrategie verfolgen, setzen die Bundesländer der Gruppe B zudem auf die Integrationskraft des Arbeitsmarktes. Als Ergänzung zu diesen Ausführungen sind die nachfolgenden Betrachtungen der Bildungsangebote in den zuvor genannten Bundesländern zu verstehen.

Neben den unterschiedlichen Strategien wird durch diese detaillierte Fokussierung auch deutlich, dass es beispielsweise keine einheitliche Bezeichnung des BVJ in den Bundesländern gibt. In Nordrhein-Westfalen firmiert es entsprechend unter der Bezeichnung „Berufsorientierungsjahr".[51] Dennoch ist es auch in diesem Bundesland der Bildungsgang im beruflichen Bildungssystem, welcher die niedrigsten Eingangsvoraussetzungen hat.[52] Laut dem nordrhein-westfälischen Schulgesetz handelt es sich dabei um einen einjährigen, vollzeitschulischen Bildungsgang, der an einer Berufsschule durchgeführt wird, wobei die Ziele, „die Kenntnisse und Fertigkeiten aus einem oder mehreren Berufsfeldern [zu] vermitteln und den Erwerb des Hauptschulabschlusses [zu] ermöglichen" (§ 22 Abs. IV SchG NW 2011), im Vordergrund stehen. In der Ausbildungs- und Prüfungsordnung Berufskolleg (APO-BK) des Landes Nordrhein-Westfalen werden diese allgemeinen Vorgaben etwas konkretisiert. So wird beispielsweise ergänzt, dass SuS, die „ihre Vollzeitschulpflicht erfüllt haben, aber nicht über den Hauptschulabschluss oder einen gleichwertigen Abschluss verfügen" (§ 12 Anlage A APO-BK NW 2011), in das BVJ aufgenommen werden. Zudem wird bestimmt, dass der Unterricht an mindestens fünf Tagen pro Woche stattzufinden hat und „in der Regel 34 Unterrichtsstunden pro Woche" (§ 13 Abs. I Anlage A APO-BK NW 2011) umfasst. Als Inhalte des BVJ werden allgemein „Orientierung, Beratung und Einarbeitung" (§ 13 Abs. II Anlage A APO-BK NW 2011) benannt. Dabei sollen „Orientierung und Beratung [...] nach den schulischen Möglichkeiten in mehreren Berufsfeldern" (§ 13 Abs. II Anlage A APO-BK NW 2011) im Unterricht stattfinden. Die Einarbeitung wird hingegen in einem einzigen Berufsfeld durchgeführt, wobei auch „Betriebspraktika [...] durchgeführt werden" (§ 13 Abs. II Anlage A APO-BK NW 2011) sollen. Absolvieren die SuS die Leistungsanforderungen des BVJ erfolgreich und können sie „in der berufsbezogenen Praxis insgesamt mindestens" (§ 14 Abs. I Anlage A APO-BK NW 2011) ausreichende Leistungen vorweisen, erhalten

---

51 Trotz dieses Unterschieds in der Bezeichnung wird das Berufsorientierungsjahr im Folgenden, ebenso wie das Berufsvorbereitungsjahr, als BVJ bezeichnet.
52 Die Vorklasse zum Berufsgrundschuljahr weicht nicht wesentlich vom BVJ ab und wird deshalb nicht gesondert behandelt (vgl. Schulministerium NRW 2001).

sie ein Abschlusszeugnis. Bei entsprechenden Leistungen erwerben die SuS mit dem Abschlusszeugnis gleichzeitig den Hauptschulabschluss.[53]

Demnach soll das BVJ in Nordrhein-Westfalen den SuS eine Möglichkeit bieten, der Berufsschulpflicht nachzukommen, sich weiter zu qualifizieren sowie Überblickswissen in verschiedenen Berufsfeldern zu erlangen und Praxiserfahrungen in einem potenziellen Arbeitsbereich zu sammeln.

Genau wie in Nordrhein-Westfalen sind Jugendliche in Baden-Württemberg in der Regel bis zum 18. Lebensjahr berufsschulpflichtig (vgl. § 78 Abs. I SchG BW 2010, § 38 Abs. III SchG NW 2011). Für Jugendliche, die den Hauptschulabschluss nicht erreicht haben, wird das BVJ in Baden-Württemberg ebenso an Berufsschulen als einjähriger Bildungsgang durchgeführt (vgl. § 10 Abs. V SchG BW 2010). Es hat laut der Verordnung des baden-württembergischen Kultusministeriums über die Ausbildung und Prüfung im Berufsvorbereitungsjahr (BVJVO) zum Ziel, die Allgemeinbildung der SuS zu vertiefen und zu erweitern sowie „den Erwerb von Schlüsselqualifikationen" (§ 1 BVJVO BW 2004) zu fördern. Dadurch sowie durch die Vermittlung von beruflichem „Grundwissen in bis zu drei Berufsfeldern" (§ 1 BVJVO BW 2004) soll „die berufliche Orientierung und Berufsfindung" (§ 1 BVJVO BW 2004) unterstützt werden. Darüber hinaus sollen auch die SuS im BVJ in Baden-Württemberg ein Betriebspraktikum absolvieren (vgl. § 3 Abs. II BVJVO BW 2004). Im Gegensatz zum BVJ in Nordrhein-Westfalen umfasst das BVJ in Baden-Württemberg jedoch 30 bis maximal 35 Unterrichtsstunden pro Woche, wobei vier Unterrichtsstunden auf einen Wahlbereich entfallen, der nicht verpflichtend ist (vgl. § 3 Abs. I BVJVO BW 2004). Trotz dieses etwas geringeren Unterrichtsumfangs ist der Erwerb einer „dem Hauptschulabschluss gleichwertigen" (§ 17 Abs. I BVJVO BW 2004) Bildungszertifikation durch das BVJ in Baden-Württemberg mit größeren Hürden als in Nordrhein-Westfalen verbunden. Die SuS erhalten dieses Zertifikat nur, wenn sie neben der vorgesehenen Abschlussprüfung (vgl. § 4–16 BVJVO BW 2004) eine Zusatzprüfung bestehen (vgl. § 17–18 BVJVO BW 2004).[54]

---

53 Die SuS müssen dazu „in den Fächern Deutsch/Kommunikation, Politik/Gesellschaftslehre, Mathematik sowie in einem der Fächer Naturwissenschaft oder Englisch mindestens ausreichende Leistungen erzielt und eine Durchschnittsnote von mindestens 4,0 in allen Fächern der Stundentafel erreicht haben. Bei der Ermittlung der Durchschnittsnote bleibt eine nicht ausreichende Leistung [im] Fach Englisch unberücksichtigt" (§ 14 Abs. II Anlage A APO-BK NW 2011).

54 Abweichend von der Regelung in Nordrhein-Westfalen kann dabei eine mangelhafte Bewertung in einem Fach ausgeglichen werden, wenn „in einem anderen Fach der Zusatzprüfung, in Fachtheorie oder im Fach der praktischen Prüfung mindestens die Note »befriedigend« erreicht wird" (§ 18 Abs. VI BVJVO BW 2004). Ansonsten gilt auch in Baden-Württemberg, dass alle Fächer mindestens mit der Note „ausreichend" abgeschlossen werden müssen (vgl. § 18 Abs. VI BVJVO BW 2004).

Somit lässt sich konstatieren, dass das BVJ in Baden-Württemberg nur geringfügig anders als in Nordrhein-Westfalen ausgestaltet ist. Die gesetzlich vorgesehenen Ziele und die übrigen Rahmenbedingungen des BVJ ähneln sich stark. Lediglich bei den Voraussetzungen zum Erwerb des Hauptschulabschlusses beziehungsweise eines gleichwertigen Bildungszertifikats sind größere Unterschiede feststellbar.

Auch in Mecklenburg-Vorpommern, dem Bundesland mit der geringsten Bevölkerungsdichte, ist das BVJ an der Berufsschule angesiedelt (vgl. § 25 Abs. V SchG MV 2010). Im Unterschied zu den bisher dargestellten BVJ gibt es in Mecklenburg-Vorpommern jedoch verschiedene Formen dieses Bildungsangebots. In der Verordnung über die Berufsschule in Mecklenburg-Vorpommern (BSVO MV) ist vorgesehen, dass es ein einjähriges (BVJ1), ein zweijähriges (BVJ2) und ein BVJ für Ausländer und Aussiedler (BVJA) geben kann (vgl. § 1 BSVO MV 2010). Differenziert werden die unterschiedlichen BVJ anhand zweier Kriterien. Zum Einen werden jugendliche Ausländer und Aussiedler mit unzureichenden, das heißt für „die Anforderungen der Regelklasse einer beruflichen Schulart nicht" (vgl. § 3 Abs. IV BSVO MV 2010) ausreichenden Deutschkenntnissen in das BVJA aufgenommen. Hier spielt also, neben den Sprachkenntnissen, die Staatsangehörigkeit der Jugendlichen eine zentrale Rolle. Bei der Selektion zwischen BVJ1 und BVJ2 ist hingegen entscheidend, welche Leistungen die SuS in ihrer bisherigen Schulkarriere erbracht haben. SuS, die „das Ziel der Jahrgangsstufe 8 (Versetzung nach Jahrgangsstufe 9) erreicht haben" (vgl. § 3 Abs. II BSVO MV 2010), aber keinen Hauptschulabschluss vorweisen können oder fehlende Berufsreife haben, können ihre Berufsschulpflicht im BVJ1 erfüllen. Das BVJ2 können hingegen SuS besuchen, die „nach mindestens acht Schulbesuchsjahren [...] [eine] Förderschule" (vgl. § 3 Abs. III BSVO MV 2010) ohne Abschluss verlassen.[55] Unabhängig von der Art des BVJ ist das Ziel, die SuS „auf eine Berufsausbildung oder eine Berufstätigkeit" (§ 25 Abs. V SchG MV 2010) vorzubereiten. Das Erreichen dieses Ziels soll durch wöchentlichen Unterricht im Umfang von 36 bis 40 Stunden (vgl. § 5 Abs. II BSVO MV 2010) sowie durch ein sechswöchiges Betriebspraktikum in der letzten Phase der Ausbildung (vgl. § 6 BSVO MV 2010) gefördert werden. Sind die SuS ohne Hauptschulabschluss in das BVJ eingetreten, so können sie mit dem Abschluss desselben maximal die sogenannte Berufsreife erlangen (vgl. § 12 Abs. III BSVO MV 2010).[56] Dieser Abschluss ist in den Bundesländern, in welchen es Regionalschulen[57] gibt, vergleichbar mit dem Hauptschulabschluss nach Klasse 9.

---

55 Sowohl für das BVJ1 als auch das BVJ2 gibt es im Gesetz Ausnahmeregelungen, auf die hier nicht näher eingegangen wird (vgl. § 3 Abs. II-III BSVO MV 2010).
56 Für Ausnahmen siehe § 12 BSVO MV (2010).
57 Regionalschulen, beziehungsweise Regionale Schulen, sollen den SuS eine erweiterte Allgemeinbildung vermitteln und eine Schwerpunktbildung ermöglichen, welche die SuS in

Demnach kann festgehalten werden, dass sich das BVJ in Mecklenburg-Vorpommern in verschiedene Formen unterteilt, jedoch ansonsten im Vergleich mit den oben beschriebenen Formen des BVJ in anderen Bundesländern keine wesentlichen Unterschiede auszumachen sind.

Im Stadtstaat Hamburg gibt es im Vergleich mit allen bisher dargestellten Rahmenbedingungen des BVJ einen strukturellen Unterschied. So sind die verschiedenen Formen des BVJ in Hamburg nicht wie in den oben behandelten Bundesländern an einer Berufsschule oder einem -kolleg, sondern an einer sogenannten Berufsvorbereitungsschule angesiedelt. In diese können SuS übergehen, die entweder „im allgemein bildenden Schulwesen keinen Abschluss erreicht haben oder" (§ 21 Abs. III HmbSG 2010) auch nach ihrem Abschluss keine Ausbildungsstelle gefunden haben. Im Unterricht an den Berufsvorbereitungsschulen sollen den SuS „grundlegende berufsbezogene und berufsübergreifende Kompetenzen" (§ 21 Abs. III HmbSG 2010) vermittelt werden, wodurch sie befähigt werden sollen „in eine Berufsausbildung, in eine weiterführende Schule oder in eine berufliche Erwerbstätigkeit einzutreten" (§ 21 Abs. III HmbSG 2010). Wie in Mecklenburg-Vorpommern geschieht dies in Hamburg in verschiedenen Bildungsgängen, wobei es in Hamburg sechs verschiedene Formen des BVJ gibt, die in der Ausbildungs- und Prüfungsordnung der Berufsvorbereitungsschule (APO-BVS HH) näher beschrieben sind. Dabei handelt es sich um das einjährige Berufsvorbereitungsjahr (BVJ) und das einjährige Ausbildungsvorbereitungsjahr (AVJ) für SuS mit ausreichenden „Kenntnisse, Fähigkeiten und Fertigkeiten in der deutschen Sprache" (§ 3 Abs. II APO-BVS HH 2010). Darüber hinaus gibt es zweijährige Bildungsgänge für SuS, welche über keine ausreichenden Deutschkenntnisse verfügen.[58] Zudem wird für SuS „mit festgestelltem sonderpädagogischem Förderbedarf im Bereich der geistigen, körperlichen und motorischen Entwicklung nach Absolvierung des BVJ ein einjähriger Aufbaukurs angeboten (BVJ-A)" (§ 3 Abs. III APO-BVS HH 2010). Darauf aufbauend können diese SuS das BVJ-P besuchen, welches ein einjähriger Teilzeitkurs mit einem Praktikum ist (vgl. § 3 Abs. III APO-BVS HH 2010). Die SuS werden somit im Vergleich zu den Formen des BVJ in Mecklenburg-Vorpommern in Hamburg stärker in spezifische Bildungsgänge aufgeteilt. Im hamburgischen BVJ kann die Grundstundenzahl dabei zwischen 25 und 35 Unterrichtsstunden pro Woche variieren (vgl. Bildungsplan BVS 2002: 67). Zusätzlich zu dem schulischen Unterricht, der modularisiert in zwei Lernbereichen angeboten wird, sollen die SuS ein Betriebspraktikum

---

die Lage versetzt ihren Bildungsgang „in berufs-, aber auch in studienqualifizierenden Bildungsgängen fortzusetzen" (§ 16 Abs. II SchG MV 2010). Faktisch ist diese Schulform eine Zusammenlegung von Haupt- und Realschule.

58 Das BVJ-M wird für Migranten mit nicht ausreichenden Deutschkenntnissen angeboten. Der Vorbereitungskurs für Migranten (VJ-M) wird hingegen für SuS angeboten, die nur eine begrenzte Aufenthaltserlaubnis haben (vgl. § 3 Abs. II APO-BVS HH 2010).

im Umfang von vier Wochen durchführen (vgl. Bildungsplan BVS 2002: 68). Durch die Teilnahme an Ergänzungsunterricht besteht für die SuS des BVJ zusätzlich die Möglichkeit, einen Abschluss, der in seinen Berechtigungen dem Hauptschulabschluss gleichwertig ist, zu erlangen (vgl. § 8 f. APO-BVS HH 2010).[59]

Bei einer Betrachtung der Formen des BVJ in Hamburg kann somit eine Ähnlichkeit zu der Struktur in Mecklenburg-Vorpommern festgestellt werden. Betrachtet man hingegen die Möglichkeit der SuS, durch das BVJ einen zusätzlichen Bildungsabschluss zu bekommen, so kann konstatiert werden, dass hier Gemeinsamkeiten mit dem BVJ in Baden-Württemberg bestehen.

Daneben gibt es seit dem Jahr 1997 in Hamburg die Initiative „Qualifizierung und Arbeit für Schulabgänger (QuAS)", welche darauf abzielt, die Chancen für eine betriebliche Ausbildung von „bildungs- und sozial benachteiligten Jugendlichen" (Trepte 2000: 4909) zu verbessern. Dieses Projekt zeichnet sich dadurch aus, dass eine Dualisierung der Berufsvorbereitung vorgenommen wurde. Das bedeutet: Die Teilnehmenden erhalten parallel zur betrieblichen Berufsvorbereitung „berufsvorbereitenden Unterricht an einer Berufsschule" (Koordinierungsstelle Weiterbildung und Beschäftigung e.V. 2006). Die Gesamtdauer des Projekts ist auf sechs Monate angelegt, wobei die Jugendlichen Urlaubsanspruch haben und auch Lohn erhalten (vgl. Behörde für Schule und Berufsbildung 2008). Außerdem wurde durch QuAS plus die Möglichkeit geschaffen, die Maßnahme auf ein Jahr zu verlängern. Im Rahmen dieser Form absolvieren die Jugendlichen zunächst einen „TIP-Lehrgang (Testen – Informieren – Probieren)" (Trepte 2000: 4909) im Umfang von vier Monaten und verbringen die übrige Zeit der Berufsvorbereitungsmaßname in einem Betrieb. Gegebenenfalls kann auf diesem Weg ebenfalls ein Abschluss erreicht werden, der „in seinen Berechtigungen dem Abschlusszeugnis der Hauptschule entspricht" (Koordinierungsstelle Weiterbildung und Beschäftigung e.V. 2006). Insofern kann QuAS auch als dualisiertes BVJ verstanden werden, wobei die SuS einen weitaus höheren Praxisanteil als bei einer vollzeitschulischen Berufsvorbereitung haben.[60]

Ergänzend zu den einführenden, allgemeinen Ausführungen für alle Bundesländer lässt sich somit bezüglich der zuletzt betrachteten Länder generell festhalten, dass hier weitere Verschiedenheiten ausgemacht werden konnten. Insbesondere die Bandbreite der Angebote konnte dabei als weiteres Unterscheidungskriterium hervorgehoben werden. So erstreckt sich das Angebot in den näher fokussierten Bundesländern über einen einzelnen Bil-

---

59 Näheres hierzu regelt § 9 APO-BVS HH. Grundsätzlich gilt auch hier, dass mindestens ausreichende Leistungen erbracht werden müssen, um diesen Abschluss zu erlangen. SuS des BVJ-M beziehungsweise des VJ-M können hingegen dem Realschulabschluss gleichwertige Berechtigungen erlangen, wenn sie die zusätzlichen Prüfungen bestehen (vgl. § 10 APO-BVS HH 2010).

60 Das statistische Bundesamt ordnet die Jugendlichen, die sich in QuAS befinden, dementsprechend dem BVJ zu.

dungsgang, wie in Nordrhein-Westfalen, bis hin zu einer Vielzahl verschiedener Arten des BVJ, im Falle von Mecklenburg-Vorpommern. Ebenso unterscheiden sich in den Ländern die Verfahren, die zum Erwerb eines höheren Bildungszertifikats durchlaufen werden müssen. Formell bietet das BVJ damit zwar den SuS in allen Bundesländern die Möglichkeit, ihren Bildungsabschluss zu verbessern. Aufgrund der unterschiedlichen Anforderungen, die zur Verwirklichung dieser Option zu erfüllen sind, ist jedoch davon auszugehen, dass die Chancen, den Hauptschulabschluss zu erwerben, dennoch ungleich verteilt sind. Dessen ungeachtet stellt das BVJ für die unter 18-jährigen SuS ohne Schulabschluss auch in einigen Bundesländern eine Möglichkeit dar, der Erfüllung ihrer Berufsschulpflicht nachzukommen und damit nach dem Abschluss des BVJ eine Erwerbstätigkeit aufnehmen zu können (vgl. Schroeder/Thielen 2009: 76).

2.1.2 Berufsgrundschuljahr

Das BGJ unterscheidet sich in seiner Zielsetzung nicht wesentlich vom BVJ. Auch die Bildungsangebote aus diesem Teil des Übergangssystems zielen grundsätzlich auf eine Erhöhung der Chancen der SuS ab, eine betriebliche Ausbildung aufzunehmen (vgl. Tabelle 2). Im Gegensatz zum BVJ sind dabei die Regelungen aller Bundesländer darauf ausgerichtet, den Jugendlichen den Weg in eine Berufsausbildung zu eröffnen. Dies drückt sich auch in entsprechenden Anrechnungsverordnungen aus, welche in nahezu allen Ländern die Anerkennung des BGJ als erstes Ausbildungsjahr verankern. Mit anderen Worten wird die, für das BVJ von einigen Bundesländern in Betracht gezogene, Option des Übergangs auf den Arbeitsmarkt ohne Ausbildungsabschluss in den gesetzlichen Grundlagen des BGJ nicht erwähnt und damit konzeptionell ausgeschlossen.

Des Weiteren verdeutlicht die Übersicht über das BGJ (vgl. Tabelle 2), dass sich die Zugangsvoraussetzungen in den Bundesländern unterscheiden. So wird in den meisten Fällen ein Hauptschulabschluss vorausgesetzt, um die Zulassung für das BGJ zu erhalten. Zusätzlich wird in einigen Ländern für den Besuch des Bildungsgangs ein Ausbildungsvorvertrag beziehungsweise ein Ausbildungsplatz benötigt. Letztlich soll auf diese Weise die Übernahme der SuS in die Berufsausbildung, genauer in das zweite Ausbildungsjahr, gesichert werden. Folglich kann diese Regelung als Versuch der Eindämmung von Anerkennungsproblemen, die in der Geschichte der Etablierung des Übergangssystems wiederholt aufgetreten sind (vgl. Kapitel 1), verstanden werden.

Tabelle 2: Übersicht über das Berufsgrundschuljahr in den Ländern

Bundes-land	gesetzlicher Rahmen	Zugangsvor-aussetzung	Unter-richts-umfang (Stunden/Woche)	(Betriebs-) Praktikum	möglicher Bildungs-abschluss	Ziele	Anrechnung auf Ausbildung	Dauer (Jahre)
BW	SchG BW	Hauptschul-abschluss	30–40	2 Tage/ Woche bis 90 Tage	BEJ-Abschluss[61]	Ausbildungsreife erhöhen, Chancen auf Ausbildungs-platz verbessern	teilweise Anrechnung	1
BY	BayEUG, BSO BY	Vollzeit-schulpflicht erfüllt	min. 36	2 Wochen	Hauptschul-abschluss[62]	Erwerb fachtheoretischer und -praktischer Kenntnissen	erstes Ausbildungs-jahr	1
BE				kein entsprechendes Angebot				
BB				kein entsprechendes Angebot				
HB	BremSchulG, BGJZulO HB	Hauptschul-abschluss	35–40	möglich	keine Verbesserung möglich	Erwerb allgemeiner und fachlicher Kenntnisse, Ausbildungsvorbereitung	erstes Ausbildungs-jahr	1
HH				kein entsprechendes Angebot				
HE	HSchG, VBGJvs HE	Hauptschul-abschluss	32–34	4–6 Wochen	keine Verbesserung möglich	Erwerb allgemeiner und beruflicher Kenntnisse, Verbesserung des Übergangs zwischen Schule und Arbeitswelt	erstes Ausbildungs-jahr	1
MV				kein entsprechendes Angebot				

61 Berechtigt zum Besuch der zweijährigen Berufsfachschule.
62 In Verbindung mit anschließender Berufsausbildung mit mindestens zweijähriger Regel-ausbildungszeit ist der Erwerb des mittleren Schulabschlusses möglich.

Bundes-land	gesetzlicher Rahmen	Zugangsvor-aussetzung	Unterrichts-umfang (Stunden/Woche)	(Betriebs-)Praktikum	möglicher Bildungs-abschluss	Ziele	Anrechnung auf Ausbildung	Dauer (Jahre)
NI	kein entsprechendes Angebot							
NW	SchG NW, APO-BK NW	Hauptschul-abschluss	34	nicht vorgesehen	mittlerer Bildungs-abschluss	Schulabschluss verbessern, berufliche Grundbildung vermitteln	erstes Ausbildungs-jahr	1
RP	kein entsprechendes Angebot							
SL	SchoG SL, AO-BS SL	Hauptschul-abschluss (VZ), Ausbildungs-platz (TZ)	32–38 (VZ), 16–22 (TZ)	nicht vorgesehen (VZ), 3 Tage/Woche (TZ)	keine Verbesserung möglich	berufliche Grundbildung verbessern, Chancen auf Ausbildungsplatz erhöhen	erstes Ausbildungs-jahr	1
SN	SchulG SN, BSO SN	Hauptschul-abschluss	40	2–4 Wochen	keine Verbesserung möglich	Vermittlung der Inhalte des ersten Ausbildungsjahres	erstes Ausbildungs-jahr	1
ST	SchulG LSA, BbS-VO ST, EB-BbS ST	Hauptschul-abschluss (VZ), Ausbildungs-platz (TZ)	34	bis zu 4 Wochen	keine Verbesserung möglich	Vermittlung fachtheoretischer, -praktischer und allgemeinbildender Inhalte	erstes Ausbildungs-jahr	1
SH	SchulG SH, BSVO SH	Ausbildungs-vorvertrag	31–37	nicht vorgesehen	Hauptschul-abschluss	Erwerb allgemeiner und beruflicher Kenntnisse, Verbesserung des Schulabschlusses	erstes Ausbildungs-jahr	1
TH	kein entsprechendes Angebot							

Neben diesen unterschiedlichen Zugangsvoraussetzungen zeigen sich auch Differenzen hinsichtlich der mit dem Abschluss des BGJ erwerbbaren Bildungszertifikate. So ist zum Teil, wie in Bremen, dem Saarland oder auch Sachsen, keine Verbesserung des Bildungsabschlusses möglich, während in Nordrhein-Westfalen bei Erreichen eines bestimmten Notenschnitts der Erwerb des mittleren Schulabschlusses möglich ist. In anderen Ländern, wie Bayern und Schleswig-Holstein, kann hingegen ein Abschluss erlangt werden, der dem Hauptschulabschluss gleichwertig ist.

Auch der Umfang des Unterrichts während des BGJ variiert zwischen den verschiedenen Bundesländern. Die untere Grenze eines vollzeitschulischen Angebots liegt bei 30 Stunden pro Woche in Baden-Württemberg, die Maximaldauer von 40 Wochenstunden wird in Bremen und Sachsen erreicht. Ebenso sind Unterschiede hinsichtlich der vorgesehenen Dauer von (Betriebs-)Praktika auszumachen. Diese sind teilweise nicht in den Bildungsgangvorschriften verankert, sodass die SuS ausschließlich in den Berufsschulen unterrichtet werden. Andererseits sind Blockpraktika von bis zu sechs Wochen oder auch schuljahresbegleitende Betriebspraktika von bis zu drei Tagen pro Woche vorgesehen.

Bezüglich des Überblicks über das BGJ in den sechzehn Bundesländern kann folglich konstatiert werden, dass das Angebot heterogener als das des BVJ ist. So unterscheiden sich nicht nur die Zugangsvoraussetzungen der Bildungsgänge der Länder, sondern auch die erwerbbaren Bildungsabschlüsse. Darüber hinaus ist auffällig, dass in derzeit sechs Bundesländern kein entsprechendes Bildungsangebot (mehr) etabliert ist, was in erster Linie auf die im Zuge der Anerkennung des BGJ als erstes Ausbildungsjahr auftretenden Probleme zurückgeführt werden kann. Diese Schwierigkeiten führten auch dazu, dass in Hessen seit dem Schuljahr 2011/12 ausschließlich eine kooperative Form des BGJ angeboten wird.

Noch deutlicher wird die erwähnte Heterogenität bei einem detaillierten Blick auf die Regelungen in den vier Beispielländern:

In Nordrhein-Westfalen wird das BGJ, ebenso wie das BVJ, in Form eines einjährigen, vollzeitschulischen Bildungsgangs angeboten. Den SuS sollen dort jedoch keine Kenntnisse in mehreren Berufsfeldern, sondern „im Rahmen eines Berufsfeldes eine berufliche Grundbildung" (§ 22 Abs. IV SchG NW 2011) vermittelt werden. Diese wird „in der Regel als erstes Ausbildungsjahr anerkannt" (Ministerium für Schule Jugend und Kinder des Landes Nordrhein-Westfalen 2004: 9).[63] Gleichzeitig führt das BGJ in Nordrhein-Westfalen „zu einem dem Hauptschulabschluss nach Klasse 10 gleichwertigen Abschluss [...] [und ermöglicht] den Erwerb des mittleren Schulabschlusses (Fachoberschulreife)" (Ministerium für Schule Jugend und Kinder

---

63 Formal ist dies nur möglich, „sofern am Englischunterricht teilgenommen wurde" (§ 6 Abs. III Anlage B APO-BK NW 2011) und das BGJ in einem entsprechenden Bereich absolviert wurde.

des Landes Nordrhein-Westfalen 2004: 9).[64] Diese Option steht, entsprechend der APO-BK, den Absolventen des BVJ und SuS, „die ihre Vollzeitschulpflicht erfüllt und mindestens den Hauptschulabschluss oder einen gleichwertigen Abschluss erworben" (§ 16 Anlage A APO-BK NW 2011) haben, zur Verfügung. Der Unterrichtsumfang ist dabei der selbe wie im BVJ und beträgt 34 Stunden „pro Woche, verteilt auf mindestens fünf Wochentage" (§ 17 Anlage A APO-BK NW 2011). Im Gegensatz zum BVJ sind während des BGJ-Besuchs aber keine Betriebspraktika vorgesehen.

Somit soll das BGJ in Nordrhein-Westfalen vor allem der formalen Weiterqualifikation der SuS dienen. Es sollen zwar praxisbezogene Kenntnisse vermittelt werden, allerdings bildet der Schulunterricht den Rahmen für diese Vermittlung. Betriebserfahrungen werden so von den SuS während des BGJ in der Regel nicht gesammelt.

In Baden-Württemberg wird zwar mittlerweile kein Bildungsgang mehr mit der Bezeichnung BGJ[65] angeboten. Dennoch gibt es heutzutage, mit dem Berufseinstiegsjahr (BEJ), auch dort einen Bildungsgang, der sowohl in seinen Anforderungen als auch in seinen Zielen in etwa dem BGJ in den anderen Bundesländern entspricht und in Baden-Württemberg zum Schuljahr 2008/2009 flächendeckend verbindlich eingeführt wurde (vgl. Ministerium für Kultus Jugend und Sport Baden-Württemberg 2008). In diesem sollen SuS mit Hauptschulabschluss „ihre Ausbildungsreife und ihre Chancen auf einen Ausbildungsplatz bestmöglich verbessern" (Kultusportal BW 2009). Bislang mangelt es für diesen Bildungsgang an endgültigen gesetzlichen Bestimmungen, sodass einige Rahmenbedingungen durch Schulversuchsbestimmungen festgelegt wurden (vgl. Ministerium für Kultus Jugend und Sport Baden-Württemberg 2005). In selbigen wird beispielsweise festgelegt, dass mit dem Abschluss des BEJ die Berufsschulpflicht erfüllt ist, auch wenn im Anschluss keine Berufsausbildung begonnen wird (vgl. Ministerium für Kultus Jugend und Sport Baden-Württemberg 2005: 14 f.). Der Unterrichtsumfang beträgt in diesem Bildungsgang in der Regel 30 Stunden pro Woche. Zusätzlich zum schulischen Unterricht müssen die SuS ein Betriebspraktikum im Umfang von 90 Tagen ableisten. Mit dem Abschluss des BEJ erhalten die SuS zwar keinen höheren Bildungsabschluss. Das Abgangszeugnis berechtigt aber dennoch zum Eintritt in die zweijährige Berufsfachschule, wenn die SuS in den schriftlich geprüften Fächern einen Schnitt von mindestens 3,0 erreicht haben (§ 4 Abs. I 2BFS-VO BW 2009). Darüber hinaus besteht die Möglich-

---

64 Genau wie beim BVJ richtet sich der Abschluss nach dem erreichten Notendurchschnitt. Bei Erfüllung der Ziele des Bildungsgangs wird mit dem Abschluss BGJ in Nordrhein-Westfalen der Hauptschulabschluss verliehen. Bei einem Notendurchschnitt von mindestens 3,0 „in den Fächern Deutsch/Kommunikation, Englisch und Mathematik" (§ 18 Abs. II APO-BK NW 2011) erwerben die SuS den mittleren Schulabschluss.

65 In Baden-Württemberg wurde das BGJ als Berufsgrundbildungsjahr bezeichnet (vgl. § 10 Abs. II SchG BW 2010).

keit, das BEJ „mit bis zu sechs Monaten auf eine Ausbildung" (Landtag von Baden-Württemberg 2006: 6) anzurechnen. Folglich sollen die SuS durch den Besuch des BEJ in erster Linie weiterqualifiziert werden, ohne dass ein höherer Schulabschluss vergeben wird. Ein relativ hoher Anteil an Betriebsaufenthalten soll gewährleisten, dass die SuS ausreichende Erfahrungen in einem Berufsfeld sammeln, um nach dem Abschluss des BEJ auf dem Ausbildungsmarkt konkurrenzfähig zu sein.

In Mecklenburg-Vorpommern wurde das BGJ[66] ebenso wie das BVJ an Berufsschulen als einjähriger, vollzeitschulischer Bildungsgang angeboten (vgl. § 25 SchG MV 2010). Aufgenommen wurden dort allerdings nur SuS, deren zukünftiger Ausbildungsbetrieb der Absolvierung des ersten Ausbildungsjahrs in vollzeitschulischer Form zugestimmt hatte und dadurch gleichzeitig das BGJ als erstes Ausbildungsjahr anerkannte (vgl. § 3 Abs. VI BSVO MV 2010). Mit dem Abschluss des BGJ erhielten diese SuS die „Berufsreife mit Leistungsfeststellung, wenn zuvor das Ziel der Jahrgangsstufe 8 […] erreicht worden ist" (§ 12 Abs. II BSVO MV 2010). Seit dem Schuljahr 1995/1996 wird das BGJ in Mecklenburg-Vorpommern jedoch nicht mehr angeboten (Landtag Mecklenburg-Vorpommern 1998: 1). Stattdessen ist vorgesehen, dass sich die SuS mit einem Hauptschulabschluss an Berufsfachschulen weiterqualifizieren, wobei sich jedoch die Mehrzahl dieser Bildungsgänge im Auslaufen befindet. Demnach ist zu konstatieren, dass in Mecklenburg-Vorpommern nur begrenzt Weiterbildungsmöglichkeiten für SuS mit Hauptschulabschluss bestehen.

Ein ähnliches Bild zeigt sich in Hamburg. SuS mit Hauptschulabschluss können, wie oben erwähnt, das AVJ besuchen. Ein BGJ „wird [hingegen] an keiner Hamburger Schule angeboten" (Freie Hansestadt Hamburg 2009: 4). Ebenso wie in Mecklenburg-Vorpommern ist es in Hamburg beabsichtigt, dass die Weiterqualifizierung von SuS mit Hauptschulabschluss an Berufsfachschulen stattfindet. Die dort angebotenen Bildungsgänge befinden sich im Gegensatz zu Mecklenburg-Vorpommern jedoch nicht im Auslaufen.

Unabhängig davon, dass das BGJ nur in zwei der vier betrachteten Bundesländer angeboten wird, lässt sich konstatieren, dass es sich bei dem jeweilig angebotenen genau wie beim BVJ um unterschiedlich ausgestaltete Bildungsgänge handelt. Dabei wurde insbesondere auf Differenzen hinsichtlich der Möglichkeit des Erwerbs eines höheren Bildungsabschlusses sowie auf die verschiedenen (betriebs-)praktischen Anteile verwiesen. Diese Verschiedenheiten können, wie oben ausgeführt, auch im größeren Rahmen, über alle Bundesländer hinweg, beobachtet werden. Die beispielhafte Betrachtung des nordrhein-westfälischen und baden-württembergischen BGJ deutet jedoch auf zwei verschiedenartige Strategien im Umgang mit Hauptschulabsolventen, die nach dem Schulaustritt keine Berufsausbildung aufgenommen haben,

---

66 In Mecklenburg-Vorpommern wurde das BGJ als Berufsgrundbildungsjahr bezeichnet (vgl. § 25 Abs. IV SchG MV 2010).

hin. Entsprechend kann die nordrhein-westfälische Strategie als primär formale Weiterqualifikation verstanden werden, die darauf abzielt, dass die SuS ihr Schulzertifikat verbessern. Diese Möglichkeit ist bei der baden-württembergischen Form des BGJ sekundär. Im Fokus steht hier vielmehr die Sammlung von betriebspraktischen Erfahrungen, welche durch einen hohen Praktikumsanteil im Bildungsgang verankert ist. Das bedeutet: In Baden-Württemberg wird auf Klebeeffekte gesetzt, während Nordrhein-Westfalen eine Veränderung des Bildungssignals intendiert (vgl. Kapitel 3.2.1).

Trotz dieser verschiedenen Ausformungen der Bildungsgänge und der dahinter stehenden, unterschiedlichen Strategien wird durch das BGJ, ebenso wie mit dem BVJ, versucht, die Übergangschancen in eine Berufsausbildung zu verbessern. Der zentrale Unterschied zwischen dem BGJ und dem zuvor beschriebenen Bildungsangebot liegt dabei in den Zugangsvoraussetzungen. Diese sind für das BGJ aufgrund der Bindung der Zulassung an den Hauptschulabschluss, die in den meisten Ländern verankert ist, größer als für das BVJ, wodurch letztlich die Schülerschaft stärker selektiert wird.

2.1.3 Berufsfachschulen

Neben dem BVJ und dem BGJ sind bestimmte Bildungsgänge an Berufsfachschulen der dritte zentrale Teil des Übergangssystems, welcher außerhalb des Bereiches des SGB III organisiert ist. Für gewöhnlich werden hierzu die Bildungsangebote gezählt, die keinen beruflichen Abschluss, sondern eine berufliche Grundbildung vermitteln (vgl. Autorengruppe Bildungsberichterstattung 2010, Bundesinstitut für Berufsbildung 2011).[67] Folglich können nicht alle Arten von Berufsfachschulen zum Übergangssystem gerechnet werden, was die Zuordnung in einigen Fällen, auch aufgrund flexibler Übergangsregelungen, schwierig gestaltet (vgl. Pahl 2009). Trotz dieser Problematik wird im Folgenden ein Versuch der Systematisierung und Zusammenführung der grundbildenden Bildungsgänge an Berufsfachschulen unternommen.

Tabelle 3 vermittelt einen entsprechenden Überblick über diese Bildungsangebote. Dabei wird ersichtlich, dass nahezu alle Bundesländer mindestens einen Bildungsgang an Berufsfachschulen, der eine berufliche Grundbildung vermittelt, anbieten. Die Zulassungsvoraussetzungen unterschieden sich nicht gravierend von den für das BGJ gültigen Regelungen. So berechtigt in den meisten Ländern der Hauptschulabschluss zum Besuch der grundbildenden Berufsfachschule. Die Zielsetzungen des Bildungsgangs unterscheiden sich jedoch zwischen den Bundesländern. Zwar besteht eines

---

67 Diese lassen sich, entsprechend der „Rahmenvereinbarung über die Berufsfachschule" (KMK 2007b), nach dem Kriterium der Anrechnung „auf die Ausbildungszeit in anerkannten Ausbildungsberufen" (KMK 2007b: 3, 4) weiter differenzieren.

der Ziele in allen Ländern darin, die formale Schulqualifikation zu verbessern, hinsichtlich der übrigen Zieldimensionen sind jedoch Differenzen feststellbar. So zielen sechs der Bundesländer, unter anderem Baden-Württemberg, Nordrhein-Westfalen und Rheinland-Pfalz, mit den grundbildenden Berufsfachschulen ausschließlich darauf ab, den SuS neben der Option zur Verbesserung ihres Bildungsabschlusses den Erwerb von beruflicher Grundbildung zu ermöglichen. Andere Länder, wie Brandenburg, Bremen und Hamburg, intendieren zusätzlich zu diesen Absichten auch explizit eine Erweiterung der Allgemeinbildung und die Verbesserung der Ausbildungsfähigkeit. Es scheint jedoch fraglich, inwieweit diese weitergehenden Konkretisierungen als eigenständige Zieldimensionen verstanden werden können. Vielmehr legt die Ausgestaltung der Bildungsgänge nahe, dass die Verbreiterung der Allgemeinbildung in allen Angeboten ein Nebeneffekt des Bildungsgangbesuchs ist. Ebenso kann die Verbesserung der Ausbildungsfähigkeit eher als Effekt des Bildungsangebots denn als isoliertes Ziel aufgefasst werden. Im Hinblick auf die zuvor beschriebenen Strategien der Weiterqualifizierung und der Übernahme von Praktikanten durch die Betriebe deutet dies auf eine Vermischung der beiden Ansätze hin. Dabei liegt der Schwerpunkt auch in den Ländern, die mit dem Bildungsgang explizit auf eine Ausbildung oder einen Beruf vorbereiten, auf der Weiterqualifikation der SuS, was sich insbesondere in der bundesweiten Verankerung der Möglichkeit des Erwerbs eines höheren Schulabschlusses äußert.

Genau wie die Zugangsvoraussetzungen sind die Bildungsabschlüsse, die durch den erfolgreichen Besuch der berufsgrundbildenden Berufsfachschule erreicht werden können, zwischen den Bundesländern zweifellos ähnlich. So kann auf diesem Wege in der Regel ein mittlerer Schulabschluss erreicht werden. In Rheinland-Pfalz wird durch den Besuch der Berufsfachschule I dabei lediglich eine berufliche Grundbildung, also kein genuiner Schulabschluss, erworben. Der Erwerb des mittleren Schulabschlusses ist dort an das Absolvieren der Berufsfachschule II gebunden, deren Besuch den erfolgreichen Abschluss der Berufsfachschule I voraussetzt.

Die Dauer der Bildungsgänge erweist sich im Ländervergleich ebenfalls als annähernd gleich. Hier sind je nach Bildungsgang Zeitdauern von ein oder zwei Jahren gängig. Die Anteile, die dabei auf (Betriebs-)Praktika entfallen, sind dabei jedoch unterschiedlich. Zum Teil sind diese nicht in den entsprechenden Ordnungen der Bildungsgänge verankert. In anderen Ländern ist das Ableisten eines Praktikums verpflichtend, wobei die Maximaldauer sechs Wochen beträgt. Auch bezüglich des Unterrichtsumfangs der grundbildenden Bildungsgänge an Berufsfachschulen können verhältnismäßig große Schwankungen ausgemacht werden. Dieser bewegt sich zwischen 24 und 36 Stunden pro Woche, wobei bei den zuvor betrachteten Bildungsangeboten eine vergleichbare Spannweite besteht.

Tabelle 3: Übersicht über grundbildende Berufsfachschulen in den Ländern

Bundes-land	gesetzlicher Rahmen	Zugangsvor-aussetzung	Unterrichts-umfang (Stunden/Woche)	(Betriebs-) Praktikum	möglicher Bildungs-abschluss	Ziele[68]	Anrechnung auf Ausbildung	Dauer (Jahre)	Besonder-heiten
BW	SchG BW, 2BFS-VO BW	Hauptschul-abschluss	30–34	fakultativ	Fachschul-reife	a, b	keine Anrechnung	1 – 2	Probezeit: 6 Monate
BY				kein entsprechendes Angebot					
BE	SchulG BE, VO einjährige OBF, APO-BFS BE	erweiterter Hauptschul-abschluss	30–32	vorgesehen	mittlerer Schulab-schluss	a, b, c	keine Anrechnung	min. 1	Probezeit: 6 Monate
BB	BbgSchulG, GrBiBFSV BB	Vollzeitschul-pflicht erfüllt	24	nicht vorgesehen	erweiterte Berufsbil-dungsreife	a, b, d, e	keine Anrechnung	min. 1	Zwei-monatige Orientier-ungsphase
HB	BremSchulG, HauswFSVO II HB, TkBFSchVO HB, KaufmBFSV HB	Hauptschul-abschluss	33	teilweise vorgesehen, 3–6 Wochen	mittlerer Schulab-schluss	a, b, d, e	keine Anrechnung	min. 1	Quali-fizierungs-bausteine
HH	HmbSG, APO BFS-tq HH, APO-AT HH	Hauptschul-abschluss	30	6 Wochen	mittlerer Schulab-schluss	a, b, d, e	keine Anrechnung	2	
HE	HSchG, VAP2BFS HE	Hauptschul-abschluss[69]	30–31,5	4–6 Wochen	mittlerer Schulab-schluss	a, b, d, e	erstes Ausbildungs-jahr	1 – 2	Probezeit: 6 Monate
MV				kein entsprechendes Angebot					

---

68 a: Verbesserung des Schulabschlusses, b: Erwerb beruflicher Grundbildung, c: Vorbereitung auf Ausbildung, d: Erweiterung der Allgemeinbildung, e: Verbesserung der Ausbildungsfähigkeit, f: Einführung in/Vorbereitung auf einen Beruf
69 Die einjährige Form setzt einen mittleren Abschluss voraus.

Bundesland	gesetzlicher Rahmen	Zugangsvoraussetzung	Unterrichtsumfang (Stunden/Woche)	(Betriebs-)Praktikum	möglicher Bildungsabschluss	Ziele	Anrechnung auf Ausbildung	Dauer (Jahre)	Besonderheiten
NI	NSchG, BbS-VO NI, EB-BbS NI	Hauptschulabschluss	26–36	4 Wochen[71]	mittlerer Schulabschluss	a,b,d,f	erstes Ausbildungsjahr	1–2	
NW	SchG NW, APO-BK NW	Hauptschulabschluss[72]	32–35	nicht vorgesehen	mittlerer Schulabschluss	a,b	erstes Ausbildungsjahr	1–2	
RP	SchulG RP, BFS-VO RP	Hauptschulabschluss	38	4 Wochen	berufliche Grundbildung[70]	a,b	erstes Ausbildungsjahr	1	
SL	SchoG SL, PO-BFS SL	Hauptschulabschluss	30–36	nicht vorgesehen	mittlerer Schulabschluss	a,b,f	erstes Ausbildungsjahr	2	
SN	SchulG SN, BFSO SN	Hauptschulabschluss	27–32	2–6 Wochen	mittlerer Schulabschluss	a,d,f	erstes Ausbildungsjahr	1	
ST	SchulG LSA, BbS-VO ST, EB-BbS ST	Abschluss der 8. Klasse	34	bis zu 4 Wochen	mittlerer Schulabschluss	a,b	erstes Ausbildungsjahr	min. 1	Qualifizierungsbausteine
SH	SchulG SH, BFSVO SH	Hauptschulabschluss	30–32	nicht vorgesehen	mittlerer Schulabschluss	a,b	keine Anrechnung	1–2	
TH	ThürSchulG, ThürBSO	Hauptschulabschluss	34–36	bis zu 4 Wochen	mittlerer Schulabschluss	a,b	keine Anrechnung	min. 1	

---

70 In der Berufsfachschule II kann der mittlere Schulabschluss erworben werden.
71 Bei der zweijährigen Form zusätzlich ein Tag pro Woche Praktikum.
72 Die einjährige Form setzt den mittleren Abschluss voraus.

Auch bezüglich der Anrechnung des Bildungsgangbesuchs auf eine Berufsausbildung sind Differenzen zwischen den Bundesländern feststellbar. Dabei herrscht ein Gleichgewicht zwischen den Ländern, die den Besuch als erstes Ausbildungsjahr anerkennen, und den Bundesländern, in welchen dies nicht der Fall ist. Es scheint jedoch kein Zusammenhang mit der Anerkennung des BGJ zu bestehen. So wird beispielsweise in Bremen das BGJ als erstes Ausbildungsjahr anerkannt, während das Absolvieren der grundbildenden Berufsfachschule nicht mit der Ausbildungszeit verrechnet wird. Das bedeutet, dass die letztgenannten Bildungsgänge gegenüber dem BGJ zwar bessere Chancen hinsichtlich der Verbesserung des Bildungsabschlusses bieten, jedoch seltener Regelungen zur Anrechnung bestehen.

Ein detaillierter Blick auf die entsprechenden Bildungsangebote in den exemplarisch ausgewählten Bundesländern vermag weitere Unterschiede und Gemeinsamkeiten aufzuzeigen, welche in der Übersicht verborgen bleiben:

Ebenso wie für die bereits beschriebenen Bildungsgänge werden die fundamentalen Regelungen für die grundbildenden Bildungsgänge an den Berufsfachschulen in Nordrhein-Westfalen im Schulgesetz des Landes getroffen. So ist dort festgelegt, dass die Bildungsgänge der Berufsfachschulen ebenso wie die der Berufsschule am Berufskolleg angesiedelt sind (vgl. § 22 Abs. I SchG NW 2011). Die grundbildenden Bildungsgänge stellen dabei einen von drei Bereichen der Berufsfachschulen dar. Laut dem Schulgesetz des Landes Nordrhein-Westfalen sind dies „einjährige und zweijährige Bildungsgänge, die eine berufliche Grundbildung vermitteln oder [...] einen Berufsabschluss vermitteln [...] und den Erwerb des mittleren Schulabschlusses [...] ermöglichen" (vgl. § 22 Abs. V SchG NW 2011).[73] In der Ausbildungs- und Prüfungsordnung für die Berufskollegs in Nordrhein-Westfalen werden diese Bestimmungen weiter konkretisiert. So sind dort etwa die Berufsfelder für diese Bildungsgänge bestimmt (vgl. § 3 Anlage B APO-BK NW 2011)[74] und auch die Aufnahmevoraussetzungen für dieselben geregelt (vgl. § 6 Anlage B APO-BK NW 2011). Für die Zulassung zu einem zweijährigen Bildungsgang ist mindestens ein Hauptschulabschluss notwendig.[75] Der Unterrichtsumfang in diesen Bildungsgängen beträgt zwischen 32

---

73 Daneben werden an den Berufsfachschulen in Nordrhein-Westfalen Bildungsgänge angeboten, in welchen berufliche Kenntnisse vermittelt werden und der Erwerb der Fachhochschulreife oder des Abiturs möglich ist (vgl. § 22 Abs. V SchG NW 2011). Diese beruflichen Kenntnisse sind „als eine arbeitsmarktorientierte Qualifikation für eine berufliche Tätigkeit" (§ 1 APO-BK NW 2011) zu verstehen und somit einem Berufsabschluss gleichzusetzen. Diese können somit nicht zum Übergangssystem gezählt werden.
74 Aktuell sind dies 18 verschiedene Berufsfelder.
75 Nach dem Abschluss des BGJ ist der direkte Eintritt „in das zweite Jahr des Bildungsganges des entsprechenden Berufsfeldes [...], sofern am Englischunterricht teilgenommen wurde" (§ 6 Abs. III Anlage B APO-BK NW 2011), möglich. Da zum Eintritt in das BGJ jedoch ein Hauptschulabschluss notwendig ist, ändert dies nichts an den Zulassungsvoraussetzungen (vgl. Tabelle 2). Der einjährige Bildungsgang setzt den mittleren Schulabschluss voraus.

und 35 Stunden pro Woche, wobei keine Betriebspraktika verankert sind. Stattdessen ist im Rahmen des Unterrichts ein berufspraktischer Anteil zwischen 13 und 15 Wochenstunden vorgesehen, der in dem Berufsfeld des jeweiligen Bildungsgangs durchgeführt wird. Am Ende der Bildungsgänge erhalten die SuS ein Abschlusszeugnis, in welchem ihnen der mittlere Schulabschluss bescheinigt wird, sofern sie in allen Fächern „mindestens ausreichende oder nur in einem Fach mangelhafte Leistungen erzielt" (§ 8 Anlage B APO-BK NW 2011) haben.

Somit dient der Besuch der grundbildenden Berufsfachschule in Nordrhein-Westfalen, ebenso wie der Besuch des BVJ und des BGJ, in erster Linie der Verbesserung des formalen Schulabschlusses. Genau wie im BGJ soll zudem eine berufliche Grundbildung vermittelt werden. Allerdings findet diese auch an den grundbildenden Berufsfachschulen ausschließlich im Rahmen von praxisbezogenem Unterricht statt, sodass die SuS während des Aufenthalts in diesem Bildungsgang keine Betriebserfahrungen sammeln.

In Baden-Württemberg gibt es ebenfalls wie in Nordrhein-Westfalen Berufsfachschulen, an welchen unterschiedliche Bildungsgänge angeboten werden. „Je nach Dauer [vermitteln diese] eine berufliche Grundbildung, eine berufliche Vorbereitung oder einen Berufsabschluß" (§ 11 SchG BW 2010) und sollen gleichzeitig die Allgemeinbildung fördern. Die Bildungsgänge, die an Berufsfachschulen in Baden-Württemberg eine berufliche Grundbildung vermitteln, sind in der „Verordnung des Kultusministeriums über die Ausbildung und Prüfung an den zweijährigen zur Prüfung der Fachschulreife führenden Berufsfachschulen" (2BFS-VO BW) näher bestimmt. Sie haben eine Dauer von zwei Jahren (vgl. § 2 Abs. I 2BFS-VO BW 2009) und werden in vollzeitschulischer Form (§ 11 SchG BW 2010) mit unterschiedlichen Profilen (vgl. § 2 Abs. I 2BFS-VO BW 2009) angeboten. Die Mindestvoraussetzung für den Besuch des Bildungsgangs ist in der Regel der Hauptschulabschluss.[76] Die Aufnahme in den Bildungsgang erfolgt zunächst jedoch nur auf Probe und gilt als endgültig, wenn im ersten Schulhalbjahr ausreichend gute Leistungen erbracht werden (vgl. § 7 Abs. I 2BFS-VO BW 2009). Je nach Profil variiert der Umfang des Schulunterrichts zwischen 30 und 34 Stunden pro Woche, wobei der Profilbereich mit einem Umfang von 9 bis 13 Wochenstunden gegenüber dem Anteil an allgemeinbildendem Unterricht von geringerem Umfang ist (vgl. Anlage zu § 2 Abs. III 2BFS-VO BW 2009). Neben dem Schulunterricht können die SuS im Wahlpflichtbereich ein Betriebspraktikum durchführen (vgl. Anlage zu § 2 Abs. III 2BFS-VO BW

---

76 Darüber hinaus gibt es in Baden-Württemberg zahlreiche Ausnahmeregelungen. So ist zum Beispiel das BEJ bei einem „Durchschnitt von mindestens 3,0 aus den Noten der Fächer Deutsch, Englisch, Mathematik und beim Abschlusszeugnis des Berufseinstiegsjahres" (§ 4 Abs. I 2BFS-VO BW 2009) ebenso hinreichend. Daneben kann die Schulleitung, wenn nicht alle Plätze besetzt wurden, auch Bewerber aufnehmen, welche die Zulassungsvoraussetzungen nicht erfüllen (§ 4 Abs. II 2BFS-VO BW 2009).

2009). Zum Abschluss des zweijährigen Bildungsgangs wird eine Abschlussprüfung durchgeführt, die aus einem schriftlichen, einem praktischen und einem mündlichen Teil besteht (vgl. § 11, § 15–17 2BFS-VO BW 2009). Bei Bestehen dieser drei Prüfungsteile erhalten die SuS ein Abschlusszeugnis, mit welchem deren Fachschulreife[77] bestätigt wird (vgl. § 18 2BFS-VO BW 2009).

Zusammenfassend lässt sich folglich festhalten, dass die Bildungsgänge an Berufsfachschulen, die eine berufliche Grundbildung vermitteln, in Baden-Württemberg etwas anders als in Nordrhein-Westfalen strukturiert sind. Die Bildungsgänge in den beiden Bundesländern haben zwar dieselbe Dauer und einen ähnlichen erreichbaren Bildungsabschluss, der Unterrichtsumfang in Baden-Württemberg ist jedoch etwas geringer als in Nordrhein-Westfalen. Darüber hinaus ist der Zugang zur Berufsfachschule in Baden-Württemberg aufgrund der Ausnahmeregelungen mit weniger Hürden als in Nordrhein-Westfalen verbunden. Betrachtet man die formalen Hindernisse beim Abschluss der Bildungsgänge, so ist jedoch das Gegenteil zu konstatieren. Hier haben die SuS in Baden-Württemberg zunächst Prüfungen abzulegen, während die SuS in Nordrhein-Westfalen am Schuljahresende ein Abschlusszeugnis mit der entsprechenden Qualifikation erhalten, ohne separate Prüfungen bestehen zu müssen.

In Mecklenburg-Vorpommern gestaltet sich das Bild demgegenüber etwas anders. Wie oben bereits erwähnt, bestehen für SuS mit Hauptschulabschluss im Rahmen der Berufsfachschulen zwar Möglichkeiten zur Weiterqualifizierung, die Mehrzahl der dort angebotenen Bildungsgänge befindet sich jedoch im Auslaufen. Generell besteht mit diesen Bildungsgängen, die in verschiedene Berufsfelder aufgeteilt sind, die Möglichkeit, die mittlere Reife zu erwerben und so den formalen Schulabschluss zu verbessern (vgl. § 26 Abs. III SchG MV 2010). Allerdings muss einschränkend bemerkt werden, dass die an den Berufsfachschulen derzeit noch angebotenen Bildungsgänge nach der Gesundheits- und Sozialpflege-Berufsfachschulverordnung (GSBFSVO MV) zu anerkannten Ausbildungsabschlüssen führen und deshalb nicht sinnvollerweise dem Übergangssystem zugerechnet werden können (vgl. § 1 GSBFSVO MV 2006). Folglich wird auf eine ausführliche Betrachtung der Bildungsgänge an dieser Stelle verzichtet.

In Hamburg steht SuS mit Hauptschulabschluss hingegen der Weg in Bildungsgänge an der teilqualifizierenden Berufsfachschule (BFS-tq) offen. Diese werden vollzeitschulisch durchgeführt und bieten SuS, die einen Hauptschulabschluss mit einem Notenschnitt von mindestens 3,3 in den Fächern Deutsch, Englisch und Mathematik vorweisen können,[78] außerhalb einer klassischen Berufsausbildung eine zusätzliche Möglichkeit, einen höhe-

---

77 Dieser Abschluss entspricht einem mittleren Schulabschluss.
78 Ebenso dürfen die SuS zum Schuljahresbeginn das 20. Lebensjahr noch nicht vollendet haben (vgl. § 3 Abs. I APO BFS-tq HH 2006).

ren Bildungsabschluss zu erlangen, der in seinen Berechtigungen dem Realschulabschluss entspricht (vgl. § 8 APO BFS-tq HH 2006). Diese Bildungsgänge sind, ebenso wie die entsprechenden Angebote in Baden-Württemberg und Nordrhein-Westfalen, in verschiedene Fachrichtungen aufgeteilt (vgl. § 2 Abs. I APO BFS-tq HH 2006)[79]. Genau wie in Baden-Württemberg müssen die SuS in Hamburg zunächst in einem Probehalbjahr nachweisen, dass „sie auf Grund ihrer Kenntnisse, Fähigkeiten und Fertigkeiten die Voraussetzungen für einen erfolgreichen Abschluss der Ausbildung erfüllen" (§ 5 Abs. I APO-AT HH 2011)[80]. Abgesehen von diesen strukturellen Unterschieden sind die zu vermittelnden Inhalte in den entsprechenden Bildungsgängen in den betrachteten Bundesländern ähnlich. Ebenso wie in Nordrhein-Westfalen soll den SuS in Hamburg eine Orientierung im jeweiligen Berufsfeld ermöglicht und eine berufliche Grundbildung vermittelt werden (vgl. § 4 APO BFS-tq HH 2006, § 22 Abs. IV SchG NW 2011). Im Gegensatz zu den bereits behandelten Bundesländern sollen die SuS in den teilqualifizierenden Bildungsgängen in Hamburg darüber hinaus Praktika im Umfang von sechs Wochen absolvieren (vgl. § 2 Abs. III APO BFS-tq HH 2006). Am Ende der zwei Jahre müssen die SuS des Weiteren, wie auch in Baden-Württemberg, eine Abschlussprüfung ablegen, in welcher die Fähigkeiten und Kenntnisse der SuS in den verschiedenen Lernbereichen abgeprüft werden. Erreichen die SuS in dieser „die Endnote ‚ausreichend'" (§ 7 APO BFS-tq HH 2006), haben sie die Prüfung bestanden und erwerben dadurch den höheren Bildungsabschluss.

Somit kann konstatiert werden, dass der Besuch von Bildungsgängen an der teilqualifizierenden Berufsfachschule im Hamburg stark reglementiert ist. Dessen ungeachtet soll den SuS im Lauf der zwei Jahre eine berufliche Grundbildung vermittelt werden und zusätzlich die Möglichkeit geboten werden, ihren Bildungsabschluss zu verbessern. Das mit diesen Bildungsgängen verfolgte, übergeordnete Ziel ist folglich ebenfalls die Verbesserung der Konkurrenzfähigkeit der SuS auf dem Ausbildungsmarkt.

Generell kann somit für die grundbildenden Berufsfachschulen konstatiert werden, dass die erreichbaren Schulabschlüsse zwar über alle Bundesländer hinweg ähnlich sind. Die Wege zu dem höheren Bildungsabschluss unterscheiden sich dabei jedoch. So sind, wie gezeigt wurde, in Baden-Württemberg und Hamburg separate Prüfungen vorgesehen, während in Nordrhein-Westfalen das Bildungszertifikat auf Basis des Notenschnitts mit dem Abschlusszeugnis verliehen wird. Darüber hinaus wurde deutlich gemacht, dass auch unterschiedliche Aufnahmepraktiken in den Verordnungen der Bundesländer verankert sind. Insbesondere die Regelungen in Baden-

---

79 Insgesamt besteht ein Angebot in sieben verschiedenen Fachrichtungen (vgl. § 2 Abs. I APO BFS-tq HH 2006).
80 Das bedeutet, die SuS müssen im Halbjahreszeugnis mindestens einen Schnitt von 4,0 erreichen (vgl. § 5 Abs. I APO-AT HH 2011).

Württemberg skizzieren dabei einen breiten Handlungsspielraum, sodass die Zulassung zur grundbildenden Fachschule in Ausnahmefällen letztlich der Entscheidungsbefugnis der Schulleitung unterliegt und nicht, wie in anderen Bundesländern, aufgrund der schulischen Qualifikation vorgenommen wird.

2.1.4 Berufsvorbereitende Bildungsmaßnahmen

Nachdem zuvor die verschiedenen berufsvorbereitenden und -grundbildenden Bildungsgänge der Bundesländer dargestellt wurden, wird nun der Fokus auf die unter dem Schirm der Bundesagentur für Arbeit angebotenen berufsvorbereitenden Bildungsmaßnahmen (BvB) gerichtet. Dabei handelt es sich um Angebote, die auf dem SGB III basieren und damit auf einer bundeseinheitlichen Basis stehen, jedoch von gemeinnützigen oder privatwirtschaftlichen Bildungsträgern durchgeführt werden (vgl. Plicht 2010: 11, Schlimbach 2009: 18).

Grundsätzlich werden mit diesen Bildungsangeboten zwei Ziele verfolgt. Zum einen kann „auf die Aufnahme einer Ausbildung vorbereitet" (§ 61 Abs. I SGB III 2011) und zum anderen eine berufliche Eingliederung angestrebt werden. Das heißt: Nach der Teilnahme an der Bildungsmaßnahme soll entweder eine Ausbildung oder eine Erwerbstätigkeit aufgenommen werden, wobei das erstgenannte Ziel vorrangig ist (vgl. Bundesagentur für Arbeit 2009: 1, 2011b: 2). Gleichzeitig wird darauf hingewiesen, dass die Vorbereitung „auf die Einmündung in das Berufsleben" (Bundesagentur für Arbeit 2011b: 2) grundsätzlich im Zuständigkeitsbereich der „allgemein bildenden und berufsbildenden Schulen" (Bundesagentur für Arbeit 2011b: 2) liegt. Demnach kommt den BvB eine Ersatzfunktion zu, die im Falle einer Nichterfüllung der genannten schulischen Aufgaben greift. So können beispielsweise entsprechende Bildungsgänge angeboten werden, die „auf den nachträglichen Erwerb des Hauptschulabschlusses oder eines gleichwertigen Schulabschlusses vorbereiten" (§ 61 Abs. II SGB III 2011). Auf den Besuch dieser Bildungsgänge haben „Auszubildende ohne Schulabschluss einen Anspruch [...] [insofern] die Leistung [...] nicht für den gleichen Zweck durch Dritte erbracht wird" (§ 61a SGB III 2011). Das bedeutet, dass die Teilnahme an BvB, die zum Hauptschulabschluss führen, nur von der Bundesagentur für Arbeit gefördert wird, wenn es kein entsprechendes Bildungsangebot gibt, zu dessen Besuch die SuS berechtigt sind. Im Falle einer Zulassung zum Bildungsgang nehmen die SuS nicht nur an schulischem Unterricht teil, sondern absolvieren auch Betriebspraktika im Umfang von bis zur „Hälfte der vorgesehenen Maßnahmedauer" (§ 61 Abs. III SGB III 2011).

Demnach unterscheiden sich die im Auftrag der Bundesagentur für Arbeit angebotenen BvB in ihren Zielsetzungen nicht wesentlich von den zuvor beschriebenen Angeboten des Übergangssystems. Auch sie versuchen die Teilnehmer zu einem Schulabschluss zu bringen, deren Ausbildungsfähigkeit zu steigern und letztlich die Übergangschancen derselben in eine betriebliche Ausbildung zu erhöhen, wobei insbesondere den Betriebspraktika eine zentrale Rolle zukommt (vgl. Gaupp/Lex/Reißig et al. 2008: 31). Das bedeutet, dass diese Bildungsangebote der Bundesagentur für Arbeit in erster Linie darauf zielen, die Maßnahmenteilnehmer über Klebeeffekte in Berufsausbildungen zu vermitteln.

Die Aufnahmevoraussetzungen der BvB sind demgegenüber grundsätzlich von den Zugangsbedingungen der oben erläuterten Angebote verschieden. Während für BVJ, BGJ und die grundbildenden Bildungsgänge an Berufsfachschulen die Zulassung vor allem durch den Schulabschluss bestimmt wird, sind für den Eintritt in die BvB das Alter, der Ausbildungsstatus sowie die Erfüllung der Schulpflicht die relevanten Kriterien (vgl. Bundesagentur für Arbeit 2011b: 3).[81] Darüber hinaus sind die BvB, wie oben erwähnt, nachrangig gegenüber den schulischen Angeboten, was sich auch in den Schulpflichtgesetzen der meisten Bundesländer widerspiegelt (vgl. Gaupp/Lex/Reißig et al. 2008: 31). Dort kann eine BvB erst dann aufgenommen werden, „wenn nach einem schulischen BVJ wieder kein Ausbildungsplatz gefunden wurde" (Gaupp/Lex/Reißig et al. 2008: 31). In einigen Ländern ist jedoch auch der unmittelbare Besuch einer entsprechenden Maßnahme im Anschluss an das Verlassen der Hauptschule möglich (vgl. Gaupp/Lex/Reißig et al. 2008: 31).

Ein weiterer, zentraler Unterschied der BvB gegenüber den zuvor beschriebenen Bildungsgängen besteht in der Förderung derselben durch die Bundesagentur für Arbeit. Diese Förderung kann als doppelte Unterstützung verstanden werden. Zum einen wird der Besuch der Bildungsmaßnahmen finanziell gefördert. Das heißt: Die SuS sind für den Zeitraum der Teilnahme an der BvB berechtigt, Berufsausbildungsbeihilfe zu beziehen. Letztere variiert in ihrer Höhe, welche sich auf Grundlage der Unterbringungsart, des Einkommens des Teilnehmers sowie der Eltern und des Lebenspartners bemisst. Darüber hinaus hängt die Dauer der Bezugsberechtigung von der Maßnahmendauer ab (vgl. Bundesagentur für Arbeit 2011c, § 66 ff., § 106 ff. SGB III 2011). Kurzum bedeutet dies, dass die Teilnehmer der BvB im Gegensatz zu den SuS des BVJ, des BGJ und der grundbildenden Berufsfachschulen während des Besuchs der Maßnahme ein Einkommen beziehen, wohingegen die Letztgenannten ihren Lebensunterhalt anderweitig finanzieren müssen.

Zum anderen werden auch die BvB als solche durch die Bundesagentur für Arbeit gefördert. Dabei werden nicht nur die Kosten der Maßnahme getragen, also Personal- und Sachaufwendungen übernommen (vgl. § 69 SGB

---

81 Die Teilnehmer haben keine berufliche Erstausbildung, unterliegen nicht mehr der allgemeinen Schulpflicht und sind in der Regel jünger als 25 Jahre (vgl. Bundesagentur für Arbeit 2011b: 3).

III 2011), sondern ab September 2011 auch erfolgsabhängige Prämien ausgeschüttet (vgl. BvBP-AO 2009). Die einmaligen Sondervergütungen betragen dabei 500 Euro je Teilnehmer einer BvB, der nachhaltig in eine betriebliche Ausbildung vermittelt wird.[82] Konkret bedeutet dies, dass „spätestens drei Monate nach Beendigung der berufsvorbereitenden Bildungsmaßnahme [ein Berufsausbildungsvertrag] abgeschlossen wurde und das Berufsausbildungsverhältnis länger als vier Monate" (vgl. § 2 Abs. I BvBP-AO 2009) fortbestehen muss, damit die Prämie ausgezahlt wird. Diese wird auch bewilligt, wenn „Leistungen an Arbeitgeber für die Einstellung des Auszubildenden" (vgl. § 2 Abs. IV BvBP-AO 2009) geleistet wurden. Letztlich zielt die Einführung der Sondervergütung für die erfolgreiche Vermittlung von BvB Teilnehmern in betriebliche Ausbildungen darauf ab, die Übergangsquote nach dem Austritt aus der Maßnahme zu verbessern (vgl. § 1 BvBP-AO 2009).

Es scheint jedoch fraglich, inwieweit das genannte Bestreben auf diesem Wege erreicht werden kann. So finden sich bereits für die Zeit vor der Einführung des Prämiensystems Berichte über fristlose Auflösungen des Vertragsverhältnisses zwischen Bundesagentur für Arbeit und dem Träger der BvB (vgl. Bundesagentur für Arbeit 2010a, Opitz 2009), die insbesondere für die Teilnehmer der Maßnahmen problematisch sind. Die Ursachen für diese Schwierigkeiten können unter anderem auf die marktförmige Organisationsstruktur der BvB zurückgeführt werden. Diese bringt ein Konkurrenzverhältnis zwischen den verschiedenen Trägern mit sich, das wiederum zu einer Übernahme von Marktlogiken seitens der Träger führt. Das bedeutet: Wenn die Träger eine Gewinnmaximierung anstreben, kann eine Reduktion des Kostenaufwands für die Durchführung der BvB intendiert werden. In den erwähnten Problemfällen, die eine Kündigung der Bundesagentur für Arbeit nach sich zogen, äußerte sich dies beispielsweise in Form von ungenügenden Investitionen in die Infrastruktur, sodass die Schulungsräume nicht die notwendigen Sicherheitsstandards erfüllten (vgl. Bundesagentur für Arbeit 2010a, Opitz 2009). Darüber hinaus haben der Wettbewerb zwischen den Trägern und die Vergabepraxis der Bundesagentur für Arbeit weitere Einsparpraktiken seitens der Träger zur Folge, die über die Reduktion der Lohnkosten der Dozierenden hinausgehen (vgl. Dörwald 2008). Des Weiteren führt der hohe Praxisanteil der BvB dazu, dass zwischen den Trägern der Maßnahmen und den Berufsschulen eine Konkurrenzsituation um Praktikumsplätze entsteht und „Unternehmen [...] mit Praktikumsanfragen geradezu überschwemmt" (Pfitzner 2003: 7) werden. Alles in allem scheint die Etablierung des Prämiensystems aus theoretischer Perspektive nicht zur Lösung der aufgezeigten Probleme beizutragen und in erster Linie die Gewinnorientierung der Träger zu verstärken. Es bleibt jedoch abzuwarten, wie sich

---

82 Für Menschen mit Behinderung liegt diese Pauschale bei 1.500 Euro (vgl. § 1 Abs. II BvBP-AO 2009).

die Übergangsquote der BvB-Teilnehmer in Folge dieser Veränderung entwickelt.[83]

Unabhängig von dieser empirischen Frage steht fest, dass das Angebot der BvB als heterogen zu bezeichnen ist, obwohl es prinzipiell bundeseinheitlich geregelt ist. Diese Heterogenität kann in erster Linie auf die Vielzahl an Trägern zurückgeführt werden, welche im Auftrag der Bundesagentur für Arbeit die Bildungsgänge anbieten (vgl. Schlimbach 2009, Schreiber 2007). Grundsätzlich kann hier eine Unterscheidung zwischen privatwirtschaftlichen und gemeinnützigen Akteuren getroffen werden, wobei Letztere weiter ausdifferenziert werden können. So finden sich Angebote von Wohlfahrtsverbänden und bundesweit agierenden, oder auch regional verankerten Vereinen ebenso wie Maßnahmen, die von Stiftungen oder von Ehrenamtlichen getragen werden (vgl. Schlimbach 2009). Die Vergabe der BvB durch die Bundesagentur für Arbeit erfolgt dabei auf zwei Jahre befristet, wobei eine Verlängerung um ein Jahr möglich ist (vgl. Plicht 2010: 11). Diese flexible Vergabepraxis und die Vielfalt der Angebote sind dem Sinn einer Zusammenführung der BvB im Stile der Überblicke über die zuvor betrachteten Bildungsgänge abträglich, sodass an dieser Stelle auf eine derartige Synopse verzichtet wird. Anstelle einer solchen Zusammenschau wird im Folgenden auf das Fachkonzept der BvB eingegangen.

Dieses basiert auf dem Gedanken, mit den Angeboten den „individuellen Voraussetzungen (Fähigkeiten, Kenntnisse und Neigungen) des einzelnen jungen Menschen" (Bundesagentur für Arbeit 2009: 4) gerecht zu werden. Entsprechend wird mit den Förderkonzepten versucht, die einzelnen Personen ins Zentrum zu stellen und die Unterstützung entsprechend „flexibel und individuell" (Bundesagentur für Arbeit 2009: 4) zu gestalten. Am Ausgangspunkt dieser individuellen Förderung steht eine sogenannte „Eignungsanalyse mit dem Ziel einer realistischen Einschätzung der individuellen Stärken und Schwächen des jungen Menschen unter Berücksichtigung von beruflichen Anforderungen" (Bundesagentur für Arbeit 2009: 7). Demnach wird vor dem Eintritt in eine BvB ein Profil der jeweiligen Teilnehmer erstellt. Hat diese Profilbildung zum Ergebnis, dass die jungen Menschen „nicht ausbildungsreif sind, [...] noch keine Berufswahlentscheidung getroffen haben oder [...] nicht über die erforderliche Eignung für den angestrebten Beruf verfügen" (Bundesagentur für Arbeit 2009: 7), werden sie der Grundstufe zugeordnet. Auf dieser Stufe, die maximal sechs Monate dauert, sollen die Teilnehmer „zur Aufnahme einer Ausbildung oder Arbeit" (Bundesagentur für Arbeit 2009: 10) motiviert werden und zudem eine Berufswahlentscheidung treffen. Die daran anschließende Förderstufe, die für Personen konzipiert ist, „die das

---

83 Nach den Daten der BIBB-Übergangsstudie 2006 hatten ein Jahr nach Maßnahmenende „50 % der Jugendlichen eine betriebliche Ausbildung aufgenommen" (Bundesinstitut für Berufsbildung 2010: 93), wobei hier Teilnehmer von BvB und BVJ zusammengefasst wurden.

Ziel der Grundstufe nach Ausschöpfung der maximalen Förderdauer nicht erreicht haben" (Bundesagentur für Arbeit 2009: 11), zielt darauf ab, die beruflichen Grundfertigkeiten zu steigern. Insofern nach dieser Stufe keine Ausbildung oder eine Beschäftigung aufgenommen wird, gehen die jungen Menschen in eine Übergangsqualifizierung über. Diese kann auch ohne ein vorheriges Durchlaufen der beiden genannten Stufen direkt besucht werden. Sie dient der „Verbesserung der beruflichen Handlungskompetenzen insbesondere durch Vermittlung von ausbildungs- und arbeitsplatzbezogenen Qualifikationen" (Bundesagentur für Arbeit 2009: 11) und „endet, sobald ein Übergang in Ausbildung oder eine qualifizierte Beschäftigung möglich ist" (Bundesagentur für Arbeit 2009: 11). Generell gilt dabei bei der Förderstufe und der Übergangsqualifizierung, dass die individuelle Förderdauer nicht überschritten werden darf. Sie „beträgt i.d.R. bis zu 10 Monate" (Bundesagentur für Arbeit 2009: 14) und erhöht sich auf ein Jahr, wenn im Zuge des Besuchs der BvB eine Vorbereitung auf den Hauptschulabschluss angestrebt ist.[84] Parallel zu diesen Maßnahmeteilen findet eine Bildungsbegleitung statt, welche den Eingliederungserfolg sichern und dokumentieren soll (vgl. Bundesagentur für Arbeit 2009: 12).

Demnach ist das Angebot der Bundesagentur in sich weitaus feingliedriger strukturiert als die zuvor beschriebenen Bildungsgänge. Trotz der verschiedenen Stufen, welche dem Eintritt in eine Übergangsqualifizierung vorgelagert sein können, bleibt fraglich, inwiefern innerhalb der verschiedenen Maßnahmen bessere Förderungsmöglichkeiten als im BVJ, BGJ oder in den grundbildenden Berufsfachschulen bestehen. Insbesondere der Konkurrenzdruck zwischen den Trägern der BvB scheint eine konsequente „Individualisierung und Binnendifferenzierung" (Bundesagentur für Arbeit 2009: 8), die im Fachkonzept der Maßnahmen angestrebt ist, zu erschweren. Letztlich ist davon auszugehen, dass die adäquate Förderung in den BvB, wie auch in den übrigen Angeboten des Übergangssystems, in den Zuständigkeitsbereich der Lehrkräfte fällt. Der wesentliche und eindeutige Unterschied zwischen den zuvor beschriebenen Angeboten und den BvB liegt demgegenüber schlichtweg in der Gewährung von Berufsausbildungsbeihilfe für die Teilnehmer der BvB. Das heißt: Die Zielsetzungen von BvB und den übrigen beschriebenen Bildungsgängen unterscheiden sich nicht wesentlich, jedoch haben die Teilnehmer der BvB gegenüber den übrigen SuS einen finanziellen Vorteil.

---

84 Bei ausschließlicher Teilnahme an einer Übergangsqualifizierung findet zumeist eine Förderung von bis zu neun Monaten statt (vgl. Bundesagentur für Arbeit 2009: 14). Für junge Menschen mit Behinderung beträgt die Regelförderdauer 11 Monate; insofern „ausschließlich das Ziel der Arbeitsaufnahme" (Bundesagentur für Arbeit 2009: 35) verfolgt wird, findet eine Erhöhung derselben auf eineinhalb Jahre statt.

2.2 Merkmale und Struktur

Die vorangegangenen Darstellungen der rechtlichen Grundlagen der institutionalisierten Angebote im Übergangssystem haben verschiedene Punkte deutlich gemacht, die nachfolgend zusammenfassend diskutiert werden. Zum einen werden hier, mit der Ausdifferenzierung und der Unübersichtlichkeit des Angebots, zwei zentrale, kritische Aspekte deutlich gemacht. Zum anderen findet sich an dieser Stelle eine Darstellung der aus den rechtlichen Rahmenbestimmungen der Bildungsgänge abgeleiteten Funktionen derselben. Abschließend werden diese Zusammenhänge anhand eines Schaubilds dargestellt.

Zum einen ist deutlich geworden, dass das Angebot im heutigen Übergangssystem sehr stark ausdifferenziert ist. Wie gezeigt wurde, handelt es sich dabei um Bildungsgänge, die sowohl in ihren Eingangsvoraussetzungen als auch ihrer Dauer und dem durch sie erreichbaren Bildungsabschluss unterschiedlich sind. So gibt es beispielsweise mit dem BVJ einen in der Regel einjährigen Bildungsgang, der Jugendlichen, die ihre Vollzeitschulpflicht erfüllt haben, die Möglichkeit bieten soll, ihren Schulabschluss zu verbessern und gleichzeitig ihre Ausbildungsfähigkeit zu erhöhen (vgl. Tabelle 1). Daneben gibt es an den Berufsfachschulen verschiedene ein- bis zweijährige Bildungsgänge, in welchen Jugendlichen mit Hauptschulabschluss eine berufliche Grundbildung vermittelt und die Chance geboten werden soll, einen mittleren Schulabschluss zu erlangen (vgl. Tabelle 3). Mit dem einjährigen BGJ besteht des Weiteren ein Bildungsangebot, das in den meisten Bundesländern ebenso den Hauptschulabschluss als Eingangsvoraussetzung erfordert, jedoch hinsichtlich des erwerbbaren Bildungsabschlusses von den grundbildenden Berufsfachschulen verschieden ist (vgl. Tabelle 2). Darüber hinaus wurde anhand der vier als Beispiel herangezogenen Bundesländer aufgezeigt, dass die Bildungsgänge im Übergangssystem keineswegs einheitlich ausgestaltet sind, sondern der in Deutschland bestehende Föderalismus hier zu Inkonsistenzen innerhalb des Übergangssystems führt. So variiert je nach Bundesland die Unterrichtsdauer und der in den Bildungsgängen vorgesehene Zeitraum für Betriebspraktika (vgl. Tabelle 1, Tabelle 2, Tabelle 3). Diese Varianz in zentralen inhaltlichen Aspekten der Bildungsangebote deutet, wie aufgezeigt, auf unterschiedliche Strategien im Umgang mit gering qualifizierten Jugendlichen hin. Hier lassen sich grundsätzlich zwei Typen von Vorgehensmodellen unterscheiden. Auf der einen Seite können so Länder ausgemacht werden, welche mit den Bildungsgängen des Übergangssystems primär eine Weiterqualifizierungsstrategie verfolgen, also versuchen, die SuS zu einem höheren Bildungszertifikat zu führen. Davon können, auf der anderen Seite, die Bundesländer und die BvB der Bundesagentur für Arbeit unterschieden werden, die mit den berufsvorbereitenden und –

grundbildenden Bildungsangeboten dem Postulat eines möglichst hohen (betriebs-)praktischen Anteils während des Besuchs des Bildungsgangs folgen und damit in erster Linie auf die Wirksamkeit von Klebeeffekten setzen. Der Grad an Ausdifferenziertheit der Angebote des Übergangssystems zwischen den verschiedenen Bundesländern ist jedoch zu hoch, um alle Unterschiede auf diese dahinterliegenden Strategien zurückzuführen.

Mit dieser Ausdifferenziertheit ist zum anderen eine Intransparenz verbunden, die nicht nur für die SuS problematisch zu sein scheint, sondern auch für die anderen Akteure wie Lehrkräfte, Eltern und Bildungspolitiker Probleme mit sich bringt. Diese Unübersichtlichkeit spiegelt sich nicht nur in der Pluralität der Angebote zwischen den Bundesländern wider, sondern zeichnet sich auch bei der Betrachtung der Bildungsgänge eines Bundeslandes ab. Beispielhaft kann hier auf die diversen Übergangsmöglichkeiten innerhalb des Übergangssystems für Hauptschulabsolventen in Nordrhein-Westfalen verwiesen werden. Diese haben mit dem Eintritt in ein BGJ und der Aufnahme eines grundbildenden Bildungsgangs an einer Berufsfachschule zwei Optionen, die sich hinsichtlich der damit verbundenen Möglichkeiten nicht unterscheiden. So können in beiden Bildungsangeboten der mittlere Schulabschluss und eine berufliche Grundbildung erworben werden. Die um ein Jahr längere Dauer der grundbildenden Berufsfachschule erscheint aus dieser Perspektive als eine Verlängerung der Zeitspanne bis zum Erwerb des Bildungsabschlusses. Selbige ist für die SuS ausschließlich im Fall einer angestrebten Fortsetzung der Schulkarriere mit dem Ziel einer weiteren Verbesserung des Schulabschlusses sinnvoll. Wird nach dem Abschluss des jeweiligen Bildungsgangs der Übergang in eine betriebliche Ausbildung angestrebt, so handelt es sich bei dem zweijährigen Besuch der grundbildenden Berufsfachschule gegenüber dem des BGJ um eine Verlängerung der Wartezeit bis zur Aufnahme der Berufsausbildung. Insofern stellt die Unübersichtlichkeit der Bildungsgänge im Übergangssystem die SuS vor die Herausforderung, aus einem breiten Angebot einen Bildungsgang auszuwählen, der ihren persönlichen Interessen und Zielsetzungen entspricht. Kurzum folgt aus der Unübersichtlichkeit des Angebots eine Erhöhung der von den SuS erwarteten Planungsleistung.

Neben diesen beiden kritischen Punkten, dem hohen Grad an Ausdifferenzierung und der damit verbundenen Intransparenz, beziehungsweise Unübersichtlichkeit, des Übergangssystems lassen sich aus der Betrachtung der rechtlichen Grundlagen desselben auch seine Funktionen ableiten. Diese liegen neben der Vermittlung von beruflichen Grundkenntnissen in der Möglichkeit zum Erwerb eines höheren Bildungsabschlusses (vgl. Tabelle 1, Tabelle 2, Tabelle 3). Darüber hinaus erfüllen die Bildungsgänge des Übergangssystems mittlerweile auch die Funktion der temporären Aufbewahrung, wenn Bewerbungen um einen Ausbildungsplatz misslungen sind (vgl. Beicht 2009: 3). Der Konzeption nach sind es gerade diese jungen Menschen sowie

Personen, deren Ausbildungsfähigkeit als nicht ausreichend eingeschätzt wird, welche in den berufsvorbereitenden und –grundbildenden Bildungsgängen des Übergangssystems ihre Kenntnisse und Fähigkeiten verbessern, sodass nach dem Verlassen der Bildungsangebote mit einer erfolgreichen Bewältigung der ersten Schwelle zu rechnen ist. Gesondert zu bemerken ist dabei, dass die SuS in diesen Bildungsgängen jedoch keine vollqualifizierende Berufsausbildung erhalten, sondern ausschließlich auf die Aufnahme einer solchen, beziehungsweise auf den Übergang in die Erwerbstätigkeit, vorbereitet werden. Grundsätzlich kann demnach konstatiert werden, dass mit dem Übergangssystem versucht wird, den jungen Menschen, die während ihrer allgemeinbildenden Schulzeit nicht die für die Aufnahme einer Berufsausbildung erforderlichen Kompetenzen erworben haben, nachträglich eine Möglichkeit einzuräumen, selbige zu erlangen.

An Schaubild 5, welches die Struktur des Übergangssystems verdeutlicht, werden insbesondere die zuvor genannten Kritikpunkte deutlich. Trotz der mit der grafischen Darstellung verbundenen Vereinfachung ist ersichtlich, dass das Übergangssystem ein vielfältiges Angebotsspektrum bietet, in welchem auch die einzelnen Bildungsgänge aneinander anschlussfähig sind. So können mehrere Bildungsangebote nacheinander wahrgenommen werden, oder es kann nach dem Absolvieren eines Bildungsgangs eine der beiden Anschlussoptionen ergriffen werden. Je nach allgemeinbildendem Schulabschluss bestehen dabei beim Eintritt in das Übergangssystem unterschiedliche Möglichkeiten, wobei Hauptschulabsolventen in den meisten Bundesländern in alle aufgeführten Bildungsgänge eintreten können und jungen Menschen ohne Schulabschluss in der Regel der Weg in eine BvB oder das BVJ offensteht. Des Weiteren zeigt Schaubild 5, dass das Übergangssystem nur im Falle eines nicht gelungen Übergangs in eine Berufsausbildung beziehungsweise den Arbeitsmarkt betreten wird. Aus dieser Optionalität des Übergangssystems sind auch die Funktionen desselben ableitbar. So wird deutlich, dass die Jugendlichen, die in ein Bildungsangebot des Übergangssystems einmünden, in diesem zeitweise aufbewahrt werden. Letztlich gehen diese aber wieder auf den gleichen Pfad über, der bei einem direkten Übergang in eine Berufsausbildung eingeschlagen wird. Demnach erfüllt das Übergangssystem eine Kompensationsaufgabe, deren Funktionalität, wie oben ausgeführt, über die Vermittlung von Schulabschlüssen und beruflicher Grundbildung gesichert werden soll.

Den einzelnen Bildungsgängen des Übergangssystems kommt dabei, den Daten des Bildungsberichts zufolge, eine unterschiedliche quantitative Bedeutung zu. Der größte Anteil entfällt dabei auf die grundbildenden Berufsfachschulen, die im Jahr 2008 145.152 SuS besuchten. Die BvB der Bundesagentur für Arbeit vereinen mit 77.729 Teilnehmern die zweitgrößte Gruppe auf sich. Am BVJ nahmen nach diesen Daten 50.250 Jugendliche teil. Das vollzeitschulische BGJ erreichte demgegenüber mit 42.543 SuS das geringste

Ausmaß der hier betrachteten Angebote (vgl. Autorengruppe Bildungsberichterstattung 2010: 272).

Schaubild 5: Struktur des Übergangssystems

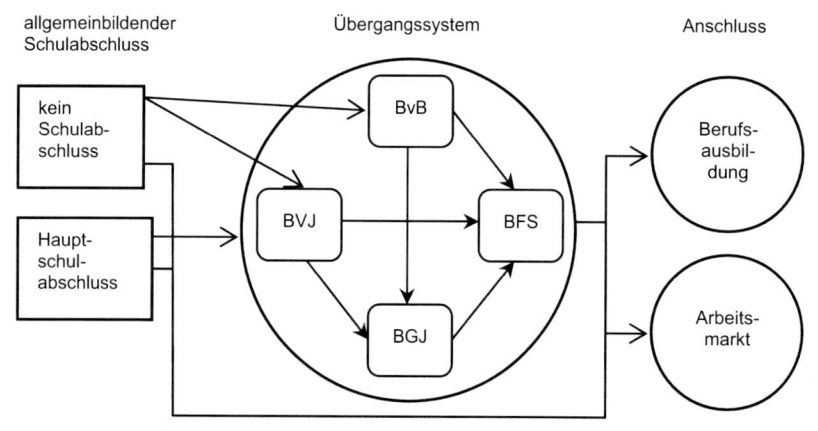

Im folgenden Kapitel werden diese quantitativen Betrachtungen weiter ausgeführt und unter anderem die Entwicklung der Schülerzahlen im Übergangssystem im zeitlichen Verlauf diskutiert. Im Zuge der Darstellung des Forschungsstands wird zudem die Entwicklung des Übergangssystems mit anderen Bereichen der beruflichen Bildung in Deutschland gegenübergestellt und so eine Einordnung desselben vorgenommen. Des Weiteren bilden die Ausführungen dieses Kapitels eine Ausgangsbasis für die Einordnung von Problemen und Herausforderungen des Übergangs in betriebliche Ausbildungen, auf die nachfolgend aufgebaut wird. Auf diese Weise soll eine Verbindung zwischen Forschungsbefunden und bestehenden formalen Regelungen hergestellt werden.

3 Chancen und Problematiken

Im Anschluss an die vorangegangenen Auseinandersetzungen mit der Entstehung und den heutigen Ausformungen des Übergangssystems wird an dieser Stelle nun zunächst der aktuelle Forschungsstand diskutiert. Hier werden sowohl die Eintritts- und Abschlussquoten als auch die Befunde zur Perspektive der SuS und der Arbeitgeber dargestellt. Zudem wird aufgezeigt, wie sich die Gruppe der SuS zusammensetzt und welche Aussichten für diese nach dem Abschluss eines Bildungsgangs des Übergangssystems bestehen.

Auf dieser Basis werden verschiedene Forschungslücken aufgedeckt und weitere Forschungsfragen entwickelt. Als Rahmung dieser Fragen wird auf verschiedene theoretische Ansätze, wie beispielsweise Boudons Erklärung von herkunftsspezifischen Unterschieden im Bildungsverhalten, Bourdieus Ausführungen zur sozialen Praxis oder auch die Signaling-Theorie nach Spence, zurückgegriffen. Wie sich zeigen wird, können diese unterschiedlichen Perspektiven in ein mehrdimensionales Modell zur Beschreibung von Übergangsprozessen integriert werden, welches sowohl die Mikro- als auch die Makroebene einschließt.

Anknüpfend an diese theoretischen Erläuterungen werden mit den Daten des SOEP Berechnungen durchgeführt, die einen Beitrag zur Reduktion der zuvor aufgezeigten Forschungsdesiderate leisten sollen. Dabei werden nicht nur Analysen deskriptiver Art durchgeführt, sondern auch nach langfristigen Auswirkungen eines Aufenthalts im Übergangssystem gefragt. Dazu wird eine Vergleichsperspektive eingenommen und die Übergangschancen sowie die Lebensverläufe von Hauptschülern und Personen, die einen Bildungsgang im Übergangssystem besucht haben, einander gegenübergestellt.

Die mithilfe dieser Auswertungen von Paneldaten gewonnenen Befunde werden daraufhin um die Ergebnisse einer qualitativen Studie zur Selektivität im beruflichen Bildungssystem angereichert. Diese Integration der Schülerperspektive ermöglicht es, über eine Beschreibung von Kennziffern und Quoten hinauszugehen und einen Schritt in Richtung der Praktiken der SuS zu machen. Letzlich kann auf diese Weise auch eine Rückbindung der Ergebnisse der quantitativen Analysen an die Lebenswelt der SuS stattfinden, wodurch über die Darstellung von Faktoren sozialer Ungleichheit im Übergangssystem hinausgegangen und der individuelle Umgang mit (Bildungs-)Benachteiligung fokussiert wird.

Diese Integration verschiedener theoretischer Perspektiven und unterschiedlicher Datenquellen bildet schließlich die Basis für die Entwicklung eines Mehrebenenmodells, das später entwickelt wird und eine Grundlage für eine umfassende Beschreibung von sozialer Ungleichheit im Übergangssystem bietet. In diesem Sinne stellen die nachfolgende implizite Zusammenführung und Systematisierung von Forschungsbefunden in Kombination mit neuen Ergebnissen auch Möglichkeiten und Anknüpfungspunkte für theoretische Weiterentwicklungen dar.

3.1 Forschungsstand

Die vorangestellte Auseinandersetzung mit den bildungspolitischen Diskussionen über die Einführung des Übergangssystems (vgl. Kapitel 1) und der Überblick über dessen heutige Formen (vgl. Kapitel 2) haben gezeigt, dass sich selbiges nicht gerade durch seine Einheitlichkeit auszeichnet. Im Gegenteil kann es als ein weit ausdifferenziertes Feld mit einer Vielzahl verschiedener Bildungsgänge beschrieben werden. Wie sich zeigen wird, hat die damit verbundene Unübersichtlichkeit auch Auswirkungen auf die bislang vorliegenden Forschungen zum Übergangssystem.

So kann zunächst konstatiert werden, dass das berufliche Bildungssystem im Vergleich zum Schulsystem in bildungssoziologischen Forschungen eine nachrangige Rolle einnimmt. Anzumerken ist dabei, dass insbesondere das in dieser Studie im Fokus stehende, zum Berufsbildungssystem zu rechnende Übergangssystem nicht in hinreichender Weise betrachtet wird, obwohl sich die Bildungssoziologie für gewöhnlich durch eine Vielfalt an Schwerpunktsetzungen auszeichnet (vgl. Becker 2009). Als Hauptursache für diesen Mangel kann der hohe Grad der Differenzierung des Übergangssystems angesehen werden, denn dieser trägt unter anderem zu einer Erhöhung der Intransparenz bei, die nicht nur die bildungspolitische, sondern auch die Forschungspraxis vor Herausforderungen stellt. Zusätzlich gilt das Berufsbildungssystem gemeinhin nicht als ungleichheitsfördernd, sondern wird als Möglichkeit zum Abbau von Chancenungleichheit gesehen, denn dieses ermöglicht insbesondere auch Jugendlichen aus Arbeiterfamilien den Erwerb höherer Schulabschlüsse (vgl. Köller/Watermann/Trautwein et al. 2004, Trautwein/Köller/Lehmann et al. 2007). Trotz dieser schwierigen Ausgangslage setzen sich mittlerweile einige Forscher mit dem Übergangssystem auseinander, sodass es in mehreren Studien zumindest am Rande betrachtet wird.

Zur Vermittlung eines ersten Überblicks über dieses schwierig zu bestellende Feld kann der Bildungsbericht 2006 (Konsortium Bildungsberichterstattung 2006) herangezogen werden, in welchem das Berufsbildungssystem erstmalig in drei Teile unterteilt wird (vgl. Beicht 2009: 3). Auf Basis von Daten der statistischen Ämter des Bundes und der Länder sowie der Schulstatistiken und der Bundesagentur für Arbeit setzen sich die Autoren des Berichts unter anderem mit den Anfängerzahlen im beruflichen Bildungssystem auseinander und betrachten das Übergangssystem, neben dem Schulberufssystem und dem dualen System, als einen von drei Sektoren des beruflichen Bildungssystems.

Der erste und, auf Basis der Anfängerzahlen, größte Teil des Berufsbildungssystems ist demnach das duale System. Es umfasst die Bildungsgänge, die zu einem anerkannten Ausbildungsberuf führen. Die betriebliche Ausbildung wird hierbei durch Teilzeitunterricht an einer Berufsschule in unterschiedlichem Umfang begleitet. Entsprechend liegt die Verantwortung für „die politische Steuerung und Kontrolle [...] [beim] Staat und [den] Tarifpartnern" (Baethge/Solga/Wieck 2007: 14). In dem von den Autoren betrachteten Zeitraum von 1995 bis 2004 sind die Anfängerzahlen in diesem Bereich von 547.062 auf 535.322 leicht um etwa 2 % abgesunken (vgl. Konsortium Bildungsberichterstattung 2006: 80).[85]

Im zweiten Sektor, dem Schulberufssystem, ist hingegen im selben Zeitraum ein gegenteiliger Trend feststellbar. Die Anfängerzahlen sind hier von 180.271 auf 211.531 angestiegen (vgl. Konsortium Bildungsberichterstattung 2006: 80). Das bedeutet, dass im Jahr 2004 im Vergleich zum Jahr 1995 über 17 % mehr SuS eine vollzeitschulische Ausbildung begonnen haben. Im Gegensatz zur dualen Berufsausbildung findet diese Form der Ausbildung in „alleiniger Verantwortung des Ausbildungsträgers" (Baethge/Solga/Wieck 2007: 14) statt. Der vermittelte Ausbildungsabschluss wird dessen ungeachtet auf dasselbe Niveau wie die Berufe des dualen Systems gestellt (vgl. Baethge/Solga/Wieck 2007: 14).

Die Bildungsgänge des dritten Sektors, des Übergangssystems, werden von den Autoren hingegen „unterhalb einer qualifizierten Berufsausbildung" (Konsortium Bildungsberichterstattung 2006: 79) angesiedelt. Die verschiedenen Zielsetzungen dieser unterschiedlichen Bildungsgänge wurden bereits in Kapitel 2.1 deutlich gemacht. Insgesamt kann in diesem Sektor der stärkste Anstieg der Anfängerzahlen in dem genannten Zeitraum ausgemacht werden. Im Jahr 1995 haben 341.137 Personen Bildungsgänge im Übergangssystem begonnen; im Jahr 2004 lag der Anteil um etwa 43 % höher, sodass 488.073 Anfänger verzeichnet wurden (vgl. Konsortium Bildungsberichterstattung 2006: 80).

Bei der Betrachtung der Anfängerzahlen in den einzelnen Sektoren ist somit festzustellen, dass die Veränderung der Zahl der Neuzugänge im Übergangssystem am größten ist. Mit einem relativen Anstieg von über zwei Fünftel fällt der Anstieg hier mehr als doppelt so hoch aus wie im Schulberufssystem, während die Anfängerzahlen im dualen System in den Jahren von 1995 von 2004 leicht abgenommen haben.

Mit den Daten des aktuellen Bildungsberichts (Autorengruppe Bildungsberichterstattung 2010) lassen sich diese Trends weiter fortschreiben. Bei der Betrachtung der relativen Verteilung der Neuzugänge im beruf-

---

85 Diese Zahlen basieren auf den Daten der statistischen Ämter des Bundes und der Länder sowie der Schulstatistiken und der Bundesagentur für Arbeit, mit welchen die Autoren eigene Berechnungen vorgenommen haben. Gleichzeitig stimmen die Zahlen mit dem Bildungsbericht (vgl. Autorengruppe Bildungsberichterstattung 2008: 275) überein.

lichen Bildungssystem von 1995 bis 2008 (vgl. Schaubild 6) wird deutlich, dass der Anstieg der Zahl der Neuanfänger im Übergangssystem lediglich bis zum Jahr 2003 anhält. Von diesem Zeitpunkt an sank der Anteil des Übergangssystems an den Neuzugängen im Berufsbildungssystem bis 2008, mit Ausnahme des Jahres 2005, kontinuierlich von 42,7 % auf 34 %.[86]

Schaubild 6: relative Verteilung der Neuzugänge auf die drei Sektoren des Berufsbildungssystems (1995–2008)[87]

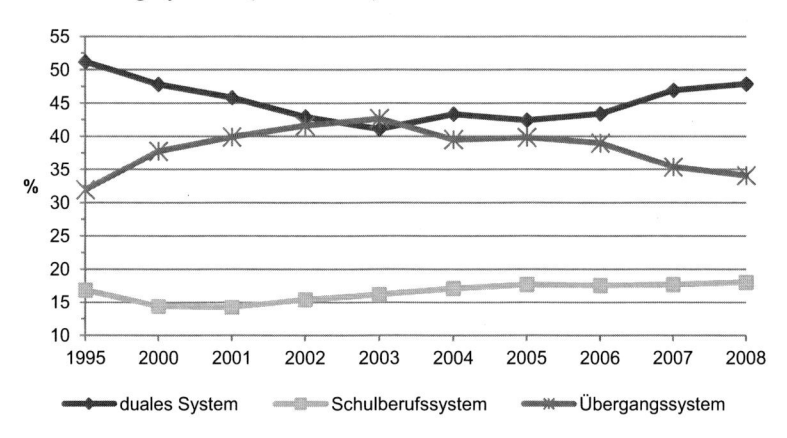

Im Zeitverlauf ist somit zu konstatieren, dass der Anteil des Übergangssystems zunächst von 1995 bis 2003 um über 10 Prozentpunkte stieg und danach innerhalb von 5 Jahren wieder um 8,6 Prozentpunkte sank. Demnach hat sich der Anteil des Übergangssystems zuerst dem Anteil des dualen Systems angenähert und anschließend wieder davon entfernt. Diese Schwankungen sind nahezu parallel zu den Entwicklungen aller Neuzugänge im beruflichen Bildungssystem, die von 1995 bis 2003 anstiegen und daraufhin wieder abfielen.[88] Das bedeutet, dass in der Zeit, in welcher das Berufsbildungssystem eine steigende Nachfrage zu verzeichnen hatte, das Übergangssystem im Vergleich zu den anderen beiden Sektoren am stärksten ausgebaut und in der Periode von sinkenden Neuzugängerzahlen wieder reduziert wurde. Demnach erscheint das Übergangssystem als ein flexibles Instrument, welches vor allem dazu dient, die Nachfrage nach Bildungsgängen im beruflichen Bil-

---

86 Im Jahr 2005 stieg der Anteil des Übergangssystems um 0,4 Prozentpunkte von 39,5 % auf 39,9 %.
87 Das Schaubild basiert auf den Daten der Bildungsberichte 2008 und 2010 (vgl. Autorengruppe Bildungsberichterstattung 2008: 275, 2010: 272). Die Daten ab 2005 sind mit den vorhergehenden Jahren nur eingeschränkt vergleichbar. Bei der Berechnung der Anteile wurden die Beamtenausbildungen ausgeschlossen.
88 Auch diese Entwicklungen verlaufen nicht streng monoton. Ausnahmen bilden in diesem Fall die Jahre 2002 und 2006.

dungssystem zu regulieren. Letztendlich dient das Übergangssystem, in Anlehnung an die zuvor beschriebenen Entwicklungen (vgl. Kapitel 1.4), damit auch dazu, Jugendliche, die keine reguläre Berufsausbildung aufnehmen, vor einer möglichen Arbeitslosigkeit zu schützen und die Jugendarbeitslosigkeitsquote abzudämpfen.

Trotz dieses Absinkens der Neuzugänge im Übergangssystem wird die Leistungsbilanz des Übergangssystems nach wie vor kritisch diskutiert. Die Kritik beschränkt sich dabei nicht auf einzelne Bildungsgänge des Übergangssystems, sondern umfasst die Effizienz und die Effektivität des ganzen Teilbereichs des beruflichen Bildungssystems (Münk/Rützel/Schmidt 2008, Münk/Weiß 2009).

So stellen Baethge, Solga und Wieck für den durch die Bundesagentur für Arbeit geförderten Teilbereich des Übergangssystems fest, „dass die Erfolgswahrscheinlichkeiten des ‚Übergangs' in eine reguläre Berufsbildung (oder Beschäftigung) gering sind und kaum die 40 %-Marke überschreiten" (Baethge/Solga/Wieck 2007: 51). Demnach lässt sich vermuten, dass die Chancen auf eine erfolgreiche Einmündung in eine reguläre Ausbildung ungleich verteilt sind. Dabei bleibt zu fragen, wodurch diese Ungleichheit bedingt wird und welche Konsequenzen sie, auch für die Jugendlichen selbst, hat.

Ungeachtet dieser offenen Fragen kann festgehalten werden, dass das Ausbildungsinteresse der Jugendlichen nicht gesunken ist, sondern sich nach wie vor auf einem hohen Niveau befindet. Mit der BIBB-Schulabgängerbefragung lässt sich zeigen, dass jedoch insbesondere Jugendliche mit Hauptschulabschluss und Jugendliche mit Migrationshintergrund diesen Wunsch nach einer dualen Ausbildung nicht realisieren können und in der Folge in das Übergangssystem einmünden (vgl. Friedrich 2009b, 2009a). Nach den Daten der BIBB-Schulabgängerbefragung gelingt es nur 32 % der Jugendlichen mit Migrationshintergrund, ihr Vorhaben, eine betriebliche Ausbildung aufzunehmen, umzusetzen, während dies 54 % der Schulabgänger ohne Migrationshintergrund schaffen. Schulabgänger mit Hauptschulabschluss haben ebenso deutlich schlechtere Realisierungsquoten als Schulabgänger mit mittlerem Schulabschluss (vgl. Friedrich 2009b: 79).[89] Laut dem Bildungsbericht sind die Übergangsquoten der Hauptschüler dennoch deutlich höher als die der Schulabgänger ohne Hauptschulabschluss. So nahmen 41,1 % der Hauptschulabsolventen im Jahr 2008 eine reguläre Berufsausbildung auf, während der Anteil der Ausbildungsanfänger bei den Schulabgängern ohne Schulabschluss um etwa die Hälfte niedriger, nämlich bei 22,1 %, lag (vgl. Autorengruppe Bildungsberichterstattung 2010: 98 f.). In der Folge

---

89 Der Wunsch, eine betriebliche Berufsausbildung aufzunehmen, wird von 62 % der Jugendlichen mit mittlerem Bildungsabschluss, aber nur von 38 % der Schulabgänger mit Hauptschulabschluss realisiert.

sind es eben diese SuS, die häufiger als die genannten Vergleichsgruppen einen Bildungsgang im Übergangssystem aufnehmen.

Im Rahmen des DJI-Übergangspanels, das Übergangsprozesse von Hauptschülern fokussiert, wurde in diesem Zusammenhang wiederholt festgestellt, dass die Jugendlichen aufgrund von Problemen bei der Lehrstellensuche ihre Entscheidung an der ersten Schwelle kurzfristig revidieren mussten (vgl. Gaupp/Lex/Reißig et al. 2008, Lex 2007, Reißig/Gaupp/Lex 2008). Dabei entscheiden sich die Jugendlichen noch vor dem Abschluss des letzten Schuljahres um, sodass zwischen März und Juni 2004 der Anteil derjenigen, die eine Ausbildung aufnehmen wollten, um 9 Prozentpunkte auf 35 % sank und im Gegenzug insbesondere ein weiterer Schulbesuch (Anstieg um 13 Prozentpunkte auf 40 %) oder der Eintritt in das Übergangssystems (Zunahme um 3 Prozentpunkte auf 17 %) erwogen wird (vgl. Gaupp/Lex/Reißig et al. 2008: 19 f.). An diesen Umentscheidungen wird auch deutlich, dass den SuS die Lage auf dem Ausbildungsstellenmarkt nicht fremd ist, sondern aktiv nach Alternativen zu einer regulären Berufsausbildung gesucht wird. Dennoch können auch die nach der ersten Revision der ursprünglichen Entscheidung gefassten Pläne oftmals nicht umgesetzt werden. Im Gegenteil wurde festgestellt, dass weniger SuS tatsächlich eine Ausbildung aufnehmen oder weiter zur Schule gehen, wodurch berufsvorbereitende Bildungsgänge zusätzlich an Bedeutung gewinnen und jeder vierte Befragte im November 2004 in ein derartiges Angebot eingemündet war. Demgegenüber gingen 26 % der Hauptschulabgänger in eine reguläre Ausbildung über. Ein weiteres Schuljahr absolvierten 35 % der Jugendlichen (vgl. Gaupp/Lex/Reißig et al. 2008: 20 f.).

Der Erfolg der Lehrstellensuche hängt dabei auch von zuvor absolvierten Praktika ab. So verdeutlichen die Daten des DJI-Übergangspanels, dass weit über die Hälfte der Jugendlichen mit einem direkten Übergang in eine Berufsausbildung zuvor ein Praktikum in ihrem Ausbildungsbetrieb absolviert haben. Diese Quote liegt dabei für die Jugendlichen, welche die Hauptschule ohne Abschluss verlassen haben, bei 87 % und damit 26 Prozentpunkte über dem Anteil derjenigen mit Schulabschluss (vgl. Gaupp/Lex/Reißig et al. 2008: 15). Diese Schlüsselfunktion der Betriebspraktika wird ebenso in der Studie „Beruf fängt in der Schule an" des BIBB dokumentiert. Auf dieser Basis kann nicht nur aufgezeigt werden, dass die Ausbildungsbetriebe die Praktika als Rekrutierungsinstanz verwenden; auch die SuS versuchen mit guten Leistungen ihre Übernahmechancen zu erhöhen (vgl. Bergzog 2008: 14).

Entsprechend der aktiven Suche nach Alternativen variiert die Wahrnehmung der Gründe für den Übergang in die Berufsvorbereitung bei den Teilnehmern der entsprechenden Maßnahmen. So geben 56 % der im DJI-Übergangspanel befragten Jugendlichen, deren ursprünglicher Plan der Übergang in einen berufsvorbereitenden Bildungsgang war, an, dass sie sich aufgrund eines eigenen Wunsches im Übergangssystem befinden. Hingegen nehmen 31 % der Hauptschulabgänger den Besuch der Berufsvorbereitung als Notlösung wahr. SuS, die anfangs eine Berufsausbildung anstrebten, nehmen die Berufsvorbereitung hingegen mehrheitlich als Notlösung wahr; ein Drittel dieser Jugendlichen beschreibt die Teilnahme als wunschgemäß (vgl. Gaupp/Lex/Reißig et al. 2008: 33). Dies deutet darauf hin, dass die Jugendlichen, auch wenn sie ursprünglich nicht die Aufnahme eines Bildungsgangs im Übergangssystem angestrebt hatten, die Teilnahme rationalisieren.

Das bedeutet jedoch nicht, dass die Jugendlichen ihren eigentlichen Wunsch, in eine reguläre Berufsausbildung überzugehen, aufgeben. Vielmehr erhalten sie selbigen auf lange Sicht aufrecht, sodass die Realität der SuS während des Aufenthalts im Übergangssystem wesentlich von Unsicherheiten geprägt ist. Heinz, Krüger, u.a. haben bereits 1985 gezeigt, dass diese Unsicherheit, insbesondere bei Hauptschülern, Auswirkungen auf die Wahrnehmung der späteren Berufschancen hat. Unter diesem Eindruck entwickeln die Jugendlichen auch ein hohes Maß an Flexibilität bezüglich ihrer weiteren Berufsziele (vgl. Heinz/Krüger/Rettke et al. 1985). Auch für die SuS im heutigen Übergangssystem ist dieser Faktor zentral. Dabei lässt sich konstatieren, dass die Unsicherheit aus der Perspektive der SuS unter anderem durch eine als nicht ausreichend konkrete Vorbereitung auf die spätere Berufstätigkeit oder auch durch vorhergehende, erfolglose Bewerbungsversuche verursacht wird (vgl. Brändle/Müller 2010). Dieses hohe Maß an Unsicherheit führt dazu, dass es den SuS auch während des Aufenthalts im Übergangssystem streng genommen ausschließlich darauf ankommt, schnellstmöglich eine reguläre Berufsausbildung aufzunehmen (vgl. Brändle/Müller 2010, Bundesinstitut für Berufsbildung 2009: 72 f., 2010: 92). Mit der Leistungsbilanz des Übergangssystems lässt sich jedoch verdeutlichen, dass dieses nicht zu einer zügigen Umsetzung jenes Wunsches beiträgt, denn nur 26 % der Absolventen verlassen es mit einem zusätzlichen Haupt- oder Realschulabschluss (vgl. Baethge/Solga/Wieck 2007: 56). Tatsächlich kann so das Vorhaben, einen Beruf zu erlernen, wie Solga mit einem Vergleich des Berufseinstiegsalters verschiedener Kohorten zeigen konnte, immer später in die Tat umgesetzt werden (vgl. Solga 2005: 215).

Letztendlich entsteht dadurch ein Rückstau an ausbildungswilligen Jugendlichen (vgl. Baethge/Solga/Wieck 2007: 57), der nicht nur in für die ausbildungssuchenden Jugendlichen selbst, sondern auch volkswirtschaftlich und sozial, insbesondere durch die Verursachung von Mehrbelastungen für soziale Sicherungssysteme, erhebliche Probleme in sich birgt. In der Folge werden in der Berufs- und Wirtschaftspädagogik unter anderem Auseinandersetzungen über die Beurteilung der Leistungsbilanz des Übergangssystems geführt. So stellen Kritiker selbiges radikal in Frage und beschreiben das Übergangssystem als Ort „der Dequalifizierung und Exklusion" (Greinert

2008: 11) oder konstatieren, dass „zahlreiche Jugendliche [durch Maßnahmekarrieren] vagabundieren" (Euler 2005: 205). Auf der anderen Seite wird das Übergangssystem zwar als verbesserungsfähig dargestellt, aber zugleich festgestellt, dass dessen „Maßnahmen [...], insbesondere die berufsvorbereitenden Bildungsgänge, eine unverzichtbare Funktion" (Beicht 2009: 14) inne haben, oder auch betont, dass die Jugendlichen im Übergangssystem „einen höherwertigen Schulabschluss und damit auf dem alternativen Bildungsweg einen Mehrwert erwerben" (Werner/Neumann/Schmidt 2008: 14). Je nach eingenommener Perspektive erscheint das Übergangssystem damit entweder besser, als sein Ruf vermuten ließe, oder es erfüllt in erster Linie eine Aufbewahrungsfunktion. Letztere würde im Widerspruch zum Auftrag des Übergangssystems, die Chancen von Jugendlichen auf einen regulären Ausbildungsplatz durch Weiterqualifizierung zu verbessern, stehen und letztlich bedeuten, dass diese in erster Linie temporär vom Ausbildungsmarkt ausgeschlossen werden.

Diese Exklusion spiegelt sich auch in der Diskussion über die Ausbildungsfähigkeit von Jugendlichen wider. Zwar mangelt es bekanntermaßen an einer exakten Definition der Ausbildungsfähigkeit, beziehungsweise der Ausbildungsreife (vgl. Bundesinstitut für Berufsbildung 2008: 86), sodass das Konstrukt generell als umstritten bezeichnet werden kann (vgl. Eberhard 2006, Ehrenthal/Eberhard/Ulrich 2005, Rebmann/Tredop 2006), dennoch wird es von Unternehmern regelmäßig als Kritikpunkt herangezogen. So stuft, laut den Ausbildungsumfragen des Deutschen Industrie- und Handelskammertages, die Mehrheit der Unternehmen und damit die Majorität der potenziellen Arbeitgeber das Niveau der Schulabgänger als nicht ausreichend für eine Berufsausbildung ein. Bemerkenswert ist dabei, dass dieser Anteil seit 2005 gestiegen ist und sich im Jahr 2011 bei 76 % befindet (vgl. Deutscher Industrie- und Handelskammertag 2011: 32). In absoluten Zahlen sind dies 10.867 Unternehmen, welche die Ausbildungsreife als „Ausbildungshemmnis Nummer eins" (vgl. Deutscher Industrie- und Handelskammertag 2011: 3) ansehen. Besonders häufig wurde in der Unternehmensbefragung der Industrie- und Handelskammer das schriftliche und mündliche Ausdrucksvermögen der Schulabgänger als unzureichend eingeschätzt. 53 % der befragten Unternehmen gaben Mängel in diesem Bereich an. Daneben wurden von 48 % der Unternehmen mangelhafte Kenntnisse bei elementaren Rechenfertigkeiten ausgemacht sowie von der Hälfte die Leistungsbereitschaft und die Motivation der Schulabgänger bemängelt. Am seltensten kritisierten die Unternehmen nicht ausreichendes Interesse und fehlende Aufgeschlossenheit bei den Schulabgängern. Dennoch ist es noch über ein Viertel der befragten Unternehmen, welches bezüglich dieser Eigenschaften der Schulabgänger Mängel angab. So vermag es auch nicht zu überraschen, dass im Jahr 2010 lediglich 9 % der Unternehmen keine Mängel bei den Schulabgängern konstatierten (vgl. Deutscher Industrie- und Handelskammertag 2010: 31). Betrachtet man die Entwicklung dieser von den Unternehmen wahrgenommenen Ausbildungsmängel in den vergangenen sechs Jahren (vgl. Schaubild 7), so sind mehrere Befunde auffällig:

Schaubild 7: Entwicklung der durch Unternehmen konstatierten Ausbildungsmängel seit 2005[90]

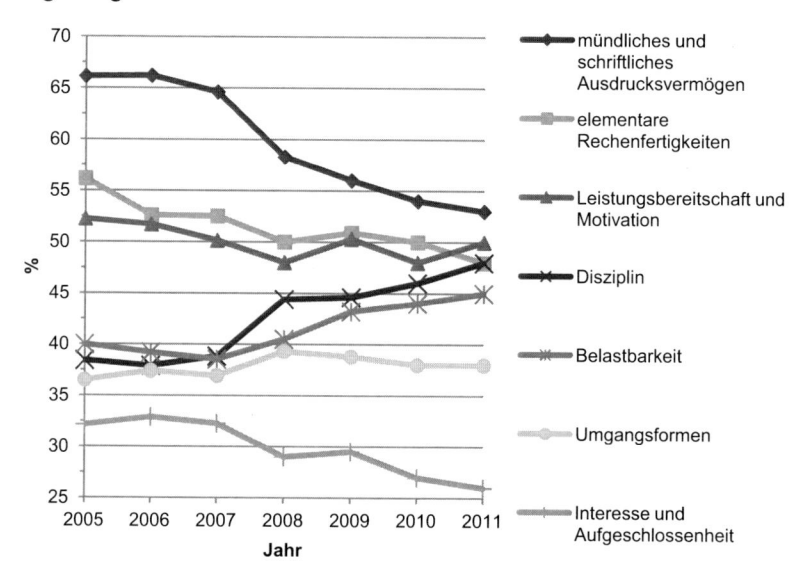

Erstens lässt sich konstatieren, dass insbesondere die Kritik am mündlichen und schriftlichen Ausdrucksvermögen zurückgegangen ist. Während diese im Jahr 2005 noch von zwei Drittel der befragten Unternehmen als defizitär eingeschätzt wurde, sank die relative Häufigkeit der Nennungen im betrachteten Zeitraum um über 10 Prozentpunkte. Zugleich ist jedoch festzuhalten, dass dieser Kritikpunkt nach wie vor die meisten Nennungen auf sich vereinigt. So kann zweitens auch generell angemerkt werden, dass die Rangfolge der konstatierten Ausbildungsmängel im Lauf der Jahre, abgesehen von Positionsänderungen der Kritik an der Disziplin sowie an der Leistungsbereitschaft und Motivation, konstant bleibt. Dies deutet darauf hin, dass auch die Bedeutung der Kenntnisse und Fähigkeiten in den verschiedenen Bereichen für die Unternehmen weitgehend konstant geblieben ist. Drittens kann fest-

---

90 Das Schaubild basiert auf Daten der Ausbildungsumfragen der Industrie- und Handelskammer der Jahre 2005 bis 2011 (vgl. Deutscher Industrie- und Handelskammertag 2005: 10, 2006: 11, 2007: 17, 2008: 15, 2009: 21, 2010: 31 f., 2011: 34 f.).

gehalten werden, dass die sich Entwicklung der relativen Häufigkeiten für die Mehrheit der einzelnen Kritikpunkte über die Jahre in einem Bereich von weniger als zehn Prozentpunkten abspielt und damit beschränkt ist. Die Ausnahmen bezüglich dieser Art der verhältnismäßigen Konstanz bildet zum einen, wie bereits oben erwähnt, die Kritik an der mündlichen und schriftlichen Ausdrucksfähigkeit der Schulabgänger. Eine weitere Ausnahme besteht in der als mangelnd eingeschätzten Disziplin, die nach einem leichten Absinken im Jahr 2006 um etwas mehr als 10 % häufiger genannt wurde.

Zusammenfassend kann somit von einer leicht gesunkenen relativen Häufigkeit der Kritik an der Ausbildungsfähigkeit der Schulabgänger gesprochen werden. Jedoch werden im Jahr 2011, ebenso wie sechs Jahre zuvor, durchschnittlich von jedem befragten Unternehmen noch immer Mängel in drei der angeführten Bereiche konstatiert. Demnach haben zwar geringfügige Verschiebungen bei der vorgebrachten Kritik stattgefunden; insgesamt betrachtet ist das Niveau derselben aber nahezu unverändert geblieben, obwohl die Ergebnisse von PISA nahelegen, dass sich die Kompetenzen der SuS in den letzten Jahren verbessert haben (vgl. Klieme/Artelt/Hartig et al. 2010).

Eine vom Bundesinstitut für Berufsbildung bezüglich der Kritik an der Ausbildungsfähigkeit durchgeführte Befragung von Experten aus verschiedenen Bereichen kommt dabei zu grundsätzlich ähnlichen Ergebnissen. Im Gegensatz zu den Umfragen des Deutschen Industrie- und Handelskammertags wird von den in dieser Studie befragten Experten jedoch auch hervorgehoben, dass sich die Qualifikation der Bewerber binnen der letzten 15 Jahre in einigen Bereichen verbessert hat. Im Einzelnen gilt dies für Grundkenntnisse im IT-Bereich, Selbstsicherheit, Grundkenntnisse der englischen Sprache sowie für Kommunikations- und Teamfähigkeit. Dennoch werden von den Befragten weit mehr negative als positive Entwicklungen ausgemacht, wobei die Ursachen dafür primär „in der familiären Situation der Kinder und – in Folge dessen – mit einer veränderten Ausbildungs- und Arbeitsmotivation der Jugendlichen" (Ehrenthal/Eberhard/Ulrich 2005) gesehen werden und die Bedeutung der Schule demgegenüber als gering eingeschätzt wird (vgl. Ehrenthal/Eberhard/Ulrich 2005).

Besonders bemerkenswert ist die überwiegende Kritik an der Ausbildungsfähigkeit der Schulabgänger, wenn der gleichzeitig vollzogene Abbau von Lehrstellen in die Betrachtungen einbezogen wird (vgl. Bundesagentur für Arbeit 2010b, Bundesinstitut für Berufsbildung 2009: 67 ff., Deutscher Industrie- und Handelskammertag 2010: 7 ff., Friedrich/Schöngen/Walden 2009, Ulrich/Flemmng/Granath et al. 2010).[91] Zwangsläufig führt dies zu der Frage, ob die mit dem Lehrstellenabbau verbundene verstärkte Selektion beim Übergang von der Schule auf den Ausbildungsmarkt zu einer Verstärkung der Ungleichheit an dieser ersten Schwelle führt. Insbesondere für die Gruppe

---

91 Für das Jahr 2011 rechnet der DIHK mit einer Ausweitung des Ausbildungsplatzangebots (vgl. Deutscher Industrie- und Handelskammertag 2011: 7 f.).

der SuS des Übergangssystems, die auch ohne diese Verschärfung der Lehrstellensituation mit zahlreichen Schwierigkeiten an dieser Schwelle konfrontiert ist (vgl. Weil/Lauterbach 2009), ist diese Fragestellung von Relevanz. Letztlich geht es dabei um das Verhältnis von strukturellen und individuellen Faktoren beim Übergang in die Berufsausbildung, was nicht weniger kritisch diskutiert wird als die Leistungsbilanz des Übergangssystems im Allgemeinen. So argumentieren die Ausbildungsbetriebe, wie oben angeführt, eher individualistisch, während verschiedene Forschungsergebnisse auf die Bedeutung der strukturellen Rahmenbedingungen hinweisen. Beispielhaft kann hier die BA/BIBB-Bewerberbefragung angeführt werden, welche verdeutlicht, dass die regionalen Arbeitsmarktbedingungen einen zentralen Einfluss auf die Erfolgschancen einer Bewerbung um einen Ausbildungsplatz haben. So nahmen in Regionen mit einer Arbeitslosigkeitsquote von über 9 % nur 32,7 % der SuS mit mindestens guter Mathematiknote eine reguläre Berufsausbildung auf, während SuS mit befriedigender Mathematiknote in Regionen mit einer Arbeitslosigkeitsquote von unter 9 % häufiger erfolgreich waren und in 39,1 % der Fälle in eine Ausbildung übergingen (vgl. Ulrich/Eberhard/Granato 2006: 202 f.). Das bedeutet, dass SuS mit gleichen Schulleistungen in unterschiedlichen Regionen verschieden hohe Chancen haben, eine Berufsausbildung aufzunehmen.

Zusätzlich zu diesen regionalen Unterschieden und der oben beschriebenen Bedeutung des formalen Schulabschlusses sind beim Übergang in die Berufsausbildung auch personenbezogene Merkmale von Relevanz. Dabei zeigt sich insbesondere, dass Jugendliche mit Migrationshintergrund wesentlich niedrigere Chancen auf einen erfolgreichen Übergang in eine reguläre Berufsausbildung haben als Jugendliche ohne Migrationshintergrund, obwohl sie sich in ihren Bildungsaspirationen nur wenig unterscheiden (vgl. Beicht/ Granato 2009, Boos-Nünning/Granato 2008, Granato 2006, 2007, 2009, Granato/Skrobanek 2007, Granato/Ulrich 2009, Uhly/Granato 2006, Ulrich/ Eberhard/Granato 2006). Dabei ist vielfach belegt und besonders bemerkenswert, dass Jugendliche mit Migrationshintergrund auch bei einer Konstanthaltung der Abschlussnote schlechtere Übergangschancen haben. Das heißt: Sie müssen deutlich bessere Abschlüsse als Jugendliche ohne Migrationshintergrund vorweisen, um auf dem Ausbildungsmarkt konkurrenzfähig zu sein (vgl. Beicht/Granato 2009, Boos-Nünning/Granato 2008, Diehl/ Friedrich/Hall 2009, Granato 2007, Imdorf 2007, Lehmann/Ivanov/Hunger et al. 2005, Lehmann/Seeber 2007, Lehmann/Seeber/Hunger et al. 2006, Lex 2007, Ulrich/Eberhard/Granato 2006).

Darüber hinaus zeigen sich beim Wunsch nach der Aufnahme einer Berufsausbildung geschlechtsspezifische Unterschiede. Junge Männer streben dabei häufiger als junge Frauen direkt nach dem Verlassen der allgemeinbildenden Schule eine Berufsausbildung an, wobei festzuhalten ist, dass Letztere „häufiger eine Ausbildung in Schulberufen beabsichtigen" (Beicht/Granato

2010: 8). Diese Differenz besteht jedoch nicht nur bezüglich der Wünsche der jungen Frauen und Männer, sondern setzt sich bei der faktischen Einmündung fort. So liegen die Einmündungsquoten derjenigen Schüler, die eine Berufsausbildung anstrebten, bei 63 %, während weniger als die Hälfte der Schülerinnen (47 %) nach einem Jahr eine Berufsausbildung aufgenommen hat. Nach weiteren zwei Jahren steigen zwar beide Quoten auf 82 % beziehungsweise 68 % an; der Unterschied zwischen den Geschlechtern bleibt jedoch bestehen (Beicht/Granato 2010: 10). In Kombination mit dem Migrationshintergrund führt dies dazu, dass junge Frauen mit Migrationshintergrund beim Übergang in die Berufsausbildung am schlechtesten abschneiden, Frauen deutscher Herkunft junge Männer mit Migrationsherkunft übertreffen und junge Männer deutscher Herkunft die besten Übergangsquoten aufweisen (vgl. Beicht/Granato 2010: 10 ff.).

Des Weiteren lassen sich beim Übergang in das Berufsbildungssystem, genau wie im allgemeinbildenden Schulsystem (vgl. Meyer/Stadler/Matter 2003, PISA-Konsortium Deutschland 2001, 2005, 2007), Ungleichheiten nach der sozialen Herkunft der Jugendlichen beschreiben. Dabei streben Jugendliche ohne Studienberechtigung überwiegend eine Berufsausbildung an, während studienberechtigte Jugendliche mehrheitlich die Aufnahme eines Studiums anvisieren. Dabei spielen jedoch nicht nur die faktischen Zugangsbeschränkungen eine Rolle, sondern auch die soziale Herkunft der Jugendlichen. So neigen „Jugendliche aus besser gebildeten, statushöheren Elternhäusern, […] selbst bei *gleichen schulischen Voraussetzungen* seltener zu einer betrieblichen Ausbildung als Jugendliche aus weniger günstigen sozialen Verhältnissen, und zwar auch dann, wenn sie nicht über eine Studienberechtigung verfügen" (Beicht/Granato 2010: 14). Dabei variiert nicht nur der Wunsch, eine Berufsausbildung anzustreben, mit der sozialen Herkunft der Jugendlichen, sondern auch die tatsächliche Übergangswahrscheinlichkeit. Das heißt: Die Chancen auf einen erfolgreichen Übergang erhöhen sich für die Jugendlichen, wenn ihre Eltern über eine Berufsausbildung verfügen, und zwar unabhängig von den Schulleistungen der Jugendlichen. Es scheint plausibel, dass die Eltern in diesem Fall als zusätzliche Beratungsinstanz wirken und die im Rahmen ihrer eigenen Berufsausbildung gesammelten Erfahrungen an ihre Kinder weitergeben können (vgl. Beicht/Granato 2010: 14). Letztlich kann davon ausgegangen werden, dass es auch die Beziehungsnetzwerke der Eltern sind, auf welche die Jugendlichen im Zuge ihrer Lehrstellensuche zurückgreifen, und sie auf diese Weise einen weiteren Vorteil gegenüber Jugendlichen ohne Eltern mit abgeschlossener Berufsausbildung generieren können.

Zusammenfassend lässt sich somit festhalten, dass nach dem Verlassen der allgemeinbildenden Schule die Chancen auf einen erfolgreichen Übergang in eine Berufsausbildung ungleich verteilt sind. Wie gezeigt setzen sich dabei Ungleichheiten fort, die im Zusammenhang mit dem allgemeinbildenden Schulsystem lange Zeit bekannt sind. In der Folge können Jugendliche mit Migrationshintergrund und Jugendliche aus bildungsfernen Schichten den Wunsch nach einer regulären Berufsausbildung schwieriger verwirklichen, als deutschstämmige Schulabgänger aus bildungsnahen Schichten. Demnach sind an der ersten Schwelle, dem Übergang von der Schule in die Berufsausbildung, nicht nur Leistungskriterien wirksam, sondern auch personenbezogene Merkmale, die einen Einfluss auf das Auswahlverhalten der Ausbildungsbetriebe zu haben scheinen. Bemerkenswert ist dabei, dass die Betriebe noch immer die, nicht an Schulnoten gebundene, Ausbildungsfähigkeit der Schulabgänger kritisieren und damit ein zusätzliches Selektionskriterium beim Übergang in eine reguläre Ausbildung stärken. Letztendlich sind es somit mehrere Faktoren, die zu dem beschriebenen Ausbau des Übergangssystems beitragen. Dabei ist zwar nach wie vor umstritten, ob die Bildungsgänge desselben für die Jugendlichen eher, im Sinne einer Warteschleife, eine zweite Chance sind (vgl. Beicht 2009, Rahn 2005), oder ob sie eher der Exklusion der Jugendlichen dienen (vgl. Euler 2005, Greinert 2008). Eindeutig ist jedoch, dass die SuS im Übergangssystem den Wunsch nach der Aufnahme einer regulären Berufsausbildung nicht aufgegeben haben und damit ein Rückstau an prinzipiell ausbildungswilligen Jugendlichen entsteht, der die Zahl der Bewerber für Ausbildungsplätze zusätzlich vergrößert.

Aufbauend auf diesen Befunden werden im Folgenden weitere Forschungsfragen entwickelt, die einerseits durch soziologische Theorien (Boudon 1974, Bourdieu 1982, 1987, Goffman 1967, Grundmann 2006) und andererseits, anknüpfend an Solga (2005), durch ökonomische Ansätze (Doeringer/Piore 1971, Spence 1973, 1974, Thurow 1972, 1975) gerahmt werden. Anschließend werden entlang verschiedener Datenquellen die aufgeworfenen Forschungsfragen weiter verfolgt. Mit dem Einbezug des SOEP wird dabei über eine rein deskriptive Analyse hinausgegangen und die Bedeutung eines Aufenthalts im Übergangssystem für die längerfristige Berufskarriere und damit für den Lebensverlauf der SuS herausgearbeitet. Die aus diesen Paneldaten gewonnenen Ergebnisse werden daraufhin mit der Perspektive von SuS des Übergangssystems konfrontiert und damit der Entwurf eines Mehrebenenmodells, das soziale Ungleichheit im Übergangssystem beschreibt, um eine zentrale Dimension angereichert.

3.2 Eigene Auswertungen

Wie im Vorangegangenen gezeigt, hat die Forschungsliteratur bezüglich des Übergangssystems trotz einer generellen Unterberücksichtigung zugenommen. Im Anschluss an diese bereits vorliegenden Studien lassen sich verschiedene Forschungsfragen formulieren, die im Folgenden näher expliziert werden. Im Einzelnen wird unter Bezugsnahme auf verschiedene Datenquellen den folgenden Fragestellungen nachgegangen:

An erster Stelle sollen die Allokationseffekte beim Verlassen des Übergangssystems betrachtet werden. Das bedeutet: Es wird der Übergang aus dem Übergangssystem auf den Ausbildungsmarkt fokussiert und gefragt, wie sich dieser gestaltet. Mithilfe des SOEP wird hierbei insbesondere die zeitliche und biografische Struktur der Übergänge betrachtet. In diesem Kontext ist auch der Zusammenhang des Zugangs zur Berufsbildung mit der sozialen Herkunft der SuS von besonderer Relevanz. Damit wird über eine rein bildungsbiografische Perspektive hinausgegangen und in struktureller Hinsicht auf der Makroebene nach Regelmäßigkeiten geforscht. Das heißt: Es werden nicht nur die weiteren Wege der Abgänger aus dem Übergangssystem betrachtet, sondern es wird auch untersucht, wie sich die Schülerschaft in den Bildungsgängen desselben zusammensetzt. Auf Basis des SOEP wird gefragt, ob sich die SuS durch bestimmte Herkunftsmerkmale auszeichnen. Kurzum: Bei den folgenden Auseinandersetzungen mit dem SOEP wird die Frage, ob es trotz der Vielzahl an unterschiedlichen Bildungsangeboten Gemeinsamkeiten zwischen den SuS im Übergangssystem gibt, leitend sein. Dabei wird auch nach herkunftsspezifischen Ungleichheiten und deren langfristigen (Aus-)Wirkungen gefragt und damit über bislang vorliegende Untersuchungsergebnisse, die überwiegend deskriptiven Charakters sind, hinausgegangen.

Im Anschluss an diese Auswertungen werden die aus den quantitativen Daten abgeleiteten Befunde mit den Erfahrungswelten der Jugendlichen konfrontiert. Als Grundlage für diesen Vergleich zwischen institutionalisiertem Bildungsgeschehen und dessen Relevanz für die Jugendlichen selbst wird auf Leitfadeninterviews zurückgegriffen, die im Rahmen eines Lehrforschungsprojekts zur Selektivität des beruflichen Bildungssystems durchgeführt wurden. Diese Herangehensweise ermöglicht es die Bildungspraktiken der SuS zu fokussieren und damit unter anderem einen Beitrag zur Frage nach den Entscheidungsprozessen derselben zu leisten. So wird in diesem Zusammenhang gefragt, ob die Jugendlichen *rationale* Entscheidungen treffen, wie oftmals angenommen wird (vgl. Becker 2009, Weil/Lauterbach 2009), oder eher nach einer anderen Logik agieren, die sich von Modellen rationalen Handelns deutlich unterscheidet.

Eine erste zentrale Annahme kann demnach folgendermaßen formuliert werden:

1. Die Bildungspraktiken der SuS sind herkunftsspezifisch geprägt und werden durch die institutionellen Gegebenheiten überformt. In Anlehnung an Bourdieu sind dabei nicht nur statistisch erfasste Merkmale, wie Migrations- und Bildungshintergrund der Herkunftsfamilie, sondern beispielsweise auch das soziale Kapital, im Sinne der Beziehungen der Jugendlichen in ihrem sozialen Nahraum, zu beachten.

Darüber hinaus wird im Sinne der Signal- und Filter-Theorie (vgl. Arrow 1973, Spence 1973, 1974, Stigler 1962, Stiglitz 1975) und des Stigmatisierungskonzepts von Goffman (vgl. Goffman 1967) davon ausgegangen, dass die formalen Bildungsabschlüsse im Zuge der Berufsverläufe von Individuen weitreichende Auswirkungen haben. Auf Basis des SOEP wird durch einen Vergleich von SuS des Übergangssystems mit Hauptschülern entsprechend geprüft, ob ein Aufenthalt im Übergangssystem zu Nachteilen an der ersten und/oder der zweiten Schwelle führt. Demnach wird untersucht, ob die Daten die Annahme eines Schuleffekts, nach welchem die besuchte Schulform einen eigenständigen Effekt auf die Berufskarrieren der jungen Menschen hat, nahelegen oder zurückweisen. In diesem Kontext wird auch danach gefragt, inwieweit sich der Zeitpunkt des Übergangs in eine reguläre Berufsausbildung beziehungsweise eine dauerhafte Beschäftigung zwischen den beiden Vergleichsgruppen unterscheidet.

Hieraus lässt sich eine zweite zentrale Annahme ableiten:

2. Die Bildungs- beziehungsweise Berufsbiografien werden durch den jeweils besuchten Bildungsgang und den darin erworbenen formalen Abschluss beeinflusst. Mit anderen Worten: Es wird erwartet, dass aus den statistischen Daten ein „Schuleffekt" isoliert werden kann.

Die angeführten Annahmen erfordern, wie bereits angedeutet, eine Herangehensweise, welche nicht nur auf eine Datenquelle Bezug nimmt, sondern sowohl quantitative als auch qualitative Daten in die Auswertung mit einbezieht. Vor der Auseinandersetzung mit diesen Analysen werden nachfolgend zunächst die oben angeführten Theorien näher betrachtet und so die zentralen Forschungsannahmen weiter spezifiziert und ausdifferenziert.

3.2.1 Theoretische Fundierung

Zur Klärung der Frage nach herkunftsspezifischer Ungleichheit im Bildungssystem wird in der Bildungssoziologie häufig auf das theoretische Modell Raymond Boudons zurückgegriffen (vgl. Becker 2009, Maaz/Baumert/ Trautwein 2010, Weil/Lauterbach 2009). Als ein Grund für die weitverbreitete Verwendung dieses Ansatzes kann seine, im Vergleich zu anderen Theorien, geringe Komplexität angeführt werden. Daher stellt der Ansatz keine allzu hohen Ansprüche an das Datenmaterial, sodass von einer verhältnismäßig einfachen Operationalisierbarkeit des Boudonschen Ansatzes gesprochen werden kann, die wohl einen zentralen Beitrag zur Verbreitung des Konzepts leistet. Unabhängig von den Ursachen der Verbreitung des Modells Boudons kann festgehalten werden, dass mit ihm soziale Ungleichheit durch ein einfaches Schema erklärt werden kann.

Boudons ursprüngliches Interesse bestand darin, die Sozialstruktur zu erklären, welche sich aus seiner Perspektive in verschiedene Schichten aufteilte. Im Zuge dessen entwickelte er mit Bezug auf die Arbeiten von Keller und Zavalloni (1962, 1964) ein Modell, in welchem primäre und sekundäre Herkunftseffekte fokussiert werden. Die primären Herkunftseffekte stellen dabei die Auswirkungen des Sozialisationsprozesses dar, welche die Entwicklung von Fähigkeiten und Kompetenzen von SuS direkt beeinflussen und auf diese Weise das Leistungspotenzial derselben bestimmen. Sichtbar werden die dadurch verursachten Unterschiede zwischen den Individuen unter anderem in unterschiedlichen Schulleistungen der SuS. Konkret bedeutet dies, dass die schulische Performanz von Kindern in Abhängigkeit vom Sozialstatus der Herkunftsfamilie variiert, da dieser den kulturellen Hintergrund der SuS wesentlich bestimmt. In der Folge zeigen SuS mit steigenden Sozialstatus der Herkunftsfamilie bessere Schulleistungen (vgl. Boudon 1974: 29). In diesem Zusammenhang sind die im Elternhaus bereiteten Lerngelegenheiten sowie die Zugänglichkeit von Bildungsmöglichkeiten von zentraler Bedeutung, denn diese sind in Familien mit einem niedrigen sozialen Status seltener und weniger intensiv als in Familien mit einem höheren sozialen Status. Letztlich werden so die Schulkarrieren von SuS durch die Zugehörigkeit zu einer bestimmten Herkunftsfamilie vorbestimmt und damit wird auch soziale Ungleichheit reproduziert.

Nach Boudon ist es jedoch nicht allein die Schulleistung, welche die weitere Schul- beziehungsweise Berufskarriere von Jugendlichen bestimmt. So unterscheiden sich die Wege von Jugendlichen aus verschiedenen Schichten oftmals, auch wenn sie in der Schule gleiche Leistungen erbracht haben. Laut Boudon liegen dieser Beobachtung Kosten-Nutzen-Überlegungen zugrunde, die dazu führen, dass Kinder aus höheren Schichten höhere Bildungskarrieren einschlagen als ihre Altersgenossen aus Herkunftsfamilien mit niedrigerem sozialen Status. In Zusammenhang mit diesen sekundären Herkunftseffekten sind zwei Überlegungen von besonderer Bedeutung: Erstens nimmt Boudon an, dass der wahrgenommene Nutzen höherer Bildung mit sinkendem Status der Kinder abnimmt. Zweitens wird davon ausgegangen, dass sich die Schichtzugehörigkeit direkt auf die erwarteten Kosten auswirkt. Entsprechend sinken die erwarteten Kosten gleichzeitig mit dem Anstieg des wahrgenommenen Nutzens. Diese zweite Annahme erscheint zunächst paradox, denn die Bildungskosten steigen mit der Länge des Aufenthalts im Bildungssystem. Im Boudonschen Modell werden Kosten jedoch nicht nur monetär gefasst, sondern umfassen auch einen sozialen Anteil. Das heißt: Es wird die soziale Distanz zwischen der Herkunftsfamilie und dem angestrebten Bildungsgang einbezogen. Mit anderen Worten haben Kinder aus niedrigen sozialen Schichten beim Eintritt in einen höheren Bildungsgang eine soziale Distanz zu überwinden, die um ein Vielfaches höher ist, als für ihre Altersgenossen aus höheren Schichten, und damit zu einer Kostensteigerung beiträgt (vgl. Boudon 1974: 29).

Der soziale Status der Herkunftsfamilie wirkt sich Boudon zufolge demnach doppelt auf die Bildungskarrieren der SuS aus. So werden zum einen die Schulleistungen direkt durch die soziale Herkunft beeinflusst. Zum anderen variieren die Bildungsaspirationen in Abhängigkeit von der Schichtzugehörigkeit. Daraus folgt, dass höhere Bildungsangebote in erster Linie von Kindern aus höheren Schichten wahrgenommen werden und auf diese Weise letztlich soziale Ungleichheit verfestigt wird.

Werden die Ausführungen Boudons auf das Berufsbildungs- und im Speziellen auf das Übergangssystem bezogen, so folgt daraus, dass Jugendliche, die Bildungsgänge im Übergangssystem besuchen, tendenziell aus Herkunftsfamilien mit einem niedrigeren sozialen Status als ihre Altersgenossen in regulären Berufsausbildungen kommen. Aus der Boudonschen Perspektive wären diese Differenzen auf ein unterschiedliches Leistungspotenzial der Jugendlichen sowie auf eine bewusste und gezielte Entscheidung für einen berufsvorbereitenden Bildungsgang zurückzuführen. Ausgeblendet werden in diesem Zusammenhang jedoch die bestehenden Zugangsbeschränkungen, sodass mit dem Ansatz Boudons zwar das individuelle Bildungsverhalten, nicht jedoch die strukturelle Rahmung desselben fokussiert werden kann.

Demnach kann das Modell Boudons einen Beitrag zur Klärung der Frage nach herkunftsspezifischen Unterschieden im Bildungsverhalten, wie es sich in den quantitativen Daten widerspiegelt, leisten. Aus dieser Perspektive wird der Boudonsche Ansatz im Zusammenhang mit der ersten forschungsleitenden Annahme verwendet. Dabei wird davon ausgegangen, dass mit dieser Theorie zwar die herkunftsspezifische Ungleichheit erklärt, nicht aber die mikrosoziologischen Prozesse des Bildungsverhaltens vollständig verstanden werden können.

Zum Zwecke einer Annäherung an das Ziel eines Verständnisses des individuellen Bildungsgeschehens bietet sich die Theorie Bourdieus an. Denn die Soziologie Bourdieus zielt letztlich darauf ab, die Praktiken der Individuen zu verstehen, also den subjektiven Sinn der Akteure nachzuvollziehen, ohne dabei die objektiven Bedingungen, welche die Praktiken rahmen, zu vernachlässigen (vgl. Bourdieu 1987: 187). Daraus folgt die Notwendigkeit einer Analyse von Handlungen und deren Entstehungszusammenhängen, die in einem Wechselverhältnis zueinander stehen. Der Einbezug dieser Analyseperspektive bedeutet demnach eine Erweiterung der von Boudon vertretenen Sichtweise, die in erster Linie die Bildungsentscheidungen und herkunftsspezifische Effekte fokussiert.

Von zentraler Bedeutung sind dabei die grundlegenden Ansichten, für welche Bourdieu und Boudon hinsichtlich der handlungsleitenden Motive einstehen. So stellt sich Bourdieu gegen die Annahme von rational handelnden Individuen, welche von Boudon vertreten wird, und konstatiert, dass „das reine Modell rationalen Handelns nicht als anthropologische Beschreibung der Praxis betrachtet werden kann" (Bourdieu 1987: 118).[92] Als Gegenentwurf entwickelt er die Idee einer praktischen Logik, die sich von der „Logik der Logik" (Bourdieu 1987: 157) unterscheidet. Dieser Praxislogik folgend handeln Individuen nicht nach rationalem Kalkül, sondern nach einem praktischen Sinn, welcher „ohne bewußte Überlegung oder logische Nachprüfung" (Bourdieu 1987: 167) auskommt. Damit ist jedoch nicht die Vorstellung von unstrukturierten, völlig von Interesse freien Handlungen verbunden. Vielmehr geht Bourdieu davon aus, dass Handlungen in jedem Fall „auf die Maximierung materiellen oder symbolischen Gewinns" (Bourdieu 1976: 357) ausgerichtet sind und „keine Handlung ohne Daseinsgrund, d. h. ohne Interesse" (Bourdieu 1987: 95) existiert. Zudem verfügen die Individuen bei Bourdieu über einen begrenzten Handlungsspielraum, der wesentlich durch den Habitus des jeweiligen Akteurs bestimmt wird.

Letzterer fungiert dabei als Bindeglied zwischen den Akteuren und der Praxiswelt. Einerseits wird der Habitus durch die Praxiswelt strukturiert, indem die in der Praxiswelt „bereits realisierten […] [Zwecke], Gebrauchsanleitungen oder Wegweisungen" (Bourdieu 1987: 100) auf die Individuen einwirken, ohne von ihnen hinterfragt zu werden. Dieser Charakter der Selbstverständlichkeit der Praxiswelt beruht darauf, dass sie den Akteuren „als notwendig bzw. natürlich" (Bourdieu 1987: 100) erscheint und ihr Inhalt in der Folge nicht reflektiert wird.[93] Letzten Endes bildet die Praxiswelt auf diese Weise einen gemeinsamen Erfahrungshintergrund und Sinnzusammenhang für alle an ihr partizipierenden Individuen. Im selben Zug werden durch diese strukturierenden Elemente die Grenzen der Habitusausbildung bestimmt, sodass der Habitus als Ergebnis der Praxis verstanden werden kann (vgl. Bourdieu 1987: 102 f.). Entsprechend ist von einem engen Zusammenhang zwischen dem Habitus und dem zu einer bestimmten Zeit gegebenen sozialen Umfeld auszugehen.

Andererseits wirkt der Habitus auch strukturierend auf die Praxiswelt zurück (vgl. Bourdieu 1982: 279 ff., Bourdieu 1987: 98). So gestalten die Individuen durch ihre Praktiken die soziale Welt und bewerten die darin auffindbaren Phänomene auf Basis ihres Habitus. Mit anderen Worten fungiert der „Habitus im Sinne einer Erzeugungsformel, mit der sich zugleich die […] Formen der Praxis […] klassifizieren lassen" (Bourdieu 1982: 278). Der Habitus dient dabei, wie oben erwähnt, als Begrenzung des Handlungsspielraums der Akteure, wodurch „die von den jeweiligen Habitus erzeugten Pra-

---

92 Bourdieu schließt rationales Handeln nicht völlig aus, behandelt es jedoch als Ausnahmefall, der lediglich eintritt, wenn die Handelnden über „vollkommene Information" (Bourdieu 1987: 118, kursiv im Original) verfügen und „die (ökonomischen und kulturellen) Bedingungen des am Wissens um die auf verschiedenen Märkten jeweils erzielbaren Profite ausgerichteten rationalen Handelns" (Bourdieu 1987: 118) völlig übereinstimmen.

93 Die Inhalte der Praxiswelt sind zwar prinzipiell reflektierbar, jedoch findet aufgrund von Routinisierungsprozessen keine Reflexion statt.

xisformen als systematische Konfigurationen von Eigenschaften und Merkmalen" (Bourdieu 1982: 278) erkennbar werden. Trotz dieser Einschränkung des Handlungsspielraums durch den Habitus determiniert selbiger die Individuen nicht völlig, sondern gibt ihnen innerhalb seiner Grenzen absolute, aber kontrollierte Freiheit (vgl. Bourdieu 1987: 103). Dies führt dazu, dass die Habitus innerhalb ein und desselben Milieus zwar gewisse Gemeinsamkeiten aufweisen, sich jedoch in Nuancen unterscheiden und damit individuell sind (vgl. Bourdieu 1987: 113).

Zusammenfassend lässt sich somit festhalten, dass der Habitus entscheidend durch die soziale Herkunft geprägt ist und damit seine Herausbildung eng an die jeweilige soziale, kulturelle und ökonomische Situation der Herkunftsfamilie gekoppelt ist. Gleichzeitig gilt es jedoch zu beachten, dass der Habitus als generatives Prinzip auf diese soziale Umwelt wiederum zurückwirkt und sie dadurch mitgestaltet. Insbesondere die durch den Habitus hervorgebrachten Wahrnehmungs-, Denk-, Bewertungs- und Handlungsschemata sind dabei aufgrund ihres dauerhaften Charakters von zentraler Bedeutung (vgl. Bourdieu/Wacquant 1996: 160). So werden durch die Stabilität der Habitus auch die sozialen Verhältnisse verstetigt und auf diese Weise ebenso soziale Ungleichheit verfestigt.

Das mit der ersten Forschungsannahme fokussierte individuelle Bildungsverhalten gewinnt aus dieser Perspektive im Vergleich mit der von Boudon vertretenen Sichtweise an zusätzlicher Komplexität, da der soziale Status der Herkunftsfamilie nicht als alleiniger Erklärungsansatz für Unterschiede hinsichtlich desselben angeführt wird. So rücken die Praktiken der Jugendlichen in den Vordergrund, wodurch über eine rein statistische Erfassung und Beschreibung der sozialen Herkunft hinausgegangen wird und mit Hilfe von Leitfadeninterviews ein Blick auf die Lebenswelt von SuS im Übergangssystem geworfen wird. Dabei werden in erster Linie die Prozesse der Ausbildungsplatzsuche fokussiert und dabei wird vor allem die Bedeutung des sozialen Umfelds der Suchenden herausgearbeitet. Entsprechend der Theorie Bourdieus ist dabei davon auszugehen, dass die Verfügung über sowie die Verfügbarkeit von sozialem Kapital von besonderer Bedeutung für die erfolgreiche Gestaltung der Suchprozesse ist. Das bedeutet: Es ist anzunehmen, dass Jugendliche mit verhältnismäßig viel sozialem Kapital bei der Suche nach einem Ausbildungsplatz erfolgreicher als ihre Altersgenossen mit weniger sozialem Kapital sind. Dies kann sich im Wesentlichen auf zwei Arten äußern: Zum einen wäre mit einer größeren Übereinstimmung zwischen angestrebter und tatsächlich aufgenommener Ausbildung zu rechnen. Zum anderen wäre zu erwarten, dass der Übergang in eine reguläre Berufsausbildung von Jugendlichen mit viel sozialem Kapital schneller von Erfolg gekrönt ist als für Ausbildungssuchende mit weniger sozialem Kapital.

Darüber hinaus kann in Anlehnung an Bourdieus Theorie angenommen werden, dass sich die Jugendlichen bei der Ausbildungsplatzsuche an Berufen orientieren, die nahe der Position der Eltern im sozialen Raum sind und entsprechend eine Orientierung an Berufen, die eine relativ große Distanz zu dieser Position aufweisen, unwahrscheinlich ist. Dies würde bedeuten, dass sich die Berufswünsche der Jugendlichen während des Aufenthalts im Übergangssystem nicht wesentlich verändern und der Besuch der Bildungsgänge nur selten zu einer Umorientierung führt.

Anknüpfend an diese Überlegungen ist jedoch auch hervorzuheben, dass die Jugendlichen spätestens beim Austritt aus dem Übergangssystem mit den Strukturen des Arbeitsmarkts konfrontiert werden. Mit dem Bourdieuschen Ansatz können die hier wirksamen Prozesse nur eingeschränkt beschrieben werden. So lassen sich zwar die Orientierung an bestimmten Berufen und die Bewerberauswahl auf der Mikroebene[94] mit der Theorie Bourdieus beschreiben, aber nur begrenzt erklären, wie aus dem Bewerberpool diejenigen ausgewählt werden, welche zu einem Vorstellungsgespräch eingeladen werden. Zur Auseinandersetzung mit der letztgenannten Frage bietet sich der Rückgriff auf ökonomische Theorien an, die sich mit Selektionsprozessen auf dem Arbeitsmarkt beschäftigen. In dem hier betrachteten Zusammenhang der Ausbildungs- und Berufschancen von SuS des Übergangssystems wird dazu, in Anlehnung an die Überlegungen Solgas (vgl. 2005), in erster Linie auf die Signaling-Theorie, das Job-Competition-Modell sowie auf Segmentationstheorien zurückgegriffen.

Mit dem Ansatz der Signaling-Theorie geht Spence (vgl. 1973, 1974) über einen reinen Humankapital-Ansatz hinaus und betrachtet die Bewerberauswahl als Prozess, in welchem die Auswählenden nicht über vollständige Informationen verfügen und damit gezwungen sind, Entscheidungen unter unsicheren Bedingungen zu treffen. Dabei geht er davon aus, dass bei den Bewerbern Signale und Indizes beobachtbar sind, die sich hinsichtlich ihrer Veränderbarkeit unterscheiden. So begreift Spence Indizes als beobachtbare, *unveränderbare* Merkmale, wie beispielsweise Ethnizität und Geschlecht, aber auch das Alter. Signale umfassen hingegen beobachtbare, *veränderbare* Merkmale, wie zum Beispiel den Bildungsabschluss. Diese personenbezogenen Merkmale bilden gemeinsam mit den vorherigen Erfahrungen des Arbeitgebers die Basis für die Einschätzung der Produktivität von Bewerbern. Dabei ist von zentraler Bedeutung, dass die Arbeitgeber durch ihre früheren Erfahrungen mit Arbeitnehmern entlang der verschiedenen Signale und Indizes Gruppen bilden, welche ihnen Auskunft über die Leistungsfähigkeit der Bewerber geben (vgl. Spence 1973: 357). Daraus folgt, dass bei der Entscheidung über die Aufnahme eines Bewerbers nicht das tatsächliche

---

94 Bei der Auswahl der Bewerber durch die Arbeitgeber während eines Auswahlgesprächs ist davon auszugehen, dass auch hier Effekte des Habitus wirksam sind. Danach ist zu erwarten, dass Bewerber, deren Habitus mit dem des Auswählenden kongruent ist, höhere Erfolgschancen haben als Bewerber, bei denen eine geringere Übereinstimmung besteht (vgl. Hartmann 1995, Hartmann 2002).

individuelle Leistungspotenzial, sondern die für die jeweilige Gruppe angenommene Produktivität ausschlaggebend ist. Das heißt: Es kommt zu einer statistischen Diskriminierung (vgl. Arrow 1972, Blossfeld/Mayer 1988, England 1994, Phleps 1972).

Nach Spence haben die Individuen durch finanzielle und andere Investitionen zwar die Möglichkeit, ihre Signale zu verändern und damit in eine andere Gruppe aufzusteigen, jedoch ist dies nur profitabel, solange die Investitionskosten negativ mit der Produktionsfähigkeit korreliert sind. Das heißt: Eine Investition in die Verbesserung der Signale ist für die Individuen nur lohnend, wenn die dadurch hervorgerufene Steigerung der Produktivität größer als die verursachten Kosten ist. Zudem sind die Investitionen für die einzelnen Akteure nur solange sinnvoll, wie nicht alle Individuen nach dem selben Schema handeln, also eine Abgrenzung von anderen möglich ist (vgl. Spence 1973: 358). Folglich investieren die Akteure nicht unbegrenzt in Bildung, sondern sie versuchen durch gezielte Handlungen ihre Position gegenüber anderen zu verbessern, sodass Selbstselektionsprozesse erkennbar sind.

Aus der Perspektive der Signaling-Theorie kommt formalen Bildungsabschlüssen demnach eine zentrale Rolle in zweierlei Hinsicht zu. Zum einen dienen sie den Arbeitgebern als Entscheidungskriterium bei der Auswahl von Bewerbern. Dabei kann davon ausgegangen werden, dass dieses Kriterium nicht nur bei der Auswahl von Angestellten, sondern auch bei der Selektion von potenziellen Auszubildenden wirksam ist. Im Sinne der zweiten forschungsleitenden Annahme ist aus diesem Blickwinkel zu erwarten, dass Personen mit Hauptschulabschluss an der ersten Schwelle bessere Chancen als Bewerber ohne Schulabschluss haben. Ergänzend wird die Annahme überprüft, ob der Erwerb eines Hauptschulabschlusses im Übergangssystem die Erfolgschancen im Vergleich mit Hauptschulabsolventen verbessert. Im Sinne der Signaling-Theorie wäre in diesem Zusammenhang mit keiner nennenswerten Verbesserung zu rechnen, da durch den Erwerb dieses Bildungszertifikats keine gravierende Abgrenzung von anderen möglich ist. Trotz dieser ausschließlichen Abgrenzung gegenüber Personen ohne Schulabschluss kommt den formalen Bildungsabschlüssen zum anderen aus der Perspektive der SuS der Status eines erstrebenswerten Ziels zu. Das bedeutet, dass die SuS in der Annahme der Verbesserung ihrer Chancen auf einen regulären Ausbildungsplatz in den Erwerb eines Hauptschulabschlusses investieren, um eine Veränderung ihres „Bildungssignals" zu erreichen.

Diese sich scheinbar widersprechenden Funktionen der Bildungsabschlüsse gewinnen durch das Job-Competition-Modell Thurows (vgl. Thurow 1972, 1975) an Plausibilität. Aus jener Perspektive sind bei der Auswahl der Bewerber für einen Arbeitsplatz nicht die bestehenden Fähigkeiten der Individuen relevant, sondern die Lernfähigkeit der Bewerber das ausschlaggebende Moment. Auf dieser Basis erstellen die Arbeitgeber eine Rangfolge der potenziellen Arbeitnehmer, bei welcher die geschätzten anfallenden Kosten für die Qualifikation der Bewerber während der Arbeitszeit im Zentrum stehen. Genau wie in der Signaling-Theorie wird aus der Perspektive des Job-Competition-Modells dabei davon ausgegangen, dass den formalen Bildungsabschlüssen eine zentrale Rolle zukommt. Allerdings tritt in dem letztgenannten Ansatz der Bildungsabschluss nicht als Signal auf, das von den Arbeitgebern als direkter Hinweis auf die Produktivität des potenziellen Arbeitnehmers verwendet wird. Zudem erscheinen Investitionen in die Bildung aus diesem Blickwinkel nicht nur unter bestimmten Rahmenbedingungen sinnvoll, sondern sind vielmehr unabdingbaren Charakters, um die eigene Position auf dem Arbeitsmarkt zu sichern (vgl. Thurow 1972: 79). Letztere wird dabei nicht ausschließlich durch die beobachtbaren Signale und Indizes, also die Angebotsseite, sondern durch die Relation zwischen Angebot und Nachfrage bestimmt. Dem formalen Bildungsabschluss kommt somit die Rolle eines Kriteriums zu, welches indirekt über die Lernfähigkeit der Bewerber und damit über die Position des jeweiligen potenziellen Arbeitnehmers Auskunft gibt. Letztlich ist es, aus der Perspektive des Job-Competition-Modells, jedoch nicht ausschließlich der Platz in der Reihenfolge der Bewerber, der Auskunft über die Arbeitsmarktchancen der Individuen gibt.[95] Dieser Reihung werden die zur Verfügung stehenden Arbeitsplätze gegenübergestellt und damit die Erfolgschancen eines Bewerbers letztlich durch das Verhältnis der beiden Aufstellungen bedingt.

Aus diesen theoretischen Annahmen lässt sich für die Jugendlichen im Übergangssystem ableiten, dass die Chancen auf einen erfolgreichen Übergang in eine Berufsausbildung nicht nur durch ihre eigene Leistungsfähigkeit beeinflusst werden, sondern auch wesentlich von den Arbeitsmarktbedingungen, das heißt von dem Verhältnis zwischen Angebot und Nachfrage, abhängen. Die für die Positionierung in der Reihenfolge der Bewerber zentrale Bedeutung des formalen Bildungsabschlusses bedeutet dabei, dass diejenigen, die über relativ niedrige Schulabschlüsse verfügen, schlechtere Chancen auf einen erfolgreichen Übergang als die Personen mit höheren Schulabschlüssen haben. Aus diesem Blickwinkel erscheint der Wunsch der SuS nach der Erhöhung ihres Schulabschlusses durch den Besuch eines Bildungsgangs im Übergangssystem plausibel. Denn auf diese Weise verändern sie ihr Bildungssignal, steigen damit in eine andere Gruppe auf und verbessern so letztlich auch ihre Position in der Rangfolge der Bewerber für einen Ausbildungsplatz. Entgegen der Annahme eines Grenznutzens der Investition in Bildung, im Sinne der Signaling-Theorie, ist es folglich, wenn das Job-

---

95 Genau wie bei der Signaling-Theorie wird der Platz in der Reihenfolge der Bewerber im Job-Competition-Modell durch eine begrenzte Auswahl an Kriterien bestimmt. Damit geht einher, dass sich Aussagen über die Position in der Reihenfolge auf überindividueller Ebene bewegen und für Gruppen von Individuen, die über die gleichen Merkmalsausprägungen verfügen, getätigt werden (vgl. Thurow 1972: 78).

Competition-Modell zugrunde gelegt wird, unter allen Umständen sinnvoll, in Bildung zu investieren und den Bildungsabschluss weiter zu verbessern.

Im Bezug auf die zweite forschungsleitende Annahme, die einen Einfluss des formalen Bildungsabschlusses auf die Bildungs- beziehungsweise Berufsbiografien beschreibt, ist demnach davon auszugehen, dass mit steigendem Bildungsabschluss die Zeitspanne zwischen Abschluss des Bildungsgangs und Eintritt in die Berufsausbildung von kürzerer Dauer ist.

Diese These erscheint auch unter Bezug auf segmentationstheoretische Ansätze plausibel. Im Gegensatz zu den zuvor beschriebenen Theorien werden die Ursachen für die verzögerten Berufs- und Berufsausbildungseintritte jedoch nicht ausschließlich auf die Eigenschaften der Individuen zurückgeführt, sondern auch in den strukturellen Bedingungen des Arbeitsmarktes gesucht. Generell gehen segmentationstheoretische Ansätze dabei davon aus, dass der Arbeitsmarkt in verschiedene Teilbereiche aufgespalten ist, welche unterschiedlichen Zugangsbeschränkungen unterliegen. Doeringer und Piore beschreiben diese Spaltung in ihrem grundlegenden Theorieentwurf als eine Trennung von internen, beziehungsweise primären, und externen, oder auch sekundären, Arbeitsmärkten.[96] Mit internen Arbeitsmärkten umschreiben die Autoren dabei die Arbeitsplätze innerhalb eines Unternehmens, die unabhängig von konventionellen ökonomischen Kriterien allein durch Entscheidungen und Vorschriften der Unternehmensverwaltung vergeben werden. Der externe Arbeitsmarkt zeichnet sich hingegen durch offenen Wettbewerb und damit stärkere Konkurrenz aus. Der Übergang vom externen in den internen Arbeitsmarkt unterliegt folglich unternehmensinternen Beschränkungen, die sowohl als Exklusions- wie auch als Schutzmechanismus für die Beschäftigten des Unternehmens wirksam sind (vgl. Doeringer/Piore 1971: 1 f.). Die Trennung der beiden Bereiche wird durch verschiedene Faktoren auf Dauer gestellt. So heben Doeringer und Piore hervor, dass sich die Beschäftigten auf dem internen Arbeitsmarkt unternehmensspezifisch weiterqualifizieren und dabei Fähigkeiten erwerben, die insbesondere Vorteile für die Ausführung der Tätigkeiten innerhalb des jeweiligen Unternehmens mit sich bringen. Darüber hinaus können die Beschäftigten durch ihre Arbeit ihre Fähigkeiten weiter verbessern und zudem Routinen ausbilden, die bei der Bewältigung der Arbeitsanforderungen hilfreich sind (vgl. Doeringer/Piore 1971: 13 ff.). Diese Weiterqualifizierung führt dazu, dass der Zugang zum internen Arbeitsmarkt nur unter bestimmten Voraussetzungen, das heißt einer entsprechenden Qualifikation möglich ist (vgl. Piore 2008).

Dem formalen Bildungsabschluss kommt auch aus dieser Perspektive eine zentrale Rolle zu. Denn dieser wird zum einen von den Arbeitgebern

---

96 Andere Ansätze gehen von teilweise feiner untergliederten Differenzierungen aus (vgl. Solga 2005: 79). Im Deutschen ist vor allem die Unterteilung in betriebliche, berufsfachliche und Jedermannsarbeitsmärkte gebräuchlich (vgl. Lutz/Sengenberger 1974, Sengenberger 1978, 1987).

„als Indikator für die Verhaltenswahrscheinlichkeiten von Angehörigen der unterschiedlichen Bildungsgruppen" (Solga 2005: 81) und damit auch als Zeichen „für die Passung zu den verlangten berufsspezifischen Qualifikationen" (Solga 2005: 81) herangezogen. Das bedeutet, dass für Personen ohne formalen Schulabschluss der Übergang auf den internen Arbeitsmarkt ungleich schwieriger als für Personen mit Schulabschluss ist. Folglich steht ihnen nur der Weg auf den Jedermannsarbeitsmarkt offen, der sich durch geringe Anforderungen, aber auch durch ein geringes Maß an „Stetigkeit und Fortdauer der Beschäftigung" (Lutz/Sengenberger 1974: 57) auszeichnet. Verbunden mit dem niedrigen benötigten Qualifikationsniveau ist, wie oben erwähnt, ein hohes Maß an Konkurrenz, welches darauf gründet, dass die Arbeitnehmer in diesem Arbeitsmarktsegment letztlich beliebig austauschbar sind (vgl. Dobischat/Seifert/Ahlene 2002). Mit anderen Worten verhindern die (informellen) Aufnahmebedingungen der Betriebe den Übergang auf den primären Arbeitsmarkt von Jugendlichen ohne Schulabschluss. Bezogen auf das Übergangssystem bedeutet dies, dass die SuS nicht nur infolge ihrer nicht vorhandenen oder geringen Schulabschlüsse Schwierigkeiten bei der Suche nach einem Ausbildungsplatz haben, sondern auch durch die institutionellen Rahmenbedingungen im Vergleich zu ihren Altersgenossen mit höheren formalen Schulqualifikationen benachteiligt sind.

Die Verfügbarkeit eines formalen Schulabschlusses hat jedoch nicht nur aus struktureller Perspektive Konsequenzen. Für die einzelnen SuS stellt die institutionelle Erschwerung des Übergangs in betriebliche Ausbildungen eine Herausforderung dar, mit der sie zwangsläufig umgehen müssen.[97] Damit werden der Übergang in die Berufsausbildung und der Umgang mit den Erfahrungen des Scheiterns an der ersten Schwelle auch zu einer individuellen Entwicklungsaufgabe. Mit Goffman (1967) kann diese Aufgabe als Prozess des Erlernens des Umgangs mit einer beschädigten sozialen Identität, das heißt einem Stigma beschrieben werden. Als Stigma können danach nicht nur körperliche Deformationen, sondern auch individuelle Charakterfehler und phylogenetische Probleme bezeichnet werden (vgl. Goffman 1967: 12 f.). Mit diesen Normabweichungen sind vielfältige Diskriminationen durch Normale, das heißt Nicht-Stigmatisierte, verbunden, welche zu einer Verringerung der Lebenschancen der Stigmatisierten führen (vgl. Goffman 1967: 13 f.). Diese Diskriminierungen werden besonders wirksam in „sozialen Situationen mit einem Individuum, bei dem ein Stigma bekannt ist oder wahrgenommen wird" (Goffman 1967: 30). Im Falle von Normen, wie einem bestimmten Bildungsstandard, die „mit vollständiger Adäquanz von den meisten Perso-

---

97 Dieser Zwang wird auch im SGB II deutlich, denn letztlich kann dieses als Basis verwendet werden, um Jugendliche in Ausbildungen zu vermitteln, welche nicht mit ihren Interessen und Fähigkeiten im Einklang stehen. So können die Arbeitsagenturen im Falle einer Kooperationsverweigerung durch die Jugendlichen ihre Unterstützungsleistung zurückfahren oder zeitweise komplett streichen (vgl. § 10, 31 SGB II 2011).

nen in der Gesellschaft gemeinhin aufrechterhalten werden können" (Goffman 1967: 158), folgt daraus, dass alle Individuen, welche die entsprechende Norm nicht erfüllen, disqualifiziert werden. Dabei zeigen „Personen, die ein bestimmtes Stigma haben, [...] eine Tendenz, ähnliche Lernerfahrungen hinsichtlich ihrer Misere zu machen und ähnliche Veränderungen ihrer Selbstauffassung [...] einen ähnlichen »moralischen Werdegang« zu haben, der beides ist, Ursache und Wirkung der Gebundenheit an eine ähnliche Sequenz persönlicher Anpassungen" (Goffman 1967: 45). Bezogen auf das Übergangssystem hat dies mehrere Konsequenzen.

So ist in Anlehnung an Solga davon auszugehen, dass es in diesem Zusammenhang drei Gesichtspunkte zu unterscheiden gilt: Zum Einen kann das Übergangssystem als Ort betrachtet werden, „wo sie [die gering qualifizierten Personen] ihre Inferiorität noch *vor* dem Übergang in den Arbeitsmarkt erfahren und den Umgang damit ‚erlernen'" (Solga 2005: 167). Zum anderen findet eine Verschiebung des Zeit- sowie des Möglichkeitshorizonts hin zu kurzfristigen Orientierungen und dem momentan Möglichen statt. Drittens unterscheidet sich das Ausmaß der Benachteiligung je nach Leistungsorientierung innerhalb der Gesellschaft sowie hinsichtlich der Größe der Gruppe der Benachteiligten (vgl. Solga 2005: 167). In Ergänzung zum dritten Punkt ist an dieser Stelle darauf hinzuweisen, dass es nicht nur die Gruppengröße und die Leistungsideologie sind, die Auswirkungen auf das Ausmaß an Diskriminierung haben. Werden die Relationen zwischen Schulabgängern mit und ohne Schulabschluss betrachtet, so ist zusätzlich davon auszugehen, dass ein Anstieg des durchschnittlichen Bildungsniveaus Auswirkungen auf das Stigmatisierungsrisiko von Bildungsbenachteiligten hat und letzteres gleichzeitig mit dem durchschnittlichen Bildungsniveau steigt.

Damit wird Bildungsbenachteiligung, und auch soziale Ungleichheit im Allgemeinen, zu einem Phänomen, welches sowohl auf einer Strukturebene als auch auf der individuellen Ebene Auswirkungen hat und damit auf doppelte Weise empirisch messbar ist. Letztlich ist hiermit auch eines der Grundprobleme von Sozialisationstheorie, nämlich die Frage nach der Genese von individueller Handlungsfähigkeit, berührt. Aus dieser Perspektive ist hervorzuheben, dass die „Akteure erst in und durch ihre sozialen Bindungen Eigenschaften aus[bilden], die ihre Möglichkeiten beeinflussen, ihre Beziehungen mitzugestalten. Daraus folgt auch, dass die Genese sozialisationsrelevanter Persönlichkeitseigenschaften aus sozialisatorischen Interaktionen *selbst* herzuleiten ist" (Grundmann 2006: 165; keine Hervorhebung im Original). Demnach ist von einem Wechselverhältnis zwischen den Individuen und der Sozialstruktur auszugehen, welches sich in den Positionierungen der Individuen innerhalb von Sozialisationspraxen widerspiegelt. Die verschiedenen Positionierungen können dabei als Ausdruck des Verhältnisses „zwischen personalen Handlungsorientierungen [...] und den sozialen Handlungsorientierungen" (Grundmann 2006: 218) verstanden werden. Damit wird hervorgehoben, dass die Erfahrungen und Einstellungen der Individuen nicht nur kontextgebunden sind, sondern auch durch die konkreten sozialisatorischen Interaktionen beeinflusst werden. Unter Rückbezug auf das oben erläuterte Stigmatisierungskonzept Goffmans bedeutet dies, dass die auf individueller Ebene erfahrenen Diskriminierungen nicht nur abhängig vom jeweiligen Referenzrahmen, also vom Grad der Stigmatisierung und der Größe der Gruppe der Stigmatisierten, sind, sondern auch immer wieder in den Interaktionen mit anderen Akteuren erfahren werden.

Diese sozialisationstheoretischen Überlegungen können jedoch aufgrund eines Fehlens entsprechender Items nicht durch Sekundäranalysen des SOEP überprüft werden. Folglich werden die zuletzt formulierten Annahmen bei den nachfolgenden Analysen des SOEP unerheblich sein. Sie werden jedoch nicht völlig aus den Augen verloren, sondern im Zusammenhang mit der Auswertung der Interviews mit den SuS im Übergangssystem wieder aufgegriffen und ins Zentrum der Betrachtungen gerückt. Dabei wird nicht nur aufgezeigt werden, dass im Übergangssystem auch eine Selbstselektion der SuS stattfindet, sondern auch, dass die Beziehungen im sozialen Nahraum für diese von zentraler Bedeutung sind. Damit wird im Zuge der Interviewauswertungen insbesondere an die erste forschungsleitende Annahme und das theoretische Konzept Bourdieus, welches unter anderem die Bedeutung des sozialen Kapitals hervorhebt, angeschlossen.

Die zuvor beschriebenen Theorien fügen sich also zu einem mehrdimensionalen Modell zusammen, das sowohl die Mikro- als auch die Makroebene von Übergangsprozessen umfasst und damit das Übergangssystem aus verschiedenen Perspektiven betrachtet. Auf diese Weise soll in erster Linie ein Beitrag zur Beschreibung der mannigfaltigen Formen sozialer Ungleichheit im Übergangssystem geleistet werden. Dabei sollen nicht nur die strukturellen Faktoren dieser Unterschiede herausgearbeitet werden, sondern auch die Auswirkungen auf der Individualebene sowie die Praktiken der SuS, das heißt deren Bewältigungsstrategien betrachtet werden. Wie oben angedeutet, erfordern diese Ziele den Einsatz unterschiedlicher Methoden. So wird nachfolgend neben der Sekundäranalyse statistischer Daten auch auf die Analyse qualitativer Daten zurückgegriffen, welche weiter unten näher erläutert wird.

3.2.2 Das Übergangssystem im Spiegel des SOEP

Seit dem Jahr 1984 stehen mit den im Rahmen des Sozio-oekonomischen Panels (SOEP)[98] durchgeführten Befragungen umfangreiche Daten über die Bevölkerung Deutschlands für Sekundäranalysen zur Verfügung. Das SOEP zeichnet sich dabei nicht nur durch seinen repräsentativen Charakter aus,

---

98 Die in diesem Kapitel verwendeten Daten des Sozio-oekonomischen Panels (SOEP) wurden vom Deutschen Institut für Wirtschaftsforschung (DIW Berlin) bereitgestellt.

sondern auch dadurch, dass aufgrund des Längsschnittdesigns Aussagen über die Lebensverläufe der Befragten möglich sind. Die Durchführung der Erhebung auf Haushaltsebene ermöglicht es dabei, nicht nur die Biografien einzelner Personen, sondern auch Formen des Zusammenlebens und die Auswirkungen dieses Kontextes auf die Biografien der Individuen zu analysieren. Zu Beginn umfasste der Survey etwas weniger als 6.000 Haushalte, in welchen etwa 12.000 Personen lebten (vgl. Wagner/Frick/Schupp 2007). Bis zur 27. Erhebungswelle, die 2010 durchgeführt wurde, wurde durch die Integration der Nachkommen der ursprünglichen Befragten sowie die Hinzunahme weiterer Stichproben diese Zahl auf 24.225 Individuen gesteigert. Damit stellt das SOEP eine „Daten-Schatztruhe" (Kortmann 2011: 64) dar, die aber nicht nur im Hinblick auf die Quantität, sondern auch hinsichtlich der Qualität ausbeutenswert erscheint. Im Kontext der nachfolgenden Analysen werden jedoch nicht all diese Schätze geborgen, sondern gezielt einige Goldstücke im Hinblick auf die oben erläuterten Forschungsfragen ausgewählt. Am Anfang werden dabei Analysen deskriptiver Art stehen, während im weiteren Verlauf komplexere statistische Verfahren verwendet werden.

Zu Beginn kann bemerkt werden, dass während des gesamten Betrachtungszeitraums, der hier die Jahre 1984 bis 2009, also die Wellen 1 bis 26 des SOEP, umfasst, 623 Befragte mindestens ein BGJ beziehungsweise ein BVJ besucht haben. Es werden folglich nicht die Absolventen der Bildungsgänge, sondern die Teilnehmer dieses Bildungsgangs fokussiert. Von diesen 623 BVJ/BGJ-Teilnehmern verfügen 37,1 % über einen Migrationshintergrund, der bei 101 Fällen auf eine eigene Migration und in 130 Fällen auf eine Migrationsbewegung der Eltern zurückzuführen ist. Die Anzahl der Personen, welche während eines Befragungsjahres die entsprechenden Bildungsangebote wahrgenommen haben, variiert darüber hinaus zwischen 12 und 39, wobei durchschnittlich 24 Befragte pro Erhebungswelle ein BVJ/BGJ absolviert haben. Daraus ergibt sich die in Tabelle 4 aufgeführte Verteilung, wobei die Daten der Einzeljahre aus Darstellungsgründen in Kohorten zusammengefasst wurden.

Tabelle 4: Zeitpunkt des letzten BVJ/BGJ Besuchs

Zeitpunkt	Häufigkeit	Prozent
vor 1990	146	23,4
1990–1994	95	15,2
1995–1999	82	13,2
2000–2004	170	27,3
ab 2005	130	20,9
Gesamt	*623*	*100,0*

Quelle: Eigene Berechnungen, SOEP 1984–2009

Die Häufigkeit der Befragten des SOEP, welche ein BVJ/BGJ besuchten, unterliegt demnach zeitlichen Schwankungen und war gegen Ende der 1990er Jahre besonders niedrig, wohingegen während der Jahre 2000 bis 2004 der Höchststand erreicht wird. Vergleicht man diese Daten mit den Schülerzahlen im Übergangssystem (vgl. Schaubild 4), so fällt auf, dass der Trend der in Tabelle 4 aufgeführten Daten ab der zweiten Hälfte der 1990er Jahren mit der quantitativen Entwicklung der Schülerzahl im Übergangssystem übereinstimmt, jedoch die höheren Zahlen im Zeitraum bis 1994 nicht durch die Schülerzahl erklärt werden können. Mit anderen Worten: Während der zuletzt genannten Zeitspanne sind die BVJ/BGJ-Teilnehmer überproportional häufig in der Stichprobe des SOEP vertreten, was jedoch für die folgenden Analysen unerheblich ist.

Bei der Betrachtung des Geschlechterverhältnisses bei den BVJ/BGJ-Besuchern ist ebenso eine Überrepräsentiertheit feststellbar (vgl. Tabelle 5). In diesem Fall sind es die Männer, die mit 337 Personen mehr als die Hälfte der Befragten ausmachen, welche sich mindestens einmal im BVJ/BGJ aufgehalten haben. Demnach verdeutlichen die Daten des SOEP für die betrachteten Bildungsgänge ein ähnliches Geschlechterverhältnis wie andere Studien (vgl. Beicht 2009: 6).[99]

Tabelle 5: Anzahl der Aufenthalte im BVJ/BGJ nach Geschlecht[100]

	männlich	weiblich	Gesamt
einmal	312	265	577
	54,1 %	45,9 %	100 %
zweimal	22	17	39
	56,4 %	43,6 %	100 %
dreimal	3	4	7
	42,9 %	57,1 %	100 %
Gesamt	337	286	623
	54,1 %	45,9 %	100 %

Quelle: Eigene Berechnungen, SOEP 1984–2009

---

99 In der BIBB-Übergangsstudie 2006 wurde in der Berufsvorbereitung eine Verteilung zwischen Männern und Frauen von 62 % zu 38 % und im Berufsgrundbildungsjahr ein Verhältnis von 70 % zu 30 % festgestellt (vgl. Beicht 2009: 6). Demnach wird der Anteil der geschlechtsspezifischen Benachteiligung mit den Daten des SOEP tendenziell unterschätzt.

100 Ein mehrmaliger Aufenthalt im BVJ/BGJ wird berechnet, wenn die Befragten in verschiedenen Erhebungswellen angegeben haben, derzeit einen entsprechenden Bildungsgang zu absolvieren.

Darüber hinaus ist an Tabelle 5 auffällig, dass die Anteile der Geschlechter bei einem und zwei BVJ/BGJ-Aufenthalten nahezu konstant bleiben, während sich die Proportion bei dreimaligem Besuch der Bildungsgänge umkehrt. In letzterem Fall ist allerdings zu beachten, dass die Fallzahl mit sieben Personen gering ist. Dennoch erscheint dieser Befund in Anbetracht der Übergangsquote von jungen Frauen plausibel, die nach der Teilnahme an einem Bildungsgang des Übergangssystems seltener als junge Männer eine Berufsausbildung aufnehmen (vgl. Beicht 2009: 11). Hingegen ist es überraschend, dass der Anteil an Personen mit Migrationshintergrund mit steigender Anzahl an Aufenthalten im BVJ/BGJ zurückgeht.[101] Das bedeutet, dass diese Jugendlichen nach einmaligem Durchlaufen der Bildungsangebote des Übergangssystems entweder schneller als ihre Altersgenossen deutscher Herkunft in eine Berufsausbildung eintreten oder zügiger als letztere eine Erwerbstätigkeit aufnehmen. Unter Berücksichtigung der Ergebnisse der BIBB-Übergangsstudie, die aufgezeigt haben, dass der Übergang in eine Ausbildung für Jugendliche mit Migrationshintergrund ungleich schwieriger als für Jugendliche deutscher Herkunft ist (vgl. Beicht 2009, Beicht/Granato 2009, 2010), scheint dabei die zweite Option naheliegender zu sein. Bei den nachfolgenden Analysen wird demnach auch herausgearbeitet werden, inwieweit sich Unterschiede in den Berufsbiografien von Jugendlichen deutscher Herkunft und Jugendlichen mit Migrationshintergrund zeigen.

Zuvor wird der Fokus jedoch auf die soziale Herkunft der BVJ/BGJ-Teilnehmer gerichtet. Hinsichtlich einer derartigen Fokussierung liegt einer der Vorteile des SOEP gerade darin, dass die Daten auf Haushaltsebene erfasst werden und damit die soziale Herkunft der Befragten detailliert beschrieben werden kann. Zunächst kann dabei konstatiert werden, dass sich die BVJ/BGJ-Teilnahmen nicht durchweg auf verschiedene Haushalte verteilen, sondern etwas über ein Fünftel der 623 Befragten aus einem Haushalt stammt, in welchem auch andere Personen einen entsprechenden Bildungsgang absolviert haben, beziehungsweise absolvieren (vgl. Schaubild 8). Konkret verteilen sich die 623 Personen auf 555 Haushalte, wobei 16,7 % der Personen aus einem der 52 Haushalte kommen, in welchem noch eine weitere Person ein BVJ/BGJ besucht hat und 3,9 % der Teilnehmer der Bildungsgänge aus einem von acht Haushalten stammen, die zwei weitere Befragte in dem selben Bildungsangebot untergebracht haben.

---

101 Diese Quote sinkt vom Gesamtanteil von 37,1 % auf 30,8 % (28,6 %) bei zweimaligem (dreimaligem) Durchlaufen der Bildungsgänge. Es besteht jedoch kein signifikanter Zusammenhang zwischen den beiden Variablen.

Schaubild 8: Verteilung der BVJ/BGJ-Teilnehmer pro Haushalt

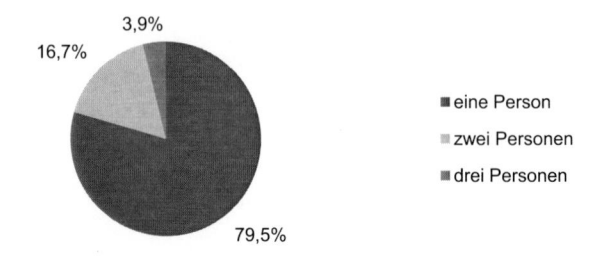

- eine Person
- zwei Personen
- drei Personen

16,7%
3,9%
79,5%

Quelle: Eigene Berechnungen, SOEP 1984–2009

Dabei entfällt im Falle mehrerer BVJ/BGJ-Teilnehmer in einem Haushalt ein Anteil von etwa 40 % auf die Kinder des Haushaltsvorstands, während diese Quote bei den Haushalten, aus welchen nur eine Person ein entsprechendes Bildungsangebot wahrgenommen hat, bei 48,1 % liegt. Gleichzeitig mit diesem Anstieg sinkt das Kontingent der Haushaltsvorstände, das in den anderen beiden Fällen den Hauptanteil ausmacht, auf 46,5 % ab.[102] Folglich ist davon auszugehen, dass sich der Besuch des BVJ/BGJ durch ein Elternteil, oder ein Haushaltsmitglied, auf das Bildungsverhalten der Kinder oder Geschwister auswirkt. Mit anderen Worten: Es ist zu vermuten, dass durch eine elterliche BVJ/BGJ-Teilnahme eventuell bestehende Vorbehalte gegenüber diesem Bildungsangebot reduziert werden beziehungsweise das Wissen über dieses Bildungsangebot, im Sinne des Bekanntheitsgrads und der damit verbundenen Möglichkeiten, das Bildungsverhalten beeinflusst.

Diese Annahme gewinnt zusätzlich an Plausibilität, wenn der Bildungshintergrund der BVJ/BGJ-Teilnehmer genauer betrachtet wird. Für Deutschland im Allgemeinen gilt, wie verschiedene Studien aufgezeigt haben, dass nach wie vor eine hohe Abhängigkeit des Bildungserfolgs von der sozialen Herkunft besteht (vgl. Beicht/Granato 2010, Klieme/Artelt/Hartig et al. 2010). Auch daher stellt sich die Frage, wie sich dieses Phänomen in den Daten des SOEP für die hier betrachteten Bildungsgänge widerspiegelt. Um Vergleiche zwischen verschiedenen Schulformen zu ermöglichen, wird dazu der Bildungshintergrund der 623 BVJ/BGJ-Teilnehmer dem Bildungshintergrund von 636 Hauptschülern gegenübergestellt, wobei ausschließlich die Daten der Befragten, die während des Befragungszeitraums eines der beiden Bildungsangebote wahrgenommen haben, berücksichtigt werden.[103] Mit an-

---

102 Dieser Anteil liegt bei zwei (drei) BVJ/BGJ-Teilnehmern in einem Haushalt bei 49 % (58,3 %).
103 Diese Einschränkung ist notwendig, da die Bildungsverläufe der Befragten bis zu einem Schulabschluss durch das SOEP nicht eindeutig rekonstruiert werden können. So ist lediglich für etwa 40 % der BVJ/BGJ-Teilnehmer eine Aussage über die zuvor besuchte Schul-

deren Worten: Ausschlaggebend für die Zuordnung zu der Gruppe der Hauptschüler ist nicht der Hauptschulabschluss, sondern der Hauptschulbesuch innerhalb des betrachteten Zeitraums, ohne dass anschließend ein BVJ oder BGJ absolviert wurde.

Ein Vergleich der elterlichen Schulabschlüsse über diese beiden Gruppen ergibt zunächst das in Tabelle 6 ersichtliche Bild.

Tabelle 6: Vergleich der elterlichen Schulabschlüsse[104]

	BVJ/BGJ	HS	Gesamt
kein Abschluss	49	112	161
	8,1%	*18,3%*	*13,2%*
Hauptschulabschluss	238	206	444
	39,1%	*33,7%*	*36,4%*
Realschulabschluss	166	111	277
	27,3%	*18,1%*	*22,7%*
Fachhochschulreife	9	7	16
	1,5%	*1,1%*	*1,3%*
Abitur	43	20	63
	7,1%	*3,3%*	*5,2%*
anderer Abschluss	103	156	259
	16,9%	*25,5%*	*21,2%*
Gesamt	608	612	1220
	100,0%	*100,0%*	*100,0%*

Quelle: Eigene Berechnungen, SOEP 1984–2009

Demnach verfügen die meisten Eltern, sowohl bei den BVJ/BGJ-Teilnehmern als auch bei den Hauptschülern, über einen Hauptschulabschluss. Des Weiteren besitzen die Eltern der BVJ/BGJ-Teilnehmer deutlich häufiger einen Realschulabschluss. Hingegen können 18,3 % der Eltern der Hauptschüler keinen Abschluss vorweisen, während dieser Anteil bei den BVJ/BGJ-Teilnehmern bei 8,1 % liegt. Ebenso liegt der Anteil der anderen Abschlüsse bei den Eltern der Hauptschüler deutlich höher, wobei dies durch den höheren Anteil an Schülern mit Migrationshintergrund unter Hauptschü-

---

form möglich. Davon haben 46,9 % zuvor eine Hauptschule, 32,1 % eine Realschule, 14 % ein Gymnasium und 7 % eine Gesamtschule besucht. Es ist zu vermuten, dass durch den im SOEP nicht direkt erfassten Förderschulbesuch eine zusätzliche Aufklärung der schulischen Vorgeschichte der Befragten möglich ist.

104 Der elterliche Schulabschluss ist der jeweils höhere Schulabschluss der beiden Elternteile.

lern erklärt werden kann.[105] Insgesamt ergibt sich aus diesen Daten eine Korrelation von τ=-.18***[106] zwischen dem elterlichen Schulabschluss und der Gruppenzugehörigkeit.[107] Das bedeutet, dass Schüler, die über Eltern mit einem niedrigen Schulabschluss verfügen, häufiger in der Hauptschule als im BVJ/BGJ anzutreffen sind. Mit anderen Worten: Die Bildungsvoraussetzungen der BVJ/BGJ-Teilnehmer sind, gemessen am elterlichen Schulabschluss, günstiger als die der Hauptschüler.

Zum selben Ergebnis kommt eine Gegenüberstellung der Berufsabschlüsse der Väter. Auch hier ergibt sich eine Korrelation von τ=-.18***, welche in diesem Fall anzeigt, dass die Väter der Hauptschüler häufiger als die Väter der BVJ/BGJ-Teilnehmer keine Berufsausbildung abgeschlossen haben. Demgegenüber haben letztere zu 68,1 % eine berufliche Ausbildung erfolgreich absolviert, während dieser Anteil bei den Vätern der Hauptschüler bei 54,3 % liegt. Demnach ist nicht nur der schulische, sondern auch der berufliche Bildungshintergrund der BVJ/BGJ-Teilnehmer, verglichen mit den familialen Bildungsvoraussetzungen der Hauptschüler, günstiger. Nach den oben skizzierten Forschungsbefunden (vgl. Kapitel 3.1), würde dies bedeuten, dass die Erstgenannten bei dem Übergang in die Berufsausbildung mit niedrigeren Hürden konfrontiert sind und damit auch die erste Schwelle schneller bewältigen.

Das bedeutet jedoch nicht, dass auch alle der BVJ/BGJ-Teilnehmer das mit dem Besuch der Bildungsgänge verbundene Ziel der Verbesserung des Schulabschlusses erreichen, insofern die Möglichkeit dazu besteht. Dieses Ziel erreicht lediglich etwa jeder dreizehnte Teilnehmer dieser Bildungsangebote, wobei die Quote bei Personen mit Migrationshintergrund mit 10,7 % deutlich höher als bei den Befragten deutscher Herkunft (5,7 %) liegt. Einschränkend ist jedoch darauf hinzuweisen, dass die Möglichkeit zur Verbesserung des Bildungsabschlusses heutzutage nicht in all diesen Bildungsgängen besteht (vgl. Tabelle 1, Tabelle 2). Dennoch kann konstatiert werden, dass Jugendliche mit Migrationshintergrund in den betrachteten Bildungsgängen zwar häufiger als ihre Altersgenossen deutscher Herkunft vertreten sind, hinsichtlich der formalen Weiterqualifikation aber stärker als letztere von den Bildungsangeboten profitieren. Dieses Verhältnis kehrt sich auch nach dem Austritt aus den Bildungsangeboten nicht um. Die Befragten deutscher Herkunft (11 %) erwerben jedoch nur etwas seltener als diejenigen mit Migrationshintergrund (11,3 %) im weiteren Lebensverlauf noch einen höheren Bildungsabschluss. Insgesamt gesehen sind es folglich auch die Personen mit Migrationshintergrund (22 %), die nach dem Verlassen des allgemeinbildenden Schulsystems häufiger als die Individuen deutscher Herkunft

---

105 Die Quote der Hauptschüler mit Migrationshintergrund liegt bei 58 %.
106 Die unterschiedlichen Signifikanzniveaus werden im Text wie folgt gekennzeichnet: * p < 0,1; ** p < 0,05; *** p < 0,01.
107 Aus dieser Berechnung wurde die Kategorie „anderer Abschluss" ausgeschlossen.

(16,7 %) ihre formale Bildungsqualifikation verbessern.[108] Die entsprechenden Quoten liegen für Hauptschüler in etwa gleich hoch. Auch hier verbessert in etwa jeder Fünfte nach dem Verlassen der Hauptschule seine formale Schulqualifikation. Dabei sind es wiederum die Personen mit Migrationshintergrund (21,7 %), welche häufiger als die Befragten deutscher Herkunft (17,4 %) einen höheren Schulabschluss erwerben.[109]

Verbunden mit der Möglichkeit des Erwerbs einer höheren schulischen Qualifikation ist jedoch auch ein längerer Aufenthalt im Bildungssystem, wie Schaubild 9 zeigt. Dabei ist erkennbar, dass das Austrittsalter der BVJ/BGJ-Teilnehmer über alle Kohorten hinweg deutlich über dem Schulaustrittsalter der Hauptschüler liegt (τ=-.34***). Die Differenzen innerhalb der Kohorten bewegen sich dabei zwischen etwa einem halben Jahr (vor 1990) und 1,2 Jahren (2000–2004).

Schaubild 9: Vergleich des Schulaustrittsalters und des Alters beim Eintritt in eine Berufsausbildung nach Kohorten[110]

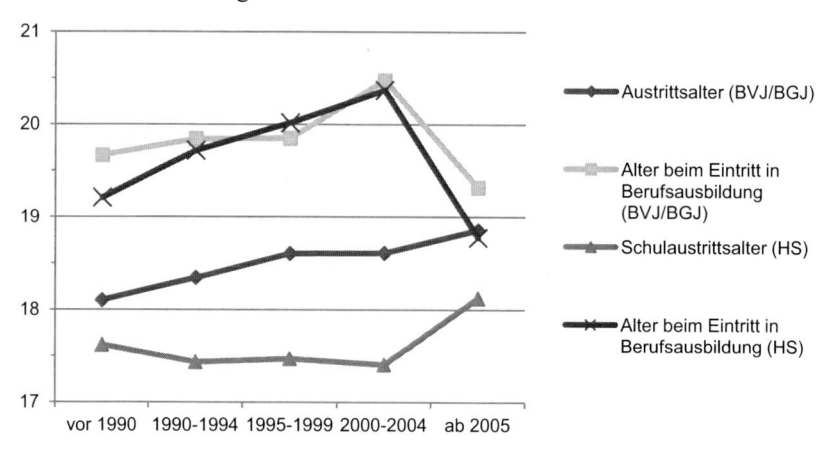

Quelle: Eigene Berechnungen, SOEP 1984–2009

Das heißt: Das Austrittsalter aus den jeweiligen Bildungsangeboten unterliegt zeitlichen Schwankungen. Dabei können die Veränderungen des Schulaustrittsalters der Hauptschüler an dieser Stelle nur auf die Schulperformanz der

---

108 Damit ergibt sich eine Gesamtquote von 18,7 % an Personen, die nach dem Austritt aus dem BVJ/BGJ ihren allgemeinbildenden Schulabschluss verbessern. Unabhängig von dem besuchten Bildungsgang ist generell davon auszugehen, dass die Verbesserungen des Schulabschlusses in der Regel mit dem Abschluss einer Berufsausbildung einhergehen.
109 Diese unterschiedlichen Quoten hinsichtlich der Verbesserung der formalen Schulqualifikation drücken sich nicht in statistisch signifikanten Zusammenhängen aus.
110 Das Schaubild basiert auf dem durchschnittlichen Alter der Befragten in der jeweiligen Kategorie.

Befragten zurückgeführt werden. Der kontinuierliche Anstieg des Austrittsalters aus den berufsvorbereitenden Bildungsgängen kann hingegen zudem durch Veränderungen auf dem Ausbildungs- und Arbeitsmarkt erklärt werden. Die Entwicklung der beiden Austrittsalterverläufe zueinander macht gleichzeitig deutlich, dass es nicht alleine die Dauer des BVJ/BGJ ist, welche zu einer Erhöhung des Austrittsalters führt, sondern in diesem Zusammenhang auch andere Faktoren, wie etwa die eben genannten, eine Rolle spielen.

Die in Schaubild 9 ebenfalls abgetragene Entwicklung des Alters beim Eintritt in eine Berufsausbildung deutet jedoch darauf hin, dass die Entwicklungen auf dem Arbeits- und Ausbildungsmarkt von nachrangiger Bedeutung für das Austrittsalter aus dem jeweiligen Bildungsangebot sind. So liegen die Verläufe der Eintrittsalter von BVJ/BGJ-Teilnehmern und Hauptschülern über alle Kohorten nah beieinander und unterscheiden sich nicht wesentlich.[111] Dies heißt zum einen, dass die relative Entwicklung der beiden Austrittsalterverläufe eher auf unterschiedliche Performanzen in den Angeboten und verschiedene Aufenthaltsdauern in denselben zurückzuführen ist. Zum anderen bedeutet das ähnliche Niveau der Verläufe der Eintrittsalter, dass die Hauptschüler durchschnittlich länger, nämlich zwischen 1,6 und 3 zusätzlichen Jahren, als die BVJ/BGJ-Teilnehmer nach Verlassen des Bildungsgangs benötigen, um die erste Schwelle zu bewältigen. Daraus folgt zugleich, dass eines der Ziele der berufsvorbereitenden Bildungsgänge, die Verbesserung der Übergangschancen, von den Befragten des SOEP zumindest teilweise erreicht wird. In jedem Fall findet durch den Besuch eines BVJ/BGJ keine zusätzliche Verlängerung der Wartezeit statt. Auch bei einer rechnerischen Addition des zusätzlichen Schuljahres auf die Zeit vom Verlassen des Bildungsgangs bis zum Eintritt in eine Ausbildung liegt die Übergangsdauer für die Kohorten „1995–1999" und „2000–2004" noch unter der durchschnittlichen Zeitspanne der Hauptschüler.[112] Dieser Eindruck bestätigt sich auch durch keinen statistischen Zusammenhang zwischen der Gruppenzugehörigkeit und dem Alter beim Eintritt in die Berufsausbildung.

Werden die Übergangsquoten in die betriebliche Ausbildung unabhängig vom Eintrittsalter miteinander verglichen, zeigen sich dennoch Unterschiede. Wie Tabelle 7 veranschaulicht, unterscheiden sich die Tätigkeiten, welchen ein Jahr nach dem Austritt aus dem jeweiligen Bildungsgang nachgegangen wird, erheblich. So befinden sich etwa zwei Drittel der Hauptschüler in einer betrieblichen Ausbildung, während der entsprechende Anteil bei den

---

111 Das Abfallen der Daten in der letzten Kohorte (ab 2005) wird an dieser Stelle nicht weiter betrachtet, da der Großteil der Befragten aus dieser Kohorte noch keine Berufsausbildung begonnen hat und das Absinken des Eintrittsalters damit auf eine hohe Zahl von fehlenden Daten zurückzuführen ist.
112 Für die Kohorten „vor 1990" und „1990–1994" ergeben sich bei dieser Lösung Nachteile für die BVJ/BGJ-Teilnehmer von etwa einem Jahr beziehungsweise 0,2 Jahren.

BVJ/BGJ-Teilnehmern fast 10 Prozentpunkte niedriger, bei 55,8 %, liegt.[113] Als besonders bedeutsam für einen erfolgreichen Übergang in eine Berufsausbildung erweist sich dabei auch der Schulabschluss (τ=.1***), der zudem das Risiko, ein Jahr nach dem Schulaustritt arbeitslos zu sein, reduziert (τ=-.15***). Der Übergang der BVJ/BGJ-Teilnehmer in eine betriebliche Ausbildung wird zudem durch die Kohortenzugehörigkeit beeinflusst. Hier zeigt sich ein Trend zu einer geringeren Übergangsquote, je später die Bildungsangebote besucht wurden (τ=-.25***). Umgekehrt verhält es sich mit dem Arbeitslosigkeitsrisiko, das mit einem kürzer zurückliegenden Besuchszeitpunkt ansteigt (τ=.22***).[114] Kurzum: Die Übergangschancen der BVJ/BGJ-Teilnehmer werden durch den Zeitpunkt des Bildungsgangsbesuchs beeinflusst. Frauen haben dabei, unabhängig von dem besuchten Bildungsgang und der Kohorte, schlechtere Chancen, eine Berufsausbildung aufzunehmen (τ=-.07**). Zudem sind sie häufiger als Männer ein Jahr nach dem Verlassen des Bildungsgangs von Arbeitslosigkeit betroffen (τ=.07**). Hinsichtlich des Migrationshintergrunds der Befragten sind demgegenüber keine statistisch signifikanten Effekte feststellbar. Unabhängig von Migrationshintergrund und Geschlecht sind es die BVJ/BGJ-Teilnehmer, die häufiger als die Hauptschüler nach dem Verlassen der Bildungsgänge einer Erwerbstätigkeit nachgehen. Ebenso sind diese ein Jahr nach dem Austritt aus dem BVJ/BGJ öfter arbeitslos. Beide dieser Quoten erhöhen sich zwei Jahre nach dem Austritt aus den Bildungsgängen und zwar sowohl für BVJ/BGJ-Teilnehmer als auch für Hauptschüler. Dabei steigt der Anteil der Nichterwerbstätigen bei den Hauptschülern weitaus stärker (+5,1 %) als bei den Teilnehmern des BVJ/BGJ (+1,9 %). Hingegen ist das Verhältnis der Quoten bei dem Anstieg der Erwerbstätigen in beiden Gruppen umgekehrt. Auffällig ist zudem, dass die Quoten der Personen, die sich in einer betrieblichen Ausbildung befinden, in beiden Gruppen absinken, wobei wiederum die BVJ/BGJ-Teilnehmer (-8,6 %) einen geringeren Rückgang als die Hauptschüler (-10,7 %) verzeichnen. Darüber hinaus zeigen sich Unterschiede bezüglich der Quoten der Personen, die eine nichtbetriebliche Ausbildung absolviert haben. Hier liegen die Anteile der BVJ/BGJ-Teilnehmer höher als die der Hauptschüler.

---

113 Der Zusammenhang zwischen den beiden Gruppen und dem Übergang in eine betriebliche Ausbildung liegt hier bei τ=.1*** zugunsten der Hauptschüler.
114 Demgegenüber sind für die Hauptschüler keine signifikanten Einflüsse der Kohortenzugehörigkeit, also des Austrittszeitpunktes aus dem Bildungsgang, feststellbar.

Tabelle 7: Vergleich Tätigkeiten nach bis zu zwei Jahren nach dem Austritt aus dem Bildungsgang

	erstes Jahr			zweites Jahr		
	BVJ/BGJ	HS	Gesamt	BVJ/BGJ	HS	Gesamt
betriebliche Ausbildung	207	284	491	153	196	349
	55,8%	65,4%	61,0%	47,2%	54,7%	51,2%
nichtbetriebliche Ausbildung	14	5	19	13	4	17
	3,8%	1,2%	2,4%	4,0%	1,1%	2,5%
Fachoberschule	6	15	21	3	9	12
	1,6%	3,5%	2,6%	0,9%	2,5%	1,8%
Erwerbstätigkeit, Jobben	72	61	133	86	74	160
	19,4%	14,1%	16,5%	26,5%	20,7%	23,5%
arbeitslos, nicht erwerbstätig	72	69	141	69	75	144
	19,4%	15,9%	17,5%	21,3%	20,9%	21,1%
Gesamt	371	434	805	324	358	682
	100,0%	100,0%	100,0%	100,0%	100,0%	100,0%

Quelle: Eigene Berechnungen, SOEP 1984–2009

Dies alles deutet darauf hin, dass Ersteren insbesondere der Übergang in die betriebliche Ausbildung seltener als den Hauptschülern gelingt. Damit steht die Quote der nach einem Jahr, beziehungsweise zwei Jahren, nach dem Austritt aus dem Bildungsgang aufgenommenen Tätigkeit im Widerspruch zu den oben beschriebenen Bildungsvoraussetzungen (vgl. Tabelle 6), welche bei den BVJ/BGJ-Teilnehmern günstiger sind. Demnach ist davon auszugehen, dass der elterliche Bildungshintergrund durch die institutionellen Bildungsgelegenheiten überformt wird und in der Folge die Hauptschüler häufiger ein Jahr nach dem Verlassen der Schule eine berufliche Ausbildung aufnehmen, obwohl ihr Bildungshintergrund weniger erfolgversprechend ist. Mit anderen Worten: Die Daten legen nahe, dass es im Sinne der zweiten forschungsleitenden Annahme zu einem Schuleffekt kommt. Denn es ist nicht nur der formale Schulabschluss, der einen Einfluss auf die Chance, eine betriebliche Ausbildung aufzunehmen, hat, sondern auch der jeweils besuchte Bildungsgang. Der Einfluss dieser beiden Faktoren ist dabei mit jeweils $\tau=.1^{***}$ gleich groß.

Diese Ungleichheit beim Übergang an der ersten Schwelle ist dabei nicht nur nach dem direkten Verlassen der Bildungsgänge wirksam, sondern erweist sich bis in das Erwachsenenalter hinein als persistent. Entsprechend gelingt der Eintritt in eine betriebliche Ausbildung den Hauptschüler bis zum

25. Lebensjahr fast zu drei Vierteln (72,1 %), während die gleiche Quote für Teilnehmer des BVJ/BGJ bei zwei Dritteln (66 %) liegt. Hingegen sind Letztere bis in das genannte Alter hinein bereits häufiger einer Erwerbstätigkeit nachgegangen. So hatten über 70 % derselben zu mindestens einem Erhebungszeitpunkt eine Arbeitsstelle, wohingegen in etwa ein Drittel der 25-jährigen Hauptschüler noch keiner Erwerbstätigkeit nachgegangen ist. Erfahrungen mit Arbeitslosigkeit haben bis zu diesem Alter 47,4 % der BVJ/BGJ-Teilnehmer und 50,2 % der Hauptschüler gemacht. Die durchschnittliche Dauer der Arbeitslosigkeit liegt für diese Personen, wenn sie ein BVJ/BGJ absolviert haben, bei 2,61 Jahren und beträgt für Hauptschüler 2,71 Jahre, was einer Differenz von etwa einem Monat gleichkommt. Demnach kann konstatiert werden, dass die Teilnehmer des BVJ/BGJ zwar seltener als die Hauptschüler in eine betriebliche Ausbildung übergehen, jedoch stattdessen eine Erwerbstätigkeit aufnehmen, was dazu führt, dass sie im Vergleich weniger häufig von Arbeitslosigkeit betroffen sind.

Der grafische Vergleich der Lebensverläufe von Personen, die nach dem Austritt aus den Bildungsangeboten nicht direkt eine betriebliche Ausbildung aufgenommen haben (vgl. Schaubild 10), ermöglicht darüber hinaus eine Visualisierung der Stabilität der jeweiligen Verhältnisse auf individueller Ebene. So gibt das Schaubild je Zeile Auskunft über den Lebensverlauf einer Person über einen Zeitraum von zehn Jahren nach dem Verlassen des Bildungsangebots. Eine derartige Darstellung lässt nicht nur den Vergleich der Personen innerhalb einer Gruppe untereinander zu, sondern auch über verschiedene Gruppen hinweg, die entlang bestimmter Merkmale, hier die Art des besuchten Bildungsangebots, ausgewählt werden. Letztlich ermöglicht eine auf diese Weise durchgeführte Analyse eine Herausarbeitung biografischer Muster auf Individualebene und stellt damit auch einen Anknüpfungspunkt für qualitative Forschungsansätze dar. Schaubild 10 zeigt dabei, dass die Lebensverläufe der Hauptschüler von einer größeren Zahl von Wechseln gekennzeichnet sind. So treten die ehemaligen Hauptschüler häufiger als die BVJ/BGJ-Teilnehmer nach einem zunächst nicht geglückten Übergang in eine betriebliche Ausbildung im weiteren Lebensverlauf noch in eine solche ein. Auffällig ist dabei zudem, dass die Teilnehmer eines BVJ/BGJ sich, falls eine betriebliche Ausbildung aufgenommen wurde, kürzer als die Hauptschüler in selbiger befinden. Dies weist auf vermehrte Ausbildungsabbrüche in dieser Gruppe hin. Darüber hinaus verdeutlicht Schaubild 10, dass sich bei den BVJ/BGJ-Teilnehmern Phasen der Arbeitslosigkeit und der Erwerbstätigkeit häufiger als bei den Hauptschülern abwechseln. Das deutet darauf hin, dass die Arbeitsverhältnisse für die Erstgenannten weniger stabil als für Letztere sind. Die durchgängigen Erwerbskarrieren der Personen 5 und 9 der BVJ/BGJ-Teilnehmer erscheinen dabei als Ausnahmefälle, die sich durch eine sehr hohe Stabilität auszeichnen. Des Weiteren veranschaulicht Schaubild 10, dass die Hauptschüler nach dem Verlassen der allgemeinbildenden

Schule häufiger als die BVJ/BGJ-Teilnehmer eine Fachoberschule, beziehungsweise ein Fachgymnasium, besuchen und sich damit weiterqualifizieren. Für die Personen, welche diesen Weg einschlagen (Fälle 1 und 6 der Hauptschüler), scheint sich selbiger auch in Form eines geringeren Arbeitslosigkeitsrisikos und eines Ausbildungsabschlusses auszuzahlen.

Schaubild 10: Verläufe von Personen ohne direkten Übergang in eine betriebliche Ausbildung[115]

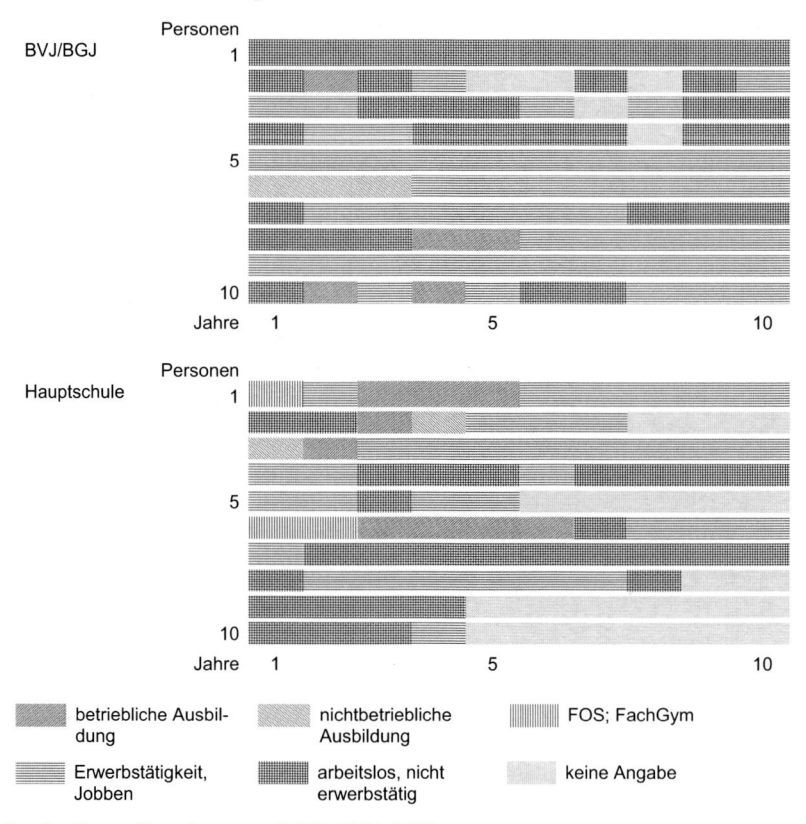

Quelle: Eigene Berechnungen, SOEP 1984–2009

---

115 Zufallsauswahl von jeweils 10 Personen, die im ersten Jahr nach dem Austritt aus dem jeweiligen Bildungsgang keine betriebliche Ausbildung begonnen haben. Die Auswahl wurde eingeschränkt auf Personen, die für mindestens die ersten drei Jahre nach dem Abgang aus den Bildungsangeboten Angaben zum beruflichen Werdegang gemacht haben und vor dem Jahr 2000 aus den Bildungsgängen ausgetreten sind.

Damit gestalten sich deren Lebensverläufe ähnlich wie die Biografien der Personen mit einem direkten Übergang in eine betriebliche Ausbildung (vgl. Schaubild 11).

Schaubild 11: Verläufe von Personen mit direktem Übergang in eine betriebliche Ausbildung[116]

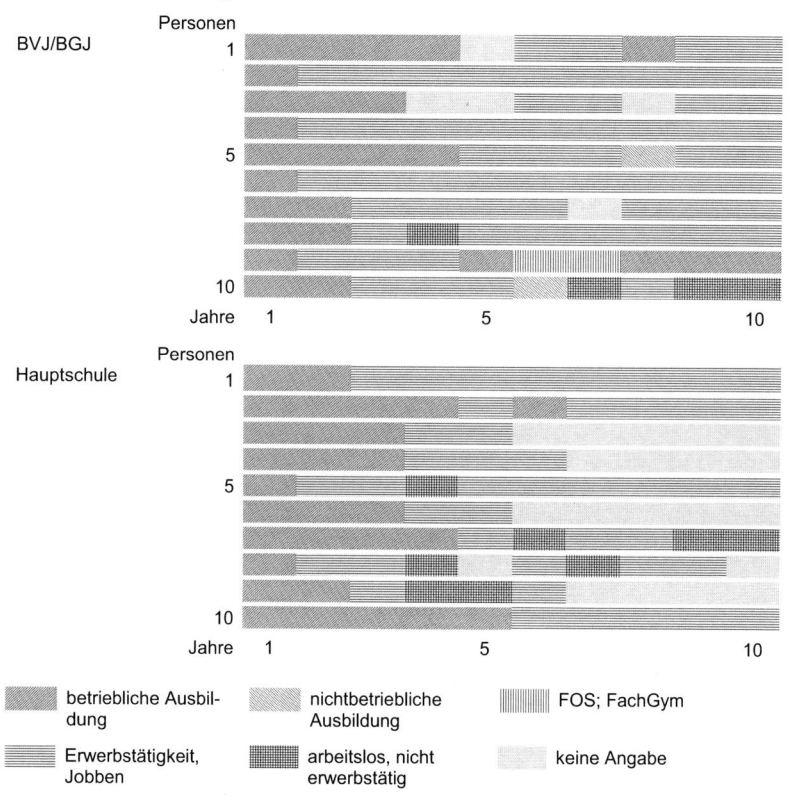

Quelle: Eigene Berechnungen, SOEP 1984–2009

Auch hier ist feststellbar, dass sich die unmittelbare Aufnahme einer betrieblichen Ausbildung positiv auf die Aufrechterhaltung einer Erwerbstätigkeit auswirkt und gleichzeitig das Risiko einer Arbeitslosigkeit reduziert. Dies gilt ebenso für den generellen Vergleich der Personen mit direktem Übergang mit Personen ohne direkten Übergang in eine betriebliche Ausbildung. Unter-

---

116 Zufallsauswahl von jeweils 10 Personen, die im ersten Jahr nach dem Austritt aus dem jeweiligen Bildungsgang eine betriebliche Ausbildung begonnen haben. Zur Beschränkung der Auswahl siehe Fußnote 115.

schiede zwischen den BVJ/BGJ-Teilnehmern und den Hauptschülern sind bei einem direkten Übergang in eine betriebliche Ausbildung hingegen kaum feststellbar. So verdeutlicht Schaubild 11, dass für die Mehrzahl der Personen, unabhängig von der Gruppenzugehörigkeit, die Aufnahme einer Erwerbstätigkeit unmittelbar an eine betriebliche Ausbildung anschließt. Zudem zeigen sich zwischen beiden Gruppen nur geringfügige Abweichungen hinsichtlich der Dauer und der Häufigkeit der Arbeitslosigkeit, wobei sich die Hauptschüler etwas häufiger in dieser Lebenslage befinden, zuvor jedoch in jedem Fall bereits erwerbstätig waren. Damit scheint sich der Schuleffekt vor allem dann zu äußern, wenn kein direkter Übergang in eine Berufsausbildung gelingt.

Ein direkter Übergang in eine betriebliche Ausbildung bedeutet jedoch nicht, dass die jeweilige Person diese Ausbildung auch erfolgreich absolviert. Vielmehr weisen die unterschiedlichen Aufenthaltsdauern in betrieblichen Ausbildungen darauf hin, dass Ausbildungen abgebrochen und Ausbildungsverhältnisse gewechselt wurden. Dennoch reduziert bereits der direkte Eintritt in eine betriebliche Ausbildung das Arbeitslosigkeitsrisiko deutlich. So sinkt für diese Personen der Anteil derjenigen, die bis zum 25. Lebensjahr mindestens zu einem Erhebungszeitpunkt arbeitslos waren, auf 38,7 %, wobei dieser Anteil für Teilnehmer des BVJ/BGJ mit 34,8 % deutlich unter dem der Hauptschüler (41,5 %) liegt. Die entsprechenden Quoten liegen für Individuen ohne direkten Übergang in eine betriebliche Ausbildung bei 48,8 % (BVJ/BGJ-Teilnehmer) beziehungsweise 53,3 % (Hauptschüler). Im Falle einer dennoch eintretenden Arbeitslosigkeit sind diese Personen bis zu ihrem 25. Lebensjahr durchschnittlich 2,46 Jahre arbeitslos. Damit wirkt sich die Aufnahme einer betrieblichen Ausbildung nicht nur reduzierend auf das Risiko einer Arbeitslosigkeit, sondern auch auf die Dauer derselben aus.[117] Dabei sinkt die Arbeitslosenquote für die BVJ/BGJ-Teilnehmer stärker als für die Hauptschüler, jedoch wird die Dauer einer Arbeitslosigkeit für Letztere in höherem Maße reduziert, wenn eine betriebliche Ausbildung aufgenommen wurde. Das heißt, dass BVJ/BGJ-Teilnehmer bei einem Eintritt in eine betriebliche Ausbildung von der Reduktion des Arbeitslosigkeitsrisikos profitieren. Die Hauptschüler hingegen haben einen zusätzlichen Vorteil durch die Verkürzung der durchschnittlichen Arbeitslosigkeitsdauer um mehr als ein halbes Jahr.

Genau wie sich bei den Vorteilen, die mit der Aufnahme einer Ausbildung verbunden sind, Unterschiede zwischen Hauptschülern und BVJ/BGJ-Teilnehmern zeigen, sind auch Differenzen hinsichtlich der Wege in eine betriebliche Ausbildung feststellbar. So werden die Hauptschüler am häufigsten durch die Agentur für Arbeit in die Ausbildungsstellen vermittelt

---

117 Die durchschnittliche Dauer der Arbeitslosigkeit liegt bei Teilnehmern des BVJ/BGJ, die nicht direkt eine betriebliche Ausbildung aufgenommen haben, bei 2,72 Jahren und für Hauptschüler dieser Gruppe bei 3,01 Jahren.

(35,3 %), während lediglich 28,8 % der BVJ/BGJ-Teilnehmer mit Hilfe dieser Vermittlungsinstanz ihren Weg in ein Ausbildungsverhältnis finden. Letztere greifen hingegen am häufigsten auf Bekannte, Freunde und andere Personen in ihrem sozialen Nahumfeld zurück (34,2 %). Diese Ressource nutzen in etwa gleichviele der Hauptschüler (32,8 %). Als dritter großer Bereich der Stellenfindung werden sonstige Instanzen genannt, worunter informelle Arrangements oder auch Praktika fallen. Auf diese Möglichkeit der Stellenfindung greifen 28,8 % der BVJ/BGJ-Teilnehmer zurück; die entsprechende Quote der Hauptschüler liegt bei 22,7 %. Der Erfolg der Stellensuche hängt dabei, insbesondere für BVJ/BGJ-Teilnehmer, stark von der sozialen Herkunft ab. So haben 79,2 % derjenigen, die binnen eines Jahres eine betriebliche Ausbildung aufgenommen haben, einen Vater, der mindestens über eine abgeschlossene Berufsausbildung verfügt. Bei den Hauptschülern ist die Übergangsquote in eine betriebliche Ausbildung hingegen weniger vom Berufsabschluss des Vaters abhängig. Hier können lediglich 52,1 % Väter einen Berufsabschluss vorweisen, wenn innerhalb eines Jahres eine betriebliche Ausbildung begonnen wurde. In Kombination mit dem oben angestellten Vergleich des beruflichen Bildungshintergrunds der BVJ/BGJ-Teilnehmer und der Hauptschüler bedeutet dies, dass selbiger bei dem Übergang in eine betriebliche Ausbildung stärker wirksam ist als beim Eingang in das jeweilige Bildungsangebot. So geht der Anteil der Hauptschüler, deren Vater über eine abgeschlossene Berufsausbildung verfügt, an der ersten Schwelle um etwa 2 Prozentpunkte zurück, während die selbe Quote für die BVJ/BGJ-Teilnehmer um 11,1 Prozentpunkte steigt. Dies drückt sich auch in einer Veränderung der Korrelation zwischen der Berufsbildung des Vaters und der Gruppenzugehörigkeit der Kinder aus. Selbige wächst von $\tau=-.18^{***}$, für die Personen in den Bildungsgängen, auf $\tau=-.28^{***}$, für die Personen, welche den Übergang in eine betriebliche Ausbildung innerhalb eines Jahres schaffen, an und signalisiert damit, dass der Berufsabschluss der Väter für die BVJ/BGJ-Teilnehmer an der ersten Schwelle an Bedeutung gewinnt.

In Modellen, die nach den Determinanten des Übergangs in eine betriebliche Ausbildung, Erwerbstätigkeit und Arbeitslosigkeit ein Jahr nach Austritt aus dem Bildungsgang fragen (vgl. Tabelle 8), ist dieser Einfluss des väterlichen Berufsabschlusses jedoch nicht ersichtlich. So ergibt sich für den Berufsabschluss des Vaters ausschließlich ein signifikanter Einfluss auf den direkten Übergang in eine Erwerbstätigkeit. Dies deutet darauf hin, dass der Berufsabschluss des Vaters die Wahrscheinlichkeit, ein Jahr nach dem Austritt aus dem jeweiligen Bildungsgang eine Erwerbstätigkeit aufzunehmen, deutlich verringert. Hingegen wird das Risiko einer Arbeitslosigkeit erhöht, wenn der Vater über eine abgeschlossene Berufsausbildung verfügt.

In Kombination mit den zuvor dargestellten Befunden zu der Bedeutung des väterlichen Berufsabschlusses bei der Quote derjenigen, die eine betriebliche Ausbildung aufnehmen, kann demnach vermutet werden, dass deren

Kinder bei einem nicht geglückten Übergang in eine Berufsausbildung zunächst eine Wartezeit einlegen, während die Kinder von Vätern ohne abgeschlossene Berufsausbildung eher eine Erwerbstätigkeit aufnehmen. Kurzum: Diese Ergebnisse zeigen nicht nur einen Schul-, sondern auch einen Herkunftseffekt auf.

Tabelle 8: Determinanten des Übergangs in eine betriebliche Ausbildung, Erwerbstätigkeit und Arbeitslosigkeit ein Jahr nach Austritt aus dem Bildungsgang[118]

Determinanten	betriebliche Ausbildung	Erwerbstätigkeit	Arbeitslosigkeit
	Exponentialkoeffizient e^β		
Bildungsgang			
Hauptschule (Referenz: BVJ/BGJ)	1,103	,619*	,733
Migrationshintergrund			
Migrationshintergrund (Referenz: kein Migrationshintergrund)	,980	,971	1,135
Geschlecht			
Weiblich (Referenz: männlich)	,923	1,359	,904
Schulabschluss			
mindestens mittlerer Schulabschluss (Referenz: Hauptschulabschluss)	,973	,530	,607*
elterlicher Schulabschluss			
mindestens mittlerer Schulabschluss (Referenz: Hauptschulabschluss)	1,001	1,282	1,354
Berufsabschluss des Vaters			
Berufsabschluss (Referenz: kein Berufsabschluss)	,998	,584*	1,104
Gesamtmodell	chi² = 1,479 df = 6 p = ,961	chi² = 12,054 df = 6 p = ,061	chi² = 5,635 df = 6 p = ,465
ungewichtete Fallzahlen	n = 348 (davon zensiert: 39)	n = 341 (davon zensiert: 274)	n = 217 (davon zensiert: 142)

Quelle: Eigene Berechnungen, SOEP 1984–2009

---

118 Ergebnisse von Cox-Regressionen. Die Exponentialkoeffizienten eβ weisen darauf hin, wie die einzelnen Variablen die Übergänge beeinflussen. Dabei signalisieren Werte >1 im Vergleich mit der Referenzgruppe eine erhöhte Übergangschance und Werte <1 entsprechend eine niedrigere. Die verschiedenen Modelle bebildern das Zusammenwirken der verschiedenen Faktoren und gehen damit über die zuvor angeführten bivariaten Korrelationen hinaus, haben jedoch, auch aufgrund der geringen Modellgüte, nicht den Anspruch eines umfassenden Erklärungsmodells.

Die weiteren Ergebnisse der in Tabelle 8 dargestellten Modelle zeigen erneut auf, dass Hauptschüler bessere Übergangschancen in eine betriebliche Ausbildung als Teilnehmer des BVJ/BGJ haben. Zudem wird diese Übergangswahrscheinlichkeit, im Vergleich mit anderen Determinanten, verhältnismäßig stark durch das Geschlecht geprägt, wobei die jungen Frauen schlechtere Übergangschancen als ihre männlichen Altersgenossen haben. Letztere haben demgegenüber eine deutlich niedrigere Wahrscheinlichkeit, im ersten Jahr nach dem Austritt aus den Bildungsgängen eine Erwerbstätigkeit aufzunehmen. Diese Option erweist sich dem Modell zufolge insbesondere als Domäne junger Frauen deutscher Herkunft, die ein BVJ/BGJ absolviert und maximal einen Hauptschulabschluss erreicht haben. Der Übergang in die Arbeitslosigkeit ist hingegen für junge Männer mit Migrationshintergrund wahrscheinlicher. Auch hier erweist sich der Besuch eines BVJ/BGJ als ein Faktor, welcher das Arbeitslosigkeitsrisiko erhöht. Diesbezüglich stellt sich des Weiteren der Schulabschluss der Befragten als zentrales Merkmal heraus. Verfügen die jungen Menschen mindestens über einen mittleren Schulabschluss, so wird die Wahrscheinlichkeit, ein Jahr nach dem Verlassen der Bildungsangebote arbeitslos zu sein, erheblich reduziert. Ein höherer elterlicher Schulabschluss stellt sich im Vergleich der drei Modelle indessen durchweg als wahrscheinlichkeitserhöhend heraus, wobei insbesondere die Chance, eine Erwerbstätigkeit aufzunehmen, und das Arbeitslosigkeitsrisiko durch selbigen steigen. Auch wenn sich dieser Einfluss in den Modellen nicht als signifikant erweist, so deutet dies doch darauf hin, dass die Übergangschancen herkunftsspezifisch geprägt sind. Im oben skizzierten Sinne lässt sich dieses Resultat als besonders relevant für die Gruppe an Befragten interpretieren, der nicht binnen eines Jahres den Übergang in eine betriebliche Ausbildung gelingt, sodass die jeweiligen Befragten gezwungen sind, Alternativen zu ergreifen. Die Erhöhung des Arbeitslosigkeitsrisikos für die Befragten, die über günstige Bildungsvoraussetzungen im Sinne eines höheren elterlichen Schulabschluss und eines Vaters mit abgeschlossener Berufsausbildung verfügen, kann dabei als Verlängerung der Suchperiode nach einer Ausbildung aufgefasst werden.[119]

Der Übergang an der ersten Schwelle wird demnach durch verschiedene Faktoren beeinflusst, wie auch die Auspartialisierung der einzelnen Effekte in den oben angeführten Modellen (vgl. Tabelle 8) zeigt. Die soziale Herkunft

---

119 Entsprechend dieser Annahme ist auch keine Korrelation zwischen dem Ausbildungseintritt bis ins 25. Lebensjahr und dem väterlichen Berufsabschluss beziehungsweise dem elterlichen Schulabschluss feststellbar. Vergleiche dazu darüber hinaus die Befunde des Bundesinstituts für Berufsbildung, die aufzeigen, dass Befragte mit mittlerem Bildungsabschluss im Vergleich zu Hauptschulabsolventen öfter den Wunsch haben, erst zu einem späteren Zeitpunkt, also nicht direkt nach dem Verlassen der Schule, eine Berufsausbildung aufzunehmen (Bundesinstitut für Berufsbildung 2011: 86). Auch Befunde für schweizer Gymnasiasten, die nach dem Bestehen der Maturität mehrheitlich ein Zwischenjahr einlegen, deuten in diese Richtung (vgl. Herzog/Neuenschwander/Wannack 2006: 132 ff.).

zeigt sich auf der Basis der SOEP-Daten dabei als zentrales Merkmal, das nicht nur die Zusammensetzung der Schülerschaft in den hier betrachteten Bildungsangeboten beeinflusst, sondern auch Auswirkungen auf die Wege nach dem Austritt aus selbigen hat. Neben dem schulischen und beruflichen Bildungshintergrund der Befragten können zudem Unterschiede zwischen den beiden Vergleichsgruppen beobachtet werden, die nicht nur auf die unterschiedliche Zusammensetzung der Schülerschaft in den Bildungsgängen zurückgeführt werden können. Im Gegenteil legen die hier präsentierten Befunde nahe, dass der Aufenthalt in einem bestimmten Bildungsangebot das Übergangsverhalten der Befragten an der ersten Schwelle beeinflusst und damit den Bildungsgängen ein eigenständiger Effekt auf die Biografien zugeschrieben werden kann.

Dies zeigt sich auch, wenn die Art der Erwerbstätigkeit der Befragten und das damit verbundene Einkommen betrachtet werden. Eine Auflistung der Berufstätigkeiten im Alter von 25 Jahren (vgl. Tabelle 9) veranschaulicht die verschiedenen Positionierungen auf dem Arbeitsmarkt. Es fällt auf, dass in beiden Vergleichsgruppen rund ein Sechstel der Befragten nicht erwerbstätig ist, was jedoch angesichts der zuvor präsentierten Zahlen bezüglich des Anteils von Personen, der bis zum 25. Lebensjahr Erfahrungen mit Arbeitslosigkeit gesammelt hatte (etwa 50 %), wenig zu verwundern vermag. Ungeachtet dieses hohen Arbeitslosenanteils geht die Mehrheit der 25-Jährigen einer Erwerbstätigkeit nach. Die meisten der 25-Jährigen sind als Facharbeiter tätig, wobei diese unter den Hauptschülern etwas häufiger vertreten sind. Auch bei den un- und angelernten Arbeitern sind diese öfter als die BVJ/BGJ-Teilnehmer zu finden. Letztere gehen hingegen zu einem größeren Teil Routinetätigkeiten oder einer Tätigkeit der niedrigen Dienstklasse nach. Demnach besetzen die BVJ/BGJ-Teilnehmer gegenüber den Hauptschülern Positionen, die in dem erweiterten EGP-Modell niedrigere Werte haben und damit bezüglich der sozialen Positionierung höher angesiedelt sind. Dies drückt sich auch in einer Korrelation von $\tau=.12^{**}$ zwischen der Zugehörigkeit zur Gruppe der Hauptschüler und einem höheren EGP-Rang aus. Gleichzeitig wird der EGP-Rang verringert, wenn der Vater über einen Berufsabschluss verfügt ($\tau=-.13^{**}$). Dies deutet erneut darauf hin, dass die im Vergleich mit den Hauptschülern günstigeren Bildungsvoraussetzungen der BVJ/BGJ-Teilnehmer bis in dieses Alter hinein zum Teil umgesetzt werden.

Tabelle 9: Erwerbstätigkeit im Alter von 25 Jahren nach EGP-Modell[120]

	BVJ/BGJ	HS	Gesamt
niedrigere Ränge der Dienstklasse (EGP 2)	20	12	32
	11,0%	7,1%	9,1%
Nicht-manuelle Berufe, Routinetätigkeit (EGP 3)	18	6	24
	9,9%	3,6%	6,8%
Routinetätigkeit in Service und Verkauf (EGP 4)	22	17	39
	12,1%	10,1%	11,1%
Facharbeiter (EGP 8)	53	58	111
	29,1%	34,3%	31,6%
un- und angelernte Arbeiter (EGP 9)	37	48	85
	20,3%	28,4%	24,2%
arbeitslos gemeldet und nicht erwerbstätig	32	28	60
	17,6%	16,6%	17,1%
Gesamt	182	169	351
	100%	100%	100%

Quelle: Eigene Berechnungen, SOEP 1984–2009

Trotz dieser höheren Positionen der BVJ/BGJ-Teilnehmer besteht keine statistische Abhängigkeit des mit 25 Jahren erzielten Einkommens[121] von der Gruppenzugehörigkeit. Wenig überraschend hängen die Erträge der Erwerbstätigkeit vielmehr von der jeweiligen EGP-Klasse ab ($\tau=-.18^{***}$). Dabei besteht jedoch eine höhere Korrelation für die Teilnehmer des BVJ/BGJ ($\tau=-.19^{***}$) als für die Hauptschüler ($\tau=-.16^{***}$). Das bedeutet, dass die Hauptschüler, statistisch gesehen, mit einer höheren EGP-Klasse dennoch ein höheres Einkommen als die BVJ/BGJ-Teilnehmer erzielen. Letztere erzielen dabei ein durchschnittliches Monatseinkommen von 1254 €, während die Hauptschüler ein gemitteltes Einkommen von 1202 € erwirtschaften. Wird an diese Zahlen die Definition der relativen Armut angelegt, die ab weniger als 60 % des Medianeinkommens beginnt (vgl. Bundesministerium für Arbeit und Soziales 2008), so folgt daraus, dass 28,8 % der BVJ/BGJ-Teilnehmer im Alter von 25 Jahren ein Einkommen haben, dass unter der Armutsgrenze liegt, während dies auf 32,7 % der Hauptschüler zutrifft. Festgehalten werden

---

120 Zur besseren Übersichtlichkeit wurden Klassen mit weniger als 5 Personen aus der Darstellung ausgeschlossen. Die Einteilung der Klassen erfolgt im SOEP nach dem erweiterten EGP-Modell von Ganzeboom und Treiman (1996, 2003).
121 Als Einkommensbasis wurde hier das monatliche Haushaltsnettoeinkommen verwendet, das mit der neuen OECD-Skala berechnet wurde.

kann zudem, dass für die Teilnehmer eines BVJ/BGJ das erzielte Einkommen abhängig davon ist, ob der Vater über eine abgeschlossene Berufsausbildung verfügt (τ=.14***), während für die Hauptschüler hier keine Tendenz feststellbar ist. Damit einher geht auch eine Korrelation zwischen dem Armutsrisiko und dem väterlichen Berufsabschluss für die BVJ/BGJ-Teilnehmer von τ=-.16**. Demnach wirkt sich der berufliche Bildungshintergrund der Befragten nicht nur in Gestalt unterschiedlicher Positionen auf dem Arbeitsmarkt, sondern auch, und zwar insbesondere für diejenigen, die ein BVJ/BGJ besucht haben, in monetärer Form aus. Entsprechend kann konstatiert werden, dass die Hauptschüler weniger stark als die BVJ/BGJ-Teilnehmer durch ihren Bildungshintergrund beeinflusst werden.

Zum Abschluss dieses Teilkapitels lässt sich demnach festhalten, dass die Daten des SOEP die Annahme eines Schuleffekts, also einer Beeinflussung der Berufsbiografie durch den zuvor besuchten Bildungsgang, nahelegen. Der Vergleich der Übergänge in den Beruf und der Biografien bis in das Erwachsenenalter von Hauptschülern und Teilnehmern des BVJ/BGJ vermochte aufzuzeigen, wo Unterschiede und Gemeinsamkeiten zwischen diesen beiden Gruppen liegen. So wurde herausgearbeitet, dass die Bildungsvoraussetzungen der BVJ/BGJ-Teilnehmer gegenüber den Hauptschülern günstiger sind, und zwar sowohl hinsichtlich des elterlichen Schulabschlusses als auch gemessen am väterlichen Berufsabschluss. Diese vorteilhaften Bildungsvoraussetzungen können nach dem Verlassen der berufsvorbereitenden Bildungsangebote jedoch nicht unmittelbar umgesetzt werden. Im Gegenteil wurde gezeigt, dass die Hauptschüler nach dem Schulaustritt häufiger eine betriebliche Ausbildung als die Teilnehmer eines BVJ/BGJ aufnehmen. Letztere nehmen innerhalb der ersten zwei Jahre nach dem Verlassen des Bildungsangebots hingegen häufiger eine Erwerbstätigkeit auf. Mit fortschreitendem Alter erhöht sich zwar der Anteil der BVJ/BGJ-Teilnehmer, welche eine betriebliche Ausbildung aufnehmen, jedoch werden die diesbezüglichen Unterschiede zu den Hauptschülern nicht aufgelöst.

Aufbauend auf diesen Ergebnissen wurde herausgestellt, dass der Eintritt in eine betriebliche Ausbildung zur Stabilität der Lebensverhältnisse beiträgt und sowohl das Arbeitslosigkeitsrisiko reduziert als auch die Aufrechterhaltung einer Erwerbstätigkeit über einen längeren Zeitraum fördert. In diesem Kontext wurde betont, dass der Erfolg der Suche nach einer Ausbildungsstelle, insbesondere für die BVJ/BGJ-Teilnehmer, von der sozialen Herkunft abhängt. Entsprechend erwies sich für sie das Kriterium des väterlichen Berufsabschlusses als zentral bezüglich der Übergangswahrscheinlichkeit an der ersten Schwelle. Die Instanzen, auf die zur Ausbildungsstellensuche zurückgegriffen wird, unterscheiden sich dabei zwischen den beiden Vergleichsgruppen. Während die Hauptschüler primär auf formal geregelte Unterstützung zurückgreifen, ist für die BVJ/BGJ-Teilnehmer vor allem das soziale Nahumfeld von besonderer Bedeutung bei der Suche nach einem Ausbildungsplatz. Trotz dieser unterschiedlichen Suchstrategien kann für beide Gruppen ein Einfluss des Berufsabschlusses des Vaters auf die Positionierung auf dem Arbeitsmarkt im Alter von 25 Jahren nachgezeichnet werden. Hier sind es jedoch die ehemaligen Teilnehmer eines berufsvorbereitenden Bildungsangebots, welche im Vergleich zu den Hauptschülern höhere Positionen auf dem Arbeitsmarkt besetzen. Dafür können zwei verschiedene Erklärungen angeführt werden: Zum einen kann diese Positionierung auf die im Lebensverlauf früher stattfindende Positionierung auf dem Arbeitsmarkt zurückgeführt werden. Zum anderen kann angenommen werden, dass sich der unmittelbare Schuleffekt bis zu diesem Alter reduziert hat und die günstigeren Bildungsvoraussetzungen der BVJ/BGJ-Teilnehmer in Form von höheren Positionen umgesetzt wurden. Für letztere Annahme spricht dabei, dass die Positionierung auf dem Arbeitsmarkt im Alter von 25 Jahren stärker vom Berufsabschluss des Vaters als von dem besuchten Bildungsgang abhängig ist. Mit anderen Worten: Die Wirksamkeit des Schuleffekts ist zwar kurze Zeit nach dem Austritt aus den Bildungsgängen nachweisbar, scheint aber zeitlich begrenzt zu sein und verliert mit fortschreitender Zeit an Gewicht. Die Bedeutungszunahme des väterlichen Berufsabschlusses deutet zudem auf herkunftsspezifische Faktoren im Lebensverlauf hin.

Des Weiteren wurde dargelegt, dass sich das Alter, in dem die BVJ/BGJ-Teilnehmer in eine Berufsausbildung eintreten, nur unwesentlich von dem Alter der Hauptschüler zu diesem Zeitpunkt unterscheidet. Vielmehr ist es das Schulaustrittsalter, das aufgrund der (zusätzlichen) Dauer der berufsvorbereitenden Bildungsgänge sowie Veränderungen auf dem Ausbildungs- und Arbeitsmarkt ein wesentlicher Unterscheidungspunkt der beiden Gruppen ist. Dies bedeutet gleichzeitig, dass eines der Ziele des BVJ/BGJ, nämlich die Verringerung der Wartezeit auf eine Ausbildung, erreicht wird beziehungsweise der Besuch des Bildungsgangs zumindest nicht zu einer Verlängerung derselben führt. Dabei ist jedoch darauf hinzuweisen, dass ein Kohortenvergleich unter den BVJ/BGJ-Teilnehmern statistisch signifikante Unterschiede zwischen dem Zeitpunkt des BVJ/BGJ-Besuchs und den Übergangschancen in eine betriebliche Ausbildung beziehungsweise dem Arbeitslosigkeitsrisiko aufzudecken vermochte. Demnach hatten es die ersten der hier betrachteten BVJ/BGJ-Teilnehmer in den 1980er Jahren leichter, ein Jahr nach dem Austritt aus dem Bildungsgang in eine betriebliche Ausbildung überzugehen, als diejenigen, welche gegen Ende des Betrachtungszeitraums den Bildungsgang verlassen haben. Umgekehrt ist das Arbeitslosigkeitsrisiko für die jüngere Kohorte höher als für die älteren Kohorten. Im Anschluss an die zuvor präsentierten Ergebnisse (vgl. Kapitel 1.4) deutet dies auf Veränderungen auf dem Ausbildungs- und Arbeitsmarkt hin, die für die BVJ/BGJ-Teilnehmer scheinbar stärker wirksam als für die Hauptschüler sind.

Das Ziel der formalen Weiterqualifikation wird im Gegensatz zur Verkürzung der Wartezeit auf eine betriebliche Ausbildung nur von einer Minderheit der Teilnehmer des BVJ/BGJ erreicht. So verbessert während des Aufenthalts in den Bildungsgängen lediglich etwa ein Dreizehntel der Besucher ihren Schulabschluss. Dieser Anteil erscheint besonders im Vergleich mit der Quote der Verbesserungen des Schulzertifikats im weiteren Lebensverlauf der BVJ/BGJ-Teilnehmer, die bei 18,7 % liegt, niedrig. Folglich kann konstatiert werden, dass das bildungspolitische Ziel der Verbesserung des Schulabschlusses, welches, wie zuvor (vgl. Kapitel 2) gezeigt wurde, in fast allen Bildungsangeboten des Übergangssystems gesetzt ist, nur von einer Minderheit der SuS erreicht wird.

Im folgenden Teilkapitel wird auf Basis der Leitfadeninterviews mit SuS im Übergangssystem insbesondere auf die beiden letztgenannten Punkte erneut eingegangen. Hier wird vor allem herausgearbeitet, inwiefern die Befragten den Aufenthalt in den Bildungsgängen als Warteschleife wahrnehmen und wie sie mit dem Ziel der Verbesserung des Schulabschlusses umgehen. Ebenso werden die Strategien der Stellensuche fokussiert und die Einschätzungen der SuS bezüglich der Unterstützung des Stellenfindungsprozesses durch verschiedene Beratungsinstanzen dargestellt.

3.2.3 Die Integration der Schülerperspektive

Verbunden mit der Frage, wie junge Menschen mit dem Aufenthalt im Übergangssystem umgehen, ist die Notwendigkeit eines Perspektivenwechsels. So wird im Folgenden der Fokus auf die einzelnen Schüler gerichtet und aufgezeigt, wie sich deren Wege in den jeweiligen Bildungsgang gestalteten. Dabei wird insbesondere die Wahrnehmung der Situation der SuS während des Aufenthalts im Übergangssystem herausgearbeitet. Der Betrachtungswinkel verschiebt sich also von den zuvor fokussierten Gruppenmerkmalen in Richtung der individuellen Einschätzungen. Nicht zuletzt aus Gründen dieser Verschiebung der Betrachtungsperspektive wird nachfolgend auch auf anderes Datenmaterial als zuvor zurückgegriffen. Die Integration dieses zusätzlichen Materials ermöglicht eine Beschreibung des Umgangs mit Ungleichheiten auf individueller Ebene und leistet damit einen essenziellen Beitrag für eine umfassende Beschreibung des Übergangssystems sowie für den Entwurf eines Mehrebenenmodells, das Bildungsungleichheiten in diesem Ausschnitt des deutschen Bildungssystems schematisch darstellt.

Als Basis der nachstehenden Ausführungen werden Interviews mit SuS im Übergangssystem herangezogen, welche im Zuge eines Lehrforschungsprojektes zur Selektivität des beruflichen Bildungssystems unter der Leitung von Matthias Grundmann durchgeführt wurden. Im Gegensatz zu den bisher vorliegenden Auswertungen dieses Interviewmaterials (vgl. Brändle/Müller 2010, Müller/Brändle 2011) werden an dieser Stelle ausschließlich die Interviews in die Auswertung einbezogen, welche mit SuS des BGJ und des Berufsqualifizierungsjahres (BQF) an münsteraner Berufskollegs durchgeführt wurden. In Folge dieser Einschränkung ergibt sich insgesamt eine Anzahl von zwölf Interviews, die mit SuS zur Mitte des Schuljahres 2007/08 durchgeführt wurden. Alle Befragten waren dabei nach einer kurzen Vorstellung des Projekts im Klassenverband von sich aus bereit, an den Interviews teilzunehmen, und stimmten einer Aufzeichnung und Auswertung des Gesprächs zu. Der Interviewzeitpunkt wurde auf den genannten Zeitraum gelegt, damit die Befragten, trotz des Querschnittsdesigns, Auskunft über ihren Notenstand geben konnten und abschätzen konnten, wie ihre Abschlusschancen waren.[122] Gleichzeitig bedeutet diese Begrenzung auch die Möglichkeit der Fokussierung auf die Perspektive derjenigen SuS, welche sich in den zuvor beschriebenen Bildungsangeboten befinden und damit den dort wirkenden Mechanismen ausgesetzt sind.

Die nachfolgend betrachteten Bildungsgänge unterschieden sich dabei, wie auch schon die Übersichten in Kapitel 2 darlegen (vgl. Tabelle 1, Tabelle 2, Tabelle 3), sowohl hinsichtlich ihrer Zugangsvoraussetzungen und der Zielvorstellungen, als auch bezüglich ihres Aufbaus. So wird das BQF für SuS angeboten, welche die allgemeinbildende Schule ohne Abschluss verlassen haben. Mit dem Besuch des Bildungsgangs ist die Möglichkeit verbunden, einen Hauptschulabschluss zu erreichen, wobei gleichzeitig ein Schwerpunkt auf der Berufsvorbereitung liegt. Letztere fand in dieser Schule in dualisierter Form statt; das heißt: Die SuS dieser Klasse befinden sich an drei Tragen pro Woche in einem Betrieb, in welchem sie über das ganze Schuljahr hinweg praktische Erfahrungen sammeln können. Der Unterricht am Berufskolleg ist folglich auf zwei Tage pro Woche beschränkt. Bei dem BGJ handelt es sich hingegen um ein vollzeitschulisches Bildungsangebot, wodurch die Erfahrungen mit dem Arbeitsalltag in einem Betrieb auf ein zweiwöchiges Praktikum beschränkt bleiben. Darüber hinaus ist die Zulassung für das BGJ an einen vorhandenen Hauptschulabschluss nach Klasse 9 gebunden. Mit dem Abschluss des Bildungsgangs können die SuS einen Hauptschulabschluss nach Klasse 10 oder, bei einem ausreichend guten Notenschnitt und der Teilnahme an Zusatzunterricht, die Fachoberschulreife erlangen. Darüber hinaus unterscheiden sich die beiden betrachteten Bildungsgänge auch in ihrem Schwerpunkt. So wurde das BGJ im metalltechnischen Bereich durchgeführt und das BQF im Berufsfeld Ernährung und Hauswirtschaft angeboten. Trotz dieser unterschiedlichen Schwerpunkte gibt es bei den interviewten Personen keine gravierenden Geschlechterunterschiede. Unter den Befragten befand sich lediglich eine Schülerin, die das BQF besuchte (vgl. Müller/Brändle 2011).

---

122 Zum anderen wurde auf diese Weise die Bereitschaft der Lehrkräfte zur Freistellung der SuS erhöht, da zu dieser Zeit die Vermittlung der Unterrichtsinhalte flexibel eingeteilt werden konnte.

Die genannten Unterschiede zwischen den Bildungsgängen erforderten geringe Anpassungen des verwendeten Leitfadens an die Spezifität des jeweiligen Bildungsangebots (vgl. Müller/Brändle 2011: 3). Die zentralen Themenbereiche blieben dabei unverändert und erstreckten sich über die soziale Herkunft der SuS, die Bildungsbiografie sowie die Einschätzung des Bildungsgangs durch die SuS. Die soziale Herkunft der Befragten wurde dabei über die elterlichen Berufe und Schulabschlüsse sowie über die Tätigkeiten der Freunde erhoben. Im Hinblick auf die Bildungsbiografie waren die zuvor besuchte Schule und die dort gesammelten Erfahrungen ebenso wie der Weg in den jeweiligen berufsvorbereitenden Bildungsgang von besonderer Relevanz. Die Wahrnehmung des Bildungsgangs und der eigenen Situation darin wurde über Bewertungen dieser beiden Bereiche, das Verhältnis zu den Lehrenden, den Nutzen des Bildungsgangs sowie über die Frage nach der erneuten Wahl des Bildungsangebots erfasst. Zudem wurden die Pläne der Befragten für die Zeit nach dem Verlassen des Bildungsgangs erfragt.

Die Interviews wurden nach ihrer Transkription[123] mithilfe einer qualitativen Inhaltsanalyse nach Mayring (vgl. Mayring 2008) ausgewertet. Dieses Auswertungsverfahren wurde aus zwei Gründen gewählt: Zum einen aufgrund des Datenmaterials, denn die Befragten kamen während der Interviews nur selten in einen Erzählfluss und antworteten oftmals einsilbig. Zum anderen schien diese Herangehensweise im Vergleich zu anderen Auswertungsmethoden im Hinblick auf die Auswertungsdauer und den damit verbundenen Zeitaufwand erfolgversprechend zu sein. So bestand das Ziel der Auswertung letztlich darin, aus dem vorhandenen Material zentrale Aussagen zu gewinnen und dabei eine Komplexitätsreduktion vorzunehmen (vgl. Müller/ Brändle 2011: 4).

Mithilfe dieses Analyseverfahrens kann auch die soziale Herkunft der Befragten, die während der Interviews ohne gesonderten Fragebogen erfragt wurde, näher beschrieben werden. Entsprechend der Zugangsvoraussetzungen verfügen ausschließlich die Befragten des BGJ über einen Hauptschulabschluss, während diejenigen des BQF die allgemeinbildende Schule ohne Abschluss verlassen haben. Das Alter der Befragten ist zwischen beiden Bildungsgängen nur geringfügig unterschiedlich. So sind die SuS des BQF mehrheitlich siebzehn Jahre alt oder jünger. Demgegenüber befindet sich unter den Befragten des BGJ nur ein Befragter, der noch nicht das achtzehnte Lebensjahr erreicht hat, wobei dies gleichzeitig der Einzige in dieser Gruppe war, der den Bildungsgang ohne Verzögerung erreicht hatte. Die zuvor be-

---

123 Die Verschriftlichung des Interviewmaterials wurde primär entlang des Kriteriums der Lesbarkeit vorgenommen. Darüber hinaus wurden in Anlehnung an das Gesprächsanalytische Transkriptionssystem (vgl. Selting/Auer/Barden et al. 1998, Selting/Auer/Barth-Weingarten et al. 2009) nach einem eigens entwickelten Verfahren auch Auslassungen, Pausen, Simultansprechen, Situationsbeschreibungen, Verschleifungen und Wortabbrüche transkribiert. Die hier angeführten Aussagen von Befragten wurden aus Gründen der Lesbarkeit von diesen Zusätzen befreit.

suchte Schule war für die meisten der Befragten eine Hauptschule, lediglich ein Befragter aus jedem Bildungsgang war zuvor auf einer Realschule. Zwei der SuS verfügen zudem über einen direkten Migrationshintergrund. Sie sind im Alter von 12 beziehungsweise 14 Jahren mit ihren Eltern nach Deutschland gezogen. Bei den Berufen der Eltern zeigen sich zwischen beiden Gruppen ebenso keine Unterschiede. Sowohl die SuS des BQF als auch die Befragten des BGJ haben Eltern, die Berufe ausüben, welche keinen höheren Bildungsabschluss voraussetzen. Die Väter waren dabei in der Regel im Handwerk tätig, die Mütter hingegen im Dienstleistungssektor. Die Schulabschlüsse der Eltern waren dabei, insofern von den Befragten dazu Angaben gemacht wurden, eher niedrig.[124] Generell kann demnach konstatiert werden, dass sich das Bild der sozialen Herkunft der Befragten ähnlich zu den im vorigen Kapitel geschilderten Befunden zu den BVJ/BGJ-Teilnehmern gestaltet.

Die angestrebte Komplexitätsreduktion der Daten ermöglicht ebenso eine Beschreibung der Wege der SuS in den jeweiligen Bildungsgang als drei verschiedene, idealtypische Pfade. Entsprechend dieser Möglichkeiten ist entweder ein gezielter Übergang in den Bildungsgang, ein pflichtmäßiger Besuch desselben oder ein zufälliger Aufenthalt in dem Bildungsgang denkbar, wobei diese Einteilung aus den Daten abgeleitet wurde (vgl. Müller/ Brändle 2011: 5). Damit geht zwar das Problem der nachträglichen Rationalisierung der eigenen Bildungsbiografie einher; dennoch erlaubt diese Einteilung, der Frage nach typischen Übergangsmustern in den jeweiligen Bildungsgängen nachzugehen.

So zeigen sich zwischen den beiden betrachteten Bildungsgängen Unterschiede hinsichtlich der Wege der SuS. Während die Befragten des BQF ihre Wege überwiegend als durch den Zufall geprägt beschrieben, stellten die Schüler im metalltechnischen BGJ die Wahl des Bildungsgangs mehrheitlich als gezielt dar. Beispielsweise konstatiert ein 17-jähriger Schüler des BQF: *„Meine Mutter war ja auch hier auf Schule und deswegen"*. Die Aussagen der Schüler des BGJ deuten hingegen in eine andere Richtung *„Ja weil, ich wollte einfach nur, wie soll man sagen, mich darauf vorbereiten, für einen Beruf. Zum Beispiel einen handwerklichen Beruf."* (18-jähriger Schüler, BGJ) Diese Beobachtung hinsichtlich der unterschiedlichen Wege in die Bildungsangebote ließe sich, bei einer Rückbindung dieser Rekonstruktionen an die Aufnahmevoraussetzungen der Bildungsgänge, als verstärkte Auseinandersetzung mit der eigenen Bildungsbiografie und eine Häufung rationaler Entscheidungen interpretieren, wenn die Eingangsvoraussetzung, formal gesehen, höher sind. Eine derartige Erklärung wäre jedoch zu eindimensional

---

124 Zu den elterlichen Schulabschlüssen wurden nur von etwa der Hälfte der Befragten Angaben gemacht, wobei unklar blieb, ob die Ursache dafür in Unwissenheit oder in einem anderen Grund lag. Da einige der Eltern ihren Schulabschluss im Ausland erworben haben, waren die Befragten zudem teilweise unsicher bezüglich der Einordnung desselben.

und damit wenig zielführend. Vielmehr scheinen die Schilderungen der jungen Männer im hauswirtschaftlichen BQF stark durch geschlechtsspezifische Rollenmodelle geprägt zu sein, die letztlich dazu führen, dass der Weg in den Bildungsgang als zufällig dargestellt wird. Demgemäß lassen sich Schüleraussagen wie „*Ist eigentlich gar nicht meine Richtung, aber [...] Betonbauer, oder Industriemechaniker, oder sowas*" (18-jähriger Schüler, BQF) oder auch „*Also die Hauswirtschaft nicht. Das ist Nichts für mich. Also ich hab einen anderen Beruf – Maurer*" (17-jähriger Schüler, BQF) einordnen. Daran wird deutlich, dass sich die Schüler an traditionalen Rollenvorstellungen orientieren und in der Folge die hauswirtschaftliche Ausrichtung des Bildungsgangs ablehnen und handwerkliche Berufe präferieren. Die Schüler des BGJ stehen demgegenüber nicht unter diesem „Rationalisierungszwang", denn sie befinden sich, wie die oben zitierte Schüleraussage zeigt, bereits in einem Bildungsgang, welcher der von ihnen bevorzugten Berufsrichtung entspricht (vgl. Müller/Brändle 2011).

Bei der Auswahl des jeweiligen Bildungsgangs sind neben diesen geschlechtsspezifischen Effekten auch zuvor in Praktika und anderen Bildungsangeboten gesammelte Erfahrungen von Bedeutung. Zudem kommt dem sozialen Nahumfeld eine besondere Rolle zu (vgl. Müller/Brändle 2011). Die Bedeutung des sozialen Nahumfelds zeigt sich dabei nicht nur, wie bei der oben exemplarisch angeführten Aussage, in dem Besuch der Schule, zu der schon die Eltern gegangen sind, sondern auch in dem Wunsch, sich gemeinsam mit Freunden weiterzubilden.[125] Diese Orientierung an den Eltern, Bekannten und Freunden ist dabei nicht nur bei der Wahl des berufsvorbereitenden Bildungsgangs zu beobachten, sondern kann auch bei der Auswahl der (Pflicht-)Praktika während des Schuljahres sowie an der ersten Schwelle im Zusammenhang mit der Suche nach einem Ausbildungsplatz beobachtet werden (vgl. Müller/Brändle 2011). Ein 19-jähriger Schüler des BGJ hebt bezüglich der Praktikumssuche die Bedeutung seines Vaters hervor: „*Mein Vater ist Auftragsmonteur. Hat Elektromaschinenbauer gelernt. Arbeitet jetzt an der Uni.*" Interviewer: „Der könnte dir doch gut helfen, oder?" „*Ja, mit dem Praktikum, hatte ich ja auch an der Uni gemacht*". In die Suche nach geeigneten Praktikumsplätzen werden darüber hinaus Einrichtungen einbezogen, die den SuS bekannt sind und sich in räumlicher Nähe zu üblichen Aufenthaltsbereichen befinden (vgl. Müller/Brändle 2011: 6 f.). So sagt ein 17-jähriger Schüler des BQF, der ein Praktikum als Koch absolviert: „*Ist halt das Altersheim hier, und aber [...] (DEUTET AUS DEM FENSTER) Ist direkt. Da ist es. (LACHT)*". Die Praktikumsstelle hat er wie folgt gefunden: „*Ja, ne, meine Oma, die war, also die is dieses Jahr Mitte, oder so, is die gestorben. Und dann hat die vorher da, da sind einmal so betreutes Wohnen. [...] Und*

---

125 So erzählt ein 16-jähriger Schüler des BGJ über seinen Weg in den Bildungsgang: „Ein Freund von mir ist hierhin gekommen und dann sind wir einfach zusammen hierhin gekommen."

einmal so, dass die Wohnungen, da muss man halt alleine für sich sorgen. Und da hat die gewohnt. Ja, und dann hatte meine Mutter so gesacht, dass ich da mal fragen könnte. Ja. Hab ich dann gemacht, und dann ging das." In diesem Fall fallen folglich die räumliche Nähe des Altenheims zum Berufskolleg und die Empfehlungen einer Bezugsperson aus dem sozialen Nahumfeld zusammen, wobei die verstorbene Großmutter als Brücke zwischen beiden Bereichen fungiert.

Auch bei der Ausbildungsstellensuche wird auf diese, bei der Suche nach einem Praktikumsplatz bewährten, Instanzen zurückgegriffen. Entsprechend schildert der letztgenannte Schüler den Suchprozess nach einem Ausbildungsbetrieb: *„Und, ja, aber. Ich weiß nicht, also ich. Mein Onkel ist Raumausstatter und da hatte ich ja mal ein Praktikum gemacht, und so. Ey das gefällt mir schon besser. Und dann ruf ich halt nochmal bei dem Chef an, weil ich kenn den auch so – privat – hab dann da gute Chancen vielleicht auf ne Ausbildung."* (17-jähriger Schüler, BQF). Ein anderer, 19-jähriger Schüler des BGJ beschreibt den Erfolg der Ausbildungsstellensuche eines Mitschülers wie folgt: *„Also, sein Vater is einer der Unternehmer in diese Firma und deswegen hat er den mitgenommen"* und bringt damit das Suchverhalten auf den Punkt. Diese Präzisierung zeigt auf, dass die SuS von einer starken Abhängigkeit zwischen einem erfolgreichen Übergang in eine Berufsausbildung und den persönlichen Beziehungen ausgehen. Letztlich greifen sie damit bei der Suche nach einem Praktikum und einer Ausbildungsstelle auf die Instanz zurück, welche aus ihrer Sicht die größten Erfolgsaussichten verspricht. So kann der zuvor mithilfe der quantitativen Analysen aufgezeigte Befund, wonach die BVJ/BGJ-Teilnehmer bei der Ausbildungsstellensuche am häufigsten auf diese Möglichkeit zurückkommen, weiter konturiert werden. Demnach verfolgen die Jugendlichen mit diesem überwiegend praktizierten Suchverhalten eine Strategie, die ihnen im Hinblick auf die generierten Resultate sinnvoll erscheint und ihnen gleichzeitig ermöglicht, die Kontakthäufigkeit mit institutionellen Arrangements[126] gering zu halten. Schließlich wird dadurch auch die Konstruktion einer *eigenen* Entscheidung für eine bestimmte Ausbildung ermöglicht, die von den SuS selbst getroffen und nicht durch andere erzwungen wurde.

Die angestrebten Berufe weisen dabei Ähnlichkeiten zu den elterlichen Berufen auf. Das heißt: Die SuS orientieren sich primär in dem Berufsfeld, das ihnen über ihre Eltern bekannt ist. Ein Vergleich zwischen den Ge-

---

126 Bezüglich der Berufsberatung durch die Agentur für Arbeit konstatiert ein Schüler: „Joa, ganz gut. Also beim BIZ war ich nich dabei, aber ich war da schon vorher, mit meiner alten Schule. Ja, und, also es ist ganz interessant so, aber natürlich Teile auch langweilig, aber sonst ganz okay." (17-jähriger Schüler, BQF) Ein anderer Schüler: „Du machst da irgendwie so Blödsinn, also meine Meinung." (18-jähriger Schüler, BQF) An diesen Aussagen wird deutlich, dass der pflichtgemäße Besuch des Berufsinformationszentrums als weitgehend überflüssig eingeschätzt wird, wobei der nur stellenweise relevant erscheinende Inhalt als Hauptgrund für das geringe Interesse dargestellt wird.

schlechtern zeigt in diesem Zusammenhang, dass dieses Orientierungsverhalten insbesondere bei den jungen Männern zu beobachten ist. Allerdings gilt es dabei zu beachten, dass die Mütter der Befragten oftmals keiner Erwerbstätigkeit nachgingen und damit folglich als *Berufs*orientierungsinstanz, im genuinen Sinn, nicht infrage kommen. Es kann jedoch davon ausgegangen werden, dass die jungen Frauen, für welche das Fehlen dieses Orientierungspunkts von besonderer Bedeutung ist, sich stattdessen an anderen Personen in ihrem sozialen Nahumfeld, wie etwa Geschwistern und Peers, ausrichten (vgl. Müller/Brändle 2011: 6). Dass es zu diesen Analogien zwischen den von den SuS angestrebten Berufen und den elterlichen Berufen kommt, ist, angesichts der oben angeführten Befunde, wenig überraschend. So wird die Möglichkeit einer Orientierung an Berufen, die nicht von Personen innerhalb des sozialen Nahumfelds ausgeübt werden, durch die Suchstrategien der jungen Menschen eingeschränkt. Deutlich wird dies auch an der folgenden Hoffnung auf einen Ausbildungsplatz eines 17-jährigen Schülers des BQF: *„Mein Onkel kennt einen und der wollte mich anrufen für 'n Vorstellungsgespräch und dann muss ich Probe arbeiten und dann wird sich's entscheiden."* Potenziell bleibt eine Ausrichtung an Berufen außerhalb dieses Bereiches damit zwar denkbar, die Dominanz der Eltern, Freunde und Bekannten während des Suchprozesses macht diese jedoch unwahrscheinlich. Zusätzlich führen die traditionellen Rollenvorstellungen der Befragten zu einer weiteren Einschränkung des in Betracht gezogenen Berufsspektrums.

Die Berufsorientierung der befragten Jugendlichen erscheint damit als herkunftsspezifisch geprägt, wobei sich hinsichtlich der Suchstrategien keine wesentlichen Unterschiede zwischen den beiden betrachteten Bildungsgängen zeigen. Der Grad an Flexibilität, den die Befragten dabei aufbringen, variiert jedoch zwischen den beiden Bildungsangeboten. Die Schüler des metalltechnischen BGJ sind im Vergleich zu den Befragten des BQF auf eine spezifische Ausbildungsrichtung fixiert. Ihr Ausbildungswunsch ist auf die Metalltechnik, also entsprechend des Schwerpunkts des Bildungsgangs, ausgerichtet und fiel demgemäß gezielter als bei den SuS des BQF aus. Letztere sind demgegenüber nicht auf ein bestimmtes Berufsfeld festgelegt und damit bei der Ausbildungssuche flexibler als ihre Altersgenossen im BGJ (vgl. Brändle/Müller 2010). Gründe für diese höhere Anpassungsfähigkeit der SuS des BQF werden von den Befragten selbst nicht genannt, können jedoch in den Zugangsbeschränkungen zu den Lehrstellen gesehen werden. Das bedeutet, dass mit einem niedrigeren formalen Bildungsabschluss eine geringere Auswahl an potenziellen Ausbildungsstellen einhergeht und die größere Flexibilität damit letztlich als Anpassung an die Anforderungen des Ausbildungsstellenmarktes gedeutet werden kann.

In der Folge unterscheiden sich auch die mit dem Besuch und Abschluss des Bildungsgangs verbundenen Ziele der SuS. Die Befragten des BQF verbinden mit dem Abschluss desselben in erster Linie die Hoffnung auf die

Verbesserung ihrer Chancen, einen Ausbildungsplatz zu finden. Demgegenüber ist eine weitere schulische Qualifikation nach dem Verlassen des derzeitigen Bildungsgangs nachrangig und kommt für die SuS nur im Falle von erfolglosen Bewerbungsversuchen infrage. Jedoch schreiben die Befragten dieses Bildungsgangs dem Erwerb des Hauptschulabschlusses generell eine zentrale Bedeutung zu. Selbigen erachten sie als notwendig, um ihre Konkurrenzfähigkeit auf dem Ausbildungsstellenmarkt zu verbessern. Kurzum gilt für die Befragten die Formel: *„Hauptschulabschluss und dann 'ne Ausbildung."* (16-jährige Schülerin, BQF), wobei keine bestimmte Ausbildung, sondern die Aufnahme *irgendeiner* Berufsausbildung im Zentrum steht (vgl. Brändle/Müller 2010: 4). Das bedeutet auch, dass die Inhalte des Bildungsgangs aus der Perspektive der SuS zu unspezifisch sind und nicht ausreichend konkret auf ein Berufsfeld vorbereiten. Schließlich führt dies dazu, dass sich die Befragten „Unsicherheiten ausgesetzt [sehen], die sie einerseits strukturell begründen, also aus der aktuellen Lage auf dem Arbeitsmarkt ableiten, und andererseits darauf zurückführen, dass sie selbst in ihrer bisherigen Schullaufbahn versagt hätten" (Brändle/Müller 2010: 4). Mit dem Besuch des BQF wollen die Befragten diese Risiken einschränken und ihre *„letzte Chance"* (18-jähriger Schüler, BQF) auf einen erfolgreichen Einstieg in die Berufstätigkeit wahren.

Die Befragten des BGJ sind zwar grundsätzlich in einer ähnlichen Situation, setzen ihre Prioritäten jedoch anders als die SuS des BQF. So erhoffen sie sich zwar ebenfalls, mit dem Abschluss des Bildungsgangs einen höheren Bildungsabschluss, in ihrem Fall den mittleren Bildungsabschluss, zu erlangen. Dabei messen sie jedoch, im Gegensatz zu den Befragten des BQF, diesem Ziel eine so große Bedeutung zu, dass sie den Bildungsgang wiederholen möchten, sollten sie dieses nicht erreichen.[127] Ein 16-jähriger Schüler des BGJ fasst dies wie folgt zusammen: *„Ja, wenn ich's schaffe den Realabschluss, aber wenn ich's nich schaffe dann. Weiß nich, muss ich glaub ich das Jahr wiederholen."* Als Gründe für diese Positionierung lassen sich insbesondere die Erfahrungen mit erfolglosen Bewerbungsversuchen nach dem Abschluss der Hauptschule anführen. Dementsprechend wird das Scheitern von Bemühungen um einen Ausbildungsplatz an dem Hauptschulabschluss festgemacht, der den Befragten im Vergleich mit der Fachoberschulreife scheinbar zu niedrige Erfolgschancen auf dem Ausbildungsmarkt verspricht: *„Weil man ja mehr Chancen hat als mit'm Hauptschulabschluss."* (19-jähriger Schüler, BGJ). Eine über den mittleren Schulabschluss hinausgehende formale Schulqualifikation wird von den Befragten in der Regel aber nicht angestrebt (vgl. Brändle/Müller 2010: 5 f.).

---

127 Wie zuvor geschildert, ist der Erwerb der Fachoberschulreife durch das Berufsgrundschuljahr in Nordrhein-Westfalen an einen bestimmten Notenschnitt (mindestens 3,0 in Deutsch, Englisch und Mathematik) gebunden (vgl. Kapitel 0).

Zum einen heißt dies: die Schüler erachten die Fachoberschulreife als ausreichend für eine erfolgreiche Bewältigung des Übergangs in die von ihnen präferierte Berufsausbildung. Zum anderen verweisen die Befragten damit indirekt auf ihre Erfahrungen an allgemeinbildenden Schulen, die geprägt durch Schwierigkeiten mit Lehrkräften und Klassenwiederholungen war. Nur einer der Schüler des BGJ durchlief die Hauptschule ohne Sitzenbleiben. Die Vorbehalte gegenüber den ehemaligen Lehrkräften scheinen gar von allen Befragten geteilt zu werden. Beispielsweise beschreibt ein 19-jähriger Schüler seine ehemaligen Lehrer wie folgt: *„Ja, die Lehrer war'n auch irgendwie schon so der Einstellung nach, so nach dem Motto: Ja, die Schüler lern'n eh nix, oder. Ich weiß nich. So kam's rüber, auf jeden Fall. Bei den Schülern."* Dabei ist festzuhalten, dass das Verhältnis zwischen Schülern und Lehrkräften am Berufskolleg im Vergleich zur Hauptschule als angenehmer empfunden wird: *„Also die meisten Lehrer sind schon netter und, okay es gibt's paar Ausnahmen, aber sonst sind die alle in Ordnung. Und erklären alles richtig, und macht schon Spaß hier"* (16-jähriger Schüler, BGJ). Dies gilt nicht nur für die Befragten des BGJ, sondern auch für diejenigen des BQF: *„Also es is' so sag ich mal netter, freundlicher. So, auch ruhiger."* (17-jähriger Schüler, BQF)

Während das Verhältnis zwischen den Lehrkräften und den SuS im Übergangssystem demnach überwiegend als entspannt bezeichnet werden kann[128], sind die Befragten dennoch nicht uneingeschränkt zufrieden mit ihrer Situation. Zum Beispiel wird von den SuS des BGJ der allgemeinbildende, theoretische Unterricht mehrheitlich kritisiert und eine klare Positionierung für den in der schuleigenen Werkstatt stattfindenden praktischen Unterricht vorgenommen. So hält ein 19-jähriger Schüler des BGJ bezüglich der Werkstattaufenthalte fest: *„Ja, Montags und dienstags, das macht Spaß, aber sonst, nicht wirklich."* Ebenso wird von diesen Befragten der Unterricht, bei dem sie einen Bezug zu ihrer später angestrebten Tätigkeit erkennen können, besser als die Fächer, die dazu keine klare Verbindung erkennen lassen, bewertet. Entsprechend beantwortet ein 18-jähriger Schüler des BGJ eine Frage nach von ihm besonders bevorzugten Unterrichtsfächern: *„Ja ich sach mal technisches Zeichnen find' ich ganz gut. Ja und ansonsten noch Mathe, ja und halt in den Werkstätten. Ja, das war's auch."* Diese Vorliebe für den praktischen Unterricht wird durch folgende Formel begründet: *„Wir sind Praktiker."* (19-Jähriger Schüler, BGJ) Demnach richten die Befragten ihre

---

128 Es finden sich auch Beispiele, die von einem ambivalenten Verhältnis zu den Lehrkräften berichten. Beispielsweise konstatiert ein 18-jähriger Schüler des Berufsgrundschuljahres: „Ja, Lehrer, weiß auch nich', die stellen sich immer so an, find' ich. Ich red' normal mit denen, dann ticken die immer aus." Eine 16-jährige Schülerin des Berufsqualifizierungsjahres hebt tagesabhängige Veränderungen dieser Beziehungen hervor: „Wie halt, wie sacht man, wie der Tach bei den Lehrern ist." Aussagen dieser Art stellen jedoch Ausnahmen dar, sodass generell von einer Verbesserung des Verhältnisses zwischen Schülern und Lehrern, im Vergleich zur vorherigen Schule, gesprochen werden kann.

Präferenzen danach aus, was ihnen auf dem Ausbildungs- beziehungsweise Arbeitsmarkt als verwertbar erscheint.

Ähnliche Vorbehalte gegenüber dem allgemeinbildenden Unterricht sind bei den Befragten des hauswirtschaftlichen BQF hingegen nicht feststellbar. Hier konstatieren einige SuS, dass sie den Unterricht am Berufskolleg gegenüber dem Betriebspraktikum, das sie an drei Tagen pro Woche absolvieren, bevorzugen. Andere Befragte vertreten hingegen eine entgegengesetzte Meinung. Die heterogenen Meinungen in diesem Zusammenhang lassen sich unter anderem darauf zurückführen, dass einer der Schüler bereits eine Zusage für einen Ausbildungsplatz bekommen hatte und dementsprechend Vorbehalte gegenüber dem Schulunterricht äußert, während andere Befragte weniger zufrieden mit ihrem Betriebspraktikum sind und folglich den Unterricht am Berufskolleg bevorzugen. Bei Letzteren entsteht der Eindruck, dass hier wiederum die oben hervorgehobenen traditionalen Verständnisse der Geschlechterrollen zum Tragen kommen und aufgrund dessen eine Abgrenzung zu den Praktika, die im hauswirtschaftlichen Bereich durchgeführt werden, vorgenommen wird. Dennoch besuchen die Befragten dieses Bildungsgangs ihre Praktikumsstelle über das gesamte Schuljahr, in der Regel ohne den Betrieb zu wechseln. In vergleichbaren Bildungsgängen ohne Jahrespraktikum sind hingegen, oftmals schon nach kurzer Zeit, Wechsel des Praktikumsbetriebs zu beobachten (vgl. Müller/Brändle 2011: 7). Dieses Durchhaltevermögen deutet abermals auf die Hoffnung der Befragten hin, baldmöglichst eine Berufsausbildung aufzunehmen, wobei das Jahrespraktikum für sie letztlich eine Möglichkeit darstellt, sich über einen längeren Zeitraum bei einem Ausbildungsbetrieb zu empfehlen und auf diese Weise die Übernahmechancen zu verbessern, auch wenn die Tätigkeit nicht der von ihnen gewünschten Beschäftigung entspricht (vgl. Bergzog 2008: 14, Gaupp/Lex/ Reißig et al. 2008: 15). Mit anderen Worten: Es kann konstatiert werden, dass die Befragten, trotz einer vermeintlichen Fehlplatzierung in einem hauswirtschaftlichen Bildungsgang, selbigen als Option der Verbesserung ihrer Zukunftsperspektiven begreifen.

Neben dieser Kritik an den theoretischen Anteilen der Bildungsangebote wird von den Befragten auch teilweise die vom Berufskolleg angebotene Laufbahnberatung beanstandet. Dies zeigt sich nicht nur in den oben angeführten Aussagen bezüglich der Berufsberatung durch die Agentur für Arbeit, sondern auch in Form von Bemängelungen an den Beratungsleistungen der Lehrkräfte. Dabei werden die Beratungsleistungen jedoch nicht inhaltlich kritisiert. Vielmehr wird der Beratungsmodus, der darauf ausgerichtet ist, dass die SuS bei Fragen den Kontakt mit den Lehrenden suchen, als verbesserungsfähig dargestellt. Diese Gestaltungsart der Beratung stellt die Befragten faktisch vor die Hürde, auf die Lehrkräfte zuzugehen und aktiv das Gespräch mit ihnen zu suchen. Letzten Endes führt dies dazu, dass aus der Perspektive einiger SuS keine Beratung stattfindet. So beantwortet ein 19-

jähriger Schüler des BGJ die Frage nach der Laufbahnberatung durch die Lehrkräfte: *„Bis jetzt noch nich' wirklich."* Die meisten der Befragten haben demgegenüber zumindest Kenntnis von der Möglichkeit der Beratung durch die Lehrkräfte und konstatieren, wie ein 18-jähriger Schüler des BGJ: *„Die würden einem weiterhelfen, die Lehrer, wenn man fragen würde, aber."* Demnach wissen die SuS zwar, dass die Lehrkräfte ihnen prinzipiell bei Fragen zur Verfügung stehen, gehen jedoch nur selten auf dieses Angebot ein, obwohl das Verhältnis zu den Lehrkräften, wie zuvor gezeigt, als positiv wahrgenommen und beurteilt wird. Dies deutet darauf hin, dass die Befragten eine auf längerfristige Perspektiven ausgerichtete Beratung zur Mitte des Schuljahres für nicht erforderlich halten. Angesichts der vorliegenden Forschungsbefunde, die Veränderungen von Zukunftsplänen binnen kurzer Zeit nach dem Auftreten von Problemen bei der Lehrstellensuche aufzeigen (vgl. Gaupp/Lex/Reißig et al. 2008, Lex 2007, Reißig/Gaupp/Lex 2008), vermag diese Einschätzung der Befragten wenig zu überraschen. Schließlich ist aus der Perspektive der SuS eine langfristige Orientierung nicht möglich, sodass eine Beratung, die eben darauf ausgerichtet ist, als wenig sinnvoll erscheint und entsprechend die Beratungsangebote der Lehrkräfte nicht wahrgenommen werden.

Trotz dieser einzelnen Kritikpunkte am Bildungsgang fühlen sich die Befragten im Allgemeinen darin wohl, wobei nicht nur das Verhältnis zu den Lehrkräften, sondern auch die Beziehungen zu den Mitschülern als angenehm empfunden werden. Die Intensität der Kontakte zwischen den SuS eines Bildungsgangs ist dabei aber nicht besonders hoch und beschränkt sich zumeist auf Pausengespräche, sodass die Befragten ihren zuvor bestehenden Freundeskreis behalten und nicht um die Mitschüler ergänzen. Dennoch ist die Zufriedenheit mit den Klassenkameraden hoch: *„Ja, eigentlich schon. Is' eigentlich 'ne coole Klasse. Hier lernt man auch einiges, und deswegen"* (18-jähriger Schüler, BGJ). Grundsätzlich kann somit konstatiert werden, dass die Befragten die Probleme des jeweiligen Bildungsgangs nicht höher als seine positiven Aspekte gewichten und folglich ein eher vorteilhaftes Bild der Bildungsangebote zeichnen.

Die den Bildungsgängen zugrunde liegende Problematik, wie sie in der Diskussion um die Warteschleifen (vgl. Beicht 2009, Euler 2005, Greinert 2008, Rahn 2005) zum Ausdruck kommt, wird in den Ausführungen der SuS nicht direkt thematisiert. Das bedeutet jedoch nicht, dass diese Thematik für sie irrelevant ist. Wie an anderer Stelle skizziert (vgl. Müller/Brändle 2011: 8 f.), lassen sich, in Anlehnung an die Zielsetzungen des Übergangssystems, im Grunde zwei verschiedene Formen der Weiterqualifizierung unterscheiden, die zu drei Typiken kombiniert werden können: Die erste Form der Weiterqualifizierung durch den Besuch eines Bildungsgangs im Übergangssystem besteht danach in der Verbesserung des formalen Schulabschlusses, während die zweite Form der Weiterqualifizierung in der Vermittlung beruflicher Grundkenntnisse liegt. Wie in Kapitel 2 gezeigt, beinhalten die Zieldimensionen aller betrachteten Bildungsgänge (vgl. Tabelle 1, Tabelle 2, Tabelle 3) mindestens eine dieser beiden Formen der Weiterqualifizierung. Verhältnismäßig einfach ist dabei zu beurteilen, ob das Ziel der formalen Weiterqualifizierung erreicht wird, da hierzu lediglich der Vergleich des Schulabschlusses beim Eintritt und beim Abschluss des Bildungsgangs notwendig ist. Schwieriger ist hingegen die Beurteilung der inhaltlichen Weiterqualifizierung. So kann von einer inhaltlichen *Weiter*qualifizierung nur gesprochen werden, wenn der Schwerpunkt des Bildungsgangs und das Ausbildungsinteresse des jeweiligen Schülers miteinander übereinstimmen, also schon vor dem Eintritt in das Bildungsangebot eine Neigung für den Schwerpunkt desselben bestand. Dieser strengen Auslegung des *Weiter*qualifizierungsbegriffs, welche an den Schwerpunkt des Bildungsgangs und das Schülerinteresse gebunden ist, kann ausschließlich durch einen Verzicht auf das Präfix und eine damit einhergehende Adressierung von beruflicher Qualizierung ausgewichen werden. Auf diese Weise kann der Begriff der inhaltlichen Qualifizierung auch auf die SuS ausgedehnt werden, die im Verlauf des Schuljahres ein Interesse am Schwerpunkt des Bildungsgangs entwickeln und ihre Berufswünsche dementsprechend anpassen. Letztlich kann durch die Integration dieser Umorientierungen die Gruppe derjenigen vergrößert werden, für die der Aspekt der inhaltlichen (Weiter-)Qualifizierung gültig ist.

Auf Basis dieser Überlegungen ergibt sich die folgende Übersicht, die gleichzeitig verdeutlicht, in welchem Fall der Aufenthalt im Übergangssystem eine Warteschleife darstellt. So zeigt Tabelle 10 die drei verschiedenen Typiken der (Weiter-)Qualifizierung durch das Übergangssystem. Dabei wird deutlich, dass der Besuch des Bildungsgangs nur im Falle einer formalen Weiterqualifizierung und einer gleichzeitigen inhaltlichen (Weiter-)Qualifizierung eine Qualifikationsinstanz darstellt. Wird nur eines dieser Kriterien und damit die Funktionen des Bildungsgangs zum Teil erfüllt, kann er konsequenterweise auch lediglich als teilweise Qualifikationsinstanz bezeichnet werden. Bei einem Fehlen beider Merkmale kann entsprechend von einer Warteschleife gesprochen werden. Diese Einteilung erscheint zielführender als eine bloße Gegenüberstellung des Bildungsgangsbesuchs mit dem mittelfristigen Ziel der Befragten, der Aufnahme einer Berufsausbildung, die zwangsläufig zu dem Ergebnis kommt, dass der Aufenthalt im Übergangssystem eine Warteschleife ist (vgl. Müller/Brändle 2011: 8). Gleichzeitig können mithilfe dieser Typologie zum einen die Einschätzungen der SuS systematisiert werden und zum anderen Differenzen zu den (bildungs-)politischen Einschätzungen der Bildungsangebote aufgezeigt werden.

Tabelle 10: Typiken der (Weiter-)Qualifizierung durch das Übergangssystem

formale Weiterqualifizierung	inhaltliche (Weiter-)Qualifizierung	Besuch des Bildungsgang als ...
ja	ja	Qualifikationsinstanz
ja	nein	teilweise Qualifikationsinstanz
nein	ja	teilweise Qualifikationsinstanz
nein	nein	Warteschleife

Bezüglich der Einschätzungen der Befragten des BQF kann an dieser Stelle festgehalten werden, dass die Mehrheit der Befragten sich nicht vorstellen kann, nach dem Verlassen des Bildungsgangs im hauswirtschaftlichen Bereich tätig zu sein. Das bedeutet, dass den SuS während des Schuljahres eine berufliche Grundbildung in einem Bereich vermittelt wird, der für eine spätere Berufstätigkeit nicht relevant erscheint. Somit ist bei den Befragten keine Umorientierung in Richtung des Schwerpunkts des Bildungsgangs und damit ebenso wenig eine inhaltliche (Weiter-)Qualifizierung durch den Besuch desselben feststellbar. Folglich stellt der Besuch des Bildungsgangs für diese Befragten allenfalls eine teilweise Qualifikationsinstanz dar. Dabei ist jedoch aufgrund des Querschnittsdesigns der Untersuchung fraglich, ob die SuS mit dem Verlassen des Bildungsgangs tatsächlich ihren formalen Schulabschluss verbessern und damit das Kriterium der formalen Weiterqualifizierung erfüllen. Tritt diese Verbesserung des Schulabschlusses nicht ein, so ist der Besuch des Bildungsgangs für die Befragten letztlich eine Warteschleife auf dem Weg zu der von den SuS angestrebten Aufnahme einer Berufsausbildung.

Für die Befragten des BGJ gestaltet sich dieses Bild andersartig. Wie gezeigt, hatten hier die meisten Schüler bereits vor dem Eintritt in den Bildungsgang Interesse an dem Schwerpunkt desselben und können sich vorstellen später in diesem Bereich tätig zu sein. Demnach findet für diese eine inhaltliche Weiterqualifizierung im eigentlichen Sinne statt. Darüber hinaus wurde verdeutlicht, dass die Verbesserung des Schulabschlusses für diese Schüler von großer Bedeutung ist. Auch wenn hier, ebenso wie bei den Befragten des BQF, ungewiss bleibt, ob es zu dieser angestrebten Verbesserung kam, ist das BGJ für die Schüler mindestens eine teilweise Qualifikationsinstanz. Im Fall einer erfolgreichen formalen Weiterqualifizierung stellt der Besuch des Bildungsgangs für diese Befragten sogar eine Qualifikationsinstanz dar.

Demnach zeigen sich Unterschiede hinsichtlich der Wahrnehmung des jeweiligen Bildungsgangs im Übergangssystem durch die Befragten des BQF beziehungsweise die SuS des BGJ. Während die Erstgenannten den Aufenthalt im Übergangssystem eher als Warteschleife auffassen, schätzen die Befragten des BGJ den Besuch desselben eher als Qualifikationsinstanz ein.

Ausschlaggebend für diese verschiedenen Einschätzungen sind insbesondere die aufgezeigten Abweichungen im Hinblick auf die inhaltliche (Weiter-)Qualifizierung, welche nur bei den SuS des BGJ festgestellt werden konnte.

Deutlich treten auf Basis der entworfenen Typik auch Unterschiede zwischen der Schülerperspektive auf die Bildungsangebote und der bildungspolitischen Sichtweise auf die Bildungsgänge hervor. So besteht zwar, wie in Kapitel 1 gezeigt, insbesondere seitens der KMK Wissen darüber, dass mit dem Aufenthalt im Übergangssystem auch das Risiko einer Warteschleife verbunden ist, jedoch wird dieses gegenüber der Möglichkeit der Verbesserung des formalen Schulabschlusses und der Chance der Vermittlung von beruflichen Grundkenntnissen als gering eingeschätzt. Mit anderen Worten wird betont, dass das Übergangssystem eine Qualifikationsinstanz ist, die Optionen zur Verbesserung der Übergangschancen in eine Berufsausbildung bietet, welche potenziell auftretende Schwierigkeiten rechtfertigen. Letztlich erscheint dies plausibel, wenn eine formalistische Perspektive eingenommen wird, die ausschließlich fokussiert, welche Möglichkeiten sich aufgrund der gesetzlichen Grundlagen ergeben. Werden jedoch die Perspektiven der SuS, die mit diesen Regelungen in der Praxis konfrontiert sind, einbezogen, wird deutlich, dass eine derartige Sichtweise nicht hinreichend ist. So ist der Besuch des Bildungsgangs aus dem Blickwinkel einiger der befragten SuS eher eine Warteschleife als eine Qualifikationsinstanz. Eine Differenzierung verschiedener Typiken der (Weiter-)Qualifizierung durch das Übergangssystem kann demnach dazu beitragen, die Perspektiven auf das Übergangssystem zu erweitern und zudem Hinweise auf Problemlagen in einzelnen Bildungsgängen geben. Entsprechend wurde hier hervorgehoben, dass die Befragten des BQF den Aufenthalt im Übergangssystem kritischer einschätzen als ihre Altersgenossen im BGJ.

Darüber hinaus sollten diese Ausführungen verdeutlicht haben, dass an das Bildungsverhalten der SuS im Übergangssystem nicht ohne Weiteres das Kriterium der Rationalität angelegt werden kann. Vielmehr deuten die Aussagen der hier Befragten darauf hin, dass sich ihre Lebenswege nach anderen Charakteristiken gestalten. Dies zeigt sich insbesondere an den Auseinandersetzungen mit den Wegen in den Bildungsgang des Übergangssystems. In diesem Zusammenhang wurde mehrfach hervorgehoben, dass der eigentliche Wunsch der Schüler des BQF in der Aufnahme einer Berufsausbildung lag und der Aufenthalt im Übergangssystem nicht geplant war. Vielmehr, so legt es das Interviewmaterial nahe, spielt der Zufall bei den Bildungsbiografien dieser Befragten eine zentrale Rolle. Die SuS sehen sich demnach nicht in der Position, selbst über ihre Schullaufbahn zu entscheiden. Das heißt: Sie besuchen den Bildungsgang, da sie entweder noch schulpflichtig sind, oder eine entsprechende Beratung beziehungsweise Zuordnung stattgefunden hat. Letztlich wird dies auch an der Positionierung der SuS gegenüber dem

Schwerpunkt des Bildungsgangs besonders deutlich. So scheint es unwahrscheinlich, dass die Befragten sich bewusst für diesen hauswirtschaftlichen Bildungsgang entschieden haben und im Nachhinein eine ablehnende Haltung gegenüber diesem Schwerpunkt entwickelt wird. Plausibler ist die Annahme, dass die traditionalen Rollenverständnisse der Schüler schon vor Besuch des Bildungsgangs bestanden und eine eigenständige Wahl eines Bildungsangebots, der als Widerspruch zur eigenen geschlechtsspezifischen Rollenauffassung empfunden wird, dadurch hätte verhindert werden müssen. Dieses Paradoxon kann nur durch eine Abstandnahme vom Primat der Rationalität verstanden werden.

Entsprechend kann das Übergangsverhalten der Befragten als eine Praxis aufgefasst werden, die im Sinne Bourdieus einer eigenen Logik folgt, ohne eine bewusste Reflexion vorauszusetzen (vgl. Bourdieu 1987). Wie gezeigt, sind die Praktiken der SuS auf das ausgerichtet, was innerhalb ihres Möglichkeitshorizonts liegt, der wesentlich durch ihr vorige Schulkarriere, ihre Erfahrungen und das soziale Nahumfeld strukturiert ist. Dabei agieren die Jugendlichen im Hinblick auf ihre Bildungsbiografie nicht nach dem Prinzip der Kosten-Nutzen-Maximierung, sondern handeln eher kurzfristig orientiert mit dem Blick auf Ziele, die ihnen erreichbar und sinnvoll erscheinen. Die festgestellte starke Orientierung am sozialen Nahumfeld deutet zudem auf die Begrenzungen des Möglichkeitshorizonts hin. Gleichzeitig bildet dieses soziale Kapital für die Befragten die zentrale Ressource bei ihren Übergängen, unabhängig davon, ob es sich um den Übergang in den Bildungsgang des Übergangssystems, die Suche nach Praktika oder Bewerbungen um Ausbildungsstellen handelt. Dies verweist wiederum auf die Erfahrungen der Befragten auf dem Ausbildungsmarkt, auf welchem sie sich gegenüber ihrer Konkurrenz nicht durchsetzen konnten. Diese Erfahrung des Scheiterns, welche insbesondere die SuS des BGJ gesammelt haben, führen zu einer aktiven Suche nach Alternativen. Dabei findet jedoch keine Sondierung aller Möglichkeiten statt; vielmehr scheint auch hier auf die Informationskanäle, die sich in anderen Zusammenhängen bewährt haben, zurückgegriffen zu werden. Demnach kann konstatiert werden, dass die SuS ein Gespür dafür entwickeln, was sich in der sozialen Praxis bewährt und welche Strategien weniger erfolgversprechend sind. Bezogen auf den Aufenthalt im Übergangssystem bedeutet dies, dass im Verlauf des Schuljahres die mit dem Abschluss des Bildungsgangs verbundenen Optionen, wie der Erwerb eines höheren Schulabschlusses, geschätzt werden, auch wenn zum Zeitpunkt des Eintritts Vorbehalte gegenüber dem Besuch des Bildungsangebots bestanden. Entsprechend wird der Bildungsgang im Übergangssystem, wie gezeigt, beispielsweise aufgrund einer Empfehlung der Mutter oder eines Freundes aufgenommen, im Zuge des Besuchs desselben jedoch ein eigenes Interesse am Abschluss des Bildungsgangs entwickelt und als sinnvoll im Hinblick auf die

Übergangswahrscheinlichkeit in eine betriebliche Ausbildung wahrgenommen.

Dies alles deutet darauf hin, dass die Bildungspraktiken der SuS, im Sinne der ersten forschungsleitenden Annahme, herkunftsspezifisch geprägt sind. Als Elemente dieser Herkunftsspezifik wurden unter anderem eine kurzfristige Handlungsorientierung, der Bezug auf geschlechtsspezifische Rollen- und Berufsvorstellungen sowie der Rückgriff auf das soziale Nahumfeld bei den Übergängen ausgemacht. Diese Merkmale erweisen sich auch in einem Vergleich mit Auszubildenden, der in einer ersten Auswertung der Interviewmaterialien vorgenommen wurde, als typisch für die SuS im Übergangssystem (vgl. Brändle/Müller 2010). Wie gezeigt, gibt es dabei auch Unterschiede zwischen den Befragten der beiden betrachteten Bildungsgänge, die sich in verschiedenen Einschätzungen des jeweiligen Bildungsangebots sowie unterschiedlichen Zielperspektiven äußern. Als Ursache für diese Differenzen wurde insbesondere auf die Erfahrungen erfolgloser Bewerbungsversuche auf dem Ausbildungsstellenmarkt verwiesen, die vor allem die Befragten des BGJ gesammelt haben. Im Zuge weiterer Forschungen könnte aus dieser Perspektive der Frage nach einer Auspartialisierung des Schuleffekts nachgegangen werden und entsprechend gefragt werden, ob es Unterschiede langfristiger Art bezüglich der Berufsbiografien von Absolventen unterschiedlicher Bildungsgänge gibt. Unabhängig von einem solchen Bildungsgangeffekt, der mit einer Erfassung der einzelnen Bildungsgänge besondere Anforderungen an die Datenqualität stellt, die beispielsweise das SOEP bislang nicht erfüllen kann, bilden die obigen Ausführungen auch eine Grundlage für zukünftige Untersuchungen, die Bildungsbenachteiligung und den Umgang mit selbiger fokussieren.

4 Schlussbetrachtungen

Nach den vorigen Auseinandersetzungen mit der Entwicklung des Übergangssystems im Spiegel der Bildungspolitik, den heutigen Angebotsformen innerhalb desselben sowie dessen Chancen und Problematiken aus empirischer Perspektive werden im Folgenden die zentralen Befunde der vorliegenden Arbeit resümierend diskutiert. Im Zuge dieser Synopse wird auch ein Mehrebenenmodell entwickelt, das zur Beschreibung von sozialer Ungleichheit in diesem Ausschnitt des deutschen Bildungssystems herangezogen wird. Darüber hinaus wird abschließend die Frage verhandelt, ob das Übergangssystem eher als Irrweg oder als Erfolgsfaktor zu begreifen ist.

4.1 Zusammenschau zentraler Befunde

Die eingehende Beschäftigung mit den bildungspolitischen Dokumenten zur Entstehung, Etablierung und zum Ausbau des Übergangssystems im Rahmen des 1. Kapitels hat verdeutlicht, dass es im Zuge dieser Entwicklungen zu verschiedenen Brüchen gekommen ist, gleichzeitig aber auch Kontinuitätslinien beschreibbar sind. So konnte die Analyse der Publikationen von vier Akteuren, dem Deutschen Ausschuss, dem Bildungsrat, der BLK und der KMK, über einen Gesamtzeitraum von 50 Jahren beispielsweise aufzeigen, dass diese sich gegenseitig beeinflusst haben. Infolge dieser Einwirkungen konnten in einzelnen Entwicklungsphasen Ähnlichkeiten hinsichtlich der von den Akteuren verfolgten Zielvorstellungen herausgearbeitet werden. Zugleich wurde veranschaulicht, dass trotz dieser Gemeinsamkeiten die daraus abgeleiteten Forderungen verschieden waren. Darüber hinaus konnte im Zuge dieser Vergleiche die zentrale Rolle der KMK bei der Entwicklung des Übergangssystems herausgestellt werden. In Form von Rahmenvereinbarungen prägte selbige den Entstehungsprozess der berufsvorbereitenden sowie - grundbildenden Bildungsgänge maßgeblich und konnte die Richtung der Entwicklungen durch Integration oder Nichtbeachtung der Reformvorschläge der anderen Gremien vorgeben. Dabei erwies sich die zuletzt genannte Art der Einflussnahme als zentral. Ein aktives Opponieren der KMK gegen die Bestrebungen der übrigen Akteure konnte in den Dokumenten nicht nachgewiesen werden.

Des Weiteren konnte im 1. Kapitel aufgezeigt werden, dass die Probleme von Schulabsolventen an der ersten Schwelle, also beim Übergang in eine Berufsausbildung, im Laufe der Zeit verstärkt beachtet wurden. Aus dieser vergrößerten Aufmerksamkeit folgte eine zunehmende Berücksichtigung der Interessen der Sozialpartner und schließlich auch die Integration kooperativer

Ansätze im Übergangssystem. Diese Bedeutungszunahme des Kooperationsprinzips stellt eine der Kontinuitätslinien der Entwicklung dar. Das heißt: In den aktuelleren Dokumenten findet sich wird diese Strategie verstärkt, während sie in den ersten Publikationen noch bedeutungslos war. Dabei werden über die Zeit immer mehr Akteure in die Übergangsprozesse der Jugendlichen einbezogen, womit eine umfassende Vorbereitung auf die Bewältigung der ersten Schwelle und damit auch die Vermeidung von Fehlplatzierungen angestrebt wird. Letztlich sollen auf diese Weise die Schwierigkeiten und Herausforderungen für die SuS des Übergangssystems langfristig und nachhaltig reduziert werden.

Darüber hinaus wurde im Rahmen der Dokumentenanalyse dargelegt, dass auch in dem hier betrachteten Teilbereich des deutschen Bildungssystems strukturkonservative Elemente ausgemacht werden können. In diesem Zusammenhang kommt der KMK ebenfalls eine zentrale Rolle zu, da sie durch ihren Koordinierungsauftrag in der Lage war, die bestehenden Strukturen aufrechtzuerhalten. Besonders deutlich konnte dies an der Diskussion um die Herstellung der Gleichwertigkeit von allgemeiner und beruflicher Bildung dargestellt werden. Diese Forderung verlor im Zeitverlauf an Bedeutung, wird zunächst mit höherem Allgemeinheitsgrad und schließlich nicht mehr vorgebracht, was auf das Ablassen der KMK von jenem Ansinnen zurückgeführt wurde. Stattdessen strebten die Kultusminister eine Erhöhung der Durchlässigkeit zwischen den genannten Bildungsbereichen an. Deren historisch gewachsene Trennung, die auch als Bildungs-Schisma bezeichnet wird und mit verschiedenen Interessenlagen einhergeht (vgl. Baethge 2006, Faulstich 2009), leistete ebenso einen Beitrag zur Verhinderung von tief greifenden Umgestaltungen des Verhältnisses zwischen allgemein- und berufsbildendem Bildungssystem.

Auch hinsichtlich der inhaltlichen Ausgestaltung der Bildungsgänge erwies sich das Bildungs-Schisma als wirkungsvoll. In diesem Zusammenhang führte es zu einer Erhöhung des fachpraktischen Anteils und der Etablierung von berufsvorbereitenden und -grundbildenden Bildungsangeboten in dualisierter Form. Jene Anpassung erfolgte letztlich im Interesse und auf Druck der Arbeitgeber, welche zuvor Kritik an den rein schulischen Bildungsangeboten geäußert und durch die Umgehung der Anrechnungsverordnungen Widerstand gegen die zuletzt genannten Bildungsgänge leisteten. Mit der Etablierung entsprechend angepasster Bildungsgänge konnten die Vorbehalte der Ausbildungsbetriebe gegenüber den Absolventen der Angebote des Übergangssystems jedoch reduziert und gleichzeitig die auftretenden Problemlagen teilweise vermindert werden. Insofern stellt die Ausweitung des fachpraktischen Unterrichtsanteils im Zuge der verstärkten Berücksichtigung der Arbeitgeberinteressen auch ein Paradebeispiel für die zunehmende Bedeutung von kooperativen Prinzipien im Übergangssystem dar. Gleichzeitig wird daran auch eine pragmatische Haltung der Kultusadministration deutlich, deren Politik im Wesentlichen auf die Erfolgswahrscheinlichkeit von Reformvorschlägen ausgerichtet war, sich damit auf das Machbare konzentrierte und auf einschneidende Reformen, wie beispielsweise eine Umgestaltung des Verhältnisses von berufs- und allgemeinbildendem Bildungssystem, verzichtete.

Im Übrigen wurde im 1. Kapitel aufgezeigt, dass im Lauf der Zeit eine Individualisierung bei der Zuschreibung der Ursachen für bestehende Problemlagen stattfand. Das heißt: Während zu Beginn der fokussierten Zeitspanne Ursachen für Übergangsprobleme an der ersten Schwelle in Eigenschaften des Ausbildung- und Arbeitsmarktes gesehen wurden, fand mit fortschreitender Zeit eine Verschiebung dieser Ursachenzuschreibung in Richtung der jungen Menschen statt. In Folge dieser Umdeutung wurden in erster Linie die individuellen Voraussetzungen der Jugendlichen, also deren Eigenschaften und Fähigkeiten, fokussiert und als förderbedürftig eingeschätzt. Dies äußert sich auch in einer Veränderung der Bezeichnung der Zielgruppe des Übergangssystems. So wurden zunächst Jungarbeiter und später Benachteiligte adressiert (vgl. Kapitel 1, Bohlinger 2004). Als Effekt dieser veränderten Adressatenbezeichnung kann auch eine Ausweitung der Zielgruppe ausgemacht werden, die einen Beitrag zur Steigerung der Schülerzahlen im Übergangssystem leistete und auf diese Weise zur dauerhaften Etablierung desselben beitrug.

Dennoch stieg die Anzahl der SuS in den betrachteten Bildungsangeboten nicht nur aufgrund dieser begrifflichen Veränderung. Auch die Entwicklungen auf dem Arbeitsmarkt, die zum Abschluss des ersten Kapitels betrachtet wurden (vgl. Kapitel 1.4), haben einen Beitrag zu dieser Entwicklung geleistet. So fällt die Etablierung des Übergangssystems mit einem Anstieg der Jugendarbeitslosigkeit zusammen, wodurch die neu geschaffenen Bildungsangebote einer Vielzahl von potenziellen Interessenten gegenüberstanden. Obwohl die KMK diese Problemlage der jungen Menschen erst mit einer gewissen Verzögerung explizit aufgriff und die Bildungsgänge des Übergangssystems als Lösungsansatz ins Spiel brachte, hatte sich die Schülerzahl in den sechs Schuljahren ab 1973/74 bereits verachtfacht. Kurzfristig schien auf diese Weise, insbesondere durch die Etablierung von Bildungsgängen mit verschiedenen Eingangsvoraussetzungen, die Anzahl der arbeitslosen Jugendlichen reduziert werden zu können. Im langfristigen Trend bestätigt sich jener Zusammenhang jedoch nicht. So stieg die Zahl der unter 20-jährigen Arbeitslosen, unter dem Einfluss der allgemeinen Konjunkturentwicklung, ab 1979 wieder an und schwankt seit den 1990er Jahren um einen Wert von circa 100.000. Die Zahl der Schüler im Übergangssystem stieg demgegenüber nahezu kontinuierlich bis zum Jahr 2006 und fiel erst in den letzten Jahren leicht ab. Das bedeutet, dass das (bildungs-)politische Ziel der Reduktion der Jugendarbeitslosigkeit durch die Etablierung des Übergangssystems nicht erreicht werden konnte. Zwar kann davon ausgegangen werden, dass die Einführung der berufsvorbereitenden und -grundbildenden Bildungsgänge den Anstieg der Jugendarbeitslosigkeit abmilderte, der Konjunkturabhängigkeit jener Arbeitslosenquote konnte auf diese Weise jedoch nicht entgegengewirkt werden. Demnach kann konstatiert werden, dass das Übergangssystem unter anderem mit dem Ziel der Reduktion der Jugendarbeitslosigkeit etabliert wurde, selbiges im Lauf der Zeit jedoch eine Eigendynamik entwickelte, welche dazu führte, dass die Schülerzahl unabhängig von dem Erreichen dieses Ziels, und damit auch unabhängig von der Jugendarbeitslosigkeit, weiter anstieg.

In der Folge kam es bis heute zu einer nahezu ungebremsten Ausdifferenzierung der Angebote im Übergangssystem. Wie in Kapitel 2 anhand der rechtlichen Grundlagen der Bildungsangebote gezeigt, haben bis heute alle Bundesländer verschiedene Bildungsgänge etabliert, welche sich diesem Bereich des deutschen Berufsbildungssystems zuordnen lassen. Im Einzelnen wurde an jener Stelle ein Überblick über die unterschiedlichen Angebote der Länder gegeben und dabei wurden Unterschiede und Gemeinsamkeiten zwischen ihnen herausgearbeitet. Auf diese Weise konnten die Grundgerüste der verschiedenen Bildungsgänge skizziert und zudem unterschiedliche Strategien im Umgang mit gering qualifizierten Jugendlichen aufgezeigt werden. So lässt sich eine Weiterqualifizierungsstrategie von einer Strategie unterscheiden, welche primär auf die sogenannten Klebeeffekte setzt, also versucht, die Übergangschancen an der ersten Schwelle durch Betriebspraktika zu verbessern oder durch die Förderung des Übergangs in die Erwerbstätigkeit die Möglichkeiten der SuS nach dem Verlassen der Bildungsangebote zu erweitern.

Diese unterschiedlichen Absichten äußern sich in den Bestimmungen des BVJ in Form der Zielvorstellung der Befähigung für eine Berufstätigkeit, die in den meisten Bundesländern verfolgt wird. Mit der Eröffnung dieser zusätzlichen, außerschulischen Option für die Absolventen des Bildungsgangs wird zwar eine weitere Anschlussmöglichkeit geschaffen, die genutzt werden kann, wenn der Übergang in eine betriebliche Ausbildung nicht gelingt. Es ist jedoch fraglich, inwiefern die Realisierung dieser Möglichkeit durch die SuS zu stabilen Erwerbsverläufen führt. Die im dritten Kapitel vorgenommenen Auswertungen des SOEP legen nahe, dass der Verzicht auf den Eintritt in eine Berufsausbildung das Risiko instabiler Erwerbsbiografien erhöht (vgl. Kapitel 3). In den übrigen Ländern sind mit dem Abschluss des BVJ ausschließlich Ziele der Weiterqualifikation verbunden. Das bedeutet: Den SuS wird die Möglichkeit geboten, ihren Schulabschluss zu verbessern, beziehungsweise zu erwerben, und gleichzeitig ihre Ausbildungsfähigkeit zu erhöhen. Damit zielt diese Strategie, im Sinne von Spence (vgl. 1973, 1974), in erster Linie darauf ab, die Signale der SuS zu verändern und damit deren Attraktivität für die Ausbildungsbetriebe zu steigern (vgl. Kapitel 2.1.1).

In den rechtlichen Grundlagen des BGJ sind die oben genannten Strategien ebenfalls zu finden. Allerdings wird dort der direkte Übergang in eine Berufstätigkeit nach dem Abschluss des Bildungsgangs nicht als Ziel formuliert. Vielmehr verdeutlichte die beispielhafte Betrachtung des entsprechenden baden-württembergischen Bildungsangebots, dass durch einen möglichst hohen Praxisanteil vor allem darauf gesetzt wird, dass die Betriebe die Praktikanten als Auszubildende übernehmen. Demgegenüber wurde das nordrhein-westfälische BGJ als Beispiel für die Weiterqualifizierungsstrategie identifiziert, das sich durch die Fokussierung auf die Verbesserung des Schulabschlusses auszeichnet. Darüber hinaus haben die Ausführungen über die verschiedenen Formen des BGJ verdeutlicht, dass sich dieses gegenüber dem Angebot an BVJ durch ein höheres Maß an Heterogenität auszeichnet. So unterscheiden sich nicht nur die in den einzelnen Bundesländern mit dem BGJ verfolgten Zielvorstellungen, sondern auch die Zugangsvoraussetzungen und die Möglichkeiten zum Erwerb eines höheren Bildungsabschlusses. Zudem wird dieses Bildungsangebot nicht (mehr) in allen Bundesländern angeboten (vgl. Kapitel 2.1.2).

Gleiches gilt auch für die grundbildenden Bildungsgänge an Berufsfachschulen, wobei es nur in zwei Ländern kein entsprechendes Angebot gibt. In den Bundesländern mit einem derartigen Bildungsangebot zeigen sich ungeachtet dieser Einschränkung die beiden zuvor beschriebenen Strategien nicht in ihrer Reinform. So zielt lediglich das berliner Angebot explizit darauf ab, die SuS der berufsgrundbildenden Bildungsgänge an Berufsfachschulen auf eine Berufsausbildung vorzubereiten. Darüber hinaus wird mit der niedersächsischen, saarländischen und sächsischen Form des Bildungsgangs die Einführung in, beziehungsweise die Vorbereitung auf, einen Beruf angestrebt, während in sechs anderen Bundesländern ausschließlich der Erwerb beruflicher Grundbildung und die Verbesserung des Schulabschlusses im Zentrum des Bildungsgangs stehen. Die übrigen Länder verfolgen mit ihren jeweiligen Angeboten teilweise zusätzlich die Ziele der Verbreiterung der Allgemeinbildung und der Verbesserung der Ausbildungsfähigkeit, wobei die beiden letztgenannten Zielvorstellungen auch als Effekte in den Bildungsgängen zu erwarten sind, welche dieses Ziel nicht separat aufgeführt haben. Demnach sind in diesem Bereich eher Mischformen der Weiterqualifizierungs- und der Übernahmestrategie zu beobachten, die ihren Schwerpunkt auf den erstgenannten Bereich legen. Auch in den vier Ländern, welche explizit darauf hinarbeiten, die SuS auf eine Berufsausbildung oder auf einen Beruf vorzubereiten, wird eine Weiterqualifizierung derselben angestrebt. Verstärkt wird diese Vermischung der unterschiedlichen Ansätze durch die verschieden großen (betriebs-)praktischen Anteile, die einen Zeitraum von null bis sechs Wochen umfassen. Entsprechend sind in den Bildungsangeboten ohne Betriebspraktikum keine Klebeeffekte zu erwarten. Dies bedeutet letztlich, dass die Vorbereitung auf einen Beruf, wie beispielsweise im Saarland vorgesehen, in rein schulischer Form vollzogen wird und damit auf eine genuin betriebliche Qualifikation, die Erfahrungen mit dem Arbeitsalltag einschließt, verzichtet wird (vgl. Kapitel 2.1.3).

Die BvB, welche im Auftrag der Bundesagentur für Arbeit durchgeführt werden, verfolgen demgegenüber in erster Linie das Ziel, die Maßnahmenteilnehmer über Betriebspraktika in eine Berufsausbildung zu vermitteln. Das bedeutet, dass die Angebote auf die Klebeeffekte ausgerichtet sind und sich damit in die Übernahmestrategie einordnen lassen. Grundsätzlich zeigen sich demnach hinsichtlich der verfolgten Zielvorstellungen Ähnlichkeiten zwischen den BvB und einigen in den Ländern etablierten berufsvorbereitenden und -grundbildenden Bildungsgängen. Trotz dieser Gemeinsamkeiten sind die BvB der Bundesagentur für Arbeit nachrangig gegenüber den schulischen Bildungsgängen und können nur besucht werden, wenn kein gleichwertiges Bildungsangebot außerhalb des Zuständigkeitsbereichs der Bundesagentur besteht. Darüber hinaus kann das Angebot an BvB als heterogen bezeichnet werden. Auch wenn es auf einer bundeseinheitlichen Basis beruht, hat die Durchführung durch eine Vielzahl verschiedener Träger eine unterschiedliche Ausgestaltung der Angebote zur Folge, die sich unter anderem in verschieden langen Praxisphasen ausdrückt. Unabhängig von der Ausgestaltung der BvB sind die Teilnehmer für die Dauer der Maßnahme berechtigt Berufsausbildungsbeihilfe zu beziehen und damit gegenüber den SuS in schulischen berufsvorbereitenden und -grundbildenden Bildungsgängen finanziell besser gestellt (vgl. Kapitel 2.1.4).

Des Weiteren liegt ein wesentlicher Unterschied zwischen den BvB und den schulischen Angeboten in den Zugangsvoraussetzungen der Bildungsangebote. So richtet sich die Zulassung für das BVJ, das BGJ und die grundbildenden Bildungsgänge an Berufsfachschulen vor allem an der erreichten Schulqualifikation aus, während für die BvB das Kriterium der Nichtverfügbarkeit äquivalenter Angebote ausschlaggebend ist. Ist Letzteres erfüllt, ist es jedoch auch nicht der Schulabschluss, sondern das Alter, der Ausbildungsstatus und die Erfüllung der Schulpflicht, die für den Eintritt in die BvB relevant sind (vgl. Bundesagentur für Arbeit 2011b: 3). Trotz dieses Unterschieds bedeutet dies nicht, dass die Teilnehmer der BvB eine homogenere Gruppe als die Personen in den übrigen Bildungsgängen des Übergangssystems sind. Es werden lediglich andere Differenzierungskriterien angelegt, die zu einer unterschiedlichen Selektion der jungen Menschen führen. Die Angebote der Bundesagentur für Arbeit werden dabei vor allem intern differenziert und die Teilnehmenden auf Basis eines Eingangstests den verschiedenen Stufen der BvB zugeordnet. Dieses Stufenkonzept ist darauf ausgerichtet, die einzelnen Teilnehmer individuell zu fördern, und ist flexibel ausgestaltet, was sich unter anderem in unterschiedlichen Aufenthaltsdauern auf den einzelnen Förderstufen widerspiegelt. Die schulischen Angebote des Übergangssystems sind demgegenüber zwar ebenfalls nacheinander wahrnehmbar, in ihrer

Struktur sind sie jedoch weniger flexibel gestaltet. Das heißt, ihre Dauer ist in der Regel auf mindestens ein Schuljahr angelegt und die Zulassung durch die Bindung an die Schulqualifikation relativ stark reglementiert. So kann nach der Erfüllung der Vollzeitschulpflicht ein BVJ aufgenommen werden, während das BGJ und die grundbildenden Bildungsgänge zumeist einen Hauptschulabschluss voraussetzen.

Ebenso unterscheiden sich die mit dem Abschluss des jeweiligen Bildungsgangs erreichbaren Bildungszertifikate. Während in bestimmten Formen der BvB, wie auch im BVJ, ein Hauptschulabschluss erworben werden kann, können in den formal höher angesiedelten Bildungsgängen oftmals auch höhere Bildungsabschlüsse erworben werden. Diese Tendenz ist jedoch nicht allumfassend; so ist in der Mehrzahl der Bundesländer im BGJ keine Verbesserung des Bildungsabschlusses möglich, wohingegen in den grundbildenden Bildungsgängen an Berufsfachschulen in der Regel ein mittlerer Schulabschluss erworben werden kann.

An diesen Unterschieden lassen sich die im Rahmen des zweiten Kapitels aufgezeigten kritischen Aspekte des Übergangssystems nachvollziehen, die insbesondere in dessen Ausdifferenziertheit und der Unübersichtlichkeit liegen. Diese Eigenschaften stellen alle an den Bildungsangeboten beteiligten Akteure vor Herausforderungen und können demnach auch als eine Ursache für die verhältnismäßig geringe Berücksichtigung dieses Bereichs des Bildungssystems in wissenschaftlichen Studien angeführt werden. Trotz dieser Herausforderung wurden in dieser Arbeit die zentralen Punkte der Bildungsgänge zusammengetragen und schließlich in Form synoptischer Darstellungen herausgestellt. Auf dieser Basis konnte unter anderem ein Schaubild, das die Struktur des Übergangssystems vereinfacht veranschaulicht (vgl. Schaubild 5), entwickelt werden. Selbiges hebt nicht nur die Kritikpunkte, sondern auch die Funktionen sowie die Optionalität der einzelnen Angebote hervor. Damit wurde im zweiten Kapitel ein Überblick über die mannigfaltigen Angebote des Übergangssystems gegeben, der auch als Basis für zukünftige Arbeiten in diesem Bereich herangezogen werden kann (vgl. Kapitel 2.2).

Daran anschließend wurde im dritten Kapitel zunächst der Forschungsstand diskutiert und darauf aufbauend eigene Auswertungen von quantitativem und qualitativem Datenmaterial vorgenommen. Im Zuge der Diskussion aktueller Forschungsbefunde zum Übergangssystem wurde die Entwicklung der Schülerzahlen desselben dargestellt und mit den übrigen Bereichen des beruflichen Bildungssystems verglichen. Dies verdeutlichte die Bedeutung des Übergangssystems, auf welches im Jahr 2008 über ein Drittel der Neuzugänge in das deutsche Berufsbildungssystem entfielen. Neben dieser Einordnung des in der vorliegenden Arbeit fokussierten Ausschnittes des Bildungssystems wurden zudem vorliegende Ergebnisse zu Übergangsprozessen von Jugendlichen präsentiert, welche das Ausbildungsinteresse und die Suchprozesse derselben verdeutlichten. Hier wurde betont, dass die Jugendlichen ihren Wunsch nach der Aufnahme einer Ausbildung aufrechterhalten, auch wenn sie diesen kurzfristig nicht realisieren können. Darüber hinaus wurde die Kritik von Ausbildungsbetrieben an der Ausbildungsfähigkeit der jungen Menschen ausgiebig illustriert und aufgezeigt, dass diese Beanstandungen in den letzten sechs Jahren leicht zurückgegangen sind, jedoch nach wie vor auf einer breiten Basis fußen. Zudem wurden verschiedene Befunde dargestellt, welche verdeutlichen, dass die Übergangschancen durch regionale Gegebenheiten, wie beispielsweise Arbeitsmarktbedingungen, und personenbezogene Merkmale beeinflusst werden. Diese Ergebnisse, welche als Hinweise auf eine Fortsetzung von, aus dem allgemeinbildenden Schulsystem bekannten, Determinanten sozialer Ungleichheit aufgefasst werden können, wurden in den daran anschließenden eigenen Auswertungen teilweise wieder aufgegriffen und genauer fokussiert.

Besonders betrachtet wurden in diesen Untersuchungen die soziale Herkunft der Jugendlichen im Übergangssystem, deren Einschätzungen des Bildungsgangaufenthalts sowie die Auswirkungen des Bildungsgangbesuchs auf den weiteren Lebensverlauf. Entsprechend wurde zwei forschungsleitenden Annahmen, die zum einen auf die Herkunftsspezifik der Bildungspraktiken und zum anderen auf Schuleffekte zielen, nachgegangen. Diese Forschungsfragen wurden theoretisch durch Kombination verschiedener bestehender Ansätze zu einem mehrdimensionalen Modell eingeholt. Es umfasst durch den Rückgriff auf die Modelle Boudons (vgl. 1974) und Bourdieus (vgl. 1976, 1982, 1987) sowie, anknüpfend an Solga (vgl. 2005), verschiedene ökonomische Theorien (vgl. Doeringer/Piore 1971, Spence 1973, Thurow 1972), welche die Platzierung von Bewerbern auf dem Arbeitsmarkt fokussieren, sowohl die Mikro- und als auch die Makroebene von Übergangsprozessen. Integrierend wurden zudem sozialisationstheoretische Überlegungen (vgl. Goffman 1967, Grundmann 2006) einbezogen, durch welche die Auswirkungen dieser Allokationen auf individueller Ebene als Herausforderungen für die Genese von Handlungsbefähigung betrachtet und beschrieben werden können. Letztlich wurde durch den Einbezug dieser verschiedenen Theorien auch deutlich, dass es sich bei den Übergangsprozessen um komplexe biografische Ereignisse handelt, die vielfältigen Einflüssen unterliegen und bei der Untersuchung den Einsatz verschiedener Methoden erfordern (vgl. Kapitel 3.2.1).

Diesem Erfordernis wurde im Rahmen der eigenen Untersuchungen durch die Integration eines quantitativen und qualitativen Teils Rechnung getragen. So konnte nicht nur verdeutlicht werden, welche Auswirkungen ein Aufenthalt im Übergangssystem hat, sondern auch, wie SuS mit dieser Situation umgehen. Im Zuge der Auswertung des SOEP konnte beispielsweise gezeigt werden, dass sich der Besuch eines BVJ/BGJ auf das Bildungsverhalten der übrigen Haushaltsmitglieder auswirkt und etwa ein Fünftel der Teilnehmer an diesen Bildungsgängen aus einem Haushalt stammt, in welchem eine andere Person ein entsprechendes Angebot ebenfalls wahrgenommen hat. Die BVJ/BGJ-Teilnehmer stammen dabei aus Familien, in welchen weniger als 10 % der Eltern keinen Schulabschluss vorweisen können, aber nahezu 70 % der Väter eine berufliche Ausbildung abgeschlossen haben. Die vergleichende Vorgehensweise, welche die BVJ/BGJ-Teilnehmer Hauptschülern gegenüberstellte, ermöglichte eine Einordnung dieser Befunde und konnte aufzeigen, dass der schulische und berufliche Hintergrund der BVJ/BGJ-Teilnehmer besser als die Voraussetzungen der Hauptschüler ist. Dennoch war nur eine Minderheit der BVJ/BGJ-Teilnehmer in der Lage, durch den Besuch dieser Bildungsgänge ihren Bildungsabschluss zu verbessern. Ungeachtet dessen führt der Besuch der genannten Bildungsgänge im Vergleich zu den Hauptschülern zu einem signifikanten Anstieg des Schulaustrittsalters. Hingegen konnten keine nennenswerten Unterschiede bezüglich des Alters beim Eintritt in eine Berufsausbildung festgestellt werden. Damit wirkt sich der Besuch des Bildungsgangs nicht verlängernd auf die Wartezeit auf eine betriebliche Ausbildung aus. Trotzdem haben die BVJ/BGJ-Teilnehmer schlechtere Chancen als die Hauptschüler, direkt im Anschluss an den Bildungsgang eine Berufsausbildung aufzunehmen, wobei der Effekt des Bildungsgangs in den Daten des SOEP gleichgroß wie der Einfluss des erreichten Schulabschlusses ist. Dieser Schuleffekt erwies sich bis zum Alter von 25 Jahren als andauernd und führt dazu, dass BVJ/BGJ-Teilnehmer bis in dieses Alter deutlich seltener als die Hauptschüler eine Ausbildung aufnehmen. Wie der Vergleich der Lebensverläufe von Personen mit und ohne direkten Übergang in eine betriebliche Ausbildung zeigte, sind damit auch unterschiedlich stabile Erwerbsverläufe verbunden. Das bedeutet, dass sich ein direkter Übergang in eine Berufsausbildung steigernd auf die Stabilität der Erwerbskarriere auswirkt und gleichzeitig das Arbeitslosigkeitsrisiko vermindert, wobei insbesondere die BVJ/BGJ-Teilnehmer von diesen Effekten profitieren (vgl. Kapitel 3.2.2).

Die Daten des SOEP legen darüber hinaus nahe, dass für die erfolgreiche Bewältigung der ersten Schwelle das soziale Nahumfeld von zentraler Bedeutung ist. Auf Letzteres greifen insbesondere die Teilnehmer der berufsvorbereitenden und -grundbildenden Bildungsgänge während der Stellensuche zurück. In diesem Zusammenhang konnte abermals die Wirksamkeit von Herkunftseffekten verdeutlicht werden, denn der Erfolg bei der Suche nach einer Ausbildungsstelle variiert, vor allem für die BVJ/BGJ-Teilnehmer, mit der Berufsbildung des Vaters. Dieses die direkte Übergangschance erhöhende Merkmal, erwies sich in der multivariaten Analyse jedoch weniger im Hinblick auf die Übergangswahrscheinlichkeit in eine Ausbildung, sondern viel mehr hinsichtlich der Aufnahme einer Erwerbstätigkeit als relevant. Generell konnte durch die Bildung von drei verschiedenen Modellen, die nach Determinanten des Übergangs in eine betriebliche Ausbildung, eine Erwerbstätigkeit oder Arbeitslosigkeit fragten, gezeigt werden, dass die Wahrscheinlichkeit, einen jener Wege zu beschreiten, durch die soziale Herkunft beeinflusst wird. Trotz der geringen Modellgüte deuten die Ergebnisse beispielsweise darauf hin, dass insbesondere junge Männer mit Migrationshintergrund, die ein BVJ/BGJ absolviert haben, ein erhöhtes Arbeitslosigkeitsrisiko haben. Hingegen nehmen die Absolventinnen der berufsvorbereitenden und -grundbildenden Bildungsgänge mit deutscher Herkunft nach dem Verlassen des Bildungsangebots, wenn sie über maximal einen Hauptschulabschluss verfügen, eher eine Erwerbstätigkeit auf. Des Weiteren legen die Ergebnisse nahe, dass die SuS mit günstigem schulischen und beruflichen Bildungshintergrund länger nach einer geeigneten Berufsausbildung suchen und deshalb nach dem Austritt aus dem Bildungsangebot zunächst in eine Phase der Arbeitslosigkeit eintreten. Somit ist die soziale Herkunft nicht nur beim Eintritt in die Bildungsgänge, sondern auch beim Verlassen derselben von Bedeutung. Ebenso erwies sich in diesem Zusammenhang die Art des wahrgenommenen Bildungsangebots als einflussreich hinsichtlich der weiteren Biografie (vgl. Kapitel 3.2.2).

Dies führt auch zu unterschiedlichen Positionierungen der Hauptschüler und der BVJ/BGJ-Teilnehmer auf dem Arbeitsmarkt. So bekleiden Letztere im Alter von 25 Jahren höhere Positionen als die Hauptschüler. Dabei erwies sich jedoch nicht nur der besuchte Bildungsgang, sondern auch der Bildungshintergrund der jungen Menschen als bedeutend. Entsprechend wird eine höhere Positionierung begünstigt, wenn der Vater eine Berufsausbildung abgeschlossen hat. Dieses Merkmal erweist sich auch als relevant im Hinblick auf das im genannten Alter erzielte Einkommen, während der besuchte Bildungsgang hier keinen signifikanten Einfluss hat. Demnach zeichnet sich die soziale Herkunft als zentrales Merkmal für die Möglichkeiten ab, die sich im Lebensverlauf eröffnen. Der Einfluss des Schuleffekts verliert hingegen mit fortschreitender Zeit an Bedeutung. Mit anderen Worten erweisen sich die Herkunftseffekte über lange Zeit als persistent und durchschlagskräftig. Der Schuleffekt ist demgegenüber kürzer wirksam. Letztlich führt dies auf lange Sicht dazu, dass die jungen Menschen mit günstigem Bildungshintergrund höhere Tätigkeiten ausüben und zudem monetär besser gestellt sind (vgl. Kapitel 3.2.2).

Die an diese Ausführungen anschließende Auswertung von Interviewmaterial mit Jugendlichen aus dem Übergangssystem vermochte die zuvor geschilderten Befunde um eine weitere Perspektive zu ergänzen. So konnten durch die Befragung der SuS die Wahrnehmung des Bildungsgangaufenthalts und die Zukunftsperspektiven der jungen Menschen fokussiert werden. Dabei wurden auch die Wege der SuS in den Bildungsgang sowie die Bedeutung des sozialen Nahumfelds bei der Suche nach einem Praktikum und einer Ausbildungsstelle herausgearbeitet und analysiert. Im Zuge dieser Abhandlungen konnte unter anderem verdeutlicht werden, dass die Einschätzung des Aufenthalts im Übergangssystem geschlechtsspezifisch geprägt ist. Dabei entwickeln insbesondere die jungen Männer in dem betrachteten hauswirtschaftlichen Bildungsgang eine ablehnende Haltung gegenüber dem Bildungsangebot. Gerade diese Jugendlichen sind es auch, welche ihren Weg in den jeweiligen Bildungsgang als zufällig beschreiben, wohingegen die Schüler im metalltechnischen BGJ von einer gezielten Wahl sprechen. Diese unterschiedlichen Rekonstruktionen der eigenen Bildungsbiografie können auf den, mit den Rollenvorstellungen verbundenen, Rationalisierungszwang zurückgeführt werden, sodass trotz des Besuchs eines Bildungsgangs mit hauswirtschaftlichem Schwerpunkt eine handwerkliche Tätigkeit angestrebt wird, die mit den eigenen, traditionalen Geschlechterbildern vereinbar ist (vgl. Kapitel 3.2.3).

Es sind jedoch nicht nur diese Geschlechtereffekte, welche auf die Einschätzung des Bildungsgangs einwirken. Als zentral erwiesen sich in diesem Zusammenhang auch das Verhältnis zwischen den Lehrkräften und den SuS sowie der theoretische Anteil des Bildungsgangs. Die Beziehung zu den Lehrkräften wird von den Befragten dabei im Vergleich zur zuvor besuchten allgemeinbildenden Schule zumeist als verbessert angesehen. Entsprechend wird nur vereinzelt Kritik an den Lehrkräften in den berufsgrundbildenden und -vorbereitenden Bildungsgängen geäußert und in der Regel von einem angenehmen Verhältnis zwischen SuS und Lehrpersonen berichtet. Bezüglich des allgemeinbildenden, theoretischen Unterrichts sind hingegen keine einheitlichen Einschätzungen zwischen den Befragten der unterschiedlichen Bildungsgänge feststellbar. So wird selbiger von den Schülern im technischen BGJ kritisiert, während die SuS im hauswirtschaftlichen BQF den schulischen Unterricht gegenüber dem Betriebspraktikum bevorzugen. Als eine Ursache für diese differierenden Wahrnehmungen können abermals die traditionalen Geschlechterverständnisse der Befragten angeführt werden, welche in diesem Kontext zu einer Abwertung des hauswirtschaftlichen Berufspraktikums und einer Aufwertung des vermeintlich geschlechtsneutraleren allgemeinbildenden Unterrichts führen. Zusammengenommen kann trotz dieser unterschiedlichen Einflussfaktoren festgehalten werden, dass die Schülerurteile bezüglich des Bildungsgangbesuchs bis auf wenige Ausnahmen positiv ausfallen. Dieser wird als Verbesserung der zukünftigen Perspektiven begriffen, auch wenn teilweise keine Berufsausbildung im Schwerpunktbereich des Bildungsgangs angestrebt wird (vgl. Kapitel 3.2.3).

Zentral für diese Einschätzung ist die Möglichkeit zur Verbesserung des Schulabschlusses, die mit dem Abschluss des Bildungsgangs verbunden ist. Diese Option erachten die SuS als notwendig, um ihre Chancen auf dem Ausbildungsstellenmarkt zu verbessern. Die Befragten des BGJ würden zur Erreichung des mittleren Schulabschlusses sogar den Bildungsgang wiederholen, wobei hierfür erfolglose Bewerbungsversuche mit dem Hauptschulabschluss ausschlaggebend sind. Diese Erfahrungen bei der Bewerbung können auch als Erklärung für das Bewerbungsverhalten der Jugendlichen herangezogen werden. Dieses zeichnet sich, wie schon die Auswertung der SOEP-Daten nahelegte, insbesondere durch einen Rückgriff auf das soziale Nahumfeld aus. Das bedeutet: Die SuS versuchen die Beziehungen ihrer Eltern, Freunde, Verwandten und Bekannten zu nutzen, um ihre Erfolgsaussichten bei der Suche nach einem Ausbildungsplatz zu steigern. Letztlich versuchen sie damit, den Einfluss des von ihnen selbst als zu gering eingeschätzten Bildungsabschlusses zu reduzieren, und wählen eine Suchstrategie, die darauf ausgerichtet ist, das soziale Kapital zu nutzen und auf diese Weise andere Nachteile auszugleichen. Diese Vorgehensweise bringt mit sich, dass sich die jungen Menschen an den Berufen in ihrem sozialen Nahumfeld orientieren und dementsprechende Tätigkeiten anstreben. Damit geht aber auch ein hohes Maß an Flexibilität einher, denn die Jugendlichen, vor allem die Befragten im BQF, orientieren sich bei der Ausbildungssuche nicht in erster Linie an ihren persönlichen Interessen, sondern an der Verfügbarkeit von Lehrstellen. Das bedeutet, dass diese SuS nicht gezielt eine bestimmte Berufsausbildung anstreben, sondern irgendeine Ausbildung aufnehmen wollen. Dabei folgen die Jugendlichen nicht den klassischen Annahmen der Theorien rationaler Wahl, sondern orientieren sich primär kurzfristig innerhalb ihres Möglichkeitenbereichs. Das heißt: Die jungen Menschen wägen nicht Kosten und Nutzen verschiedener Optionen gegeneinander ab, sondern vollziehen Bildungspraktiken, die durch ihre Erfahrungen geprägt sind und sich bereits zuvor bewährt haben (vgl. Kapitel 3.2.3).

Im Allgemeinen kann demnach festgehalten werden, dass die forschungsleitenden Annahmen durch die Ergebnisse der Datenauswertungen bestätigt wurden. So konnte sowohl gezeigt werden, dass der Aufenthalt im Übergangssystem die Biografien der SuS beeinflusst und ein Schuleffekt noch im Alter von 25 Jahren nachweisbar ist. In gleicher Weise konnte auch die Bedeutung der sozialen Herkunft auf die Lebensverläufe nachgezeichnet werden. Deren Geltung kam nicht nur durch die Analyse der quantitativen Daten des SOEP zum Vorschein, sondern zeigte sich auch in den Interviews mit den SuS. Gerade die Beziehungen im sozialen Nahraum erwiesen sich dabei als besonders bedeutungsvoll für die Wege der Jugendlichen in das Übergangssystem und die Bewältigung der ersten Schwelle. Schlussendlich konnten damit Befunde vorgestellt werden, welche die historische und gegenwärtige sowie die strukturelle und individuelle Bedeutung des Übergangssystems verdeutlichen.

4.2 Soziale Ungleichheit im Übergangssystem

Die oben beschriebenen zentralen Ergebnisse lassen sich auch im Hinblick auf die Frage der (Re-)Produktion von sozialer Ungleichheit im Übergangssystem betrachten. Zu diesem Zwecke wurde das folgende Mehrebenenmodell entworfen, aus welchem verschiedene Ungleichheitsdimensionen ableitbar sind:

Schaubild 12: Ungleichheit im Übergangssystem

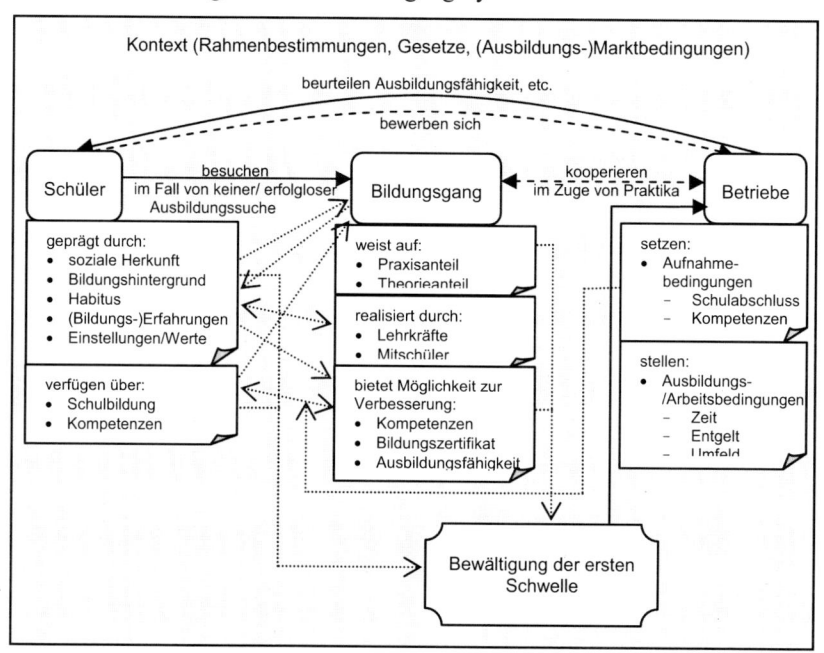

```
Kontext (Rahmenbestimmungen, Gesetze, (Ausbildungs-)Marktbedingungen)
                    beurteilen Ausbildungsfähigkeit, etc.
                            bewerben sich

                    besuchen                      kooperieren
Schüler    im Fall von keiner/ erfolgloser   Bildungsgang    im Zuge von Praktika    Betriebe
            Ausbildungssuche

geprägt durch:              weist auf:                      setzen:
• soziale Herkunft          • Praxisanteil                  • Aufnahme-
• Bildungshintergrund       • Theorieanteil                   bedingungen
• Habitus                                                   – Schulabschluss
• (Bildungs-)Erfahrungen    realisiert durch:               – Kompetenzen
• Einstellungen/Werte       • Lehrkräfte
                            • Mitschüler                    stellen:
verfügen über:                                              • Ausbildungs-
• Schulbildung              bietet Möglichkeit zur            /Arbeitsbedingungen
• Kompetenzen               Verbesserung:                   – Zeit
                            • Kompetenzen                   – Entgelt
                            • Bildungszertifikat            – Umfeld
                            • Ausbildungsfähigkeit

                            Bewältigung der ersten
                                   Schwelle
```

Im Allgemeinen verdeutlicht Schaubild 12 den Weg von SuS im Übergangssystem in (Ausbildungs-)Betriebe. Dieser Pfad, symbolisiert durch die in horizontaler Ebene angeordneten Kästen, ist prinzipiell direkt begehbar und im Schaubild als gestrichelte Linie dargestellt. Gemäß der drei idealtypischen Wege in das Übergangssystem (vgl. Kapitel 3.2.3) wird die Beschreitung des zuvor genannten Pfades jedoch nicht von allen SuS angestrebt, oder war, im Falle eines Versuchs, nicht von Erfolg gekrönt. Das bedeutet: Die Betriebe beurteilen, eine zur Vergabe stehende Ausbildungsstelle vorausgesetzt, die Bewerber und schätzen deren Ausbildungsfähigkeit sowie andere Merkmale ein. Im Falle der in das Übergangssystem einmündenden SuS kommt es zu keiner Übereinstimmung der Aufnahmebedingungen der Betriebe und der Kompetenzen der Bewerber, sodass der direkte Weg in eine betriebliche Ausbildung versperrt bleibt. In der Folge münden die jungen Menschen schließlich aufgrund ihres eigenen Wunsches, mangels Alternativen oder zufällig in einen Bildungsgang des Übergangssystems ein. Dabei unterliegen die SuS ebenso wie die Bildungsangebote und die Betriebe verschiedenen

Kontextbedingungen, welche im Schaubild als graues, umfassendes Rechteck veranschaulicht werden.

Im Rahmen des ersten Kapitels wurde die Aushandlung der Kontextbedingungen durch die Analyse der bildungspolitischen Dokumente teilweise fokussiert. Durch die Auseinandersetzung mit diesen Schriftstücken konnte unter anderem verdeutlicht werden, dass die durch die Bildungspolitik ausgehandelten Rahmenbedingungen zeitlichen Schwankungen unterliegen. Das bedeutet: Die Rahmenbestimmungen und Gesetze sind zwar maßgeblich für die Kontextbedingungen zu einer bestimmten Zeit, können jedoch nicht als statisch, im Sinne einer dauerhaften und unveränderbaren Gültigkeit, verstanden werden, sondern sind als flexible Gebilde zu begreifen, die sich mit der Zeit ändern. Ergänzt werden diese politisch definierten Rahmenbedingungen des Übergangssystems durch weitere Kontextfaktoren, wie beispielsweise die (Ausbildungs-)Marktbedingungen, die zum Ende des ersten Kapitels mithilfe der Jugendarbeitslosigkeitszahlen betrachtet wurden. Dabei wurde auch darauf hingewiesen, dass diese verschiedenen Kontextbedingungen miteinander in einem Wechselverhältnis stehen, also beispielsweise mit der Verabschiedung von Rahmenbestimmungen darauf gezielt wird, Problemlagen auf dem Ausbildungsmarkt zu reduzieren. Mit anderen Worten können die Rahmenbedingungen nicht unabhängig voneinander begriffen werden.

Letztlich fungieren sie somit als verwobene Einbettung der übrigen im Schaubild dargestellten Bereiche und beeinflussen Schüler, Bildungsgänge sowie Betriebe und damit auch die Übergangschancen an der ersten Schwelle. Der Einfluss der einzelnen Kontextbedingungen auf die einzelnen Bereiche variiert dabei je nach fokussierter Rahmung und betrachtetem Element. So ist beispielsweise davon auszugehen, dass SuS und Bildungsgänge stärker als die Betriebe von Rahmenbestimmungen für die Bildungsgänge betroffen sind. Entsprechend ist anzunehmen, dass tarifvertragliche Bestimmungen, wie Urlaubsanspruch oder Arbeitsbedingungen, die Betriebe in höherem Maße als die Bildungsgänge beeinflussen.

Neben dem Kontext wirken sich ebenfalls Merkmale der drei Pfadelemente auf die Übergangschancen der SuS an der ersten Schwelle aus. Genau wie die verschiedenen Kontextbedingungen miteinander in einer Wechselbeziehung stehen, sind auch unter den einzelnen Merkmalen wechselseitige Beeinflussungen feststellbar. Hervorgehoben werden diese Relationen durch die gepunkteten Linien im unteren Teil von Schaubild 12. Auf diese Weise wird verdeutlicht, dass zwischen dem jeweiligen Schüler und den anderen Akteuren innerhalb des Bildungsgangs eine zentrale Beziehung besteht. So tritt der durch verschiedene (Sozialisations-)Instanzen geprägte Schüler mit seinem spezifischen Habitus in Interaktion mit Lehrkräften und Mitschülern. Diese Interaktionen führen dazu, dass alle beteiligten Akteure neue Erfahrungen erwerben, wodurch sich (potenziell) deren Wahrnehmungs-, Denk-, Bewertungs- und Handlungsschemata verändern, also deren Habitus (vgl. Bourdieu/Wacquant 1996: 160), umformt. Der Besuch des Bildungsgangs wirkt sich demnach auf die (Bildungs-)Erfahrungen der SuS aus. Ebenso besteht eine wechselseitige Beziehung zwischen der von den einzelnen SuS erreichten Schulbildung sowie deren Kompetenzen und den Verbesserungsmöglichkeiten derselben im Zuge des Bildungsgangbesuchs. Zunächst bestimmt, wie in Kapitel 2 gezeigt, der im allgemeinbildenden Schulsystem erreichte Abschluss maßgeblich über den Zugang zu den Bildungsgängen des Übergangssystems. Neben den formalen Zugangsvoraussetzungen spielen bei der Auswahl des Bildungsgangs aber auch die Beziehungen im sozialen Nahraum eine zentrale Rolle (vgl. Kapitel 3.2.3). Die Art des wahrgenommenen Bildungsangebots hat aufgrund der unterschiedlichen Zielsetzungen wiederum wesentlichen Einfluss auf die Erreichbarkeit von (höheren) Schulabschlüssen und anderer Kompetenzen. Darüber hinaus bilden die vor dem Eintritt in das Übergangssystem erworbenen Kenntnisse und Kompetenzen gemeinsam mit dem Habitus und den (Bildungs-)Erfahrungen die Grundlage für die Vermittlung der Unterrichtsinhalte während des Aufenthalts im Übergangssystem. Dabei kann in diesem Kontext generell festgehalten werden, dass die von den Betrieben gesetzten Aufnahmebedingungen für eine Berufsausbildung von besonderer Bedeutung für den Wunsch der SuS nach einer Verbesserung ihres Schulabschlusses sind. Die Auswertung des Interviewmaterials im Rahmen des Kapitels 3.2.3 konnte verdeutlichen, dass die Befragten diese Zielperspektive übernehmen, weil ihr bisheriger Bildungsabschluss für die Bewältigung der ersten Schwelle anscheinend nicht ausreicht. Kurzum: Das Wechselverhältnis zwischen der Schulbildung der SuS und den Verbesserungsmöglichkeiten durch den Abschluss des Bildungsgangs im Übergangssystem wird durch die Aufnahmebedingungen der Betriebe beeinflusst.

Im Hinblick auf die Bewältigung der ersten Schwelle, die das allgemeine Ziel des Aufenthalts im Übergangssystem ist, sind diese Zusammenhänge ebenfalls von Bedeutung. Entsprechend verdeutlicht Schaubild 12, dass sich sowohl die Eigenschaften der SuS als auch die Charakteristika des Bildungsgangs auf die Übergangschancen in eine betriebliche Ausbildung auswirken. Auf der Seite der SuS erwies sich in den Berechnungen auf Basis der SOEP-Daten in diesem Kontext nicht nur der erreichte Bildungsabschluss, sondern auch die soziale Herkunft der Befragten als einflussreich. Daneben zeigte der Vergleich von Hauptschülern und SuS des Übergangssystems einen eigenständigen Effekt des Bildungsgangbesuchs, der zuungunsten der Teilnehmer berufsvorbereitender und -grundbildender Bildungsgänge ausfällt. Des Weiteren deuten andere Studien darauf hin, dass sich auch der Praxisanteil des Bildungsgangs, der in der Regel durch Betriebspraktika abgedeckt wird, auf die Bewältigung der ersten Schwelle auswirkt (vgl. Bergzog 2008, Braun/Gaupp/Hofmann-Lun 2006, Gaupp/Lex/Reißig et al. 2008, Hofmann-Lun

2007). Folglich ergibt sich ein breites Beziehungsgeflecht zwischen den einzelnen Pfadelementen, welches sich auf die Bewältigung der ersten Schwelle auswirkt.

Die Dichte dieser Verflechtungen erschwert eine isolierte Betrachtung einzelner Ungleichheitsfaktoren. Die obigen Ausführungen deuten darauf hin, dass es vielmehr immer Interdependenzen sind, die beobachtet werden, wenn soziale Ungleichheit im Übergangssystem fokussiert wird. Nachfolgend werden deshalb nicht nur die einzelnen Elemente von Schaubild 12, sondern auch die verschiedenen Verbindungen im Hinblick auf ihre Ungleichheitsrelevanz beschrieben.

Wird die Aufmerksamkeit auf die Mikroebene des Schaubilds und damit auf die aufgeführten Merkmale der SuS gerichtet, wird deutlich, dass diese bereits vor dem Eintritt in das Übergangssystem soziale Ungleichheit erfahren haben. So verfügen sie in der Regel über keinen oder einen niedrigen Schulabschluss und Kompetenzen, die von den Betrieben als nicht ausreichend für die Aufnahme einer Berufsausbildung eingeschätzt werden. Diese Resultate der bisherigen Bildungsbiografie hängen, wie vielfach belegt ist (vgl. Baumert/Maaz/Trautwein 2010, Becker/Lauterbach 2008, Klieme/ Artelt/Hartig et al. 2010, Solga/Wagner 2000), eng mit der sozialen Herkunft und damit auch mit dem Bildungshintergrund der SuS zusammen. Das bedeutet: Die SuS treten mit bestimmten, im Habitus kristallisierten (Bildungs-)Erfahrungen sowie Einstellungen und Werten in den Bildungsgang ein.

Während des Aufenthalts im Übergangssystem wirken diese Einflüsse weiterhin. Insofern kommen in dem jeweiligen Bildungsangebot junge Menschen mit einer ähnlichen, jedoch nicht deckungsgleichen Ausgangslage zusammen. Das bedeutet, dass die Chancen, die Ziele des Bildungsgangs zu erreichen, beispielsweise der Erwerb eines höheren Schulabschlusses, wiederum ungleich verteilt sind. In diesem Zusammenhang kommt auch den Lehrkräften, welche die SuS über das Schuljahr hinweg betreuen, eine zentrale Rolle zu. So hängt der Bildungserfolg, wie Ditton für das allgemeinbildende Schulsystem aufzeigt, nicht nur von den Leistungen in den Unterrichtsfächern ab, sondern unterliegt auch verdeckten Kriterien (vgl. Ditton 2008). Es ist davon auszugehen, dass dies ebenso für die Bildungsgänge des Übergangssystems gilt und demnach bei der Leistungsbewertung auch in diesem Teilbereich des Bildungswesens Fragen der Habituskongruenz zwischen Lehrkräften und SuS eine Rolle spielen. Mit anderen Worten ist bei der Bewertung der Schulleistungen relevant, wie groß der Abstand der Habitus beziehungsweise die Sensibilität der Lehrkräfte für die Situation der SuS ist. Folglich wird der Erfolg der SuS im Bildungsgang bewusst und unbewusst durch die Lehrkräfte mitbestimmt, sei es aufgrund „stereotyper Erwartungshaltungen" (Ditton 2008: 269) oder anderer impliziter Annahmen. Aus dieser Perspektive spielen somit neben dem Bildungshintergrund der jungen Menschen die Lehrkräfte eine Rolle bei der Prozessierung von sozialer Ungleichheit im Übergangssystem.

Den Mitschülern kommt demgegenüber in diesem Kontext nur eine geringe Bedeutung zu, denn diese sind an der Leistungsbewertung nicht beteiligt. Dennoch finden auch hier Abgrenzungsprozesse innerhalb der Schülerschaft statt (vgl. Grundmann 2011: 16 ff.), die als Auswirkungen sozialer Ungleichheit auf der Mikroebene verstanden werden können. Wie oben konstatiert, erwerben die SuS durch diese Interaktionen neue Erfahrungen, aus welchen sich „auch eigene Bildungsaspirationen" (Grundmann 2011: 20) ergeben. In diesem Sinne wird auf dieser Ebene soziale Ungleichheit gespiegelt und verfestigt, die sich in Form von Ressentiments gegenüber Mitschülern oder auch bestimmten Berufslaufbahnen äußert.

Darüber hinaus können auf einer Mesoebene dem Bildungsgang selbst Effekte zugeschrieben werden, die hinsichtlich sozialer Ungleichheit relevant erscheinen. So wurde weiter oben gezeigt, dass sich der Besuch des Übergangssystems auf die Biografien der SuS auswirkt und ein dementsprechender Schuleffekt isoliert (vgl. Kapitel 3.2.2). Das bedeutet, dass der Aufenthalt in einem Bildungsangebot Auswirkungen auf die Verteilung von Chancen hat, die sich auch in Form unterschiedlicher Übergangswahrscheinlichkeiten an der ersten Schwelle äußern. Im obigen Sinne sind dabei insbesondere die unterschiedlichen betriebspraktischen Anteile von Bedeutung. Insofern spielen die Zulassungsvoraussetzungen der Bildungsgänge eine doppelte Rolle im Hinblick auf die (Re-)Produktion sozialer Ungleichheit im Übergangssystem. Zum einen regeln sie den Zugang zu den verschiedenen Optionen der Verbesserung des Bildungszertifikats. Zum anderen bestimmen sie auch darüber, wie groß der betriebspraktische Anteil im Verlauf des Schuljahres ist. Das heißt, dass mit dem möglichen Schulabschluss und den betriebspraktischen Erfahrungen zwei Merkmale, die sich hinsichtlich der Übergangschancen an der ersten Schwelle als zentral erweisen, wesentlich durch die Zulassungsvoraussetzungen des Bildungsgangs beeinflusst werden. Damit wird bereits beim Eintritt in ein spezifisches Bildungsangebot durch formale Regelungen über spätere Anschlussmöglichkeiten (mit-)bestimmt. Aus dieser Perspektive scheint es fraglich, inwieweit das Übergangssystem dazu beitragen kann, Bildungsungleichheiten auszugleichen, die im allgemeinbildenden Schulsystem entstanden sind, oder ob selbiges eher als weitere Selektionsinstanz auf dem Weg in eine Berufsausbildung zu verstehen ist.

Unabhängig von der Beantwortung dieser Frage kann festgehalten werden, dass die Ausbildungsbetriebe bei der Auswahl von Auszubildenden auf die Informationen, welche durch die Anbieter der Bildungsangebote in Form von Zeugnissen zur Verfügung gestellt werden, zurückgreifen. Damit werden bei der Besetzung der Lehrstelle primär formale Kriterien berücksichtigt, die gegebenenfalls durch eigene Erfahrungen mit dem Bewerber, zum Beispiel im Zuge eines Betriebspraktikums, oder Empfehlungen von Mitarbeitern ergänzt werden. Daraus folgt, dass die Auswahlchancen der Bewerber ungleich verteilt sind und demnach auch die Betriebe hinsichtlich der (Re-)Produktion sozialer Ungleichheit relevant sind. Besonders deutlich wird dies an der Bedeutung der Ausbildungsaufnahme für die Stabilität des Lebensverlaufs. Anhand der statistischen Analysen konnte hier gezeigt werden, dass ein direkter Übergang in eine Berufsausbildung nach dem Verlassen des Übergangssystems wesentlich dazu beiträgt, eine Erwerbstätigkeit konstant aufrechtzuerhalten sowie das Arbeitslosigkeitsrisiko zu reduzieren (vgl. Kapitel 3.2.2).

Darüber hinaus können neben den Beiträgen von SuS, von Bildungsgängen und Betrieben auch auf einer Makroebene Auswirkungen des Kontextes auf soziale Ungleichheit im Übergangssystem beschrieben werden. Besonders hervorzuheben sind hier Bedingungen auf dem Ausbildungs- und Arbeitsmarkt, welche an der ersten Schwelle wirken und maßgeblich den Zustrom in die und den Austritt aus den Bildungsangeboten beeinflussen. Das bedeutet, dass das Ausmaß an Benachteiligung, beispielsweise aufgrund eines geringen Schulabschlusses, je nach Marktbedingungen variiert und größer ist, wenn zu einem Zeitpunkt in Relation zur Zahl der Bewerber besonders wenige Ausbildungs- oder Arbeitsstellen zur Verfügung stehen. Neben dem Einfluss dieser Marktbedingungen auf die Schülerzahl im Übergangssystem kommt letztlich auch den rechtlichen Rahmenbestimmungen eine Rolle hinsichtlich der sozialen Ungleichheit zu. So wird auf dieser (Makro-)Ebene ausgehandelt und festgelegt, welche Ziele mit dem Besuch der Bildungsgänge verbunden sind und welchen Zugangsvoraussetzungen selbige unterliegen. Mit diesen Regelungen wird zwar nicht die Fundierung sozialer Ungleichheit, sondern eher deren Reduktion intendiert, dennoch leisten sie einen Beitrag zur ungleichen Chancenverteilung. So formalisieren die rechtlichen Bestimmungen die Zugangsbedingungen der verschiedenen Bildungsgänge und definieren damit das Spektrum an Pflichten und Möglichkeiten für die SuS. Demnach werden die jungen Menschen auf Basis der rechtlichen Rahmenbestimmungen selektiert und damit schließlich auch Chancen zugeteilt. Das bedeutet: Der rechtliche Kontext setzt nicht nur Bedingungen für die einzelnen Bildungsgänge, sondern wirkt sich auch auf die einzelnen SuS aus. Ebenso können auch die Aufnahme- sowie, zum Teil, die Arbeits- und Ausbildungsbedingungen der Betriebe als Reaktion auf die gesetzlichen Bestimmungen verstanden werden, sodass in Letzteren ein umfassender Einflussfaktor auf Strukturen sozialer Ungleichheit gesehen werden kann.

Zusammenfassend kann somit festgehalten werden, dass sowohl auf der Mikroebene wie auch auf der Meso- und Makroebene des Übergangssystems soziale Ungleichheit beobachtetet werden kann. Von besonderer Bedeutung scheint dabei die Verwobenheit der verschiedenen Elemente, die aufeinander Einfluss nehmen und dadurch zu teilweise paradoxen Effekten führen. Beispielhaft hervorgehoben wurde dies anhand der rechtlichen Kontextbedingungen, die soziale Ungleichheit auf Dauer stellen, obwohl sie mit der Intention des Abbaus von Ungleichheiten installiert wurden. Diese Paradoxien scheinen im Hinblick auf weitere Forschungen von Relevanz, denn deren umfassende Beschreibung und Analyse ermöglicht nicht nur eine (wissenschaftliche) Perspektivenerweiterung, sondern birgt auch das Potenzial neue (politische) Debatten über die Steuerung von Bildungsprozessen anzustoßen.

4.3 Das Übergangssystem – Irrweg oder Erfolgsgeschichte?

Nachdem nun zuvor zentrale Befunde dieser Arbeit zusammengefasst und im Hinblick auf soziale Ungleichheit im Übergangssystem modelliert wurden, wird an dieser Stelle der Fokus auf die Frage gerichtet, ob selbiges eher als Irrweg oder Erfolgsgeschichte zu begreifen ist. Im Stile eines Essays werden dazu die zuvor angeführten Ergebnisse einander gegenübergestellt, kontextualisiert und kritisch beurteilt. Zunächst ist dabei zu bemerken, dass die Antwort auf diese Frage je nach eingenommener Perspektive variiert. So kann sie bei der Fokussierung einzelner Jugendlicher, der Betrachtung des Übergangssystems im Ganzen, oder auch bei der Betrachtung seiner Entstehungsgeschichte unterschiedlich ausfallen. Im Folgenden wird versucht, diese verschiedenen Aspekte zu integrieren und ihnen bestmöglich gerecht zu werden.

Entlang der Ausführungen im ersten Kapitel wurde deutlich gemacht, dass an der Genese des Übergangssystems verschiedene bildungspolitische Akteure beteiligt waren. Diese Vielfalt an Akteure hatte unter anderem ein breites Spektrum an unterschiedlichen Ideen und Zielvorstellungen hinsichtlich der berufsvorbereitenden und -grundbildenden Bildungsgänge zur Folge. So nahmen die einzelnen bildungspolitischen Gremien zwar immer wieder aufeinander Bezug, eine konsequente, zielgerichtete Weiterentwicklung der Vorstellungen konnte jedoch nur in einzelnen Fällen festgestellt werden. Einer dieser beispielhaften Fälle ist die zunehmende Bedeutung kooperativer Ansätze seit der Etablierungsphase des Übergangssystems. Diese zunächst von der KMK vorgebrachte Idee wurde später auch von der BLK aufgegriffen und kann damit, wie zuvor gezeigt, als ein roter Faden in der Entwicklungsgeschichte des Übergangssystems verstanden werden.

Hinsichtlich der Gesamtentwicklung der fokussierten Bildungsangebote ist eine allgemeine Leitlinie jedoch nicht auszumachen. Zwar bestand eine pauschale Zielvorstellung darin, die berufliche (Grund-)Bildung junger Menschen zu verbessern, jedoch wurden sowohl der Weg zu diesem Ziel als auch die Zielgruppe der Bildungsgänge unterschiedlich gedacht und entworfen. Entsprechend wurden während der Etablierungsphase zunächst Jungarbeiter adressiert und später mit der Ausrichtung der Bildungsangebote auf Benachteiligte eine größere Personengruppe angesprochen. In diesem Zusammenhang ist es ist jedoch nicht nur die mit der veränderten Zielgruppe einhergehende Erweiterung des Personenkreises, welche die bildungspolitische Diskussion als wenig präzise erscheinen lässt. Im Gegenteil wurde auch darauf hingewiesen, dass mit dieser Adressatenveränderung auch eine Verschiebung der Ursachenzuschreibung von Übergangsproblemen in Richtung der jungen Menschen stattfand. Auch in dieser Bewegung, weg von den Bedingungen des Arbeitsmarktes und hin zu individuellen Voraussetzungen, kann eine dahinterstehende, zielgerichtete Idee zur Verbesserung der Übergangschancen der Teilnehmer der berufsvorbereitenden und -grundbildenden Bildungsgänge nicht entdeckt werden. Allenfalls kann in dieser Veränderung eine Schutzabsicht der bildungspolitischen Akteure gesehen werden, die damit einem Scheitern der eigenen Ideen vorbeugen und in der Folge die Selbstverantwortung Jugendlichen hervorheben. Kurzum: An diesem Punkt wird ein gravierender Bedeutungswandel deutlich, welcher die Diskussionen im Zuge der Entstehung des Übergangssystems wie einen Irrgarten erscheinen lässt, in dem zunächst ein falscher Weg beschritten wurde.

Ein ähnlicher Eindruck drängt sich auch bei der Betrachtung der Geschichte des Ziels der Gleichstellung von allgemeiner und beruflicher Bildung auf. Obwohl diese Zielvorstellung zu Beginn der Planungen des Übergangssystems von allen hier betrachteten Akteuren geteilt wurde, erfuhr sie im Lauf der Zeit einen totalen Bedeutungsverlust. Als Ursache für diesen Schwund an Relevanz wurde auf das Bildungs-Schisma verwiesen, das einer Durchsetzung der genannten Idee im Wege stand. Trotz dieser vorhandenen, persistenten Hürde wurde die Annäherung dieser beiden Bildungsbereiche noch in der Etablierungsphase des Übergangssystems diskutiert und schließlich von der Forderung nach einer erhöhten Durchlässigkeit abgelöst. Es stellt sich demnach die Frage, weshalb die Idee der Gleichwertigkeit von allgemeiner und beruflicher Bildung über einen langen Zeitraum diskutiert wurde, obwohl diese Möglichkeit „politisch nicht einmal ernsthaft geprüft" (Baethge 2006: 21) wurde. Damit ist auch in diesem Kontext festzustellen, dass die Entwicklung zunächst in eine Richtung ging, welche später nicht weiter verfolgt wurde.

Doch nicht nur bei der Auseinandersetzung mit der Historie des Übergangssystems sind Elemente zu entdecken, welche als Irrwege erscheinen. Auch die heutzutage etablierte Angebotsstruktur beinhaltet eine Vielzahl an Bildungsgängen, wodurch die vielfältigen Wege nur schwer zu überschauen sind. So wurde in Kapitel 2.2 hervorgehoben, dass die Ausdifferenzierung der Angebote unter anderem zu einer Erhöhung der von den SuS erwarteten Planungsleistung führt, denn diese müssen aus einem breiten Spektrum an Bildungsgängen mit ähnlichen Eingangsbedingungen und Abschlussmöglichkeiten das für sie geeignete Angebot auswählen. Diese Situation stellt jedoch nicht nur für die Jugendlichen selbst eine Herausforderung dar, sondern erfordert auch von den übrigen Akteuren umfassende Kenntnisse der für die einzelnen jungen Menschen offenstehenden Möglichkeiten. Ist dieses Wissen nicht vorhanden, besteht für die SuS das Risiko von Fehlzuordnungen, die längere Aufenthalte im Übergangssystem oder auch die Teilnahme an Bildungsgängen, welche keine Möglichkeit zur Weiterqualifikation bieten, zur Folge haben können. In Anlehnung an Greinert, für den das Übergangssystem einen „sozialpolitisch skandalösen Dschungel von ‚Warteschleifen'" (Greinert 2007: 2) darstellt, kann demnach provokativ konstatiert werden, dass das Dickicht an verschiedenen Maßnahmen durchaus Potenzial bietet, sich zumindest temporär zu verirren. Mit anderen Worten: Der Weg durch das Übergangssystem erfordert Orientierungshilfen, ohne die der direkte Pfad nur schwer beschritten werden kann.

Es sind jedoch nicht nur Orientierungshilfen, wie beispielsweise verschiedene Beratungen, welche den Aufenthalt im Übergangssystem beeinflussen. Vielmehr haben sich im Verlauf der Analyse auch Faktoren als einflussreich erwiesen, die institutionell nur schwer aufgebrochen werden können. So zeigte sich beispielsweise die soziale Herkunft als bedeutend im Hinblick auf die Wege in das Übergangssystem, aber auch hinsichtlich der Bewältigung der ersten Schwelle. Deren Einfluss wurde, nach den Daten des SOEP, beim Austritt aus den berufsvorbereitenden und -grundbildenden Bildungsgängen zwar durch einen Schuleffekt überformt, jedoch nicht vermindert. Im Gegenteil steigt die Bedeutung des beruflichen Bildungshintergrunds der Bewerber am Übergang in die Berufsausbildung für die BVJ/BGJ-Teilnehmer, während dieser herkunftsspezifische Einflussfaktor für die Hauptschüler an der ersten Schwelle an Kraft verliert. Darüber hinaus wirkt der Schuleffekt sich nicht positiv auf die Chancen der BVJ/BGJ-Teilnehmer, eine betriebliche Ausbildung aufzunehmen, aus, sondern vermindert deren Übergangswahrscheinlichkeit im Vergleich zu den Hauptschülern. Das bedeutet: Mit dem Aufenthalt im Übergangssystem wird das (bildungspolitische) Ziel der Steigerung der Übergangschancen an der ersten Schwelle nicht erreicht, wodurch die Teilnahme an den berufsvorbereitenden beziehungsweise -grundbildenden Bildungsgängen letztlich als Irrweg erscheint.

Aus der Perspektive der SuS, deren Wahrnehmung des Bildungsgangaufenthalts im Rahmen von Kapitel 3.2.3 dargestellt wurde, fällt die Beantwortung der an dieser Stelle behandelten Fragestellung demgegenüber ambivalent aus. So werden die Wege der Befragten in den jeweiligen Bildungsgang unterschiedlich dargestellt, wobei sich hier insbesondere Geschlechtereffekte zeigten. Der Bildungsgang als solcher wird jedoch überwiegend positiv eingeschätzt. In erster Linie wird dabei gleichwohl die Möglichkeit der Verbesserung des formalen Schulabschlusses hervorgehoben und nicht die Weiterqualifikation in einem bestimmten Berufsfeld betont. Das bedeutet, dass die SuS den Besuch eines Bildungsgangs im Übergangssystem nicht als Irrweg begreifen, sondern versuchen, Vorteile daraus zu ziehen. Es ist jedoch fraglich, inwieweit sie den Aufenthalt im Übergangssystem als Erfolgsgeschichte begreifen. Insbesondere die primäre Strategie bei der Suche nach einer Ausbildungsstelle, die im Rückgriff auf die Beziehungen im sozialen Nahraum besteht, deutet darauf hin, dass die SuS zumindest nicht ausschließlich auf einen positiven Effekt des Besuchs der berufsvorbereitenden und -grundbildenden Bildungsgänge bei der Ausbildungsplatzsuche hoffen, sondern sich zusätzlich auf bewährte Methoden stützen. Insofern nutzen die SuS Strategien, die darauf abzielen, die eigenen Übergangschancen unabhängig von den Effekten des Bildungsgangs zu verbessern.

Dieses Verhalten der Jugendlichen kann demnach als Gegenreaktion auf deren Übergangsprobleme im Allgemeinen verstanden werden und deutet gleichzeitig auf die Differenzen zwischen den Zielvorstellungen des Übergangssystems und den tatsächlich daraus folgenden Möglichkeiten hin. Das heißt: Während der Besuch der berufsvorbereitenden und -grundbildenden Bildungsgänge auf individueller Ebene durchaus Erfolgsgeschichten generieren kann, erscheint das Übergangssystem auf einer Gesamtebene eher als zeitweise beschrittener Irrweg, der nicht in der vorgesehenen Weise zur Verbesserung der Chancen des Übergangs in eine betriebliche Ausbildung beiträgt.

Trotz dieser Tendenz stellt sich die Frage, wie mit jungen Menschen, welchen der Übergang in eine Berufsausbildung nicht direkt nach dem Verlassen der allgemeinbildenden Schule gelingt, umgegangen werden soll. Auch wenn die hier präsentierten Befunde eine kritische Einschätzung des Übergangssystems nahelegen, so bietet es den Jugendlichen dennoch die Möglichkeit zur Weiterqualifizierung. Ein Verzicht auf diese Option würde die jungen Menschen, die sich oftmals vor dem Eintritt in die Angebote des Übergangssystems erfolglos auf Ausbildungsstellen beworben haben, den Mechanismen des Ausbildungsstellen- und Arbeitsmarktes schutzlos aussetzen. Damit wird deutlich, dass die Herausforderungen des Übergangssystems letzten Endes auch auf Probleme des Ausbildungsstellenmarktes zurückgehen.

Neben Bildungsgängen des Übergangssystems, die als Lösungsansatz für diese Schwierigkeiten etabliert wurden, wäre auch die Etablierung von rein staatlich organisierten Berufsausbildungen als alternativer Ausweg denkbar. Doch diese Alternative, die einem Ausbau des Schulberufssystems gleichkommt, würde die Herausforderungen des Übergangs lediglich verschieben. So würden die Ausbildungsabsolventen beim Eintritt in den Arbeitsmarkt miteinander in Konkurrenz treten, wobei sich dabei wiederum die soziale Herkunft als einflussreiches Merkmal an dieser Schwelle erweisen dürfte. Darüber hinaus würde diese Segmentierung des Ausbildungsstellenmarktes zu einer Konkurrenzsituation zwischen den Absolventen betrieblicher und staatlicher Ausbildungen führen, welche aufgrund der betriebspraktischen Anteile zugunsten der Erstgenannten ausfallen dürfte. Gleichzeitig würde mit dieser Option die „finanzielle Verantwortung [der Unternehmen] für die Berufsausbildung auf die öffentliche Hand" (Bosch 2009: 53) abgewälzt. Eine weitere Möglichkeit des Umgangs mit Jugendlichen, die sich nach dem Verlassen der allgemeinbildenden Schule erfolglos um eine Ausbildungsstelle bewerben, liegt im völligen Verzicht auf die staatliche Einflussnahme auf diesen Übergang. Diese marktradikale Position hätte jedoch zur Konsequenz, dass die jungen Menschen, welche die Schwelle in die Berufsausbildung nicht überwinden konnten, in eine Phase der Arbeitslosigkeit eintreten oder eine Erwerbstätigkeit aufnehmen. In der Konsequenz würde dies bedeuten, dass sich die Jugendlichen in Eigenverantwortung weiterqualifizieren müssten, um ihre Chancen auf einen Ausbildungsplatz zu verbessern, oder langfristig dem Risiko instabiler Erwerbsverläufe ausgesetzt wären. Insofern würde die Umsetzung eines solchen Ansatzes nicht nur die Prinzipien des Sozialstaates konterkarieren, beziehungsweise die Kosten für soziale Sicherungssysteme steigern, sondern auch Individualisierungstendenzen Vorschub leisten.

Das heute etablierte Übergangssystem stellt im Vergleich zu diesen beiden Alternativen einen Zwischenweg dar, der darauf abzielt, direkt nach dem einem erfolglosen Bewältigungsversuch der ersten Schwelle die Jugendlichen in einem strukturierten Angebot weiterzuqualifizieren, und auf diese Weise deren Konkurrenzfähigkeit auf dem Ausbildungsstellenmarkt zu erhöhen versucht. Insofern werden die jungen Menschen durch das Übergangssystem zwar einerseits temporär vom Ausbildungsstellenmarkt ausgeschlossen, wobei parallele Bewerbungsversuche nicht unmöglich sind, andererseits aber auch vor einem vorzeitigen Eintritt in die Erwerbstätigkeit geschützt. Demnach ist Beicht zuzustimmen, die konstatiert, dass „die Maßnahmen des Übergangssystems [...] eine unverzichtbare Funktion" (2009: 14) haben, da sie die Möglichkeit bieten, die Jugendlichen noch nach dem Verlassen der allgemeinbildenden Schule zur Ausbildungsreife zu führen.

Dennoch ist fraglich, ob mit neueren Reformansätzen wie dem regionalen Übergangsmanagement oder der Etablierung von Qualifizierungsbausteinen in den Bildungsgängen des Übergangssystems die aufgezeigten Probleme gelöst werden können. So ist im Zusammenhang mit der Einführung von Bausteinen, welche im Kern auf „eine verbesserte horizontale und vertikale Integration der Ausbildung mit vor- und nachgelagerten sowie parallelen vollzeitschulischen Bildungsangeboten" (Euler 2009: 5) zielt, die Akzeptanz derselben durch die Ausbildungsbetriebe zentral. Das bedeutet: Nur wenn die Ausbildungsbetriebe die Bausteine als Teil der Berufsausbildung anerkennen, ist damit ein Vorteil für die SuS im Vergleich zu den derzeitigen Angeboten des Übergangssystems verbunden. Angesichts der Positionierung von Gewerkschaften (vgl. Autorengruppe BIBB/Bertelsmann Stiftung 2011, IG Metall 2006), welche diese Reform, insbesondere aufgrund der möglichen

Auswirkungen auf die duale Berufsausbildung, kritisch einschätzen, scheinen die Erfolgsaussichten dieses Konzepts jedoch ohnehin gering zu sein. Mit dem regionalen Übergangsmanagement, das primär „eine Vernetzung der Akteure auf regionaler Ebene" (Autorengruppe BIBB/Bertelsmann Stiftung 2011: 12) intendiert und seit dem Jahr 2008 durch das BMBF gefördert wird (vgl. Braun/Reißig 2011), wird demgegenüber ein integrativer Ansatz verfolgt. Demnach kann diese Förderinitiative als Fortsetzung der Idee verstärkter Kooperation aufgefasst werden, die letztlich dazu dienen soll, dass „Übergänge Jugendlicher von der Schule in Ausbildung gelingen und Ausbildungslosigkeit verhindert wird" (Braun/Reißig 2011: 31). Die Konzentration auf die regionale Ebene und das damit verbundene Wissen über die dort etablierten Bildungsangebote ermöglicht dabei eine Erhöhung der Passgenauigkeit zwischen den Interessen der jungen Menschen und den lokalen Angebotsstrukturen. Allerdings, so legen es die Befunde eines BIBB-Expertenmonitors nahe, wird dieser Ansatz von den Betrieben, im Gegensatz zu Gewerkschaften, Forschungseinrichtungen und Schulen, unterdurchschnittlich häufig als wünschenswert eingeschätzt.[129] Insbesondere hinsichtlich des Ziels der Integration aller Beteiligten erscheint dies als problematisch (vgl. Autorengruppe BIBB/Bertelsmann Stiftung 2011: 20). Ungeachtet dessen wurde mit dem regionalen Übergangsmanagement auch die systematische Beteiligung von Eltern an den Übergangsprozessen ihrer Kinder vorangetrieben und damit ein zentraler Faktor im Übergangsgeschehen in der Förderinitiative inkludiert (vgl. Braun/Reißig 2011: 62 f.). Auch wenn noch keine Ergebnisse zur Wirksamkeit dieses Aspekts vorliegen, so kann auf der Basis der Befunde dieser Arbeit konstatiert werden, dass die zusätzliche Berücksichtigung der sozialen Herkunft im Kontext der Bewältigung der ersten Schwelle von zentraler Bedeutung ist. Offen bleibt allerdings die Frage, wie groß das Potenzial der Integration der Eltern ist, wenn sich deren Kinder bereits im Übergangssystem befinden. So verdeutlichen die hier präsentierten Befunde, dass die SuS auch ohne systematischen Einbezug ihrer Eltern während der Übergangsprozesse auf selbige zurückgreifen und deren Beziehungen für sich zu nutzen versuchen. Demnach kann mit der Integration der Eltern zwar deren Wissen über verschiedene institutionelle Angebote und Beratungsmöglichkeiten erweitert werden, jedoch nicht unmittelbar deren Einfluss auf die Bildungsstrategien ihrer Kinder umgestaltet werden.

Wie Braun und Reißig hervorheben, erfordern „grundsätzliche Verbesserungen der Bildungs- und Ausbildungschancen von Kindern und Jugendlichen aus bildungsfernen Familien ein systematisches Herangehen und Zeit" (Braun/Reißig 2011: 63). Es erscheint demnach wenig realistisch, binnen kurzer Zeit nachhaltige Veränderungen am Übergangsgeschehen zu realisie-

---

129 Dennoch befürwortet die Mehrheit der befragten Betriebe (52 %) die Koordination der „Übergangsprozesse in kommunaler Verantwortung" (Autorengruppe BIBB/Bertelsmann Stiftung 2011: 20).

ren. Hinsichtlich dauerhafter Verbesserungen der Übergangsprozesse scheinen auf lange Sicht angelegte Reformen erfolgversprechender zu sein. So wird sowohl von Experten als auch Jugendlichen eine „Potenzialanalyse und Übergangsbegleitung" (Autorengruppe BIBB/Bertelsmann Stiftung 2011: 28), welche schon während der allgemeinbildenden Schulzeit ansetzt und „gefährdete Jugendliche [...] bis zur sicheren Einmündung in die Ausbildung" (Autorengruppe BIBB/Bertelsmann Stiftung 2011: 28) individuell begleitet, positiv beurteilt. Derartige Programme werden zwar seit dem Jahr 2009 durch die Bundesagentur für Arbeit gefördert (vgl. Autorengruppe BIBB/Bertelsmann Stiftung 2011: 12), eine flächendeckende Umsetzung derselben jedoch von Experten für unwahrscheinlich gehalten (vgl. Autorengruppe BIBB/Bertelsmann Stiftung 2011: 30). Um einem Scheitern der Jugendlichen im Übergangssystem entgegenzuwirken, scheint es darüber hinaus unabdingbar, die soziale Herkunft der jungen Menschen als zentralen Einflussfaktor im Übergangsprozess zu berücksichtigen.

Allein diese verstärkte Sensibilität für Benachteiligungen, die aus dem allgemeinbildenden Schulsystem seit Langem bekannt sind, ist jedoch hinsichtlich des Übergangssystems nicht besonders aussichtsreich. Notwendig scheint zudem eine dauerhafte Reduktion von Hürden im Übergangsprozess, die ausschließlich durch eine konzertierte Aktion von Bildungspolitik und Ausbildungsbetrieben effektiv und nachhaltig gestaltet werden kann. So kann das Scheitern der jungen Menschen auf dem Ausbildungsstellenmarkt auch auf das Einstellungsverhalten der Unternehmen zurückgeführt werden, die zwar Schwierigkeiten bei der Besetzung ihrer Ausbildungsstellen haben (vgl. Ulrich/Flemmng/Granath et al. 2010: 22 ff.), aber dennoch nach wie vor die Ausbildungsfähigkeit der Jugendlichen kritisieren (vgl. Deutscher Industrie- und Handelskammertag 2011). Zweifelsohne gibt es junge Menschen, die nach dem Verlassen der allgemeinbildenden Schule noch zusätzliche Zeit benötigen, um sich die von den Ausbildungsbetrieben erwarteten Kompetenzen anzueignen. Daraus folgt auch, dass es unweigerlich während der allgemeinbildenden Schulzeit Verbesserungspotenzial gibt. Dennoch kommt den Unternehmen eine zentrale Rolle an der ersten Schwelle zu. So hat die Auseinandersetzung mit den bildungspolitischen Diskussionen über die Entstehungsgeschichte des Übergangssystems gezeigt, dass Reformversuche, welche ohne ausreichende Berücksichtigung der Interessen der Ausbildungsbetriebe durchgeführt wurden, schnell auf Widerstand gestoßen sind. Letztlich scheint die Integration dieser Interessen von herausragender Bedeutung dafür, ob die SuS der Bildungsgänge des Übergangssystems zukünftig weiterhin schlechtere Übergangschancen als Hauptschüler haben und damit das Übergangssystem für eine Vielzahl junger Menschen ein Irrweg bleibt, oder ob der Aufenthalt in selbigem doch noch zu einer Erfolgsgeschichte wird.

5 Quellenverzeichnis

5.1 Gesetze, Erlasse und Verordnungen

2BFS-VO BW [Verordnung des Kultusministeriums über die Ausbildung und Prüfung an den zweijährigen zur Prüfung der Fachschulreife führenden Berufsfachschulen] (2009). http://www.landesrecht-bw.de/jportal/portal/t/10yd/page/bsba wueprod.psml?pid=Dokumentanzeige&showdoccase=1&js_peid=Trefferliste& fromdoctodoc=yes&doc.id=jlr-FHSchulRAPrVBW2008rahmen&doc.part= X&doc.price=0.0&doc.hl=0#focuspoint [letztmalig abgerufen am 05.10.2011].
AO-BS SL [Verordnung - Schulordnung - über die Ausbildung an Berufsschulen im Saarland] (2003). http://sl.juris.de/sl/gesamt/BerSchulO_SL.htm#BerSchulO_SL _rahmen [letztmalig abgerufen am 05.10.2011].
APO-AT HH [Ausbildungs- und Prüfungsordnung für berufliche Schulen. Allgemeiner Teil] (2011). http://www.landesrecht.hamburg.de/jportal/portal/page/bsha prod.psml?showdoccase=1&doc.id=jlr-BerSchulATAPOHArahmen&doc.part=X &doc.origin=bs&st=lr [letztmalig abgerufen am 05.10.2011].
APO-BFS BE [Ausbildungs- und Prüfungsordnung für die Berufsfachschulen des Landes Berlin] (2009). http://www.berlin.de/imperia/md/content/sen-bildung/ rechtsvorschriften/apo_bfs.pdf?start&ts=1304602606&file=apo_bfs.pdf [letztmalig abgerufen am 05.10.2011].
APO-BK NW [Ausbildungs- und Prüfungsordnung Berufskolleg NRW] (2011). www.schulministerium.nrw.de/BP/Schulrecht/APOen/APOBK.pdf [letztmalig abgerufen am 05.10.2011].
APO-BVS HH [Ausbildungs- und Prüfungsverordnung der Berufsvorbereitungsschule] (2010). http://www.hibb.hamburg.de/index.php/file/download/443 [letztmalig abgerufen am 05.10.2011].
APO BFS-tq HH [Ausbildungs- und Prüfungsordnung der teilqualifizierenden Berufsfachschule] (2006). http://www.landesrecht.hamburg.de/jportal/portal/page/ bshaprod.psml?showdoccase=1&doc.id=jlr-TqBerFSchulAPOHArahmen&doc. part=X&doc.origin=bs&st=lr [letztmalig abgerufen am 05.10.2011].
AVBGVO HB [Verordnung über ausbildungsvorbereitende Bildungsgänge im Lande Bremen] (2010). http://bremen.beck.de/bremen.aspx?vpath=bibdata%2fges%2 fBrAVBGVO%2fcont%2fBrAVBGVO.inh.htm&mode=all [letztmalig abgerufen am 05.10.2011].
BayEUG [Bayerisches Gesetz über das Erziehungs- und Unterrichtswesen] (2011). http://by.juris.de/by/gesamt/EUG_BY_2000.htm [letztmalig abgerufen am 05.10.2011].
BbgSchulG [Gesetz über die Schulen im Land Brandenburg] (2011). http:// www.bravors.brandenburg.de/sixcms/detail.php?gsid=land_bb_bravors_01.c.471 95.de [letztmalig abgerufen am 05.10.2011].
BBiG [Berufsbildungsgesetz] (2009). http://www.gesetze-im-internet.de/bundesrecht/ bbig_2005/gesamt.pdf [letztmalig abgerufen am 05.10.2011].

BbS-VO NI [Verordnung über berufsbildende Schulen] (2009). http://www.mk.nieder sachsen.de/download/5492 [letztmalig abgerufen am 05.10.2011].
BbS-VO ST [Verordnung über Berufsbildende Schulen] (2011). http://www.mk-intern.bildung-lsa.de/Bildung/ve-bbs2011.pdf [letztmalig abgerufen am 05.10.2011].
Behörde für Schule und Berufsbildung (2008): Richtlinien zur Förderung von Berufsvorbereitungsverträgen im Rahmen des Programms „Qualifizierung und Arbeit für Schulabgänger" (QuAS). http://www.ichblickdurch.de/ycms_site/objects/download/157_080828RiliQuAS.pdf [letztmalig abgerufen am 09.10.2011].
BerSchulO RP [Berufsschulverordnung] (2005). http://landesrecht.rlp.de/jportal/portal/t/1foj/page/bsrlpprod.psml/action/portlets.jw.MainAction?p1=0&event Submit_doNavigate=searchInSubtreeTOC&showdoccase=1&doc.hl=0&doc.id=jlr-BerSchulORP2005rahmen&doc.part=R&toc.poskey=#focuspoint [letztmalig abgerufen am 05.10.2011].
Berufsschul-Anrechnungs-Verordnung [Verordnung über die Anrechnung auf die Ausbildungszeit in Ausbildungsberufen der gewerblichen Wirtschaft und der wirtschafts- und steuerberatenden Berufe - Anrechnung des Besuchs einer zwei- oder mehrjährigen Berufsfachschule mit einem dem Realschulabschluß gleichwertigen Abschluß] (1972). http://beck-online.beck.de/?bcid=Y-100-G-AusbZeitAnrechV [letztmalig abgerufen am 05.10.2011].
BFS-VO RP [Berufsfachschulverordnung I und II] (2004). http://landesrecht.rlp.de/jportal/portal/t/1kuf/page/bsrlpprod.psml?pid=Dokumentanzeige&showdoccase=1&js_peid=Trefferliste&documentnumber=1&numberofresults=1&fromdoctodoc=yes&doc.id=jlr-BerFSchulBiVRP2004rahmen&doc.part=X&doc.price=0.0#focuspoint [letztmalig abgerufen am 05.10.2011].
BFSO SN [Verordnung des Sächsischen Staatsministeriums für Kultus über die Berufsfachschule im Freistaat Sachsen] (2011). http://www.revosax.sachsen.de/Details.do?sid=9452114751058&jlink=a1 [letztmalig abgerufen am 05.10.2011].
BFSVO SH [Landesverordnung über die Berufsfachschule] (2011). http://www.gesetze-rechtsprechung.sh.juris.de/jportal/portal/t/1tqj/page/bsshoprod.psml?pid=Dokumentanzeige&showdoccase=1&js_peid=Trefferliste&documentnumber=1&numberofresults=1&fromdoctodoc=yes&doc.id=jlr-BFSOSH 2007rahmen&doc.part=X&doc.price=0.0#focuspoint [letztmalig abgerufen am 05.10.2011].
BGJZulO HB [Zulassungs- und Ausbildungsordnung für das Berufsgrundbildungsjahr im Lande Bremen] (2010). http://bremen.beck.de/?vpath=bibdata\ges\BrBGJZulO\cont\BrBGJZulO.htm&mode=all [letztmalig abgerufen am 05.10.2011].
BremSchulG [Bremisches Schulgesetz] (2009). http://712.joomla.schule.bremen.de/gesetze/html/210_01.htm#210_01 [letztmalig abgerufen am 05.10.2011].
BSO BY [Schulordnung für die Berufsschulen in Bayern] (2008). http://by.juris.de/by/gesamt/BerSchulO_BY_2008.htm [letztmalig abgerufen am 05.10.2011].
BSO SN [Verordnung des Sächsischen Staatsministeriums für Kultus über die Berufsschule im Freistaat Sachsen] (2011). http://www.revosax.sachsen.de/Details.do?sid=1602514646955 [letztmalig abgerufen am 05.10.2011].
BSV BB [Berufsschulverordnung] (2008). http://www.bravors.brandenburg.de/sixcms/detail.php?gsid=land_bb_bravors_01.c.47150.de [letztmalig abgerufen am 05.10.2011].
BSV BE [Berufsschulverordnung für das Land Berlin] (2007). http://www.berlin.de/imperia/md/content/sen-bildung/rechtsvorschriften/berufsschulverordnung.pdf

start&ts=1304602607&file=berufsschulverordnung.pdf [letztmalig abgerufen am 05.10.2011].
BSVO MV [Verordnung über die Berufsschule in Mecklenburg-Vorpommern] (2010). http://mv.juris.de/mv/gesamt/BerSchulV_MV_2005.htm [letztmalig abgerufen am 05.10.2011].
BSVO SH [Landesverordnung über die Berufsschule] (2007). http://www.gesetze-rechtsprechung.sh.juris.de/jportal/?quelle=jlink&query=BSO+SH&psml=bssho prod.psml&max=true&aiz=true [letztmalig abgerufen am 05.10.2011].
BvBP-AO [Anordnung des Verwaltungsrates der Bundesagentur für Arbeit zur Festlegung der erfolgsbezogenen Pauschale bei Vermittlung von Teilnehmern berufsvorbereitender Bildungsmaßnahmen in betriebliche Berufsausbildung (Berufsvorbereitungs-Vermittlungspauschale-Anordnung)] (2009). www.arbeits agentur.de/zentraler-Content/HEGA-Internet/A05-Berufl-Qualifizierung/Publikat ion/HEGA-12-2010-Anpassung-GA-Anlage-3.pdf [letztmalig abgerufen am 05.10.2011].
BVJVO BW [Verordnung des Kultusministeriums über die Ausbildung und Prüfung im Berufsvorbereitungsjahr] (2004). http://www.landesrecht-bw.de/jportal/portal/ t/oim/page/bsbawueprod.psml;jsessionid=6A7D51A418A32F61D78AC146C0A 0F64D.jpa4?pid=Dokumentanzeige&showdoccase=1&js_peid=Trefferliste&doc umentnumber=1&numberofresults=1&fromdoctodoc=yes&doc.id=jlr-BerVorbJ APVBWrahmen&doc.part=X&doc.price=0.0#focuspoint [letztmalig abgerufen am 05.10.2011].
EB-BbS NI [Ergänzende Bestimmungen für das berufsbildende Schulwesen] (2009). http://www.bbs.niedersachsen.de/ps/tools/download.php?file=/live/institution/dm s/mand_8/psfile/docfile/17/EB_BbS_2004b8b9904c1a48.pdf&name=Ergaenzend e_Bestimmungen_fuer_das_berufsbildende_Schulwesen_EB-BbS_2009&dispos ition=attachment [letztmalig abgerufen am 05.10.2011].
EB-BbS ST [Ergänzende Bestimmungen zur Verordnung über Berufsbildende Schulen] (2009). http://www.mk-intern.bildung-lsa.de/Bildung/er-ergbesvobbs_2004. pdf [letztmalig abgerufen am 05.10.2011].
Freie Hansestadt Hamburg (2009): Vorbemerkungen zum Verzeichnis der Ausbildungsstätten nach dem Bundesausbildungsförderungsgesetz (BAföG). ausbildungsverzeichnis.hamburg.de/pdf/Ausbildungsst%C3%A4ttenverzeichnis%20 Vorbemerkungen%20April%202011.pdf [letztmalig abgerufen am 09.10.2011].
FSO BY [Schulordnung für zweijährige Fachschulen] (2011). http://www.gesetze-bayern.de/jportal/portal/page/bsbayprod.psml;jsessionid=B576DD2FEF52CA73 E593C3A1AA5611C8.jp44?showdoccase=1&doc.id=jlr-FSchulOBYrahmen& doc.part=X&doc.origin=bs [letztmalig abgerufen am 05.10.2011].
GrBiBFSV BB [Verordnung über den Bildungsgang der Berufsfachschule zum Erwerb beruflicher Grundbildung und von gleichgestellten Abschlüssen der Sekundarstufe I] (1998). http://www.bravors.brandenburg.de/sixcms/detail.php?gsid= land_bb_bravors_01.c.14966.de [letztmalig abgerufen am 05.10.2011].
GSBFSVO MV [Verordnung zur Ausbildung und Prüfung an Berufsfachschulen des Gesundheitswesens und der Sozialpflege] (2006). http://mv.juris.de/mv/gesamt/ GSozPflBerFSchulV_MV.htm#GSozPflBerFSchulV_MV_rahmen [letztmalig abgerufen am 05.10.2011].

HauswFSVO II HB [Hauswirtschaft-Fachschul-Verordnung II] (2010). http://bremen .beck.de/?vpath=bibdata\ges\BrHauswFSO_II\cont\BrHauswFSO_II.inh.htm&m ode=all [letztmalig abgerufen am 05.10.2011].

HmbSG [Hamburgisches Schulgesetz] (2010). http://www.hamburg.de/contentblob/ 1995414/data/schulgesetzdownload.pdf [letztmalig abgerufen am 05.10.2011].

HSchG [Hessisches Schulgesetz] (2009). http://www.hessen.de/irj/servlet/prt/portal/ prtroot/slimp.CMReader/HKM_15/HKM_Internet/med/4ea/4ea0fcda-1d4a-321a-eb6d-f191921321b2,22222222-2222-2222-2222-222222222222,true [letztmalig abgerufen am 05.10.2011].

HwO [Gesetz zur Ordnung des Handwerks (Handwerksordnung)] (2011). www.gesetze-im-internet.de/bundesrecht/hwo/gesamt.pdf [letztmalig abgerufen am 05.10.2011].

KaufmBFSV HB [Kaufmännische-Berufsfachschulen-Verordnung] (2010). http:// bremen.beck.de/?vpath=bibdata\ges\BrKaufmBFSV\cont\BrKaufmBFSV.htm& mode=all [letztmalig abgerufen am 05.10.2011].

Ministerium für Kultus Jugend und Sport Baden-Württemberg (2005): Ausbildungs- und Prüfungsordnung des Kultusministeriums für die Ausbildung und Prüfung an den einjährigen gewerblichen Berufsfachschulen in Ausbildungsberufen nach der Lernfeldkonzeption. www.ls-bw.de/beruf/pruefungen/bs/svbestBFS2005.pdf [letztmalig abgerufen am 09.10.2011].

NSchG [Niedersächsisches Schulgesetz] (2011). http://www.mk.niedersachsen.de/ download/5738 [letztmalig abgerufen am 05.10.2011].

PO-BFS SL [Verordnung - Prüfungsordnung - über die staatliche Abschlussprüfung an Handelsschulen, Gewerbeschulen und Sozialpflegeschulen - Berufsfachschu- len] (2008). http://sl.juris.de/cgi-bin/landesrecht.py?d=http://sl.juris.de/sl/gesamt/ Gew_SozPflSchulPrO_SL_2007.htm#Gew_SozPflSchulPrO_SL_2007 [letzt- malig abgerufen am 05.10.2011].

SchG BW [Schulgesetz für das Land Baden-Württemberg] (2010). http://www.landes recht-bw.de/jportal/?quelle=jlink&query=SchulG+BW&psml=bsbawueprod.psm l&max=true&aiz=true [letztmalig abgerufen am 05.10.2011].

SchG MV [Schulgesetz für das Land Mecklenburg-Vorpommern] (2010). mv.juris.de/mv/gesamt/SchulG_MV_2006.htm#SchulG_MV_2006_rahmen [letztmalig abgerufen am 05.10.2011].

SchG NW [Schulgesetz für das Land Nordrhein-Westfalen] (2011). www.schulminis terium.nrw.de/BP/Schulrecht/Gesetze/SchulG_Info/Schulgesetz.pdf [letztmalig abgerufen am 05.10.2011].

SchoG SL [Gesetz Nr. 812 zur Ordnung des Schulwesens im Saarland] (2009). http://sl.juris.de/cgi-bin/landesrecht.py?d=http://sl.juris.de/sl/gesamt/SchulOG_ SL.htm#SchulOG_SL_rahmen [letztmalig abgerufen am 05.10.2011].

SchulG BE [Schulgesetz für das Land Berlin] (2010). www.berlin.de/imperia/md/ content/sen-bildung/rechtsvorschriften/schulgesetz.pdf?start&ts=1304602607& file=schulgesetz.pdf [letztmalig abgerufen am 05.10.2011].

SchulG LSA [Schulgesetz des Landes Sachsen-Anhalt] (2011). http://www.mk-intern.bildung-lsa.de/Bildung/ge-schulgesetz_2009.pdf [letztmalig abgerufen am 05.10.2011].

SchulG RP [Schulgesetz] (2010). http://landesrecht.rlp.de/jportal/portal/t/1kjv/page/ bsrlpprod.psml?doc.hl=1&doc.id=jlr-SchulGRP2004rahmen%3Ajuris-lr00&doc

umentnumber=1&numberofresults=146&showdoccase=1&doc.part=X&param fromHL=true#focuspoint [letztmalig abgerufen am 05.10.2011].

SchulG SH [Schleswig-Holsteinisches Schulgesetz] (2011). http://www.gesetzerechtsprechung.sh.juris.de/jportal/?quelle=jlink&query=SchulG+SH&psml=bs shoprod.psml&max=true&aiz=true [letztmalig abgerufen am 05.10.2011].

SchulG SN [Schulgesetz für den Freistaat Sachsen] (2010). http://www.revosax.sachsen.de/Details.do?sid=2382513891542 [letztmalig abgerufen am 05.10.2011].

SGB II [Sozialgesetzbuch (SGB) Zweites Buch (II) - Grundsicherung für Arbeitsuchende -] (2011). www.gesetze-im-internet.de/bundesrecht/sgb_2/gesamt.pdf [letztmalig abgerufen am 05.10.2011].

SGB III [Sozialgesetzbuch (SGB) Drittes Buch (III) - Arbeitsförderung -] (2011). www.gesetze-im-internet.de/sgb_3/BJNR059500997.html [letztmalig abgerufen am 09.10.2011].

Schulministerium NRW (2001): Sekundarstufe II - Berufskolleg. Vorklasse zum Berufsgrundschuljahr (VK-BGJ), Klassen für Schülerinnen und Schüler ohne Berufsausbildungsverhältnis (KSoB), Lehrgänge für Schülerinnen und Schüler aus Migrantenfamilien (Internationale Förderklassen - IFK); Richtlinien und Lehrpläne zur Erprobung. http://www.berufsbildung.schulministerium.nrw.de/cms/upload/_lehrplaene/a/bg/vkbgj.pdf [letztmalig abgerufen am 09.10.2011].

ThürBSO [Thüringer Schulordnung für die Berufsschule] (2008). http://www.thueringen.de/de/tmbwk/bildung/schulwesen/schulordnungen/bso/ [letztmalig abgerufen am 05.10.2011].

ThürSchulG [Thüringer Schulgesetz] (2010). http://th.juris.de/th/gesamt/SchulG_TH_2003.htm#SchulG_TH_2003_rahmen [letztmalig abgerufen am 05.10.2011].

ThürSOBFS 2 [Thüringer Schulordnung für die Berufsfachschule – ein- und zweijährige Bildungsgänge] (2009). http://www.thueringen.de/de/tmbwk/bildung/schulwesen/schulordnungen/sfbf/ [letztmalig abgerufen am 05.10.2011].

TkBFSchVO HB [Technik-Berufsfachschulverordnung] (2000). http://bremen.beck.de/?vpath=bibdata\ges\BrTkBFSchVO\cont\BrTkBFSchVO.inh.htm&mode=all [letztmalig abgerufen am 05.10.2011].

VAABB HE [Verordnung über die Ausbildung und Abschlussprüfungen in den Bildungsgängen zur Berufsvorbereitung] (2006). http://berufliche.bildung.hessen.de/fundstellen/vo_bildungsgange_zur_berufsvorbereitung060915.pdf [letztmalig abgerufen am 05.10.2011].

VAP2BFS HE [Verordnung über die Ausbildung und die Prüfung an zweijährigen Berufsfachschulen] (2006). http://berufliche.bildung.hessen.de/fundstellen/vo_2jbfs_2006.pdf [letztmalig abgerufen am 05.10.2011].

VBGJvs HE [Verordnung über das Berufsgrundbildungsjahr in vollzeitschulischer Form] (2006). http://berufliche.bildung.hessen.de/fundstellen/vo_bgj_060515.pdf [letztmalig abgerufen am 05.10.2011].

VO einjährige OBF BE [Verordnung über die einjährige Berufsfachschule im Land Berlin] (2009). http://www.berlin.de/imperia/md/content/sen-bildung/rechtsvorschriften/vo_einjaehrige_obf.pdf?start&ts=1249374133&file=vo_einjaehrige_obf.pdf [letztmalig abgerufen am 05.10.2011].

5.2 Literatur

Arrow, Kenneth J. (1972): Models of job discrimination. In: Pascal, Anthony H. (Hg.): Racial discrimination in economic life. S. 83–102. Lexington, MA. Heath Lexington Books.

Arrow, Kenneth J. (1973): Higher Education as a Filter. In: Journal of Public Economics. Heft: 3, 2. Jahrgang. S. 193–216.

Autorengruppe BIBB/Bertelsmann Stiftung (2011): Reform des Übergangs von der Schule in die Berufsausbildung. Aktuelle Vorschläge im Urteil von Berufsbildungsexperten und Jugendlichen. Bonn. Bundesinstitut für Berufsbildung.

Autorengruppe Bildungsberichterstattung (2008): Bildung in Deutschland 2008. Ein indikatorengestützter Bericht mit einer Analyse zu Übergängen im Anschluss an den Sekundarbereich I. Bielefeld. W. Bertelsmann.

Autorengruppe Bildungsberichterstattung (2010): Bildung in Deutschland 2010. Ein indikatorengestützter Bericht mit einer Analyse zu Perspektiven des Bildungswesens im demografischen Wandel. Bielefeld. W. Bertelsmann.

Baethge, Martin (1975): Ausbildung und Herrschaft. Unternehmensinteressen in der Bildungspolitik.6 Frankfurt am Main. Europäische Verlagsanstalt.

Baethge, Martin (2006): Das deutsche Bildungs-Schisma: Welche Probleme ein vorindustrielles Bildungssystem in einer nachindustriellen Gesellschaft hat. In: SOFI-Mitteilungen. Heft: 34, S. 13–27.

Baethge, Martin, Heike Solga, Markus Wieck (2007): Berufsbildung im Umbruch. Signale eines überfälligen Aufbruchs. Berlin. Friedrich-Ebert-Stiftung.

Baumert, Jürgen, Kai Maaz, Ulrich Trautwein (2010): Bildungsentscheidungen. Zeitschrift für Erziehungswissenschaft. Sonderheft 12|2009. Wiesbaden. VS.

Becker, Rolf (2009): Bildungssoziologie – Was sie ist, was sie will, was sie kann. In: Becker, Rolf (Hg.): Lehrbuch der Bildungssoziologie. S. 9–34. Wiesbaden. VS.

Becker, Rolf, Wolfgang Lauterbach (2008): Bildung als Privileg. Erklärungen und Befunde zu den Ursachen der Bildungsungleichheit. Wiesbaden. VS.

Beicht, Ursula (2009): Verbesserung der Ausbildungschancen oder sinnlose Warteschleife? Zur Bedeutung und Wirksamkeit von Bildungsgängen am Übergang Schule - Berufsausbildung. In: BIBB Report. Heft: 11, 3. Jahrgang.

Beicht, Ursula, Mona Granato (2009): Übergänge in eine berufliche Ausbildung. Geringere Chancen und schwierige Wege für junge Menschen mit Migrationshintergrund. Bonn. Friedrich-Ebert-Stiftung.

Beicht, Ursula, Mona Granato (2010): Ausbildungsplatzsuche: Geringere Chancen für junge Frauen und Männer mit Migrationshintergrund. In: BIBB Report. Heft: 15, 4. Jahrgang.

Bergzog, Thomas (2008): Beruf fängt in der Schule an. Die Bedeutung von Schüler Betriebspraktika im Rahmen des Berufsorientierungsprozesses. Bielefeld. Bertelsmann.

Biermann-Berlin, Brigitte, Horst Biermann, Horst Schild, Klaus-Dieter Werneke (1978): „Behinderte" in Schule und Berufsausbildung. Hannover. Niedersachsen-Druck.

Biermann, Horst, Josef Rützel (1999): Didaktik der beruflichen Bildung Benachteiligter. In: Biermann, Horst, Bernhard Bonz, Josef Rützel (Hg.): Beiträge zur Didaktik der Berufsausbildung Benachteiligter. S. 11–37. Stuttgart. Holland & Josenhans.

Bildungsplan BVS (2002): Bildungsplan Berufsvorbereitungsschule (BVS). Kurs Berufsvorbereitungsjahr (BVJ). http://www.hibb.hamburg.de/index.php/file/download/332 [letztmalig abgerufen am 09.10.2011].

Bittlingmayer, Uwe H., Ullrich Bauer (2006): Die „Wissensgesellschaft": Mythos, Ideologie oder Realität? Wiesbaden. VS.

Blossfeld, Hans-Peter, Karl-Ulrich Mayer (1988): Arbeitsmarktsegmentation in der Bundesrepublik Deutschland. In: Kölner Zeitschrift für Soziologie und Sozialpsychologie. Heft: 2, 40. Jahrgang. S. 262–283.

Blum, Sonja, Klaus Schubert (2009): Politikfeldanalyse. Wiesbaden. VS.

Bohlinger, Sandra (2004): Der Benachteiligtenbegriff in der beruflichen Bildung. In: Zeitschrift für Berufs- und Wirtschaftspädagogik. Heft: 2, S. 230–241.

Bojanowski, Arnulf, Peter Eckhardt, Günter Ratschinski (2004): Forschung in der Benachteiligtenförderung. Sondierungen in einer unübersichtlichen Landschaft. In: Berufs- und Wirtschaftspädagogik - online. Heft: 6.

Boos-Nünning, Ursula, Mona Granato (2008): Integration junger Menschen mit Migrationshintergrund: Ausbildungschancen und Ausbildungsorientierung. Forschungsergebnisse und offene Fragen. In: Bade, Klaus J., Michael Bommes, Jochen Oltmer (Hg.): Nachholende Integrationspolitik - Problemfelder und Forschungsfragen. (IMIS-Beiträge Heft 34/2008). S. 57–89. Osnabrück. Institut für Migrationsforschung und Interkulturelle Studien (IMIS).

Bosch, Gerhard (2009): Herausfoderungen für das deutsche Berufsbildungssystem. In: Zimmer, Gerhard, Peter Dehnbostel (Hg.): Berufsausbildung in der Entwicklung - Positionen und Leitlinien. Duales System - Schulische Ausbildung - Übergangssystem - Modularisierung - Europäisierung. S. 47–67. Bielefeld. W. Bertelsmann.

Boudon, Raymond (1974): Education, Opportunity, and Social Inequality. Changing Prospects in Western Society. New York, London, Sydney, Toronto. John Wiley.

Bourdieu, Pierre (1976): Entwurf einer Theorie der Praxis auf der ethnologischen Grundlage der kabylischen Gesellschaft. Frankfurt am Main. Suhrkamp.

Bourdieu, Pierre (1982): Die feinen Unterschiede. Kritik der gesellschaftlichen Urteilskraft. Frankfurt am Main. Suhrkamp.

Bourdieu, Pierre (1987): Sozialer Sinn. Kritik der theoretischen Vernunft. Frankfurt am Main. Suhrkamp.

Bourdieu, Pierre, Loïc J.D. Wacquant (1996): Die Ziele der reflexiven Soziologie. Chicago-Seminar, Winter 1987. In: Bourdieu, Pierre, Loïc J.D. Wacquant (Hg.): Reflexive Anthropologie. S. 95–249. Frankfurt am Main. Suhrkamp.

Brändle, Tobias, Sylvia Müller (2010): Die feinen Unterschiede. Eine qualitative Untersuchung zur Wahrnehmung der Berufsperspektiven von Schülerinnen und Schülern am Berufskolleg. In: Soeffner, Hans-Georg (Hg.): Herausforderungen gesellschaftlicher Transformationen. Verhandlungen des 34. Kongresses der Deutschen Gesellschaft für Soziologie in Jena 2008. S. beiliegende CD. Wiesbaden. VS.

Braun, Frank, Nora Gaupp, Irene Hofmann-Lun (2006): Und sie bewegen sich doch, aber wohin? Strategien von Hauptschulen zur Prävention von Ausbildungslosigkeit. In: Otto, Hans-Uwe, Jürgen Oelkers (Hg.): Zeitgemäße Bildung. Herausforderung für Erziehungswissenschaft und Bildungspolitik. S. 316–331. München. Reinhardt.

Braun, Frank, Birgit Reißig (2011): Regionales Übergangsmanagement Schule - Berufsausbildung: Handlungsfelder und Erfolgsfaktoren. München. Deutsches Jugendinstitut.

Buchholz, Christine, Peter Straßer (2007): Aktuelle Tendenzen in der schulischen Berufsvorbereitung. Eine Expertise des Instituts für Berufspädagogik und Erwachsenenbildung - Fachgebiet für Sozialpädagogik - an der Leibniz Universität Hannover für das Good Practice Center zur Förderung von Benachteiligten in der beruflichen Bildung (GPC). Bonn. Bundesinstitut für Berufsbildung.

BLK Bund-Länder-Kommission für Bildungsplanung (1973a): Bildungsgesamtplan. Band I. Stuttgart. Ernst Klett.

BLK Bund-Länder-Kommission für Bildungsplanung (1973b): Bildungsgesamtplan. Band II. Stuttgart. Ernst Klett.

BLK Bund-Länder-Kommission für Bildungsplanung (1975): Stufenplan zu Schwerpunkten der beruflichen Bildung. Stuttgart. Ernst Klett.

BLK Bund-Länder-Kommission für Bildungsplanung und Forschungsförderung (1970): Verwaltungsabkommen zwischen Bund und Ländern über die Errichtung einer gemeinsamen Kommission für Bildungsplanung (BLK-Abkommen). In: Bund-Länder-Kommission für Bildungsplanung und Forschungsförderung (Hg.) (1976): Informationen über die Bund-Länder-Kommission für Bildungsplanung und Forschungsförderung. S. 21–29. Bonn. Bund-Länder-Kommission für Bildungsplanung und Forschungsförderung.

BLK Bund-Länder-Kommission für Bildungsplanung und Forschungsförderung (1976): Mitglieder der Bund-Länder-Kommission für Bildungsplanung und Forschungsförderung. In: Bund-Länder-Kommission für Bildungsplanung und Forschungsförderung (Hg.): Informationen über die Bund-Länder-Kommission für Bildungsplanung und Forschungsförderung. S. 61–73. Bonn. Bund-Länder-Kommission für Bildungsplanung und Forschungsförderung.

BLK Bund-Länder-Kommission für Bildungsplanung und Forschungsförderung (1979): Berufsgrundbildungsjahr. Bericht über eine Auswertung von Modellversuchen. Stuttgart. Ernst Klett.

BLK Bund-Länder-Kommission für Bildungsplanung und Forschungsförderung (1981): Modellversuche zur Weiterentwicklung beruflicher Schulen. Bonn. Köllen.

BLK Bund-Länder-Kommission für Bildungsplanung und Forschungsförderung (1982): Abschlüsse im Sekundarbereich II. Dokumentation. Bonn. Bund-Länder-Kommission für Bildungsplanung und Forschungsförderung.

BLK Bund-Länder-Kommission für Bildungsplanung und Forschungsförderung (1983): Modellversuche zur Entwicklung und Erprobung von Profilen und Abschlüssen im Sekundarbereich I und II. Bericht über eine Auswertung. Bonn. Bund-Länder-Kommission für Bildungsplanung und Forschungsförderung.

BLK Bund-Länder-Kommission für Bildungsplanung und Forschungsförderung (1987): Künftige Perspektiven von Absolventen der beruflichen Bildung im Beschäftigungssystem. Bonn. Bund-Länder-Kommission für Bildungsplanung und Forschungsförderung.

BLK Bund-Länder-Kommission für Bildungsplanung und Forschungsförderung (1989): Gesamtbetrachtung zu den Beschäftigungsperspektiven von Absolventen des Bildungssystems. Bonn. Bund-Länder-Kommission für Bildungsplanung und Forschungsförderung.

BLK Bund-Länder-Kommission für Bildungsplanung und Forschungsförderung (1990): Modellversuche zur Doppelqualifikation/Integration. Bericht über eine Auswertung von Erich Dauenhauer und Adolf Kell. Bonn. Bund-Länder-Kommission für Bildungsplanung und Forschungsförderung.

BLK Bund-Länder-Kommission für Bildungsplanung und Forschungsförderung (1993a): Ausgewählte Aufgabenschwerpunkte bei der Entwicklung eines pluralen beruflichen Weiterbildungsangebots in den neuen Ländern. Bonn. Bund-Länder-Kommission für Bildungsplanung und Forschungsförderung.

BLK Bund-Länder-Kommission für Bildungsplanung und Forschungsförderung (1993b): Differenzierung in der Berufsausbildung. Bonn. Bund-Länder-Kommission für Bildungsplanung und Forschungsförderung.

BLK Bund-Länder-Kommission für Bildungsplanung und Forschungsförderung (1993c): Entwicklung der Berufsausbildung in den neuen Ländern. Bonn. Bund-Länder-Kommission für Bildungsplanung und Forschungsförderung.

BLK Bund-Länder-Kommission für Bildungsplanung und Forschungsförderung (1995a): Beschäftigungsperspektiven der Absolventen des Bildungswesens. Analysen und Projektionen bis 2010 und Folgerungen für die Bildungspolitik.[2] Bonn. Bund-Länder-Kommission für Bildungsplanung und Forschungsförderung.

BLK Bund-Länder-Kommission für Bildungsplanung und Forschungsförderung (1995b): Modellversuche in der Bewährung. 2. Bericht zur Umsetzung von Modellversuchen im Bildungswesen. Bonn. Bund-Länder-Kommission für Bildungsplanung und Forschungsförderung.

BLK Bund-Länder-Kommission für Bildungsplanung und Forschungsförderung (1996): Innovative Maßnahmen zur Verbesserung der Situation von lern- und leistungsschwächeren Jugendlichen in der beruflichen Bildung. Bonn. Bund-Länder-Kommission für Bildungsplanung und Forschungsförderung.

BLK Bund-Länder-Kommission für Bildungsplanung und Forschungsförderung (1997): Aus- und Weiterbildung zur unternehmerischen Selbstständigkeit für Absolventen des beruflichen Bildungswesens. Bonn. Bund-Länder-Kommission für Bildungsplanung und Forschungsförderung.

BLK Bund-Länder-Kommission für Bildungsplanung und Forschungsförderung (1998): Vorbereitung von Absolventen des Schulwesens auf eine selbständige Tätigkeit. Bonn. Bund-Länder-Kommission für Bildungsplanung und Forschungsförderung.

BLK Bund-Länder-Kommission für Bildungsplanung und Forschungsförderung (1999a): Förderung von Benachteiligten. Förderung der BLK zur „Kooperation der and er Förderung von benachteiligten mitwirkenden Einrichtungen". Bonn. Bund-Länder-Kommission für Bildungsplanung und Forschungsförderung.

BLK Bund-Länder-Kommission für Bildungsplanung und Forschungsförderung (1999b): Gespräche über das Bildungs- und Beschäftigungssystem in Deutschland. Bonn. Bund-Länder-Kommission für Bildungsplanung und Forschungsförderung.

BLK Bund-Länder-Kommission für Bildungsplanung und Forschungsförderung (1999c): Kooperation der Lernorte im dualen System der Berufsbildung. Bonn. Bund-Länder-Kommission für Bildungsplanung und Forschungsförderung.

BLK Bund-Länder-Kommission für Bildungsplanung und Forschungsförderung (1999d): Kooperation der Lernorte in der Berufsbildung. Bonn. Bund-Länder-Kommission für Bildungsplanung und Forschungsförderung.

BLK Bund-Länder-Kommission für Bildungsplanung und Forschungsförderung (1999e): Qualitätsverbesserung in Schulen und Schulsystemen. Bonn. Bund-Länder-Kommission für Bildungsplanung und Forschungsförderung.

BLK Bund-Länder-Kommission für Bildungsplanung und Forschungsförderung (2000a): Erstausbildung und Weiterbildung. Bezüge zwischen beruflicher Erstausbildung und Weiterbildung. Bonn. Bund-Länder-Kommission für Bildungsplanung und Forschungsförderung.

BLK Bund-Länder-Kommission für Bildungsplanung und Forschungsförderung (2000b): Kooperation zur Förderung benachteiligter Jugendlicher. Bonn. Bund-Länder-Kommission für Bildungsplanung und Forschungsförderung.

BLK Bund-Länder-Kommission für Bildungsplanung und Forschungsförderung (2001a): Integration benachteiligter Jugendlicher. Integrierte Jugend- und Berufsbildungspolitik, insbesondere zur Förderung der sozialen Integration benachteiligter Jugendlicher. Bonn. Bund-Länder-Kommission für Bildungsplanung und Forschungsförderung.

BLK Bund-Länder-Kommission für Bildungsplanung und Forschungsförderung (2001b): Zukunft von Bildung und Arbeit. Perspektiven von Arbeitskräftebedarf und -angebot bis 2015. Bonn. Bund-Länder-Kommission für Bildungsplanung und Forschungsförderung.

BLK Bund-Länder-Kommission für Bildungsplanung und Forschungsförderung (2003): Förderung von Kindern und Jugendlichen mit Migrationshintergrund. Bonn. Bund-Länder-Kommission für Bildungsplanung und Forschungsförderung.

BLK Bund-Länder-Kommission für Bildungsplanung und Forschungsförderung (2004a): Selbstgesteuertes und kooperatives Lernen in der beruflichen Erstausbildung (SKOLA). Bonn. Bund-Länder-Kommission für Bildungsplanung und Forschungsförderung.

BLK Bund-Länder-Kommission für Bildungsplanung und Forschungsförderung (2004b): Vorschläge zur Verbesserung der Bildungsberatung für Personen mit Migrationshintergrund. Bonn. Bund-Länder-Kommission für Bildungsplanung und Forschungsförderung.

BLK Bund-Länder-Kommission für Bildungsplanung und Forschungsförderung (2006): Kooperation in der Benachteiligenförderung. Studie zur Umsetzung der BLK-Handlungsempfehlungen „Optimierung der Kooperation zur Förderung der sozialen und beruflichen Integration benachteiliger Jugendlicher". Bonn. Bund-Länder-Kommission für Bildungsplanung und Forschungsförderung.

BLK Bund-Länder-Kommission für Bildungsplanung und Forschungsförderung (2007): Materialien zur Bildungsplanung und Forschungsförderung. http://www.blk-bonn.de/materialien.htm [letztmalig abgerufen am 09.10.2011].

Bundesagentur für Arbeit (2009): Fachkonzept für berufsvorbereitende Bildungsmaßnahmen nach §§ 61, 61a SGB III. http://www.arbeitsagentur.de/zentraler-Content/HEGA-Internet/A05-Berufl-Qualifizierung/Publikation/HEGA-11-2009-VA-Erg-BvB-Fachkonzept-Anlage-2.pdf [letztmalig abgerufen am 09.10.2011].

Bundesagentur für Arbeit (2010a): Berufsvorbereitende Bildungsmaßnahme fristlos gekündigt. Presse Info 134/2010 vom 01.10.2010. http://www.arbeitsagentur.de/

nn_8462/nn_171284/Dienststellen/RD-NRW/Wuppertal/AA/Presse/Presseinformationen/2010/134-BvB.html [letztmalig abgerufen am 09.10.2011].

Bundesagentur für Arbeit (2010b): Zeitreihen - Berufsausbildungsstellen. Der Ausbildungsstellenmarkt in den Berichtsjahren 1997/98 bis 2008/09. http://statistik.arbeitsagentur.de/cae/servlet/contentblob/216258/publicationFile/98266/zr-bb-st-d-0-zip.zip [letztmalig abgerufen am 09.10.2011].

Bundesagentur für Arbeit (2011a): Arbeitsmarkt in Zahlen. September 2011. Nürnberg.

Bundesagentur für Arbeit (2011b): Berufsvorbereitende Bildungsmaßnahmen (BvB) gem. § 61, 61a, 64 Abs. 2 sowie § 69 SGB III. Geschäftsanweisungen. http://www.arbeitsagentur.de/zentraler-Content/HEGA-Internet/A05-Berufl-Qualifizierung/Publikation/HEGA-12-2010-Anpassung-GA-Anlage-2.pdf [letztmalig abgerufen am 09.10.2011].

Bundesagentur für Arbeit (2011c): Die finanziellen Hilfen der Agentur für Arbeit. Berufsausbildungsbeifhilfe. http://www.arbeitsagentur.de/zentraler-Content/Veroeffentlichungen/Ausbildung/Berufsausbildungsbeihilfe-Jugend.pdf [letztmalig abgerufen am 09.10.2011].

Bundesanstalt für Arbeit (1970): Amtliche Nachrichten der Bundesanstalt für Arbeit. Arbeitsstatistik 1969 – Jahreszahlen. Nürnberg.

Bundesanstalt für Arbeit (1971): Amtliche Nachrichten der Bundesanstalt für Arbeit. Arbeitsstatistik 1970 – Jahreszahlen. Nürnberg.

Bundesanstalt für Arbeit (1972): Amtliche Nachrichten der Bundesanstalt für Arbeit. Arbeitsstatistik 1971 – Jahreszahlen. Nürnberg.

Bundesanstalt für Arbeit (1973): Amtliche Nachrichten der Bundesanstalt für Arbeit. Arbeitsstatistik 1972 – Jahreszahlen. Nürnberg.

Bundesanstalt für Arbeit (1974): Amtliche Nachrichten der Bundesanstalt für Arbeit. Arbeitsstatistik 1973 – Jahreszahlen. Nürnberg.

Bundesanstalt für Arbeit (1975): Amtliche Nachrichten der Bundesanstalt für Arbeit. Arbeitsstatistik 1974 – Jahreszahlen. Nürnberg.

Bundesanstalt für Arbeit (1976): Amtliche Nachrichten der Bundesanstalt für Arbeit. Arbeitsstatistik 1975 – Jahreszahlen. Nürnberg.

Bundesanstalt für Arbeit (1977): Amtliche Nachrichten der Bundesanstalt für Arbeit. Arbeitsstatistik 1976 – Jahreszahlen. Nürnberg.

Bundesanstalt für Arbeit (1978): Amtliche Nachrichten der Bundesanstalt für Arbeit. Arbeitsstatistik 1977 – Jahreszahlen. Nürnberg.

Bundesanstalt für Arbeit (1979): Amtliche Nachrichten der Bundesanstalt für Arbeit. Arbeitsstatistik 1978 – Jahreszahlen. Nürnberg.

Bundesanstalt für Arbeit (1980): Amtliche Nachrichten der Bundesanstalt für Arbeit. Arbeitsstatistik 1979 – Jahreszahlen. Nürnberg.

Bundesanstalt für Arbeit (1981): Amtliche Nachrichten der Bundesanstalt für Arbeit. Arbeitsstatistik 1980 – Jahreszahlen. Nürnberg.

Bundesanstalt für Arbeit (1982): Amtliche Nachrichten der Bundesanstalt für Arbeit. Arbeitsstatistik 1981 – Jahreszahlen. Nürnberg.

Bundesanstalt für Arbeit (1983): Amtliche Nachrichten der Bundesanstalt für Arbeit. Arbeitsstatistik 1982 – Jahreszahlen. Nürnberg.

Bundesanstalt für Arbeit (1984): Amtliche Nachrichten der Bundesanstalt für Arbeit. Arbeitsstatistik 1983 – Jahreszahlen. Nürnberg.

Bundesanstalt für Arbeit (1986): Amtliche Nachrichten der Bundesanstalt für Arbeit. Arbeitsstatistik 1985 – Jahreszahlen. Nürnberg.
Bundesanstalt für Arbeit (1987): Amtliche Nachrichten der Bundesanstalt für Arbeit. Arbeitsstatistik 1986 – Jahreszahlen. Nürnberg.
Bundesanstalt für Arbeit (1988): Amtliche Nachrichten der Bundesanstalt für Arbeit. Arbeitsstatistik 1987 – Jahreszahlen. Nürnberg.
Bundesanstalt für Arbeit (1989): Amtliche Nachrichten der Bundesanstalt für Arbeit. Arbeitsstatistik 1988 – Jahreszahlen. Nürnberg.
Bundesanstalt für Arbeit (1990): Amtliche Nachrichten der Bundesanstalt für Arbeit. Arbeitsstatistik 1989 – Jahreszahlen. Nürnberg.
Bundesanstalt für Arbeit (1991): Amtliche Nachrichten der Bundesanstalt für Arbeit. Arbeitsstatistik 1990 – Jahreszahlen. Nürnberg.
Bundesanstalt für Arbeit (1992): Amtliche Nachrichten der Bundesanstalt für Arbeit. Arbeitsstatistik 1991 – Jahreszahlen. Nürnberg.
Bundesanstalt für Arbeit (1993): Amtliche Nachrichten der Bundesanstalt für Arbeit. Arbeitsstatistik 1992 – Jahreszahlen. Nürnberg.
Bundesanstalt für Arbeit (1994): Amtliche Nachrichten der Bundesanstalt für Arbeit. Arbeitsstatistik 1993 – Jahreszahlen. Nürnberg.
Bundesanstalt für Arbeitsvermittlung und Arbeitslosenversicherung (1961): Jahreszahlen zur Arbeitsstatistik 1960. Nürnberg.
Bundesanstalt für Arbeitsvermittlung und Arbeitslosenversicherung (1962): Jahreszahlen zur Arbeitsstatistik 1961. Nürnberg.
Bundesanstalt für Arbeitsvermittlung und Arbeitslosenversicherung (1963): Jahreszahlen zur Arbeitsstatistik 1962. Nürnberg.
Bundesanstalt für Arbeitsvermittlung und Arbeitslosenversicherung (1964): Jahreszahlen zur Arbeitsstatistik 1963. Nürnberg.
Bundesanstalt für Arbeitsvermittlung und Arbeitslosenversicherung (1965): Jahreszahlen zur Arbeitsstatistik 1964. Nürnberg.
Bundesanstalt für Arbeitsvermittlung und Arbeitslosenversicherung (1967): Jahreszahlen zur Arbeitsstatistik 1966. Nürnberg.
Bundesanstalt für Arbeitsvermittlung und Arbeitslosenversicherung (1968): Jahreszahlen zur Arbeitsstatistik 1967. Nürnberg.
Bundesinstitut für Berufsbildung (2008): Zukunft berufliche Bildung. Potenziale mobilisieren Veränderungen gestalten. 5. BIBB Fachkongress 2007. Ergebnisse und Perspektiven. Bielefeld. W. Bertelsmann.
Bundesinstitut für Berufsbildung (2009): Datenreport zum Berufsbildungsbericht 2009. Informationen und Analysen zur Entwicklung der beruflichen Bildung. Bonn.
Bundesinstitut für Berufsbildung (2010): Datenreport zum Berufsbildungsbericht 2010. Informationen und Analysen zur Entwicklung der beruflichen Bildung. Bonn.
Bundesinstitut für Berufsbildung (2011): Datenreport zum Berufsbildungsbericht 2011. Informationen und Analysen zur Entwicklung der beruflichen Bildung. Bonn.
Bundesministerium für Arbeit und Soziales (2008): Lebenslagen in Deutschland. Der 3. Armuts- und Reichtumsbericht der Bundesregierung.
Busemeyer, Marius R. (2009): Wandel trotz Reformstau. Die Politik der beruflichen Bildung seit 1970. Frankfurt/New York. Campus.

Dahrendorf, Ralf (1965): Bildung ist Bürgerrecht. Hamburg. Wegener.
Dammer, Karl-Heinz (2002): Die institutionelle Trennung beruflicher und allgemeiner Bildung als historische Bürde der Berufswahlorientierung. In: Schudy, Jörg (Hg.): Berufsorientierung in der Schule. Grundlagen und Praxisbeispiele. S. 33–50. Bad Heilbrunn. Klinkhardt.
Deutsche Bundesbank (1997): Die Wirtschaftslage in Deutschland um die Jahreswende 1996/1997. Monatsbericht Februar 1997. http://www.bundesbank.de/downlo ad/volkswirtschaft/mba/1997/199702mba_ueberblick.pdf [letztmalig abgerufen am 09.10.2011].
Deutscher Ausschuß für das Erziehungs- und Bildungswesen (1959): Rahmenplan zur Umgestaltung und Vereinheitlichung des allgemeinbildenden öffentlichen Schulwesens. In: Deutscher Ausschuß für das Erziehungs- und Bildungswesen (Hg.) (1966): Empfehlungen und Gutachten des Deutschen Ausschusses für das Erziehungs- und Bildungswesen. 1953–1965. Gesamtausgabe. S. 59–115. Stuttgart. Ernst Klett.
Deutscher Ausschuß für das Erziehungs- und Bildungswesen (1960): Zur Situation und Aufgabe der deutschen Erwachsenenbildung. In: Deutscher Ausschuß für das Erziehungs- und Bildungswesen (Hg.) (1966): Empfehlungen und Gutachten des Deutschen Ausschusses für das Erziehungs- und Bildungswesen. 1953–1965. Gesamtausgabe. S. 857–928. Stuttgart. Ernst Klett.
Deutscher Ausschuß für das Erziehungs- und Bildungswesen (1964): Empfehlungen und Gutachten. Folge 7/8. In: Deutscher Ausschuß für das Erziehungs- und Bildungswesen (Hg.) (1966): Empfehlungen und Gutachten des Deutschen Ausschusses für das Erziehungs- und Bildungswesen. 1953–1965. Gesamtausgabe. S. 363–515. Stuttgart. Ernst Klett.
Deutscher Ausschuß für das Erziehungs- und Bildungswesen (1966a): Anmerkungen zur Entstehung und zu den Veröffentlichungen der Empfehlungen und Gutachten. In: Deutscher Ausschuß für das Erziehungs- und Bildungswesen (Hg.): Empfehlungen und Gutachten des Deutschen Ausschusses für das Erziehungs- und Bildungswesen. 1953–1965. Gesamtausgabe. S. 941–950. Stuttgart. Ernst Klett.
Deutscher Ausschuß für das Erziehungs- und Bildungswesen (1966b): Aus dem Berufungsschreiben. In: Deutscher Ausschuß für das Erziehungs- und Bildungswesen (Hg.): Empfehlungen und Gutachten des Deutschen Ausschusses für das Erziehungs- und Bildungswesen. 1953–1965. Gesamtausgabe. S. 965. Stuttgart. Ernst Klett.
Deutscher Bildungsrat (1970): Empfehlungen der Bildungskommission: Strukturplan für das Bildungswesen. Stuttgart. Ernst Klett.
Deutscher Bildungsrat (1975): Bericht '75. Entwicklungen im Bildungswesen. Stuttgart. Klett.
Deutscher Industrie- und Handelskammertag (2005): Ausbildung 2005. Ergebnisse einer Online-Unternehmensbefragung im Mai 2005. Berlin.
Deutscher Industrie- und Handelskammertag (2006): IHK-Ausbildungsumfrage 2006. Bundesergebnisse. http://www.ihk-fulda.de/inhalt/att/Auswertung_Ausbildungs umfrage%202006.pdf [letztmalig abgerufen am 09.10.2011].
Deutscher Industrie- und Handelskammertag (2007): IHK-Ausbildungsumfrage 2007. Berlin.

Deutscher Industrie- und Handelskammertag (2008): IHK-Ausbildungsumfrage 2008. Bundesergebnisse. http://www.dortmund.ihk24.de/produktmarken/bildung/anlag en/Ausbildungsumfrage-2008.pdf [letztmalig abgerufen am 09.10.2011].
Deutscher Industrie- und Handelskammertag (2009): Ausbildung 2009. Ergebnisse einer Online-Unternehmensbefragung. http://www.dihk.de/ressourcen/downloads /ausbildungsumfrage_09.pdf [letztmalig abgerufen am 09.10.2011].
Deutscher Industrie- und Handelskammertag (2010): Ausbildung 2010. Ergebnisse einer IHK-Unternehmensbefragung. http://www.dihk.de/ressourcen/downloads/ ausbildungsumfrage_10.pdf [letztmalig abgerufen am 09.10.2011].
Deutscher Industrie- und Handelskammertag (2011): Ausbildung 2011. Ergebnisse einer IHK-Online-Unternehmensbefragung. http://www.dihk.de/ressourcen/down loads/ausbildungsumfrage_11.pdf/at_download/file?mdate=1302511693437 [letztmalig abgerufen am 09.10.2011].
Diefenbach, Heike (2009): Der Bildungserfolg von Schülern mit Migrationshintergrund im Vergleich zu Schülern ohne Migrationshintergrund. In: Becker, Rolf (Hg.): Lehrbuch der Bildungssoziologie. S. 433–457. Wiesbaden. VS.
Diehl, Claudia, Michael Friedrich, Anja Hall (2009): Jugendliche ausländischer Herkunft beim Übergang in die Berufsausbildung: Vom Wollen, Können und Dürfen. In: Zeitschrift für Soziologie. Heft: 1, 38. Jahrgang. S. 48–67.
Ditton, Hartmut (2008): Der Beitrag von Schule und Lehrern zur Reproduktion von Bildungsungleichheit In: Becker, Rolf, Wolfgang Lauterbach (Hg.): Bildung als Privileg. Erklärungen und Befunde zu den Ursachen der Bildungsungleichheit3. S. 247–275. Wiesbaden. VS.
Dobischat, Rolf, Hartmut Seifert, Eva Ahlene (2002): Betrieblich-berufliche Weiterbildung von Geringqualifizierten - Ein Politikfeld mit wachsendem Handlungsbedarf. In: WSI-Mitteilungen. Heft: 1, 55. Jahrgang. S. 25–31.
Doeringer, Peter B., Michael J. Piore (1971): Internal Labor Markets and Manpower Analysis. Lexington, MA. Heath Lexington Books.
Dörwald, Uwe (2008): Wie (manche) Bildungsträger funktionieren. In: schwarz-auf-weiss. Heft: 32.
Dybowksi, Gisela, Hedwig Rudoplh (1974): Funktionale Analyse überbetrieblicher Ausbildungsstätten. Hannover. Hermann Schroedel.
Dye, Thomas R. (1976): Policy Analysis. What Governments do, why they do it, and what Difference it makes. Alabama. University of Alabama Press.
Eberhard, Verena (2006): Das Konzept der Ausbildungsreife - ein ungeklärtes Konstrukt im Spannungsfeld unterschiedlicher Interessen. Bonn. Bundesinstitut für Berufsbildung.
Ehrenthal, Bettina, Verena Eberhard, Joachim Gerd Ulrich (2005): Ausbildungsreife - auch unter den Fachleuten ein heißes Eisen. Ergebnisse des BIBB-Expertenmonitors. Bonn. Bundesinstitut für Berufsbildung.
England, Paula (1994): Neoclassical economists' theories of discrimination. In: Burstein, Paul (Hg.): Equal employment opportunity. Labor market discrimination and public policy. S. 59–69. New York. de Gruyter.
Euler, Dieter (2005): Das Bildungssystem in Deutschland: reformfreudig oder reformresistent? In: Bundesinstitut für Berufsbildung (Hg.): „Wir brauchen hier jeden, hoffnungslose Fälle können wir uns nicht erlauben." Wege zur Sicherung der beruflichen Zukunft. S. 203–216. Bielefeld. W. Bertelsmann.

Euler, Dieter (2009): Übergangssystem - Chancenverbesserung oder Vorbereitung auf das Prekariat? http://www.boeckler.de/pdf/v_2009_02_12_euler_vortrag.pdf [letztmalig abgerufen am 09.10.2011].

Faulstich, Peter (2009): „Integration"? – „Synthese"? – „Konvergenz"? „Berufliche" und „Politische" Bildung oder aber „Bildung"? In: Außerschulische Bildung. Heft: 1, 40. Jahrgang. S. 6–13.

Fränz, Peter, Joachim Schulz-Hardt (1998): Zur Geschichte der Kultusministerkonferenz 1948–1998. In: Sekretariat der Ständigen Konferenz der Kultusminister der Länder in der Bundesrepublik Deutschland (Hg.): Einheit in der Vielfalt. 50 Jahre Kultusministerkonferenz 1948 – 1998. S. 177–228. Neuwied/Kriftel. Luchterhand.

Frey, Karl (1986): Berufliche Erstausbildung und Beschäftigungssystem. Bestandsaufnahme und Verfahrensvorschlag zur Berufsfeldabstimmung in der beruflichen Erstausbildung. Berlin. Duncker & Humboldt.

Friedrich, Michael (2009a): Berufliche Pläne und realisierte Bildungs- und Berufswege nach Verlassen der Schule. Ergebnisse der BIBB-Schulabgängerbefragungen 2004 bis 2006. Bielefeld. Bertelsmann.

Friedrich, Michael (2009b): Berufliche Wünsche und beruflicher Verbleib von Schulabgängern und Schulabgängerinnen. In: Bundesinstitut für Berufsbildung (Hg.): Datenreport zum Berufsbildungsbericht 2009. Informationen und Analysen zur Entwicklung der beruflichen Bildung. S. 70–81. Bonn.

Friedrich, Michael, Klaus Schöngen, Günter Walden (2009): Rückläufiges Ausbildungsplatzangebot im kommenden Ausbildungsjahr zu erwarten. http://www.bibb.de/de/51586.htm [letztmalig abgerufen am 09.10.2011].

Ganzeboom, Harry B.G., Donald J. Treiman (1996): Internationally Comparable Measures of Occupational Status for the 1988 International Standard Classification of Occupations. In: Social Science Research. Heft: 3, 25. Jahrgang. S. 201–239.

Ganzeboom, Harry B.G., Donald J. Treiman (2003): Three Internationally Standardised Measures for Comparative Research on Occupational Status. In: Hoffmeyer-Zlotnik, Jürgen H.P., Christof Wolf (Hg.): Advances in Cross-National Comparison. A European Working Book for Demographic and Socio-Economic Variables. S. 159–193. New York. Kluwer Academic/Plenum.

Gaupp, Nora, Tilly Lex, Birgit Reißig, Frank Braun (2008): Von der Hauptschule in Ausbildung und Erwerbstätigkeit: Ergebnisse des DJI-Übergangspanels. www.dji.de/bibs/276_9896_Von_der_HS_in_Ausbildung_und_Erwerbsarbeit.pdf [letztmalig abgerufen am 09.10.2011].

Gemeinsame Wissenschaftskonferenz (2010): Allgemeines zur GWK. http://www.gwk-bonn.de/index.php?id=252 [letztmalig abgerufen am 09.10.2011].

Goffman, Erving (1967): Stigma. Über Techniken der Bewältigung beschädigter Identität. Frankfurt am Main. Suhrkamp.

Granato, Mona (2006): Junge Frauen mit Migrationshintergrund - wenig Aussichten auf eine berufliche Ausbildung? In: Granato, Mona, Ulrich Degen (Hg.): Berufliche Bildung von Frauen. S. 98–114. Bielefeld. Bertelsmann.

Granato, Mona (2007): Berufliche Ausbildung und Lehrstellenmarkt. Chancengerechtigkeit für Jugendliche mit Migrationshintergrund verwirklichen Bonn. Friedrich-Ebert-Stiftung.

Granato, Mona (2009): Perspektiven und Potenziale: Junge Menschen mit Migrationshintergrund in der beruflichen Ausbildung. In: Kimmelmann, Nicole (Hg.): Berufliche Bildung in der Einwanderungsgesellschaft. Diversity als Herausforderung für Organisation, Lehrkräfte und Ausbildende. S. 17–35. Aachen. Shaker.

Granato, Mona, Jan Skrobanek (2007): Junge Muslime auf dem Weg in eine berufliche Ausbildung. In: Wensierski, Hans-Jürgen von, Claudia Lübcke (Hg.): Junge Muslime in Deutschland. S. 55–82. Opladen & Farmington Hills. Barbara Budrich.

Granato, Mona, Joachim Gerd Ulrich (2009): Junge Menschen mit Migrationshintergrund auf dem Weg in eine berufliche Ausbildung - Integrationspotenzial des Ausbildungssystems? In: Lassnigg, Lorenz, Helene Babel, Elke Gruber, Jörg Markowitsch (Hg.): Öffnung von Arbeitsmärkten und Bildungssystemen. Beiträge zur Berufsbildungsforschung. S. 40–56. Innsbruck. Studien-Verlag.

Greinert, Wolf-Dietrich (2007): Kernschmelze – der drohende GAU unseres Berufsausbildungssystems. http://www.bakfst.de/Greinert-Kernschmelze.pdf [letztmalig abgerufen am 09.10.2011].

Greinert, Wolf-Dietrich (2008): Beschäftigungsfähigkeit und Beruflichkeit – zwei konkurrierende Modelle der Erwerbsqualifizierung? In: Berufsbildung in Wissenschaft und Praxis. Heft: 4, 37. Jahrgang. S. 9–12.

Grundmann, Matthias (2006): Sozialisation. Skizze einer allgemeinen Theorie. Konstanz. UVK.

Grundmann, Matthias (2011): Die Sozialökologie von Bildungsprozessen. Bildungserfahrungen, Bildungsaspirationen und Bildungserwerb aus sozialisationstheoretischer Perspektive. In: Witte, Erich H., Jörg Doll (Hg.): Sozialpsychologie, Sozialisation und Schule. S. 12–28. Pabst Science.

Hadjar, Andreas, Rolf Becker (2006): Bildungsexpansion - erwartete und unerwartete Folgen. In: Hadjar, Andreas, Rolf Becker (Hg.): Die Bildungsexpansion. S. 11–24. Wiesbaden. VS.

Hartmann, Michael (1995): Deutsche Topmanager. Klassenspezifischer Habitus als Karrierebasis. In: Soziale Welt. Heft: 4, 46. Jahrgang. S. 440–468.

Hartmann, Michael (2002): Der Mythos von den Leistungseliten. Spitzenkarrieren und soziale Herkunft in Wirtschaft, Politik, Justiz und Wissenschaft. Frankfurt am Main. Campus.

Hay, Colin (2004): Political Analysis. A Critical Introduction. Houndmill, Basingstoke, Hampshire. Palgrave.

Heinz, Walter, Helga Krüger, Ursula Rettke, Erich Wachveitl, Andreas Witzel (1985): »Hauptsache eine Lehrstelle«. Jugendliche vor den Hürden des Arbeitsmarktes. Weinheim, Basel. Beltz.

Heinze, Rolf G. (2006): Wandel wider Willen. Deutschland auf der Suche nach neuer Prosperität. Wiesbaden. VS.

Herzog, Walter (2009): Schule und Schulklasse als soziale Systeme. In: Becker, Rolf (Hg.): Lehrbuch der Bildungssoziologie. S. 155–194. Wiesbaden. VS.

Herzog, Walter, Markus P. Neuenschwander, Evelyne Wannack (2006): Berufswahlprozess. Wie sich Jugendliche auf ihren Beruf vorbereiten. Bern. Haupt.

Hofmann-Lun, Irene (2007): Betriebspraktika als Schlüssel zur Berufsausbildung für „Risikoschüler". In: Hofmann-Lun, Irene, Andrea Michel, Ulrike Richter, Elke Schreiber (Hg.): Schulabbrüche und Ausbildungslosigkeit. Strategien und Methoden zur Prävention. S. 155–200. München. Deutsches Jugendinstitut.

Hüfner, Klaus, Jens Naumann (1977): Konjunkturen der Bildungspolitik in der Bundesrepublik Deutschland. Band 1: Der Aufschwung (1960–1967). Stuttgart. Ernst Klett.

Hüfner, Klaus, Jens Naumann, Helmut Köhler, Gottfried Pfeffer (1986): Hochkonjunktur und Flaute: Bildungspolitik in der Bundesrepublik Deutschland 1967–1980. Stuttgart. Klett-Cotta.

IG Metall (2006): Modularisierung zerstört Strukturen ohne bessere aufzubauen, oder: Nur wer den Blick für das Ganze hat, wird das Ganze auch erkennen. Positionspapier der IG Metall zur aktuellen Modularisierungsoffensive des BMBF. http://www.igmetall-wap.de/publicdownload/Positionspapier_Modularisierung.pdf [letztmalig abgerufen am 09.10.2011].

Imdorf, Christian (2007): Individuelle oder organisationale Ressourcen als Determinanten des Bildungserfolgs? Organisatorischer Problemlösungsbedarf als Motor sozialer Ungleichheit. In: Schweizerische Zeitschrift für Soziologie. Heft: 3, 33. Jahrgang. S. 407–423.

Isfort, Heinrich (1979): Das Berufsvorbereitungsjahr als Maßnahme gegen die Jugendarbeitslosigkeit. In: Die berufsbildende Schule. Heft: 2, 31. Jahrgang. S. 72–81.

Jann, Werner, Kai Wegrich (2009): Phasenmodelle und Politikprozesse: Der Policy-Cycle. In: Schubert, Klaus, Nils C. Bandelow (Hg.): Lehrbuch der Politikfeldanalyse 2.02. S. 75–113. München. Oldenbourg.

Keller, Suzanne, Marisa Zavalloni (1962): Classe sociale, ambition et réussite. In: Sociologie du Travail. Heft: 4, S. 1–14.

Keller, Suzanne, Marisa Zavalloni (1964): Ambition and social class: A respecification. In: Social Forces. Heft: 1, 43. Jahrgang. S. 58–70.

Kleemann, Ulla (1977): Der Deutsche Ausschuß für das Erziehungs- und Bildungswesen. Eine Untersuchung zur Bildungspolitik-Beratung in der Bundesrepublik Deutschland. Weinheim und Basel. Beltz.

Klemm, Klaus (1996): Bildungsexpansion und kein Ende? In: Helsper, Werner, Heinz-Hermann Krüger, Hartmut Wenzel (Hg.): Schule und Gesellschaft im Umbruch. Band 1: Theoretische und internationale Perspektiven. S. 427–442. Weinheim. Deutscher Studien Verlag.

Klieme, Eckhard, Cordula Artelt, Johannes Hartig, Nina Jude, Olaf Köller, Manfred Prenzel, Wolfgang Schneider, Petra Stanat (2010): PISA 2009. Bilanz nach einem Jahrzehnt. Münster/New York/München/Berlin. Waxmann.

Köller, Olaf, Rainer Watermann, Ulrich Trautwein, Oliver Lüdtke (2004): Wege zur Hochschulreife in Baden-Württemberg. TOSCA - Eine Untersuchung an allgemein bildenden und beruflichen Gymnasien. Opladen. Leske + Budrich.

Konsortium Bildungsberichterstattung (2006): Bildung in Deutschland. Ein indikatorengestützter Bericht mit einer Analyse zu Bildung und Migration. Bielefeld. W. Bertelsmann.

Koordinierungsstelle Weiterbildung und Beschäftigung e.V. (2006): Berufsvorbereitung - QuAS: Qualifizierung und Arbeit für Schulabgänger. http://www.ichblick durch.de/beschreibung_pop_up.php?angebotstypen_id=29 [letztmalig abgerufen am 09.10.2011].

Kortmann, Kathryn (2011): Klinken putzen für die Wissenschaft. In: Bild der Wissenschaft. Heft: 1, 48. Jahrgang. S. 64–69.

KMK Kultusministerkonferenz (1964a): Erklärung der Kultusministerkonferenz anläßlich ihrer 100. Plenarsitzung. „Berliner Erklärung". In: Kultusministerkonferenz (Hg.) (1965): Kulturpolitik der Länder. 1963-1964. S. 34-35. Bonn. Kultusministerkonferenz.

KMK Kultusministerkonferenz (1964b): Erklärung der Kultusministerkonferenz über vordringlich erforderliche Maßnahmen auf dem Gebiete des Bildungswesens. In: Kultusministerkonferenz (Hg.) (1965): Kulturpolitik der Länder. 1963-1964. S. 39. Bonn. Kultusministerkonferenz.

KMK Kultusministerkonferenz (1964c): Erklärung der Kultusministerkonferenz zu Fragen der Bildungsplanung, insbesondere zur Erneuerung des Düsseldorfer Abkommens. In: Kultusministerkonferenz (Hg.) (1965): Kulturpolitik der Länder. 1963-1964. S. 38. Bonn. Kultusministerkonferenz.

KMK Kultusministerkonferenz (1964d): Neufassung des Abkommens zwischen den Ländern der Bundesrepublik zur Vereinheitlichung auf dem Gebiet des Schulwesens. In: Kultusministerkonferenz (Hg.) (1965): Kulturpolitik der Länder. 1963-1964. S. 44-48. Bonn. Kultusministerkonferenz.

KMK Kultusministerkonferenz (1965a): Abkommen über die Errichtung eines Deutschen Bildungsrates. In: Kultusministerkonferenz (Hg.) (1967): Kulturpolitik der Länder. 1965-1966. S. 319-320. Bonn. Kultusministerkonferenz.

KMK Kultusministerkonferenz (1965b): Kulturpolitik der Länder. 1963-1964. Bonn. Kultusministerkonferenz.

KMK Kultusministerkonferenz (1965c): Zweite Rahmenvereinbarung über die Berufsaufbauschule. In: Kultusministerkonferenz (Hg.) (1967): Kulturpolitik der Länder. 1965-1966. S. 270-272. Bonn. Kultusministerkonferenz.

KMK Kultusministerkonferenz (1967a): Aus der Arbeit der Kultusministerkonferenz 1965 und 1966. In: Kultusministerkonferenz (Hg.): Kulturpolitik der Länder. 1965-1966. S. 228-263. Bonn. Kultusministerkonferenz.

KMK Kultusministerkonferenz (1967b): Kulturpolitik der Länder. 1965-1966. Bonn. Kultusministerkonferenz.

KMK Kultusministerkonferenz (1968): Abkommen über eine Ergänzung des Abkommens zwischen den Ländern der Bundesrepublik zur Vereinheitlichung auf dem Gebiet des Schulwesens vom 28. Oktober 1964 (Hamburger Abkommen). In: Kultusministerkonferenz (Hg.) (1969): Kulturpolitik der Länder. 1967-1968. S. 362-363. Bonn. Deutscher Bundes-Verlag.

KMK Kultusministerkonferenz (1969a): Aus der Arbeit der Kultusministerkonferenz 1967 und 1968. In: Kultusministerkonferenz (Hg.): Kulturpolitik der Länder. 1967-1968. S. 265-311. Bonn. Deutscher Bundes-Verlag.

KMK Kultusministerkonferenz (1969b): Empfehlungen zur Hauptschule. In: Kultusministerkonferenz (Hg.) (1971): Kulturpolitik der Länder. 1969-1970. S. 361-363. Bonn. Deutscher Bundes-Verlag.

KMK Kultusministerkonferenz (1969c): Kulturpolitik der Länder. 1967-1968. Bonn. Deutscher Bundes-Verlag.

KMK Kultusministerkonferenz (1969d): Rahmenvereinbarung über die Fachoberschule. In: Kultusministerkonferenz (Hg.) (1971): Kulturpolitik der Länder. 1969-1970. S. 358-361. Bonn. Deutscher Bundes-Verlag.

KMK Kultusministerkonferenz (1970a): Erklärung der Kultusminister vom 11. Dezember 1970 zur Finanzierung der Bildungsausgaben. In: Kultusministerkonfe-

renz (Hg.) (1971): Kulturpolitik der Länder. 1969–1970. S. 357. Bonn. Deutscher Bundes-Verlag.
KMK Kultusministerkonferenz (1970b): Erklärung der Kultusminister vom 12. März 1970 anläßlich der 135. Plenarsitzung in Bonn. In: Kultusministerkonferenz (Hg.) (1971): Kulturpolitik der Länder. 1969–1970. S. 345. Bonn. Deutscher Bundes-Verlag.
KMK Kultusministerkonferenz (1970c): Erklärung der Kultusminister zu den Empfehlungen der Bildungskommission des Deutschen Bildungsrates „Strukturplan für das Bildungswesen" vom 2. Juli 1970. In: Kultusministerkonferenz (Hg.) (1971): Kulturpolitik der Länder. 1969–1970. S. 346–357. Bonn. Deutscher Bundes-Verlag.
KMK Kultusministerkonferenz (1971a): Aus der Arbeit der Kultusministerkonferenz 1969 und 1970. In: Kultusministerkonferenz (Hg.): Kulturpolitik der Länder. 1969–1970. S. 278–335. Bonn. Deutscher Bundes-Verlag.
KMK Kultusministerkonferenz (1971b): Erklärung der Kultusministerkonferenz anläßlich der 150. Plenarsitzung am 3. Dezember 1971 in München. In: Kultusministerkonferenz (Hg.) (1973): Kulturpolitik der Länder. 1971–1972. S. 280–281. Bonn.
KMK Kultusministerkonferenz (1971c): Kulturpolitik der Länder. 1969–1970. Bonn. Deutscher Bundes-Verlag.
KMK Kultusministerkonferenz (1973a): Aus der Tätigkeit der Kultusministerkonferenz 1971 und 1972. In: Kultusministerkonferenz (Hg.): Kulturpolitik der Länder. 1971–1972. S. 257–314. Bonn.
KMK Kultusministerkonferenz (1973b): Kulturpolitik der Länder. 1971–1972. Bonn.
KMK Kultusministerkonferenz (1973c): Rahmenvereinbarung über das Berufsgrundbildungsjahr. In: Kultusministerkonferenz (Hg.) (1975): Kulturpolitik der Länder. 1973–1974. S. 309–312. Bonn.
KMK Kultusministerkonferenz (1975a): Aus der Tätigkeit der Kultusministerkonferenz 1973 und 1974. In: Kultusministerkonferenz (Hg.): Kulturpolitik der Länder. 1973–1974. S. 277–321. Bonn.
KMK Kultusministerkonferenz (1975b): Kulturpolitik der Länder. 1973–1974. Bonn.
KMK Kultusministerkonferenz (1976): Erklärung der Kultusministerkonferenz anläßlich ihrer 175. Plenarsitzung am 8./9. April 1976 in München. In: Kultusministerkonferenz (Hg.) (1977): Kulturpolitik der Länder. 1975–1976. S. 320–321. Bonn.
KMK Kultusministerkonferenz (1977a): Aus der Tätigkeit der Kultusministerkonferenz 1975 und 1976. In: Kultusministerkonferenz (Hg.): Kulturpolitik der Länder. 1975–1976. S. 287–334. Bonn.
KMK Kultusministerkonferenz (1977b): Kulturpolitik der Länder. 1975–1976. Bonn.
KMK Kultusministerkonferenz (1978): Rahmenvereinbarung über das Berufsgrundbildungsjahr. In: Kultusministerkonferenz (Hg.) (1979): Kulturpolitik der Länder. 1977–1978. S. 354–359. Bonn.
KMK Kultusministerkonferenz (1979a): Aus der Tätigkeit der Kultusministerkonferenz 1977 und 1978. In: Kultusministerkonferenz (Hg.): Kulturpolitik der Länder. 1977–1978. S. 313–374. Bonn.
KMK Kultusministerkonferenz (1979b): Kulturpolitik der Länder. 1977–1978. Bonn.
KMK Kultusministerkonferenz (1980): Erklärung der Ständigen Konferenz der Kultusminister der Länder in der Bundesrepublik Deutschland anläßlich ihrer 200.

Plenarsitzung am 16./17. Oktober 1980 in Berlin. In: Kultusministerkonferenz (Hg.): Kulturpolitik der Länder. 1979–1981. S. 353–355. Bonn.

KMK Kultusministerkonferenz (1982a): Aus der Tätigkeit der Kultusministerkonferenz 1979 bis 1981. In: Kultusministerkonferenz (Hg.): Kulturpolitik der Länder. 1979–1981. S. 305–362. Bonn.

KMK Kultusministerkonferenz (1982b): Empfehlung zu Maßnahmen beruflicher Schulen für Jugendliche, die aufgrund ihrer Lernbeeinträchtigung zum Erwerb einer Berufsausbildung besonderer Hilfe bedürfen. Beschluß der Kultusministerkonferenz vom 29.10.1982.

KMK Kultusministerkonferenz (1982c): Kulturpolitik der Länder. 1979–1981. Bonn.

KMK Kultusministerkonferenz (1983): Stellungnahme der Kultusministerkonferenz zu der an die Bundesregierung gerichteten Großen Anfrage (Drs. 9/1984 v. 15.9.1982) zum Thema „Reform des Bildungsföderalismus". Beschluß der Kultusministerkonferenz vom 28.1.1983.

KMK Kultusministerkonferenz (1988): Erklärung der Kultusministerkonferenz anläßlich des vierzigjährigen Bestehens. Vom 18. Februar 1988.

KMK Kultusministerkonferenz (1990): Erklärung der Kultusministerkonferenz anläßlich ihrer 250. Plenarsitzung am 4./5. oktober 1990 in München.

KMK Kultusministerkonferenz (1991): Rahmenvereinbarung über die Berufsschule. Beschluß der Kultusministerkonferenz vom 15.3.1991.

KMK Kultusministerkonferenz (1994): Erklärung der Kultusministerkonferenz „Zu Fragen der Gleichwertigkeit von allgemeiner und beruflicher Bildung". Beschluß der Kultusministerkonferenz vom 2.12.1994.

KMK Kultusministerkonferenz (1995): Position der Kultusministerkonferenz zu Umfang und Organisation des Berufsschulunterrichts. Beschluß der Kultusministerkonferenz vom 1.12.1995.

KMK Kultusministerkonferenz (2001): Vierte Empfehlung der Kultusministerkonferenz zur Weiterbildung. Beschluss der Kultusministerkonferenz vom 1.2.2001.

KMK Kultusministerkonferenz (2004): Rahmenvereinbarung über die Zusammenarbeit von Schule und Berufsberatung. Unterzeichnet von der Kultusministerkonferenz und der Bundesagentur für Arbeit am 15.10.2004.

KMK Kultusministerkonferenz (2007a): Integration als Chance – gemeinsam für mehr Chancengerechtigkeit. Gemeinsame Erklärung der Kultusministerkonferenz und der Organisationen von Menschen mit Migrationshintergrund. Beschluss der Kultusministerkonferenz vom 13.12.2007.

KMK Kultusministerkonferenz (2007b): Rahmenvereinbarung über die Berufsfachschule. Beschluss der Kultusministerkonferenz vom 28.2.1997 i.d.F. vom 7.12.2007.

KMK Kultusministerkonferenz (2008): Rahmenvereinbarung über die Zertifizierung von Fremdsprachenkenntnissen in der beruflichen Bildung. Beschluss der Kultusministerkonferenz vom 20.11.1998 i.d.F. vom 27.6.2008.

KMK Kultusministerkonferenz (2009a): Erklärung der Kultusministerkonferenz zur zukünftigen Stellung der Berufsschule in der dualen Berufsausbildung. Beschluss der Kultusministerkonferenz vom 10.12.2009.

KMK Kultusministerkonferenz (2009b): Vereinbarung über die Schularten und Bildungsgänge im Sekundarbereich I. Beschluss der Kultusministerkonferenz vom 3.12.1993 i.d.F. vom 9.10.2009.

Kultusportal BW (2009): Berufseinstiegsjahr (BEJ). Gezielte Unterstützung des Berufseinstiegs in Baden-Württemberg. http://www.kultusportal-bw.de/servlet/PB/-s/1nqo6i2x3txbstb94ggbrmb8t1ihymy5/menu/1208995/index.html?ROOT=1146 607 [letztmalig abgerufen am 09.10.2011].

Landtag Mecklenburg-Vorpommern (1998): Berufsgrundschuljahr. Drs. 2/3753. www.landtag-mv.de/dokumentenarchiv/drucksachen/2_Wahlperiode/D02-3000/ D02-3753.pdf [letztmalig abgerufen am 04.11.2009].

Landtag von Baden-Württemberg (2006): Konzeption des Berufseinstiegsjahres. Drucksache 14/415. www.landtag-bw.de/WP14/Drucksachen/0000/14_0415_D .pdf [letztmalig abgerufen am 09.10.2011].

Lehmann, Rainer H., Stanislav Ivanov, Susanne Hunger, Rüdiger Gänsfuß (2005): ULME I. Untersuchung der Leistungen, Motivation und Einstellungen zu Beginn der beruflichen Ausbildung. Hamburg. Freie und Hansestadt Hamburg.

Lehmann, Rainer H., Susan Seeber (2007): ULME III. Untersuchung von Leistungen, Motivation und Einstellungen der Schülerinnen und Schüler in den Abschlussklassen der Berufsschulen. Hamburg. Freie und Hansestadt Hamburg.

Lehmann, Rainer H., Susan Seeber, Susanne Hunger, Stanislav Ivanov, Rüdiger Gänsfuß (2006): ULME II. Untersuchung von Leistungen, Motivation und Einstellungen der Schülerinnen und Schüler in den Abschlussklassen der teilqualifizierenden Berufsfachschulen. Hamburg. Freie und Hansestadt Hamburg.

Lehr, Robert (1966): Ansprachen bei der Konstituierung des Ausschusses. In: Deutscher Ausschuß für das Erziehungs- und Bildungswesen (Hg.) (1966): Empfehlungen und Gutachten des Deutschen Ausschusses für das Erziehungs- und Bildungswesen. 1953–1965. Gesamtausgabe. S. 965. Stuttgart. Ernst Klett.

Lex, Tilly (2007): Migrantenjugendliche auf dem Weg von der Schule ins Arbeitsleben: AussiedlerInnen, Jugendliche türkischer Herkunft sowie Jugendliche deutscher Herkunft im Vergleich. In: Jugend, Beruf, Gesellschaft. Heft: 1, 58. Jahrgang. S. 30–40.

Lutz, Burkart, Werner Sengenberger (1974): Arbeitsmarktstrukturen und öffentliche Arbeitsmarktpolitik. Eine kritische Analyse von Zielen und Instrumenten. Göttingen. Otto Schwartz.

Maaz, Kai, Jürgen Baumert, Ulrich Trautwein (2010): Genese sozialer Ungleichheit im institutionellen Kontext der Schule: Wo entsteht und vergrößert sich soziale Ungleichheit? In: Baumert, Jürgen, Kai Maaz, Ulrich Trautwein (Hg.): Bildungsentscheidungen. Zeitschrift für Erziehungswissenschaft. Sonderheft 12|2009. S. 11–46. Wiesbaden. VS.

Mayring, Philipp (2008): Qualitative Inhaltsanalyse. Grundlagen und Technik. Weinheim und Basel. Beltz.

Meyer, Thomas, Barbara E. Stadler, Monika Matter (2003): Bildungswunsch und Wirklichkeit. Thematischer Bericht der Erhebung PISA 2000. Neuchatel. Bundesamt für Statistik.

Ministerium für Kultus Jugend und Sport Baden-Württemberg (2008): Wichtige Informationen zum Berufseinstiegsjahr und Berufsvorbereitungsjahr. www.seminaroffenburg.de/formulare/schulrecht/aktuelles/2008_unterschied_BV J_und_BEJ.pdf [letztmalig abgerufen am 09.10.2011].

Ministerium für Schule Jugend und Kinder des Landes Nordrhein-Westfalen (2004): Das Berufskolleg in NRW. Informationen zu Bildungsgängen und Abschlüssen.

www.callnrw.de/broschuerenservice/download/819/Berufskolleg%20Druckfassung.pdf [letztmalig abgerufen am 09.10.2011].

Müller, Sylvia, Tobias Brändle (2011): Berufsvorbereitende Bildungsgänge - Weiterqualifizierung oder Warteschleife? In: Brändle, Tobias (Hg.): bwp@ Spezial 5 - Hochschultage berufliche Bildung 2011, Workshop 01.

Münch, Joachim (1970): Berufsgrundbildung und Berufsgrundschule. In: Die Deutsche Berufs- und Fachschule. Monatsschrift für Berufspädagogik, Wirtschaftspädagogik und Berufsbildungsforschung. Heft: 10, 66. Jahrgang. S. 731–753.

Münk, Dieter, Josef Rützel, Christian Schmidt (2008): Labyrinth Übergangssystem. Forschungserträge und Entwicklungsperspektiven der Benachteiligtenförderung zwischen Schule, Ausbildung und Beruf. Bonn. Pahl-Rugenstein.

Münk, Dieter, Reinhold Weiß (2009): Qualität in der beruflichen Bildung. Bonn. Bundesinstitut für Berufsbildung.

Opitz, Barbara (2009): Arbeitsagentur kündigt Bildungsträger fristlos. http://www.wz-newsline.de/lokales/wuppertal/arbeitsagentur-kuendigt-bildungstraeger-fristlos-1.142807 [letztmalig abgerufen am 09.10.2011].

Pahl, Jörg-Peter (2009): Berufsfachschulen. Ausformungen und Entwicklungsmöglichkeiten. W. Bertelsmann.

Pfitzner, Ragnhild (2003): Betriebsnahme Berufs(ausbildungs)vorbereitung. http://www.good-practice.de/Expertise_BAV_August_04.pdf [letztmalig abgerufen am 09.10.2011].

Phleps, Edmund (1972): The statistical theory of racism and sexism. In: American Economic Review. Heft: 4, 62. Jahrgang. S. 659–661.

Picht, Georg (1964): Die deutsche Bildungskatastrophe. Analyse und Dokumentation. Freiburg. Herder.

Piore, Michael J. (2008): The Dual Labor Market. Theory and Implications. In: Grusky, David B. (Hg.): Social Stratification. Class, Race, and Gender in Sociological Perspective[3]. S. 550–553. Boulder, CO. Westview Press.

PISA-Konsortium Deutschland (2001): PISA 2000. Basiskompetenzen von Schülerinnen und Schülern im internationalen Vergleich. Opladen. Leske + Budrich.

PISA-Konsortium Deutschland (2005): PISA 2003. Der zweite Vergleich der Länder in Deutschland. Was wissen und können Jugendliche? Münster. Waxmann.

PISA-Konsortium Deutschland (2007): PISA 2006. Die Ergebnisse der dritten internationalen Vergleichsstudie. Münster. Waxmann.

Plicht, Hannelore (2010): Das neue Fachkonzept berufsvorbereitender Bildungsmaßnahmen der BA in der Praxis. Ergebnisse aus der Begleitforschung BvB. IAB-Forschungsbericht 7/2010. Nürnberg. Institut für Arbeitsmarkt- und Berufsforschung der Bundesagentur für Arbeit.

Rahn, Peter (2005): Übergang zur Erwerbstätigkeit. Bewältigungsstrategien Jugendlicher in benachteiligten Lebenslagen. Wiesbaden. VS.

Rat der Europäischen Wirtschaftsgemeinschaft (1963): Beschluss des Rats vom 2. April 1963 über die Aufstellung allgemeiner Grundsätze für die Durchführung einer gemeinsamen Politik der Berufsausbildung. http://eur-lex.europa.eu/LexUriServ/LexUriServ.do?uri=CELEX:31963D0266:DE:HTML [letztmalig abgerufen am 09.10.2011].

Rebmann, Karin, Dietmar Tredop (2006): Ausbildungsreife - Worthülse ohne Inhalt? Zur Differenz zwischen veröffentlichter Meinung und empirischen Befunden. In: Berufsbildung. Heft: 102, S. 3–6.

Regierungschefs des Bundes und der Länder (1973a): Auszug aus dem Ergebnisprotokoll der Besprechung der Regierungschefs des Bundes und der Länder. In: Bund-Länder-Kommission für Bildungsplanung (Hg.): Bildungsgesamtplan. Bd. I. S. XII-XIII. Stuttgart. Ernst Klett.

Regierungschefs des Bundes und der Länder (1973b): Auszug aus dem Protokoll über die Ergebnisse der Besprechung der Regierungschefs des Bundes und der Länder am 30. November 1973. In: Bund-Länder-Kommission für Bildungsplanung (Hg.): Bildungsgesamtplan. Bd. I. S. XIV. Stuttgart. Ernst Klett.

Reißig, Birgit, Nora Gaupp, Tilly Lex (2008): Hauptschüler auf dem Weg von der Schule in die Arbeitswelt. Deutsches Jugendinstitut.

Ritter, Gerhard A. (2007): Der Preis der deutschen Einheit. Die Wiedervereinigung und die Krise des Sozialstaats.2. C.H.Beck.

Sachverständigenrat zu Begutachtung der gesamtwirtschaftlichen Entwicklung (1977): Mehr Wachstum. Mehr Beschäftigung. Stuttgart und Mainz. W. Kohlhammer.

Schimank, Uwe (2010): Handeln und Strukturen. Einführung in die akteurtheoretische Soziologie.4 Weinheim und München. Juventa.

Schlimbach, Tabea (2009): Unterstützungsangebote im Übergang Schule – Beruf: Die Rolle gemeinnütziger Organisationen. Expertise im Auftrag der Bertelsmann Stiftung. Deutsches Jugendinstitut.

Schreiber, Elke (2007): Wenn Jugendliche nicht mehr zur Schule gehen. In: Hofmann-Lun, Irene, Andrea Michel, Ulrike Richter, Elke Schreiber (Hg.): Schulabbrüche und Ausbildungslosigkeit. Strategien und Methoden zur Prävention. S. 201–252. München. Deutsches Jugendinstitut.

Schröder, Helge (1999): Zwischen Schulreform und Bildungsexpansion. Niedersächsische Schulgeschichte von 1945 bis 1990 am Beispiel des Philologenverbandes Niedersachsen. Hamburg. Krämer.

Schroeder, Joachim, Marc Thielen (2009): Das Berufsvorbereitungsjahr. Eine Einführung. Stuttgart. W. Kohlhammer.

Schubert, Klaus, Nils C. Bandelow (2009): Lehrbuch der Politikanalyse 2.0.2 München. Oldenbourg.

Selting, Margret, Peter Auer, Birgit Barden, Jörg Bergmann, Elizabeth Couper-Kuhlen, Susanne Günthner, Christoph Meier, Uta Quasthoff, Peter Schlobinski, Susanne Uhmann (1998): Gesprächsanalytisches Transkriptionssystem (GAT). In: Linguistische Berichte. Heft: 173, S. 91–122.

Selting, Margret, Peter Auer, Dagmar Barth-Weingarten, Jörg Bergmann, Pia Bergmann, Karin Birkner, Elizabeth Couper-Kuhlen, Arnulf Deppermann, Peter Gilles, Susanne Günthner, Martin Hartung, Friederike Kern, Christine Mertzlufft, Christian Meyer, Miriam Morek, Frank Oberzaucher, Jürgen Peters, Uta Quasthoff, Wilfried Schütte, Anja Stukenbrock, Susanne Uhrmann (2009): Gesprächsanalytisches Transkriptionssystem 2 (GAT 2). In: Gesprächsforschung - Online-Zeitschrift zur verbalen Interaktion. 10. Jahrgang. S. 353–402.

Sengenberger, Werner (1978): Der gespaltene Arbeitsmarkt. Probleme der Arbeitsmarktsegmentation. Frankfurt/New York. Campus.

Sengenberger, Werner (1987): Struktur und Funktionsweise von Arbeitsmärkten. Die Bundesrepublik Deutschland im internationalen Vergleich. Frankfurt/New York. Campus.

SOLGA, HEIKE (2005): Ohne Abschluss in die Bildungsgesellschaft. Die Erwerbschancen gering qualifizierter Personen aus soziologischer und ökonomischer Perpektive. Opladen & Farmington Hills, MI. Barbara Budrich.

Solga, Heike (2009): Bildungsarmut und Ausbildungslosigkeit in der Bildungs- und Wissensgesellschaft. In: Becker, Rolf (Hg.): Lehrbuch der Bildungssoziologie. S. 395–432. Wiesbaden. VS.

Solga, Heike, Sandra Wagner (2000): "Beiwerk" der Bildungsexpansion: Die soziale Entmischung der Hauptschule. Berlin. Max Planck Institute for Human Developement.

Spence, Michael (1973): Job Market Signal. In: Quarterly Journal of Economics. Heft: 3, 87. Jahrgang. S. 355–374.

Spence, Michael (1974): Market signaling. Informational transfer in hiring and related screening processes. Cambridge. Harvard University Press.

Stigler, George Joseph (1962): Information in the Labor Market. In: Journal of Political Economy. Heft: 5, 70. Jahrgang. S. 94–105.

Stiglitz, Joseph E. (1975): The Theory of „Screening", Education, and the Distribution of Income. In: American Economic Review. Heft: 3, 65. Jahrgang. S. 283–300.

Thurow, Lester C. (1972): Education and economic equality. In: Public Interest. Heft: 28, 7. Jahrgang. S. 66–81.

Thurow, Lester C. (1975): Generating Inequality. Mechanisms of Distribution in the U.S. Economy. New York. Basic Books.

Trautwein, Ulrich, Olaf Köller, Rainer Lehmann, Oliver Lüdtke (2007): Öffnung von Bildungswegen, erreichtes Leistungsniveau und Vergleichbarkeit von Abschlüssen. In: Trautwein, Ulrich, Olaf Köller, Rainer Lehmann, Oliver Lüdtke (Hg.): Schulleistungen von Abiturienten. Regionale, schulformbezogene und soziale Disparitäten. S. 11–30. Münster. Waxmann.

Trepte, Hans-Günter (2000): QuAS Plus – Qualifizierung und Arbeit für Schulabgänger, Nordmetall/IG-Metall. http://www.bibb.de/ausbildungskonsens/2000/2100/2100.pdf [letztmalig abgerufen am 09.10.2011].

Uhly, Alexandra, Mona Granato (2006): Werden ausländische Jugendliche aus dem dualen System der Berufsausbildung verdrängt? In: Berufsbildung in Wissenschaft und Praxis. Heft: 3, 35. Jahrgang. S. 51–55.

Ulrich, Joachim Gerd, Verena Eberhard, Mona Granato (2006): Bewerber mit Migrationshintergrund: Bewerbungserfolg und Suchstrategien. In: Eberhard, Verena, Andreas Krewerth, Joachim Gerd Ulrich (Hg.): Mangelware Lehrstelle. Zur aktuellen Lage der Ausbildungsplatzbewerber in Deutschland. S. 197–211. Bielefeld. Bertelsmann.

Ulrich, Joachim Gerd, Simone Flemmng, Ralf-Olaf Granath, Elisabeth M. Krekel (2010): Im Zeichen von Wirtschaftskrise und demografischem Einbruch. Die Entwicklung des Ausbildungsmarktes im Jahr 2009. BIBB-Erhebung über neu abgeschlossene Ausbildungsverträge zum 30. September. Bonn. Bundesinstitut für Berufsbildung.

von Prollius, Michael (2006): Deutsche Wirtschaftsgeschichte nach 1945. Göttingen. Vandenhoeck & Ruprecht.

Wagner, Gert G., Joachim R. Frick, Jürgen Schupp (2007): The German Socio-Economic Panel Study (SOEP) - Scope, Evolution and Enhancements. In: Schmollers Jahrbuch. Heft: 1, 8. Jahrgang. S. 139–169.

Weil, Mareike, Wolfgang Lauterbach (2009): Von der Schule in den Beruf. In: Becker, Rolf (Hg.): Lehrbuch der Bildungssoziologie. S. 321–356. Wiesbaden. VS.

Werner, Dirk, Michael Neumann, Jörg Schmidt (2008): Volkswirtschaftliche Potenziale am Übergang von der Schule in die Arbeitswelt. Eine Studie zu den direkten und indirekten Kosten des Übergangsgeschehens sowie Einspar- und Wertschöpfungspotenzialen bildungspolitischer Reformen. Gütersloh. Bertelsmann Stiftung.

Willke, Helmut (2001): Wissensgesellschaft. In: Kneer, Georg, Armin Nassehi, Markus Schroer (Hg.): Klassische Gesellschaftsbegriffe der Soziologie. S. 379–398. Stuttgart. UTB.

Witthaus, Udo (1996): Bildungssystem und Beschäftigungssystem - Konsequenzen für schulisches Lernen aus den Veränderungen gesellschaftlicher Arbeit. In: Helsper, Werner, Heinz-Hermann Krüger, Hartmut Wenzel (Hg.): Schule und Gesellschaft im Umbruch. Band 1: Theoretische und internationale Perspektiven. S. 405–426. Weinheim. Deutscher Studien Verlag.

Eigene Notizen

Unsere Fachzeitschriften auf www.budrich-journals.de

- Einzelbeiträge im Download
- Print + Online Abonnements
- Online-Freischaltung über IP
- mit *open access*-Bereich

Sozialwissenschaftliche Fachzeitschriften online!

Als AbonnentIn z.B. mit Kombi-Abo Print + Online bekommen Sie weiterhin Ihr Heft wie gewohnt bequem nach Hause geliefert und Sie haben Zugriff auf das gesamte Online-Archiv.

Fragen Sie uns!

Verlag Barbara Budrich • Barbara Budrich Publishers
Stauffenbergstr. 7. D-51379 Leverkusen Opladen
Tel +49 (0)2171.344.594 • Fax +49 (0)2171.344.693 •
info@budrich-verlag.de

www.budrich-verlag.de • www.budrich-journals.de